권선징악 이론의 전통과
고소설의 비평적 성찰

姜在哲은 단국대학교 국어국문학과 및 동 대학원과 인하대학교 대학원 국어국문학과를 졸업하였다. 민족문화추진회 국역연수원 및 독일 Marburg대학 근대문학연구소에서 연수하였으며, 인천박문여자고등학교 교사, 단국대학교 동양학연구소 연구원 및 연구 간사, 단대신문사 · 방송국 주간, 단국대학교 학생지원처장, 대학원장, 한국고소설학회 편집이사 및 감사, 비교민속학회 · 동아시아고대학회 회장을 역임하였으며, 현재 단국대학교 문과대학 국어국문학과 교수로 단국대학교 죽전캠퍼스 부총장직을 맡고 있다.
저서로는 『한국속담의 근원설화』, 『기러기 아범의 두루마기—한국의 통과의례와 상징』, 『한시문학漢詩文學의 이론理論과 비평批評의 실제實際』, 『한국설화문학韓國說話文學의 탐구探究』(2010 대한민국학술원 선정 우수학술도서, 2011 월산민속학술상) 등이 있다.

권선징악 이론의 전통과 고소설의 비평적 성찰
초판 인쇄 _ 2012년 12월 25일
초판 발행 _ 2012년 12월 31일

지은이 _ 강재철
펴낸이 _ 장호성
기 획 _ 이재석
제 작 _ 김남필
편 집 _ 성두현 · 박보혜
펴낸곳 _ 단국대학교출판부
등 록 _ 1968.2.27 : No. 제03-00095호
주 소 _ 경기도 용인시 수지구 죽전로 152
전 화 _ 031-8005-2404~5
팩 스 _ 031-8021-7154

값 30,000원

ISBN 978-89-7092-499-1 93800

이 책은 2006년도 단국대학교 대학연구비의 지원으로 연구되었음.

권선징악 이론의 전통과 고소설의 비평적 성찰

강 재 철

단국대학교출판부

책머리에

본서는 정년을 앞둔 저자가 그동안 주전공이라고 생각하고 연구해왔던 고소설관계 지론持論들을 한 권의 책으로 묶어본 것이다.

특히 제1부 「권선징악 이론의 전통과 고소설의 재조명」은 저자의 학위논문을 확장 강화한 것으로서 선인들의 일관된 생각을 저자가 새삼 다시 주창主唱하여 이론화하고자 한 글이다. 권선징악 이론은 서구의 이론이 이 땅에 상륙하기 이전에는 한 번도 도전받아 본 적이 없는 공고한 이론이다.

'학자삼다學者三多'란 말이 있다. 이 말은 학자가 갖추어야할 세 가지 요건으로 독서를 많이 해야 하고, 지론이 많아야 하고 저술이 많아야 한다는 뜻이다. 저자는 이 말을 학자가 완성되어 가는 하나의 과정으로도 볼 수 있다고 생각하는데, 이는 곧 "다독하면 지론이 많게 되고 지론이 많게 되면 자연히 저술도 많게 된다"라는 말일 것이다. 저자는 하나의 큰 이론은 많은 지론들을 세우는 일종의 토대라고 생각한다. 이 책에서 주장한 저자의 이론이 저자가 학문하는 과정에서 세운 이론의 하나이기는 하지만 선인들의 일관된 생각에서 나왔다는 점에서 고소설연구의 한 토대가 되었으면 한다.

그러나 권선징악 이론은 '늘보'인 저자가 이 방면에 관한 독서가 적은 시절에 성급히 쓰지 않으면 안 될 처지에서 꾸려야 했던 것이었기에, 미완未完의 학자가 주창하는 농익지 않은 이론일 수 있다. 다독과 연찬硏鑽 후의 주장主張이어야 하는데 주장부터 한 결과가 되지 않았나 싶다. 정년 후 시간과 건강이 허락한다면 다음과 같은 시각에서 연구를 확장하여 본 이론을 보완하고자 한다.

저자는 주로 유가儒家의 성선설의 입장에서 연구를 하였다. 본 이론은 각도를 달리 해서 성악설의 입장에서도 연구할 필요가 있다. 인간은 선을 좋아하는 마음을 부여받았을 뿐이지 타고나면서부터 선한 것은 아니라는 관점, 즉 법가적 측면에서 권선징악을 바라볼 필요가 있다. 유가는 인仁을 강조하지만 성악설을 주장하는 법가는 인간 개조를 위한 엄단을 강조한다. 한편 한나라의 양웅揚雄 같은 사람은 유가와 법가를 절충하는 성선악혼설을 주장한다. 노장사상에서는 선과 악이 이원론적으로 분리되지 않고 상호 가변적이다. 이렇듯 동양의 여러 사상뿐만이 아니라 서구의 여러 사상에 입각한 연구도 필요하다.

그러나 저자에게는 스스로 약속한 정년 후의 일이 있다. 나를 낳아준 향토와 집안에 대한 일로, 이 일이 끝나기 전에는 더 이상 본 이론에 힘을 보탤 여력이 없을 것 같다. 바라건대 훗날에라도 저자가 고인古人을 독서상우讀書尙友했듯이 혹시 동학同學이 나타나 저자가 못 다한 일을 상우동행尙友同行해 준다면 지하에서라도 흠향歆饗할 것이 아니겠는가! 저자는 금년에 친한 친구 한 명을 잃는 충격과 아픔을 겪었다.

그런데 본 이론에는 궁극적인 문제가 하나 있다고 생각한다. 본 이론의 중심에 자리 잡고 있는 '선을 권하고 악을 징계한다'는 권선징악적 주제는 궁극적으로 '무엇이 선이며 무엇이 악인가'라는 물음에 봉착하게 되어 본 이론을 확충하는 데 한계를 느낀다.

성경에 의하면 하느님은 에덴동산에 온갖 나무를 돋아나게 하고는 그 한가운데에 선과 악을 알게 하는 나무를 돋아나게 하였다. 그리고는 이 나무에서 열리는 선악과만은 따먹지 말라고 하였다. 그러나 아담과 이브는 이 열매를 따먹고 하느님처럼 선과 악을 알게 되었다. 때문에 그들은 결국 에덴동산에서 쫓겨나게 된다. 이렇듯 하느님은 당신의 선악 판단의 권능에 대한 인간의 도전을 용납하지 않았던 것이다. 선악의 판단은 인간의 몫이 아니라 궁극적으로는 하느님의 몫이다. 그 이유는 인간의 선악 판단이 그만큼 불완전하기 때문일 것이다. 그런데 이 점은 공자님도 마찬 가지여서 『춘추좌전』을 보면 "춘추지칭春秋之稱은 … 징악이권선懲惡而勸善이니 비성인非聖人이면 수능수지誰能修之리오"라고 하였다. 즉 '춘추의 기술한 말은 … 악을 징계하고 선을 권장하였으니 성인이 아니면 누가 이렇게 편수編修할 수 있었겠는가'라는 뜻으로 결국 이 말은 성인이 아니면 선악 판단이 어렵다는 말이다.

인간의 선악 판단은 정반대가 될 수도 있다. 견유학파犬儒學派의 냉소적인 변증辨證 같지만 권선징악이라는 키워드 중 선악을 영어로 말하면 'good and evil'이 된다. 그런데 good[선]에서 'o' 하나가 빠지면 god[신]이 되고, god의 철자 순서가 거꾸로 바뀌면 dog[견犬 · 개]가 되고, evil의 철자 순서가 거꾸로 바뀌면 live[생生 · 삶]가 된다. 이처럼 인간이 판단하는 선악은 정반대가 될 수 있다. 그렇다고 하여 본서에서 저자가 주장하고 있는 권선징악적 주제나 구도가 바뀌는 것은 아니다. 본 이론이 영원히 생명력을 지닐 수 있는 이유가 여기에 있다.

본서를 내는 데에도 종전의 책처럼 여러 사람의 도움을 받았다. 우선 박사과정에서 '권선징악'이란 키워드를 주고 지도해주신 정요일 선생님께 늦게나마 감사드린다. 아울러 난삽한 구고舊稿를 말끔히 정리해준 윤재환 교수님과 출판부의 성두현 선생님께 감사드린다. 그리고 차제에 여러 친인척들과 오늘날의 저자가 있기까지 한결 같은 부덕婦德으로 내조해 준 손숙자 데레사에게 고마운 마음을 전한다. 아울러 두 딸 민영 · 민지와 사위 조민성 · 이준규에게도 잘 살아주어 고맙다는 말을 전한다.

2012년 12월 15일

범정관 311호에서 강재철 삼가 쓰다.

목 차

제2부 고소설의 쟁점과 지평의 확대

서 론

이 책은 우리 고소설에 대한 다양한 논의 중 가장 본질적인 논의라고 할 수 있는 주제문제에 대한 해명을 위해 기획·저술되었다. 이 책의 기본 저술 의도는 동양 문학, 특히 소설 문학에서 일관되게 지속되고 계승되어 온 권선징악적勸善懲惡的인 문학관에 대한 재인식을 촉구하기 위해서이다.

이 책은 문학의 기반이 되어야 할 것은, 문예文藝의 독립을 꾀한 나머지 미美와 쾌락을 추구하는 데만 급급한 예술지상주의 문학관이 아니라, 문사文辭의 알맹이에는 '이문정심적以文正心的'·'이문정세적以文正世的'인 효용론적效用論的 목적이 자리 잡고 있는 문학관이어야만 한다는 것을 강조하기 위해 저술된 것이다. 인간의 모든 행위는 인간을 위해 이루어질 때 가치를 가지는 것이다. '인간을 위한 예술(art for life's sake)'이라는 말과 같이 문학도 '인간을 위한 문학'일 때 의미를 지니는 것이다.

오늘을 사는 사람들이 뚜렷한 가치관 없이 정신적으로 표류하는 여러 가지 이유가 있겠지만, 필자가 생각하기에는 '정교政敎'에 명징明澄한 권선징악성勸善懲惡性이 없고, '시교詩敎'에 명확明確한 권선징악성勸善懲惡性이 없기 때문이라고 본다. 이와 같은 점에서 선인先人들이 간단間斷없이 추구해 온 권선징악적勸善懲惡的 문학관文學觀은 앞으로도 계승되어야 할 것이다.

선인先人들은 타고난 본성本性을 회복回復하면 사회는 저절로 바로 잡힌다고 생각했다. 선인先人들은 복성사상復性思想에 따라 본성本性의 선善을 행하고 본성本性에 위배되는 악惡을 금지禁止할 것을 지속적으로 강조해 왔다. 모든 사람이 지악작선止惡作善하는 사회만이 낙방樂邦의 지름길이라고 믿고 줄기차게 권선징악勸善懲惡을 강조해 왔었다. 이 사상은 동양의 '정교政教'와 '시교詩教'의 근본이었으며, 경서經書에 나타난 권선징악勸善懲惡 사상은 모든 글의 근본 정신이 되었다. 고소설古小說도 여기에서 예외일 수 없었다. 오히려 다른 장르에서보다 권선징악성勸善懲惡性이 더욱 강조되었다. 그것은 소설의 교화성教化性이 다른 어떤 문학 장르보다 컸기 때문이었다.

소설은 속악성俗惡性·허탄성虛誕性과 함께 효용성效用性이 늘 문제가 되어 왔으며, 효용론적인效用論的인 면에서 권선징악성勸善懲惡性이 줄기차게 강조되어 왔다. 권선징악성勸善懲惡性만 지니고 있다면 소설의 속악성俗惡性·허탄성虛誕性도 어느 정도 묵인되어 왔던 것이 사실이다. 그래서 '정위지음성鄭衛之淫聲'·'괴력난신怪力亂神'이라도 그 속에 권선징악성勸善懲惡性이 들어 있으면 긍정적으로 받아들여졌으며, '정위지음성鄭衛之淫聲'·'괴력난신怪力亂神'이라도 권선징악적勸善懲惡的으로 받아들여 읽어야 한다는 논리를 펴 왔다.

이와 같은 선인先人들의 의식에 근거하여 이 책에서는 한국韓國과 중국中國의 권선징악勸善懲惡 관계 자료를 두루 살펴 동양적 문학 이론으로 우리 고소설을 살펴보고자 하였다. 따라서 이 책에서 채용한 논리적 배경은 선인先人들이 금과옥조金科玉條로 여겼던 사서삼경四書三經 등의 경전經典이다. 선인先人들은 공孔·맹孟의 말씀을 치세治世의 법령法令과 같이 여겼으며, 정程·주朱의 말씀을 엄사嚴師의 독려와 같이 여겨 모든 행동의 기준을 이들의 말씀으로 삼았다. 선인先人들의 글에 공통적으로 나타나는 권선징악성勸善懲惡性을 살펴보기 위해서는 성인聖人의 경서經書나 현인賢人의 글에 나타난 논리를 원용援用하는 것이 가장 적절한 방법이라고 생각해서이다.

지금까지 이루어진 우리 소설론의 대부분이 경서經書에 나타난 성현聖賢의 논리를 근거로 하고 있다는 점에서, 일부 연구자들처럼 서구 이론에 경도傾倒되어 우리 소설을 바라볼 것이 아니라 우리 이론을 바탕으로 우리 소설을 보아야 할 것이다. 이를 위해 지금까지 동양에서 가장 중요하게 생각해왔던 권선징악적勸善懲惡的 문학관文學觀을 이론화하여 우리 고소설古小說의 실상을 엄밀히 살펴보아야 한다.

권선징악勸善懲惡 이론理論은 우리 고소설을 권선징악勸善懲惡의 차원에서 논의하고자 하는 이론으로, 이 땅에 서구의 문학관이 상륙하기 이전까지는 단 한 번도 도전받은 적이 없는 확고한 전통적 문학관이었다. 따라서 이 책에서는 우리 고소설을 동양東洋의 자료와 동양東洋의 논리에 근거하여 살펴보고자 하였다.

이를 위해 제1부의 제1장에서 지금까지 이루어진 '권선징악勸善懲惡' 논의에 대해 재검토해 보고자 한다. 이 부분은 그간 학계에서 부정적으로 인식되어 온 권선징악적勸善懲惡的 문학관文學觀에 대해 반성하기 위해 서술된 부분이다. 다음으로 제2장에서는 『시경詩經』을 비롯한 경서經書를 중심으로 '권선징악勸善懲惡'의 개념과 범주 및 '권선징악勸善懲惡' 이론의 전통을 살펴보고자 하였다. 이 장은 시론·소설론·문장 일반론으로 나누어 중국과 한국의 경우를 살펴, '권선징악勸善懲惡' 이론의 연원과 중요성을 살펴보고자 한 것이다.

제3장에서는 '권선징악勸善懲惡'과 고소설古小說의 상관관계를 집중적으로 논의하고자 하였다. 이를 위해 제1절에서는 『논어論語』 장

구章句와 권선징악勸善懲惡의 관계를 살펴보고자 하였다. 『논어論語』 속에 나타난 '흥관군원興觀群怨'·'정위지음성鄭衛之淫聲'·'괴력난신怪力亂神'에 대해 권선징악적勸善懲惡的 차원에서 집중적으로 살펴보고자 하였다. 제2절에서는 고소설에 등장하는 선善·악惡 인물의 성격 파악과 권선징악勸善懲惡의 문제를 다루어 보았다. 특히 '맹자孟子의 설시법說詩法'과 '홍운탁월법烘雲托月法' 및 '츤탁법襯托法'을 작품 해석의 방법으로 제시하고, 기존 연구에 대한 반성으로 「흥부전」을 예를 들어 보았다. 제3절에서는 선인先人들의 복선화음福善禍淫 신봉관信奉觀을 살펴 이 이론과 권선징악勸善懲惡의 관계를 파악하고 이를 바탕으로 고소설을 분석해 보고자 하였다. 특히 복선화음福善禍淫의 논리적 근거를 제시하고, 이러한 논리적 근거와 인식이 고소설의 이해를 위해 어떻게 작용하였는가를 살펴보고자 하였다. 제4절에서는 고소설古小說의 결말 처리와 징창懲創의 문제에 대해 살펴보고자 하였다. 징창懲創의 내용에 따른 결말結末 처리법으로 「흥부전」과 「옹고집전」을 예로 들어, 「흥부전」의 결말 처리 방법이 바람직한 것이었음을 논의하고자 하였다. 제5절에서는 고소설古小說에 나타난 '권선징악적勸善懲惡的' 주제主題 표출表出의 다양성多樣性에 대해 살펴보아 각 절에서 논의한 주제들의 권선징악성勸善懲惡性을 증명해 보고자 하였다.

이와 같이 이 책의 제1부는 선인들이 지녔던 권선징악적勸善懲惡的 문학관文學觀을 다양한 각도에서 살펴 고소설의 실상을 새롭게 바라보기 위해 서술되었다. 특히 그간 학계에서 소극적·부정적으로 인식되어 온 권선징악적勸善懲惡的 문학관文學觀에 대한 극복과 이를 바탕으로 한 우리 고소설의 바람직한 연구 방향의 제시를 서술의 기본 목적으로 삼았다. 따라서 이 책의 제1부를 "권선징악勸善懲

惡 이론理論의 전통傳統과 고소설古小說의 재조명再照明"으로 설정하였다.

우리 학계에서 고소설 연구 이력은 근 100년의 역사를 지니고 있다. 그간 많은 것이 밝혀졌고, 다양한 논의가 나와 연구 범위가 확대되고 연구 역량이 증대되었지만, 아직까지 많은 것이 베일에 가려져 있다. 이와 같은 상황은 기본적으로 선대부터 있어왔던 소설 폄시관에 기인한 것이 적지 않으리라 생각되지만, 우리 소설사에 대한 총체적인 연구가 진행되지 못하고 연구 경향이 편중되어 있었다는 데에도 적지 않은 원인이 있을 것이다. 이와 같은 편중된 연구 경향에 대한 반성과 연구 범위의 확장을 위해 이 책의 제2부를 기획·서술하였다.

우리 소설사에서 천군계 소설의 비중은 상당하다. 그러나 아직도 새로운 천군계 소설 작품이 발굴되고 있으며, 작자도 확정되지 못한 작품이 있다. 해월海月 황여일黃汝一·동명東溟 황중윤黃中允 부자父子의 고가古家에서 발굴한 「천군기天君紀」와 아직 작자 문제가 논란이 되고 있는 「천군연의天君衍義」가 그 대표적인 예이다. 이 책 제2부의 첫 번째 장에서는 「천군연의」의 작자를 정태제로 확증하고, 이어 새롭게 발굴된 「천군기」와 「천군연의」의 관계를 규명한 뒤 「천군연의」를 포함한 천군계 소설의 성격을 파악해 보고자 하였다.

제2부의 제1장에서 「천군연의」의 작자 문제를 비정하고 이를 통해 연의계 소설에 대한 관심을 촉구하기 위해 「천군연의」를 다루었다면, 제2장에서는 「춘향신설」과 「현토한문춘향전」의 작자와 창작연대 비정을 통해 한문 소설에 대한 정치한 접근을 추구하였다.

「춘향전」이 우리 소설사에서 차지하는 비중은 지금까지 제출된 연구 논문의 편수가 잘 보여준다. 그렇지만 이와 같은 방대한 연구 결과에도 불구하고 아직까지 '춘향학春香學'이 성립되었다고 말하지 못하는 이유는 다각적이고도 총체적인 연구가 부진했기 때문이다. 특히 그간의 「춘향전」 연구는 국문본 「춘향전」을 중심으로 한 것이어서 한문본 「춘향전」에 대한 연구는 상대적으로 부진한 편이었다. 따라서 「춘향전」에 대한 수많은 연구 논문이 제출되었음에도 불구하고 아직까지 「춘향전」에 대한 총체적인 연구가 이루어졌다고 말하기 어렵다. 이는 춘향학의 전모를 밝히기 위해서도 극복되어야 할 중요한 과제이다.

한문본 춘향전은 약 10여 종으로 추정되는데, 이 책의 제2부 제2장에서는 한문본 춘향전의 압권이라고 할 수 있는 「춘향신설春香新說」과 「현토한문춘향전懸吐漢文春香傳」의 작자와 창작 연대 문제를 집중적으로 논의하고자 하였다. 한 작품의 정확한 이해를 위해 그 작품의 작자와 창작 연대의 확정은 중요한 의의를 지닌다. 특히 고소설의 경우 작자와 창작 연대의 확정은 더욱 중요하다. 고소설 대부분의 작자와 창작 연대를 정확하게 알 수 없는 현재, 작자와 창작 연대의 확정은 그 작품의 이해를 위해서나 고소설의 사적史的 전개를 이해하기 위해 매우 중요하다. 특히 「춘향전」의 경우 그 생성과 변모의 역사를 총체적으로 파악하기 위해 한문본 춘향전의 작자와 창작 연대 확정은 중요한 의의를 지닌다.

이렇게 제2부 제1·2장 두 편의 글은 작자 문제에 대한 정치한 접근을 통해 작품 해석의 새로운 방향을 제시하고자 한 것이다.

패관소설은 소설의 한 부류로 상당 기간 우리 선인들에게 애호된 문학 양식이지만, 현재 학계에서는 패관소설에 대해 그다지 주목하지 않고 있다. 고소설사의 전개 과정에서 패관소설이 차지하는 비중은 상당하지만, 패관소설의 출현 동인動因은 아직 밝혀지지 않고 있다. 이 책 제2부의 제3장에서는 15세기 성종조 패관소설의 융성 동인을 살펴보고자 하였다.

성종조 패관소설의 융성이 후대의 소설 창작에 직·간접적인 영향을 미쳤다고 보이는데, 여조麗朝를 계승承繼하여 우리 소설문학을 성숙시키는 새로운 지평을 열어준 시기가 이 시기였다고 생각된다. 이 글에서 언급한 패관소설은 어숙권魚叔權이 「패관잡기稗官雜記」에서 나열한 작품군에서 도출한 용어이다. 따라서 이 책에서 언급한 패관소설은 어숙권이 사용한 것처럼 무한한 개연성을 가진 개념으로서, 좁게는 이야기(story line)에 해당하는 모든 것에서부터, 넓게는 오늘날 소설의 개념으로 보아도 소설적 구성을 갖춘 고소설까지를 포함한다. 이 개념은 지금까지 학계에서 사용되어온 패설稗說·패사소설稗史小說·패관소설稗官小說·패관잡기稗官雜記·패관문학稗官文學 등을 모두 수렴하되 더 확대된 개념으로서 역사류歷史類·시화류詩話類·소화류笑話類를 비롯하여 한문단편漢文短篇은 물론 야사野史까지도 여기에 포함된다.

성종조라는 시기도 어숙권이 제시한 작품군作品群 작자의 생몰 연대에 근거한 것이다. 어숙권이 제시한 작품의 작가들 중 강희안姜希顔을 제외하고는 모두 성종조 전후를 살다간 인물들이므로 이들을 성종조라는 시기로 포괄하여도 큰 무리가 없을 것이다.

이 책에서는 패관소설 작품들이 13세기에 나타났다가 이후 200여 년의 공백기를 거친 뒤 15세기 성종조 때 다시 융성하게 된 원인에 대해 알아보고자 하였다. 15세기 성종조 때 패관소설이 융성하게 된 융성동인隆盛動因은 다양한 각도에서 검토되어야 한다. 중국 서적의 유입流入·여말선초麗末鮮初 서적의 유통과 간행 양상·서사문학의 전개 방향 등 다양한 관점에서의 논의가 필요하다. 당唐나라 퇴거문인退居文人들의 영향을 중심으로 한 중국문학의 영향 문제와 성종조라는 시기의 특성, 이 시기 작자들의 소설관 등을 종합적으로 살펴야 한다.

이러한 연구 경향은 전문학傳文學도 마찬가지이다. 전문학은 실기와 소설의 중간에 위치하면서 소설성과 기록성을 동시에 보유한 문학 양식이다. 전문학은 이전 시기의 보편적 서사 양식이면서 개별 작품이 각기 다양한 특성을 지니고 있어, 전문학에서는 풍부한 문학성을 찾아낼 수 있다.

하서河西 김인후金麟厚는 도학道學·절의節義·문장文章 세 가지를 겸비한 조선시대의 도학자이다. 하서河西의 면모를 보여주는 전기물傳記物로는 「연보年譜」류·「야담野談」·「구전설화口傳說話」류·「김하서전金河西傳」·「청은전淸隱傳」·「하서선생전河西先生傳」이 있다. 이 중 이 책에서 살펴보고자 하는 것은 「하서선생전河西先生傳」이다. 이 책에서는 「하서선생전河西先生傳」이 실기實記이며 전기傳記이자 광의廣義의 문학文學이라는 점에 초점을 맞추어 논의를 전개하였다.

문학에는 '광의의 문학'과 '협의의 문학'이 있다. 동양의 전통적인 개념에 따른 문학을 광의의 문학이라고 한다면, 오늘날 서구의 개념에 따른 문학을 협의의 문학이라고 할 수 있다. 전통적인 문학은 상상적이고 미적인 쾌감을 지닌 문예를 뜻하는 것만이 아니었다. 문자로 기록된 글을 통칭하는 매우 포괄적인 개념이었다.

현재에 와서도 한국문학의 범위와 문학사 기술에 관해서는 다양한 논란이 계속되고 있다. 일기日記·기행紀行은 물론 잡문雜文까지도 문학의 영역에 포괄시키는 경우가 있는가 하면 수필·기행·전기·평론 등이나 실용문서實用文書까지도 문학에 수용하기도 한다.

그러나 오늘날 '광의의 문학'이라는 개념을 그대로 수용하여 '기록記錄'된 모든 것을 문학으로 간주하기는 어려울 것이기 때문에 '협의의 문학'이라는 개념을 어느 정도 수용하여야 할 것이다.

이 책에서 성종조 패관소설의 융성 동인과 「하서선생전」에 관심을 가지고 서술한 이유는 현재 학계의 연구 중심에서 밀려나 있는 두 서사 양식에 대한 관심을 환기하기 위해서이다.

우리 소설의 서술 무대는 한반도에서 멈추지 않는다. 소설의 무대는 선인이 접하고 상상했던 모든 지역이 대상이 된다. 중국과 일본이 주된 무대이기는 하지만, 중국과 일본으로 한정지을 수는 없다. 우리 소설의 무대를 확장하고 연구 영역과 방법을 넓히기 위해 고소설에 나타난 대월의식對越意識을 글로 옮겨 보았다.

우리 고소설 중 대외對外 관계를 주제나 소재로 하고 있는 소설들은 대부분 중국中國과의 관계를 중심으로 하고 있으며, 다음으로 일본日本과 기타 국가와의 관계를 대상으로 하고 있다. 중국과의 관계를 중심으로 한 작품들에 나타난 의식들을 살펴보면 친중의식親中意識과 반중의식反中意識으로 나눌 수 있지만, 일본日本과의 관계를 담고 있는 작품들에서는 반일의식反日意識만 찾을 수 있다. 이로 보아 우리 고소설에 드러나는 대일본의식은 몹시 부정적否定的이다.

이 책에서는 그동안 전혀 논의되지 않았던 대월의식對越意識을 월남越南[안남安南·교지交趾·남만南蠻]이 등장하는 고소설을 대상으로 살펴보고자 한다. 아직까지 학계에서는 '월남인越南人이 주인공인 고소설·우리나라 사람이 월남 공주와 결혼하는 고소설·우리나라 사람인 자형姉兄이 명국明國을 창업創業하도록 내어주고 주인공인 매제妹弟가 월남왕이 되는 고소설'이 있다는 사실조차도 모르고 있는 실정이다.

우리나라 고소설 연구에서 처음으로 월남에 주목하고자 하는 이 책은 한월관계韓越關係 연구상研究上으로는 물론, 한국고소설연구 근 100년 사상史上 매우 의미 있는 일로, 이 방면 연구의 선편先鞭이라고 할 수 있다.

이와 같이 다양한 서술 목적을 하나로 묶기 위해 이 책 제2부의 제목을 “고소설의 쟁점과 지평의 확대”로 설정하였다.

이 책의 제목을 『권선징악 이론의 전통과 고소설의 비평적 성찰』이라고 한 것은 이와 같은 여러 가지 목적을 한 권의 책 속에 담아내기 위해서이다. 이 책이 최초 계획한 목적을 얼마나 이루어낼 수 있을지는 확신하기 어렵다. 하지만, 이전까지 논의되지 못했던 고소설사의 다양한 문제들이 이 책을 통해 공론의 장에 나올 수만 있다면, 그것만으로도 이 책의 의미는 적지 않다고 생각한다. 앞으로 전개될 고소설 연구자들의 열띤 논쟁을 기대한다.

제1부
권선징악 이론의 전통과 고소설의 재조명

Ⅰ. 권선징악勸善懲惡 논의論議의 재검토再檢討

고전문학 연구에서 흔히 고소설의 문제적 속성으로 '인물과 주제의 유형성'을 지적한다. 이는 천편일률적인 주제의 '권선징악성勸善懲惡性'에 대한 문제 제기이다. 그리고 이 천편일률적인 주제의 '권선징악성勸善懲惡性'에 대해 지금까지 부정적인 의미를 부여해 왔다.

그러나 이와 같은 논의에 대해서는 다시 생각해 볼 필요가 있다고 생각된다. 천편일률적인 주제의 '권선징악성勸善懲惡性'이 반드시 부정적인 의미만 있는 것인지 아니면 긍정적인 의미로 파악해도 되는 것인지, 그간의 언급들을 토대로 오류를 지적하고 논의해 보는 것도 의미 있는 일이라 생각된다. 지금까지 '권선징악勸善懲惡'에 대한 많은 언급이 있었지만, '권선징악'을 표제로 하여 본격적으로 논의를 전개한 글은 아직 없는 것 같다.

이 책에서는 그간 부정적으로 비판되어온 주제의 '유형성', 즉 천편일률적인 '권선징악성勸善懲惡性'을 긍정적인 각도에서 논의해보고자 한다. 이 장에서는 천편일률적인 '권선징악성勸善懲惡性'으로 인해 갖가지 폐단이 나타나게 되었다고 하는 지금까지의 평가가 타당한 것이 아님을 밝힌 뒤 '권선징악'의 진정한 의미에 대해 다시 생각해 보고자 한다.

'권선징악勸善懲惡'을 글자 그대로 풀이하면 '선善'을 '권장勸奬'하고

'악惡'을 '징계懲戒'한다는 뜻이다. 참된 삶의 길을 제시하여 사람이 참되게 살도록 하기 위한 방법으로 '권선징악'보다 바람직한 것이 없을 것이다. 사람이 선하게 살도록 '권장'하는 것은 지선至善의 일이다. 이 지선의 일을 위해 잘못된 일, 곧 '악惡'을 '징계懲戒'하는 것이다. '징계'는 '징창懲創'과 같은 말로, '창創'의 자의字義가 말해주듯 찔러 주어[자刺] 경계하도록 하는 것이다.[1] 그렇다면 '징계'는 어디까지나 선善을 행하도록 하기 위한 수단에 불과한 것이어서, '권선勸善'이 '본本'이 되고 '징악懲惡'은 '말末'이 되는 것이다. '권선'을 위해 '징악'이 필요한 것이라는 점에서, '권선징악'은 시대를 초월하여 문학 작품의 '영원한 최선의 주제'가 되는 것이다. 문학이 인간의 삶을 표현하고 인간에게 참된 길을 제시하는 것이라면, 이만큼 가치 있는 주제가 또 있겠는가?

주제의 '권선징악성'에 관한 논의는 고전문학 이론 가운데 도덕론道德論[2]에 해당하는 것이다. 고전문학 이론에서 도덕론적 문학론은 지금까지 끊임없이 전개되어 왔으며, 앞으로도 영원히 존재할 문학론이라고 생각된다. 도道란 사물의 당연지리當然之理 또는 당행지로當行之路를 말하는 것으로, 사람에게는 당연히 해야 할 일, 가야할 길을 의미하는 말이며, 덕德이라는 것은 도道를 따라 행해 나가는 가운데 마음에 터득되는 것을 의미하는 말이므로 도道와 상응하는 의미를 지닌 말이다.

도덕론은, 문장이란 도덕 곧 삶의 참된 도리를 보여 주는 알찬

---

1) 「懲創」, "創亦懲也, 懲創猶言懲戒也."(『中文大辭典』, 1962).
2) 이 문제에 관해서는 鄭堯一이 그의 학위 논문(「한국 고전 문학 이론으로서의 도덕론 연구」, 서울대학교 박사학위 논문, 1985)을 통하여 克明히 밝히고 있다.

내용을 담아야 한다는 이론인 동시에 그런 알찬 내용을 담기 위해 작자가 취해야 할 태도, 곧 올바른 작가 정신을 논하는 문학 이론이다. 도덕론은 문학의 궁극적인 목적을 중심으로 하여, 문장을 통해 삶의 참된 가치를 추구하고자 하는 이론이다. 도덕론에서는 작자의 역사의식이나 현실 인식에 관한 문제와 사물을 바라보는 태도 등을 주요主要한 논의의 대상으로 삼는다. 도덕론은 문장이 감동과 교훈을 주어 사람의 마음을 바로 잡고 성정性情을 순화시키며 더 나아가 세상을 바로 잡을 수 있어야 한다는 문학의 효용성 문제를 논의하기도 한다.

도덕론은 문학의 소재를 도덕에 관한 것으로 한정하는 이론도 아니고, 도덕만을 앞세워 문학을 부정하거나 문장의 예藝를 부정하는 이론은 더욱 아니다. 도덕론은 고전문학 이론 가운데 문학의 가장 본질적이고 핵심적인 문제를 다룬 이론이다.[3] 이 도덕론은 시공時空을 초월한 문학 이론으로 현대 문예 미학의 이론까지도 수렴할 수 있는 이론이다.

'권선징악' 문제도 이와 같은 도덕론을 벗어나는 것이 아니다. '권선징악'은 고소설이 나타내고자 하는 내용의 핵심을 대변해 주는 것이다. 그럼에도 불구하고 '권선징악'이 부정적으로 논의될 여지가 있으며 지금까지의 고소설 연구에서 부정적으로 논의되어 왔다는 사실이 이 글을 기획하게 된 중요한 이유임을 밝혀 둔다. 이와 함께 이 글에서 '권선징악'에서 도출되었다고 하는 갖가지 폐단이라는 것이 '권선징악'에서 나온 것이 아니라는 점을 밝혀 '권선징악'의 진정한 의미에 대해 살펴보고자 한다.

---

3) cf., 鄭堯一, 上揭論文, p.4.

1. '권선징악勸善懲惡'에 대한 기존既存의 견해見解

고소설의 주제로서 '권선징악'을 논하면서 언급되는 사항은 크게 두 가지이다. '주제가 유형적'이라는 것과 그 유형성으로 말미암아 '갖가지 폐단'이 도출되었다고 하는 것이다. 이에 따라 고소설 연구자들 대부분이 '권선징악'에 대해 노골적으로든 우회적으로든 긍정적으로 평가하지 않으려 하고 있다.

이제 이 글의 논의를 위해 기존의 견해들을 예시해 보기로 한다.

> ① 신기형申基亨[4] : 그러나 古典에 속하는 古代小說의 테마는 勸善懲惡에 歸一되어 極히 單純하며, 定型的인 性格을 뚜렷이 나타내고 있으므로 過히 論議의 俎上에 오르지는 않지만 現代小說에 있어서는 人文社會의 複雜性에 비추어 보아 大端히 重要視되고 文藝批評家의 對象에 올라 深刻한 論議의 焦點이 되는 것이다.
>
> ② 정주동鄭鉒東[5] : 이와 같은 사실은 우리나라 古代小說에 雄作이 없음은 그 主題가 勸善懲惡性으로만 一律化되어 있음에 起因한다고도 볼 수 있는 것으로, 이는 마치 우리 古代小說의 表題가 「○○傳」으로 一律化되어 있는 것과 같은 사정이다.
>
> 그러나 現代에 있어서는 古代小說이 이 勸懲性으로 인해서 가장 冷待를 받고 있고, 또한 이 勸懲性이 小說의 발달을 沮害했음도 사실이다.
>
> ③ 김기동金起東[6] : 누구나 李朝小說을 읽어 보면 作品마다 각각

---

4) 申基亨, 『韓國小說發達史』(彰文社, 1960), p.30.
5) 鄭鉒東, 『古代小說論』(螢雪出版社, 1966), p.81, p.371.
6) 金起東, 『李朝時代小說論』(宣明文化社, 1975), p.50, p.56.

다른 主題가 있는 것이 아니고 作品마다 同一한 主題를 가지고 있는, 다시 말하면 主題의 類型性을 發見하게 될 것이다.

이상 李朝小說의 類型的인 主題를 몇 가지로 나누어 살펴보았거니와, 李朝小說의 作家들이 共通的인 主題로서 勸善懲惡的인 道德問題에 歸着시키고 있음을 알 수 있다. 이것은 李朝小說을 論하는 사람들이 누구나 言及하고 있는 主題이다.

④ 박성의朴晟義[7] : 古代小說의 主題는 한말로 말하면 勸善懲惡에 歸一한다. 現代小說이 人生의 生活과 眞實面을 있는 그대로 描寫하여 讀者에게 어떤 人生問題의 課題를 던져 주고 讀者 스스로가 그것을 깨닫게 하는데 대하여, 古代小說은 說話形式을 통하여 讀者에게 說敎하는 作者의 主觀이 內包하고 있다. …… 現代小說이 作品中 人物과 事件을 통하여 그 뒤에 숨은 意味를 讀者 스스로가 깨닫게 하여 主題의 判斷을 歸納하려는 데 대하여, 古代小說은 敎訓的이요 說敎的인 立場에 서서 항상 善惡의 判斷을 미리 演繹해버리는 것이다. …… 이상과 같이 分析해 본 古代小說의 主題는 결국 勸善懲惡的인 道德問題에 歸着되고 마는 것이니, 「興夫傳」·「狄成義傳」·「彰善感義錄」 등이 그의 가장 代表일 것이다. 이것은 古代小說이 道德을 부르짖는 儒敎社會를 背景으로 하여 生長 發達한 데 起因할 것이다.

⑤ 김동인金東仁[8] : 종래의 권선징악(勸善懲惡)과 춘원(春園)의 권선징악(당시의 도덕안에 비추어)의 사이에는 오십 보 백 보의 차밖에는 없다는 점이다. 종래의 습관이며 풍속의 불비된 점을 독자에게 보여 주는 것은 옳은 일이로되, 개선 방책을 지시하는 것은 소설의 타락을 뜻함이다. 소설은 인생의 회화(繪畫)는 될지언정 그 범위를 넘어서서 사회교화기관(직접적 의미의)이 되어서는 안 되는 것이며 될 수도 없는 것이다.

---

7) 朴晟義, 『韓國古代小說論과 史』(集文堂, 1986), pp.37~41.
8) 金東仁, 『韓國近代小說考』, 『東仁全集』 8(弘字出版社, 1968), p.590.

⑥ 양명梁明[9]：一年前에나는 新文學建設과한글整理(開闢三十八號)라는 題目下에서 舊文學과 新文學에 한重要한差異라하야「舊文學은 形式文學이요 新文學은 寫實文學이다 舊文學은 그의作者 거이 社會經驗이不足한 貴族出身인外에 멧千年前의죽은文體 內容과事實이符合되지안는문자 (古典)를 使用하야「文以載道」라는좁은範圍안에서「勸善懲惡」이라는것을 唯一한目標로—複雜社會 微妙한人情을 그렬려하엿다 달아서 그의結果는 現社會의人物을 멧千年前의죽은 허수아비가 되게하거나 또는 自己를속이고 남을속이는거짓말을하고말앗다 누구를차자갓다가 만나지못하고돌아왓다면 그네들은 依例히「題鳳而四」라하고 누구를기달엿다면 依例히「首邱而望」이라고한다 (中略) 그러나 新文學은이와 反對다 그네들에게는 죽은文體로 산사람을模寫하여야할 苦痛도업고 自己를속이고 남을속이어야할必要도업다 더구나「文以載道」라든지「勸善懲惡」가튼것은 그네들에게아모意味도주지못한다 豊富한經驗과周密한理想을가진 그네들은 다만 自由한形式 自由한內容으로 복잡한社會 微妙한人情 社會와人生의라고 말한일이잇다 이러헌標準下에서 우리의 漢文文學과歌謠를 比較하여본다면 정말「天壤之差」가잇다 勿論 歌謠도 形式上으로 完全히自由한地域에는 到達치못하엿고 더구나模寫方面으로 보아서는 不足한點이甚히만흐나 적어도 過去우리의文學中에서는 形式과內容上의自由가이와 比較할만한 것이 하나도업섯다 우리가民謠童謠를일글쌔에반드시 一種—生氣잇는 自然的인 天眞爛漫한—過去우리에 다른作品에서 到底히맛볼수업는—그무슨印象을 엇게됨은 全혀이러한長處가잇는까닭이다 이러한方面으로만 보아서도 우리의歌謠는 五言 七言의絶句와 四律에比較하야 멧十倍 멧百倍價値잇는文學이라 할수잇다

⑦ 양명梁明[10]：舊文學은 形式文學이오 新文學은 寫實文學이다.

---

9) 梁明, 「新文學建設과 한글整理」, 『開闢』38(1923), p.11.
10) 梁明, 「文學上으로 본 民謠童謠와 그 採輯」, 『朝鮮文壇』2권8호(1925),

舊文學은 그의作者가 거이 社會經驗이 不足한 貴族出身인 外에 멧千年前의 죽은文體 內容과 事實이 符合되지 안는 古典을 使用하야 「文以載道」라는 좁은範圍 안에서 「勸善懲惡」이라는 惟一한目標로 複雜한社會 微妙한 人情을 그리려 하엿다. 싸라서 그의 結果는 現代의人物을 멧千年前의 죽은 허수아비가 되게하거나 쏘는 自己를 쏙이고 남을 쏙이는 거짓말을 하고말앗다. 누구를 차자갓다가 만나지못하고 돌아왓다면 그네들은 依例히 「題鳳而回」라하고 누구를 기달엿다면 依例히 「首邱而望」이라한다. 名함을 주엇다든지 鳳을 그리것은 그네들에게 조곰도 相關이업고 房에서 기달엿다든지 들에서 기달인것은 그의무를바가 아니다. 甚至於 그네들은 自己가 집生覺 할쌔라도 「王粲登樓」「仲宣作賦」라는 거짓말을 쓴다. 烈女春香은 반듯이 暗行御史로 出關한 李道令을 만나야되고 孝女沈淸은 죽엇다가 살아나서 皇后가 되고 自己의 父親을 만나야 된다.

그러나 新文學은 이와 反對이다. 그네들에게는 죽은文體로 산사람을 模寫하여야할 苦痛도업고 自己를 쏙이고 남을 쏙여야할 必要드업다. 더구나 「文以載道」라든지「勸善懲惡」가튼것은 그네들에게 아모意味도 주지못한다 豊富한 經驗과 周密한 理想을가진 그네들은 다만 自由한形式, 自由한理想으로 複雜한社會 微妙한人情………社會와 人生의 모든問題를 實際그대로 그릴섇이다.

唐宋八家文과 現代歐美文學의 傑作을 比較하야본다면 우리는 容易히 形式을爲主하는 舊文學과 內容에 專力하는 新文學의 差異点을 알수잇을것이다.

⑧ 이광수李光洙[11]) : 自來로 小說이라하면 반다시 惡한 者를 懲戒하고 善한 者를 推獎하야 宗教나 倫理의 一方便을 作함에 不過하엿

p.86.

11) 李光洙, 「懸賞小說考選餘言」, 『靑春』12(1918), (최예열, 『한국 근 · 현대 비평논쟁 자료집』, 한국학술정보(주), 2007. p.33)

습니다. 그럼으로 文學을 評하려는 者는 몬저 그 文學의 敎訓하는 바를 뭇습니다. 卽 嫉妬心을 懲戒한다든지 勤勉을 推奬한다든지 忠孝之德을 奬勵한다든지, 이런 것을 물어 그것이 업스면 그 文學은 價値가 업다고녀겻습니다. 이것은 文學이라는 新見解를 모르는 이의 흔히 빠지는 誤解외다.

勸善懲惡이 毋論 조치아니함이 아니지오, 그러나 勸善懲惡의 任務를 다하기 爲하여서는 修身書와 宗敎的 敎訓書가 잇습니다. 文學은 決코 修身書나 宗敎的 敎訓書도 아니오, 그 補助는 더구나 아니오, 文學에는 뚜렷이 文學自身의 理想과 任務가 잇습니다. 嫉妬를 材料로 하되 반다시 嫉妬를 업시하리라는 目的으로 함이 아니오 忠孝를 材料로 하되 반다시 忠孝를 奬勵라하는 意味로 하는 것이 아니라, 嫉妬라는 感情이 根本이 되어 人生生活에 엇더한 喜悲劇을 닐으키는가, 忠孝라는 感情의 發露가 엇더케 아름다운 人情美를 發揮하는가를 如實하게 描寫하야 萬人의 압헤 내어노흐면 그만이외다. 萬人이 그것을 보고 敎訓을 삼는다하더라도 그것은 文學의 一活用, 一副産에 지나지 못하는 것이외다. 우리 人生은 敎訓만으로 살아가는 것이 아니니 倫理的敎訓은 人生의 一部分에 不過하는 것이외다.

어느 나라나 古代文學은 다 이 範圍를 超脫치 못하엿습니다. 그럼으로 그 取材의 範圍가 極히 狹小하얏스나 只今은 人事萬般現象이 어느 것이 그 材料가 아니될 것이 업습니다. 彰善感義錄은 일흠부터 그러하거니와 其他 古代小說이 어느 것이 이 準繩의 制限을 아니밧은 것이 업습니다. 敎訓은 現代를 따라 變하지마는 人情의 本流는 亘萬世히 一樣이외다. 그럼으로 支那의 詩經이라든지, 唐詩人의 아름다운 詩라든지, 西洋에도 호메르의 詩갓흔것은 道德과 法律이 몃滄桑을 當한 今日까지도 如前한 生命을 가지는 것이외다. 敎訓이 社會狀態를 따라 變함과 갓히 그것을 生命으로 하는 文學도 社會를 따라 變할것이니 이런 것은 眞正한 意味로 文學이라 할 수가 업습니다.

⑨ 이상섭李商燮[12]: 권선징악을 목적한 동양의 작품은 서양의 합리주의 시대의 시적 정의관에 부합하는 작품일 것이다. 동양의 사필귀정(事必歸正)이란 문귀도 실제 역사에 대한 묘사가 아니라 편협한 합리주의의 희망적 기원이다. 그러나 삼국지연의를 보면 정의의 편인 유비 삼형제와 제갈량이 정의를 실현하지 못하고 패배한다. 그럼에도 불구하고 독자는 유비일파의 정의관에 동조하도록 되어 있다. 우리의 임진록이 소박한 정의감 때문에 역사를 환상적으로 왜곡하고 있는 것과는 크게 대조적이다. 상상적인 차원에서의 권선징악, 시적 정의(詩的 正義, Poetic Justice – 필자 주)는 대중 통속 문화에 어울린다.

⑩ 조남현曺南鉉[13]: 요컨대 갈등 구조의 설정 방법과 해소 방법이란 측면에서의 변화를 통해 소설의 발달 과정을 읽어 볼 수 있지 않을까 한다. 가령 李朝小說의 경우 그 갈등 구조가 거의 單色的으로 설정되었다는 느낌을 갖게 한다. 李朝小說에서는 '善者必興 惡者必亡'이라는 윤리학적 상상력 아래서 갈등 관계가 설정되고 처리되는 게 보통이었다. 그리하여 이러한 윤리학적 상상력은 지나치게 반복 수용된 나머지 당시 李朝小說에서는 갈등 구조 설정 방법에 관한 한 하나의 도식적 관념으로 작용하게끔 되었다.

⑪ 조동일趙東一[14]: 이들 논저는 대체로 古代小說의 특징을 現代小說과 비교해서, 또는 비교를 염두에 두고 논하며, 그 가치를 시비하는 것이 상례이다. 그리고 작품을 구성, 사건, 인물, 배경, 문체, 수사, 사상, 주제 등의 항목에 따라 미세하게 해체하여 다루는 경향이 두드러지게 나타난다. 전체적으로 보아 이시기(제3기 : 1950~1960년대 – 필자 주) 作品論은 작품을 고증의 대상으로 삼아 고증으로 접근

---

12) 李商燮, 『文學批評用語事典』(民音社, 1976), p.165.
13) 曺南鉉, 『小說原論』(고려원, 1982), p.192.
14) 趙東一, 「古代小說 · 판소리 硏究史」, 『국어국문학』 58~60합병호(국어국문학회, 1972), p.372.

할 수 있는 문제는 치밀하게 다루나, 이론을 요구하는 문제는 심각하게 제기하지 않거나 여러 현상의 상식적인 나열로 처리하려는 경향이 있다. 그리고 古代小說을 그것대로 다루지 않고 現代小說의 기준에 의해 평가해 千篇一律的이라든가 실패작이라든가 하는 등의 논법을 펴는 경우가 적지 않다. 李在秀, 韓國小說硏究에서의 작품론은 분석비평의 방법에 입각해 같은 결과에 이르렀다.

⑫ 구자균具滋均[15] : 고대소설에 勸善懲惡이 너무 많다고도 하나 눈먼 아버지를 위하여 바다에 몸을 던졌던 심청이가 그 뒤 왕후가 되어 아버지의 눈을 뜨게 한다는 얘기라던지 마음씨 좋지 못한 형 놀부가 우습기 짝이 없는 망신을 당하고, 마음씨 착한 전통적 민족 정서를 길러주는 우리 어린 학도들에게는 둘도 없이 좋은 벗이 되어 줄 것이다.

위의 예에서 볼 수 있듯이 선행 연구자들은 앞서 말한 두 가지 사항을 긍정적으로 받아들이고 있지 않다. 주제가 '권선징악'으로 너무 '단순'하다든지, '유형적'이라는 등의 이유를 내세워 부정적으로 보고 있으며, 이로 인해 '갖가지 폐단'이 발생했다고 지적하고 있다.

이와 같은 평가는 실상을 있는 그대로를 사려 깊게 파악한 것이 아닌 막연한 오해에서 비롯된 것이라 생각한다. '유형적인 권선징악'을 부정적인 요소로 지적할 수 있는 것인지, '갖가지 폐단'을 '권선징악'이라는 주제의 성격과 결부시켜 생각해야 하는 것인지, 회의를 품지 않을 수 없다.

이 장에서는 지금까지 문제로 인식되어 온 '유형성'과 '갖가지 폐

---

15) 具滋均, 「古代小說論」, 『韓國平民文學史』(民族文化社, 1982), p.93.

단'에 대한 이 글의 논의 방향을 간략하게 제시하는 것으로 마무리하도록 하고, 구체적인 논의는 다음 장에서 진행해 나가기로 한다.

'유형성'이란 권선징악적이라는 주제의 유형성을 말하는 것이다. 이 유형성은 고소설이 천편일률적으로 주제를 권선징악에 두고 있다는 것이다. 그래서 주제가 너무 단순하고 유형적이라는 것이다. 이와 같은 평가는 그 나름대로 이유가 있겠지만, 주제의 유형성을 반드시 부정적으로 보아야만 할 것은 아니라고 생각한다. 오히려 이 유형성으로 말미암아 고소설은 영원한 생명력을 지닌 주제를 가지는 것인지도 모른다.

'갖가지 폐단'으로 지적되는 사항은 주제의 유형성으로 인해 웅작雄作이 없다느니, 갈등 구조의 단색성單色性이 강하다느니, 내면세계의 갈등 묘사를 여실히 표현하지 못했다느니 하는 등의 것인데, 이는 결과적으로 사실성의 결여를 지적하는 것이다. 그러나 이와 같은 갖가지 폐단이 주제의 유형성에서 기인되었다고만 보는 견해는 잘못이라고 생각한다. 이 갖가지 폐단은 '권선징악'이라는 주제의 유형성에 원인이 있는 것이 아니라, 다른 요인에 의한 것이라 생각된다. 주제는 주제일 뿐이지, 그 이상도 그 이하도 아니다. 흔히 말하는 갖가지 폐단이라는 것은 주제와 관계없는, 고소설의 시대성에 기인하는 것이다. 이것은 다른 차원의 문제로서 주제 때문에 그러한 갖가지 폐단이 생기는 것이 아니다. 이 갖가지 폐단은 인물·사건·배경 등 고소설의 다양한 구성 요소나 제재 등에서 비롯된 것이지 결코 주제에 기인한 것이 아니다.

동양에서는 문장의 알차고 참된 내용, 인생의 참된 길을 보여 주는 '도道'를 중시重視하고 문자의 겉꾸밈이나 짜임새 또는 형식에 해당하는 '문사文辭'를 비교적 경시輕視하여 양자兩者를 본말本末의 관계

에서 파악해 왔다.[16)]

윤리적 차원에서 보자면 '권선징악'이라는 소설의 주제 때문에 소설이 일정한 가치를 지니게 되는 것이다. 권선징악은 인간의 본성에서 유래된 참다운 주제이다. 이 주제는 문학의 역사가 지속되는 한 면면히 계승되어야 할 것이다. 따라서 주제가 권선징악이기 때문에 실패한 소설로 파악해 온 제가諸家의 일반적인 견해는 타당한 것이 아니다.

지금까지 '권선징악'과 관련된 '유형성' 및 '갖가지 폐단'에 관한 논의에 대해 반성이 필요함을 간단하게 서술하였다. 유형적인 주제라고 평가받고 있는 고소설의 주제 '권선징악'은 긍정적으로 받아들여져야 하는 것이고, 권선징악이라는 유형적인 주제로 인해 일어났다고 하는 '갖가지 폐단'이라는 것은 주제와 구분하여 별도로 논의해야 할 것임을 강조해 보았다.

절을 달리하여 구체적인 논의를 계속하도록 한다.

---

16) 이는 뒤에서 좀 더 자세히 논하겠으나 周敦頤의 『通書』「文辭」 등 중국과 한국의 많은 고전에 보이는 문학관이다. 鄭堯一의 前揭論文 참조.

2. '권선징악勸善懲惡' 논의論議에 대한 재고再考

(1) '유형성類型性' 논의論議에 대하여

소설에서 주제란 '그 소설이 무엇을 말하고 있는가'라는 내용상의 문제를 말한다. 현대소설에서 중시하는 인물의 창조나 사건도 결국은 어떤 주제를 나타내려고 했는가 하는 문제에 귀결되는 것이다. 그렇다면 소설에서 주제만큼 중요한 요소도 없다. 주제가 바로 그 소설을 쓰는 목적인 것이다. 그렇기 때문에 작자가 소설을 쓸 때 그 이야기 자체에 흥미를 가질 수 있게 써야 하지만, 이와 함께 그 이야기를 쓰는 의도를 분명하게 하지 않으면 안 된다. 작자의 창작 의도가 작품을 통해 나타나는 것이 주제이기 때문에, 작자는 그 의도를 명시적明示的 형식이나 묵시적默示的 형식을 통해 독자에게 전달하여 감동을 줄 의무가 있다. 이와 같은 점에서 본다면 우리 고소설은 적어도 주제만큼은 분명하게 제시해 주고 있다.[17)]

그런데 주제란 내용을 고도로 추상화시켜 추출해 내는 것이다. 이런 점에서 소설의 주제는 대부분 극히 제한된 범위를 맴돌기 마련이다. 시대와 지역에 따라 거의 고정되어 있다.[18)] 그래서 주제는 한정되어 있지만, 그 주제를 형상화하는 방법은 수도 없이 다양하다. '사랑'과 '죽음'이라든지,[19)] '충忠 · 효孝 · 열烈'이라든지, 더 나아

---

17) 고소설은 '本篇 + 論(讚)'의 구성법이 많은 데 論 · 讚 부분이 작자의 논평으로, 여기에서 자신의 의도를 분명히 밝히는 경우가 대부분이다.

18) cf., 曺南鉉, 前揭書, pp.167~8.

19) cf., 上揭書, pp.177~8.

가서 '권선징악'이라든지 극히 한정되고 추상화된 주제를 구체적인 문장으로 표현하기 위해 다양한 인물과 사건이 소설 속에 등장한다.

이렇게 본다면 추상화된 주제인 권선징악이 부정적으로 논의되어야 할 이유는 없다. 선을 권장하고 악을 징계하는 것이 무엇이 나쁘단 말인가? 부정적으로 논의되어야 할 까닭이 없다. 선은 드러내 밝히고 악은 바로잡고 눌러 후세에 귀감이 되게 하여야 한다. 이는 인간사에서 도외시되어서는 안 될 중요한 과제이다. 악한 것이 징계되지 않고 방치되는 사회가 되어서는 안 될 것이다. 따라서 권선징악은 모든 인간이 깨우쳐야 할 중요한 덕목이다.

소설의 주제는 결국 인간의 문제로, 주제 의식의 명분과 근거는 휴머니즘 정신에서 그 소명 의식을 찾을 수 있다. 소설의 주제가 인간의 삶과 동떨어진 것일 수는 없다. 글은 참된 삶의 길을 제시하기 위한 것으로, 휴머니즘과 밀착되어 있는 것이다.

이에 대해 조남현曺南鉉은 다음과 같이 말하였다.

> 소설에의 주제 의식은 어떤 것이 인간을 인간답게 만들 수 있는가를 모색한 것으로, 또 인간이 인간다운 삶을 쟁취하려는 모습을 제시하려 한 것으로 그 내용을 요약해 볼 수 있다. 그리고 인간을 비인간적인 상황으로 몰아가는 불투명한 폭력(Opake)의 실체를 벗겨 보려 한 데서도 작자가 갖는 주제 의식이 결국 휴머니즘 정신에 근거하는 것임을 실감할 수 있다. 요컨대 여러 가지 내용으로 나타나는 소설의 주제는 휴머니즘으로 귀납되는 것이다.[20]

문학은 인간 삶의 표현이다. 문학 속에는 인간성에 근거한 인간

---

20) 上揭書, p.166.

과 인간사가 드러나야 한다. 특히 이와 같은 의식은 동양에서 강하게 나타난다. 동양의 전통적인 사상은 언제나 인간을 중심으로 하는 인본주의人本主義에 있었다. 문학도 이 인본주의를 벗어나는 것이 아니어서 문학가들은 문학을 통하여 변함없는 인간성을 형상화하기 위해 노력하였다. 동양에서는 서구와는 달리 신본주의神本主義에서 인본주의로, 인본주의에서 신본주의로 왔다 갔다 하는 사상의 방황 없이 일관되게 인본주의 인간관을 형상화하려고 노력해왔다. 그렇기 때문에 변하지 않는 주제로서 권선징악을 중요하게 다루어왔던 것이다.

문학의 주제가 휴머니즘으로 귀결되는 것이라면, 인간 대 인간의 갈등 또는 인간의 갈등을 다룬 작품은 당연히 그 주제를 권선징악에 두어야 하지 않을까 한다. 인간사의 갈등에서 선자가 승리하고 악자는 망해야 한다는 생각은 영원히 바람직한 사고이다.

그러나 이것이 현실 세계에서 그대로 잘 지켜지거나 나타나지 않기 때문에 현대소설은 리얼리즘이라는 명목 아래 결론을 내려주지 않고 유보시켜 주제를 묵시적으로 나타내고 있다. 그리고는 고소설은 리얼리티가 없다고 폄하한다.

현실과 달리 선자에게는 행을, 악자에게는 불행을 주는 결론을 그리는 대부분의 고소설을 리얼리즘 신봉자는 비판할 수밖에 없었던 것이다. 그러나 그럼에도 불구하고 권선징악이라는 주제는 언제나 중요한 것이다. 리얼리즘을 포함한 현대 문예미학은 이 권선징악을 어떻게 주제로 보다 잘 나타낼 수 있을까 하는 문제에 한층 더 주의해야 할 것이다.

동양의 사서史書나 문학文學은 권선징악을 통한 포폄褒貶으로 인해 초시대적인 전승성을 지니게 되었다. 공자孔子의 『춘추春秋』 이후 중국의 역대 사서가 권선징악적인 포폄을 의도하였다는 것이 중국 사서의 일반적인 특징이다. 권선징악적인 포폄을 통해 명분을 바로 세워 수후垂後하자는 것이 중국의 사서 저술의 목적이었다. 이른바 춘추필법春秋筆法으로 정명실正名實, 변시비辨是非, 우포폄寓褒貶 한다는 것이다. 바로 이것이 중국의 사서가 초시대적 전승성傳承性을 가질 수 있도록 하였다.

이는 문학에 있어서도 마찬가지였다. 초시대적 전승성을 지탱하는 원형적 전통은 권선징악적인 포폄에 있었다. 권선징악으로 말미암아 작품의 영원성이 있었던 것이다. 다시 말해 영원한 주제는 권선징악일 수밖에 없었다.

이에 대해 러시아의 뜨로쩨뷔치는 조선의 소설이 중국이나 일본에서 익숙하게 다루는 것과 같은 주제를 다루되, 그 나름의 장르의 법칙으로 인해 매우 독창적 작품으로 인정된다고 하였다. 그리고 '유형적 주제'라는 개념을 중세 동양 문화권의 공통 개념으로 좀 더 폭넓게 확대시켜 보고 있다.[21]

뜨로쩨뷔치는 권선징악이라는 유형적 주제에도 불구하고 조선의 소설이 독창적 작품으로 인정받을 수 있는 이유로 '장르의 법칙성'을 들고 있다. 뜨로쩨뷔치는 주제를 낳기 위한 제재의 꾸밈이 소설이라면, 이 제재는 각기 다른 것이므로 주제가 동일하더라도 독창적 작품이라고 본 것이라 생각된다. 천편일률적으로 권선징악이라는 주제를 구현하여 유형적이라고는 할 수 있겠지만, 각각의 작품은 제재가 다르고 구성이 다른 것이다. 이는 주제가 반드시 형식과 밀접한 관련이 있는 것은 아님을 암시해 주는 말이다.

---

21) 黃浿江, 「고전소설연구사서설」, 『古典小說 硏究의 方向』(한국고전문학연구회 편, 새문사, 1985), p.26. 再引用.

메레디스와 핏제랄드는 '전통적 소설의 주제는 소설에 나타난 선과 악 사이의 갈등에서 비롯된다'[22]고 하였다. 이와 달리 동양에서는 서구보다 "선자필흥善者必興 악자필망惡者必亡"에 초점을 맞추었으며, 이것을 불변의 제재로 끊임없이 설정하여 형상화시키려고 노력했다. 권선징악이라는 인간의 본성에 뿌리박은 만고불변萬古不變의 주제를 표현하기 위해 노력했던 것이다.

이는 고소설의 인물로 '구원의 인물상'[23]을 추구했던 것과 같이 '영원한 주제', 즉 변할 수 없는 불변의 진리라고 할 수 있는 주제를 소설의 주제로 추구한 결과라고 생각된다.

'권선징악'이라는 작품의 주제 논의는 고전문학 이론 가운데 도덕론에 해당하는 것으로, 도덕론의 중요성은 서론에서도 잠시 언급한 바 있다. 여기서 다시 한 번 정요일鄭堯一의 견해를 보기로 한다.

> 도덕론은 문장 또는 문학 작품이 道를 나타내야 한다는 이론인 동시에, 문장에 있어서 겉꾸밈보다는 도덕 곧 내용의 충실성이 문장의 근본이 되어야 한다는 이론이다. 참된 내용이 없는 美란 있을 수 없는 것이기에 문장이 나타내려는 도덕에 그것을 더욱 아름답게 꾸미는 文辭의 藝가 곁들여지게 되면 문장의 本末이 아울러 돈독해져서 참되고도 아름다운 진정한 美를 갖추게 되며, 그렇게 되면 마침내 남에게 감동을 주게 되고 만인의 사랑을 받게 되어 무궁한 만대에 전해질 수 있다는 논리가 문장 또는 문학에 있어서의 도덕론이다. ……

---

22) Robert C. Meredith/John D. Fitzgerald, Structuring your novel: From basic idea to finished manuscript, p.64.
"The theme of a traditional novel is derived from the struggle between good and evil in the novel."

23) cf., 黃浿江, 『朝鮮王朝小說硏究(증보 5판본)』(檀大出版部, 1986), pp.95~6.

> 그런데, 근자에 와서는 이 도덕론이 선대 유학자 또는 주자학자들의 고루하고 딱딱하기 그지없는, 참된 문학의 발달을 저해한 이론으로 오해되는 경향이 있다. 그러나 도덕론은 이미 지난 시대의 쓸모없는 유물이 아니다. 오늘의 관점에서 볼 때도 그것은 참된 문학의 건설을 위해 결코 도외시될 수 없는 것으로 ……[24]

위의 주장은 고소설의 '권선징악' 논의를 긍정적으로 설명해 주는 중요한 견해라 생각된다. '권선징악'이야말로 문학 작품이 알찬 내용을 지니게 하고 인생의 참된 길, 곧 도道를 보여 줄 수 있도록 하기 위해 사필귀정事必歸正의 이치에 따라 선택할 수밖에 없는 가장 바람직한 주제이기 때문이다. 따라서 고소설이 보여주는 '권선징악'적인 주제가 비록 천편일률적이라는 평을 통해 '유형성'이라는 말로 대변되기는 하지만(사실상 고소설의 주제를 '유형성'이라고 평가해 온 것도 잘못이다), 그 '유형성'이 작품의 질적 수준을 저하시키는 결점이나 폐단이 될 수는 없다.

(2) '갖가지 폐단弊端' 논의論議에 대하여

전술한 것과 같이 고소설에 웅작이 없다는 것이나 갈등 구조가 단색적이라는 것, 사실성이 결여되었다는 것 등 고소설의 갖가지 폐단으로 지적된 사항들이 주제의 권선징악성에 기인하는 것이 아니라고 생각된다. 이는 주제와는 별개로 논의되어야 한다.

문학을 내용과 형식으로 구분하여 논의할 때, 단순하게 말해 내

---

24) 鄭堯一, 前揭論文, pp.6~7.

용은 주제에 해당된다고 하겠으며, '갖가지 폐단'은 현대적 소설관에 비추어 볼 때 고소설의 미흡한 요소인 형식에 해당하는 것이다. 내용과 형식이 밀접한 관계에 놓여 있고 상속相束하는 면이 있기는 하지만, 반드시 내용이 형식을 구속한다든가 형식이 내용을 구속한다고 하기는 어렵다. 따라서 '권선징악'이라는 주제가 작품의 짜임새를 그르쳤다고 할 수 있는가 하는 문제는 무의미한 논의에 불과하다.

내용(Substance, Content)은 형식(Form)과 결합하여 작품을 형성한다. 그러나 분리론자分離論者들이 내용과 형식을 이야기할 대, 내용은 형식과 분리된 별도의 주제(Subject)를 말하는 것이다.[25]

따라서 분리론자들의 관점에서 권선징악이라는 주제는 갈등 구조를 단순화시킨다든지 사실성을 결여케 한다든지 웅작이 없게 한다든지 하는 논의와는 거리가 먼 것이다.

권선징악을 주제로 한 소설 가운데 갈등 구조가 복잡한 작품이나 사실성이 뛰어난 작품, 혹은 웅작이 얼마든지 있다. 주제를 반드시 '권선징악'이라는 말로 한정시킬 수는 없겠지만, 예를 들면 『죄와 벌』·『백치』·『악령』·『부활』·『파우스트』·『실락원』·『이방인』 등 외국의 명작도 선·악을 적절히 주제 속에 조화시키면서 참된 인생의 길을 제시하려 했다는 점에서 '권선징악'적인 주제와 같이 일정한 교훈성을 지닌 소설이다.

이 외에 폐단으로 지적되는 요소들도 그 원인이 주제의 권선징악에 있는 것은 아니다. 주제는 작자의 의도이다. 목적이고 도달점인 것이다. '권선징악'은 인간을 선으로 인도하자는 데 목적이 있는 것

---

25) cf., 崔載瑞, 『文學原論(증보 중판본)』(信元圖書, 1976), p.375.

이다. 권선징악으로 말미암아 갖가지 폐단이 도출되었다고 하는 기존의 견해들은, 폐단으로 지적한 요소들을 중시하고 주제의 도덕성을 대수롭지 않은 문제로 파악하였다는 점에서 반드시 재고되어야 한다. 작품의 짜임새와 복잡성을 강조하기 위해 작품의 생명이라고 할 주제의 중요성을 도외시한다면 본말本末이 전도된 논의가 될 것이다.

그러면 여기서 문학에서의 '본本'과 '말末'에 대해 생각해 보기로 하자.

송초宋初의 주돈이周敦頤는 『통서通書』의 「문사文辭」에서 "문사文辭 예야藝也, 도덕道德 실야實也"라 하여 도덕道德을 '실實'인 본本으로, 문사文辭를 '예藝'인 말末로 파악하였다.

> 글은 道를 싣는 것이다. 수레를 꾸며도 사람이 쓰지 않을 것 같으면 한갓 꾸밈에 불과한 것이니, 하물며 빈 수레이겠는가? 文辭는 藝요, 道德은 實이니, 그 實하고도 藝한 것을 돈독히 하는 자가 써서 아름답게 되면 사랑받게 되고 사랑받게 되면 전해지는 것이다. 賢者는 얻어 배워 '道에' 이르러 가게 되는 것이니, 이것이 바로 敎가 되는 것이다. 그러므로 이르기를, 말[言]이란 글[文]이 없이는 멀리 가지 못한다고 한 것이다. 그러나 어질지 못한 자는 비록 父兄이 臨해 주고 師保가 힘써 주더라도 배우지 않으며, 억지로 시키려 해도 따르지 않는다. 도덕에 힘쓸 줄을 모르고 다만 文辭로써 能事를 삼는 자는 藝에 그칠 따름이니, 슬프도다. 폐단이 오래되었도다.[26]

26) 周敦頤, 「文辭」, 『周子全書』 卷 10, 進呈本 『通書』 4, "文所以載道也. 輪轅飾而人弗用, 徒飾也. 況虛車乎. 文辭, 藝也, 道德, 實也. 篤其實, 而藝者書之, 美則愛, 愛則傳焉. 賢者得以學而致之, 是爲教. 故曰, 言之無文, 行之不遠. 然不賢者, 雖父兄臨之, 師保勉之, 不學也. 强之, 不從也. 不知務道德, 而第以文辭爲能者, 藝焉而已. 噫! 弊也久矣."

이에 대해 정요일은 다음과 같이 언급하였다.

> 위의 周濂溪의 이론은, 문학작품을 포함하는 모든 문장[文]에 있어서 道德과 文辭의 관계를 本末의 관계로 파악하여 대립시킨 것으로, 문장 또는 문학을 도덕과 대립시켜 말한 것은 아니다. 文辭와 道德이 조화를 이루어 문장[文]을 이루게 되는데, 문장의 겉꾸밈에 해당하는 文辭 곧 藝에만 치중하게 되면 문장이 실속 없는 겉꾸밈에 그치고 말 것이므로, 문장의 내용에 해당하는 도덕에 힘쓸 것을 강조한 것이다.[27)]

> "文辭, 藝也, 道德, 實也."라는 周敦頤의 말에서 분명히 확인할 수 있듯이 문학의 기본적 속성은 크게 도덕성과 예술성으로 구분된다고 할 수 있는데, 문장에 있어서의 도덕이라는 것은 글에 담기는 내용이 얼마나 알차고 참된 것인가 하는 '글의 내용의 충실성'을 달하는 것이므로, 도덕론이라는 명칭과 그 이론적 범주를 설정하고 그것을 연구하는 일은 문학이론 연구에 있어서 무엇보다도 중요한 일이라고 생각된다.[28)]

위에서 인용한 글들은 '내용의 충실성'을 강조하는 글이다. 겉꾸밈보다는 실속 있는 내용을 중시하고 있는 것이다. 이러한 견해는 조선 시대의 율곡栗谷이나 다산茶山은 물론 최근세의 단재丹齋나 만해萬海 같은 사상가나 문장가도 강조한 논리이다. 만해는 「문예소언文藝小言」에서 문학을 좁은 의미의 '문예'로 보거나 '예술'로만 보는 당시의 서구 지향적 문학관을 비판하였다. 시집 『님의 침묵』 속의

27) 鄭堯一, 前揭論文, p.42.
28) 鄭堯一, 前揭論文, pp.4~5.

「'사랑'을 사랑하여요」에서 "만일 좋은 문장文章만을 사랑한다면, 왜 내가 꽃을 노래하지 않고 버들을 찬미하여요"라고 하여, 겉꾸밈보다 실속 있는 내용을 중시하는 태도를 보였다.

본本에 해당하는 내용을 중시한다고 하여 예藝에 해당하는 말末을 부정한 것은 아니다. 본말本末을 상보적 관계로 경중을 두어 파악했을 뿐이지, 문사文辭의 예藝가 말末이라고 하여 그 자체를 부정한 것은 아니다. 황패강黃浿江의 『조선왕조소설연구朝鮮王朝小說硏究(1978)』 중 「소설의 본질」조條에서도 이와 근접한 통합론적 견해를 볼 수 있다.

여기서 중요한 것은 말末은 항상 본本을 위해 필요한 것으로, 말末은 본本을 뒷받침하지 않으면 안 된다는 사실이다. 본本 없는 말末은 있을 수 없는 것이다. 이 말은 내용 없는 문文은 있을 수 없다는 것과 같다. 그렇기 때문에 문文이 있으면 그 내용이 무엇인가가 항상 중요시된다.

고소설도 예외가 아니어서 항상 그 내용이 중시되어 왔고, 바로 그 중시된 내용이 추상화된 것이 '권선징악'으로 일컬어져 왔다. 따라서 본本인 '권선징악' 때문에 말末인 '갖가지 폐단'이 있을 수밖에 없다는 견해는 잘못된 것이다. 주돈이周敦頤 같은 도덕론자도 말末이라고 해서 도외시하지 않았는데, 말末을 강조하기 위해 본本이라고 할 수 있는 작품의 주제를 그르칠 수야 없지 않겠는가.

오늘날에 와서도 고소설이 우리에게 끊임없이 감동을 주는 이유는 바로 이 '권선징악' 때문이다. 다만 이를 얼마나 잘 보여주었느냐 하는 것이 작품의 성패를 좌우하는 요소였다. 따라서 권선징악을 중요한 주제로 하되, 그것을 얼마나 짜임새 있게 보여 주느냐가 고소설의 중심 과제였다. 그런 의미에서 작품의 짜임새 또한 도외시할 수 없는 중요한 요소였다. 그러나 그 짜임새 보다는 인생의 참된 길을 제시하는 것이 고소설의 중심 주제였기 때문에, 그 중심 주제를 대변하는 용어인 '권선징악'이 결코 부정적으로 논의되어 배척될 수는 없는 것이다.

이상에서 살펴본 것과 같이 고소설의 주제로서 '권선징악'이란 유형은 긍정적인 관점에서 파악되어야 한다. '권선징악'은 '영원한 주제'로, 인간에게 역사와 문학이 존속하는 한 지속될 더할 곳 없는 '최선의 주제'이다.

권선징악은 앞으로도 끊임없이 계승되어야 할 주제이다. 이를 부정하거나 도외시하고서는 문학작품이 생명력을 획득하기 어렵다. 권선징악은 소설뿐만 아니라 문학의 공통 주제였다. 이보다 더 좋은 주제가 있을 수 있는지 재고해 볼 필요가 있다.

흔히 권선징악을 구태의연한 주제로 바람직하지 못한 것처럼 논의하는 태도는 앞으로 소설 연구의 바람직한 방향을 설정하기 위해서라도 당연히 시정되어야 할 것이다. 그리고 이 글에서 권선징악이라는 주제를 강조하고자 하는 의도가 소설의 연구 태도에서 절대로 간과되어서는 안 된다고 생각한다.

Ⅱ. 권선징악勸善懲惡 이론理論의 전통傳統

이 장에서는 『시경詩經』을 비롯한 경서와 기타 자료를 통해 전통적인 문학론의 하나인 권선징악 이론에 대해여 사적史的으로 살펴봄으로써 그 연원이 매우 오래되었고, 간단없이 지속되어 왔음을 보여주어 권선징악 이론이 그만큼 중요한 것임을 실증적으로 밝혀 보고자 한다.

이 글에서 말하는 '권선징악 이론'이란 모든 글에서 권선징악성을 적극적으로 찾아내자는 이론으로, 글의 겉꾸밈보다 알맹이를 중시하는 재도적載道的 문학론과 궤軌를 같이 한다. 이 권징적勸懲的 재도지기載道之器 문학이론은 서구의 문학이론이 이 땅에 상륙하기 이전에는 한 번도 도전받아 본 적 없는 공고한 이론으로, 이 권징적勸懲的 재도지기載道之器 문학이론에 대한 학계의 적극적인 이해와 검토가 필요하다.

이 장에서는 먼저 권선징악의 개념과 범주를 알아본 다음, 중국과 한국의 권선징악 이론의 전통을 시론·소설론·문장 일반론으로 삼분하여 살펴보도록 한다.

1. 권선징악勸善懲惡의 개념槪念과 범주範疇

정도의 차이는 있겠지만, 글다운 글이라면 반드시 모든 글이 권선징악적인 성격을 띠고 있다는 대전제에서 출발하여 이 글의 논의를 전개하고자 한다.

도학자이면서 근대近代 문학재상文學宰相으로 평가받고 있는 한말의 운양雲養 김윤식金允植(1835~1922)은 「답정소운논문서答丁小耘論文書」에서 다음과 같이 언급하였다.

> 내가 일찍이 생각하기에 문장을 짓는 것은 다른 방법이 있는 것이 아니라, 黑과 白이 서로 섞인 것일 뿐이다. 대체로 천하의 일은 是가 있으면 非가 있으니, 是는 白이고 非는 黑이다. 非를 누르고 是를 드날려 하나를 억누르고 하나를 드러내어야 문장이 비로소 나타난다. 是를 드날리는 것은 勸善하는 것이요, 非를 누르는 것은 懲惡하는 것이니, 勸善懲惡은 先王이 세상을 다스리는 저울이다. 政事에 시행하면 禮·樂·刑·政이 되고 문장에 실리면 『詩』·『書』·『易』·『禮』·『春秋』 및 여러 聖賢의 글이 되니 이 모두가 권선징악이다.1)

이 글에 의하면 권선징악은 선왕이 세상을 다스리신 방편으로 정사에 시행하면 예·악·형·정이 되고 문장에 실리면 『시경』·『서

---

1) 金允植, 「答丁小耘論文書」, 『雲養集』 卷 11, "竊嘗以爲文章者, 非有他也, 黑與白相錯而已矣. 凡天下之事, 有是則有非, 是者白也, 非者黑也. 抑非而揚是, 一抑一揚, 而文章乃見. 夫揚是, 所以勸善也, 抑非, 所以懲惡也. 勸善懲惡者, 先王所以御世之權也. 措之於事, 而爲禮樂刑政, 載之於文, 而爲詩書易禮春秋及群聖賢之書, 皆是也."

경』·『역경』·『예기』·『춘추』 및 여러 성현의 글이 되니, 이 모두가 권선징악이라는 것이다. 다시 말해서 한마디로 좋은 문장은 모두 권선징악성을 담고 있다는 것이다. 그리고 양곡良谷 이승복李承福(1886~1961)도 「문사文詞」에서 다음과 같이 모든 글이 권선징악성을 담고 있음을 말하였다.

> 문장이라는 것은 사람 마음의 소리이다. 옛 사람의 마음은 볼 수 없지만 문장에서 그 마음을 볼 수 있고, 문장에 나타난 마음은 볼 수 없지만 독서하는 마음 가운데 문장에서 보기 어려운 마음을 볼 수 있다. 문장에 드러난 마음은 예나 지금이나 勸이고 戒이다. 문장에 勸戒가 분명히 나타나 있는 경우도 있고 권계가 나타나 있지 않는 경우도 있는데, 권계의 뜻은 독서하여 스스로 깨닫게 되기를 기다리는 것이다. 그러나 성인이 詩書를 정리하면서 "시서를 읽는 사람들은 이것으로 권계를 삼아야 한다."라고 사람들에게 일찍이 明示한 적은 없었다. 그러나 성인은 반드시 이것으로 구경거리를 삼지 않았으니, 그 까닭은 어디에 있는가? 말만을 이해하는 사람은 千古의 글을 볼 수는 있지만 도리어 옛 사람의 마음에는 미치지 못하여 끝내 소리에 그칠 뿐이기 때문이다.[2)]

이승복에 의하면 모든 글은 권계勸戒, 즉 권선계악勸善戒惡을 담고 있으며, 그것이 명시적明示的으로 드러나지 않으면 묵시적默示的으로

---

2) 李承福, 「文詞」, 『良谷遺稿』 卷 5, "文章者, 人之心聲也. 古人之心不可見, 其於文章見其心, 文章之心不可見, 以其讀書之心, 見其文章難見之心. 夫文章之心, 無今無古, 曰勸曰戒. 有彰明其勸戒者, 且有未嘗明彰勸戒, 而勸戒之意, 其俟乎讀書而自悟者矣. 然聖人刪詩書, 未嘗明示於人曰, 讀是詩書者, 以是爲勸戒也. 然而聖人必非以是爲觀也者, 其故安在乎? 但得說者, 可以讀千古之書矣, 而反不及心也, 竟定聲而止."

라도 내재한다는 것이다. 따라서 독자는 이 권선징악의 의의를 잘 살펴서 스스로 깨달아야 한다는 것이다.

특히 권선징악이 묵시적으로 내재해 있는 글의 경우 '숨은그림찾기(picture puzzle)'에서 숨겨진 그림을 찾아내야만 하는 것과 같다. 무성한 나무 숲에서 어린 아이들이 마냥 즐겁게 놀고 있는 그림이 있다고 하자. 여기에는 과실을 숨겨 그려 둘 수도 있고 뱀을 그려둘 수도 있다. 그러면 게임을 하는 사람이 그림을 샅샅이 뒤져 이들을 찾아내어야만 게임이 끝난다. 글 읽기도 마찬가지이다. '숨은그림찾기'에서 게임을 하는 사람이 숨겨진 그림을 적극적으로 찾아내야 하듯이 독자가 일반적인 모든 글에서 권선징악적 의의를 적극적으로 찾아내야 한다는 논리이다.

물론 위의 두 언급은 전통적 문학론을 조술祖述한 것이다. 주자朱子가 "시의 말이 착한 것은 사람의 착한 마음을 감발할 수 있고 악한 것은 상도常道를 벗어난 사람의 뜻을 징계할 수 있으니, 시의 쓰임은 사람으로 하여금 성정의 바른 길을 얻게 하는 데 귀납될 뿐이다"[3]라고 언급한 것을 위시하여, 옛 선현들의 수많은 『시경』 논의에서 모두 권선징악의 의미를 빠짐없이 논술하고 있다. 『논어』 집주에서 『시경』 시의 사무사思無邪에 대하여, "위로는 성인에 이르고 아래로 음분淫奔한 일에 이르기까지 성인이 모두 둔 것은 독자로 하여금 징권懲勸하는 것을 알게 하고자 하여서이다"[4]라고 하여 『시경』 시에서 선악이나 선, 또는 악을 말한 것은 모두 권선징악하기

---

3) 朱子, 「爲政」 篇의 註, 『論語』, "凡詩之言, 善者, 可以感發人之善心, 惡者, 可以懲創人之逸志, 其用, 歸於使人得其情性之正而已."

4) 「爲政」 篇, 『論語』, "上至於聖人, 下至於淫奔之事, 聖人皆存之者, 所以欲使讀者知所懲勸."

위해서라고 하였다. 이와 같은 점은 물론 소설의 경우도 예외는 아니다.[5)]

이렇듯 모든 문장은 경중輕重 또는 강약强弱이나 다과多寡의 차이는 있을지언정 명시적으로든 묵시적으로든 권선징악성을 지니고 있기 마련이다. 작품 구조에서 보더라도 '선과 악을 동시에 보여주는 것'과 '선만 보여주는 것', 그리고 '악만 보여주는 것'이 있을 것이다. 이 글에서는 전자, 즉 권선징악성을 명시적으로 보여주는 것을 '협의의 권선징악'이라고 하고 후자, 즉 명시적이건 묵시적이건 한 면만을 보여주거나 묵시적으로 선과 악을 동시에 보여주는 것을 '광의의 권선징악'이라고 규정하고자 한다.

이를 도식화해 보면 다음과 같다.

권선징악
- 1) 협의의 권선징악 : '선과 악을 동시에 보여주는 것'……명시
- 2) 광의의 권선징악 :
  - '선과 악을 동시에 보여주는 것'…묵시
  - '선만을 보여주는 것' / '악만을 보여주는 것' … 명시 · 묵시

여기서 말하는 선은 본성 · 인성의 선을 말한다. 『중용』에 "하늘이 명命하신 것을 성性이라 하고, 성性을 따르는 것을 도道라고 한다"[6)]라고 하였다. 말하자면 타고난 성을 선으로 본 그 선이다. 문

---

5) cf. 蔡元放, 「訂正東周列國志善本讀法－節錄」, "夫聖人之書, 善惡幷存, 但取善足以爲勸, 惡足以爲戒而已. 他本小說, 於善惡之際, 往往不甚分明. …… 若列國志之善惡施報, 皆一本於古經書, 眞所謂善足以爲勸, 惡足以爲戒者, 又何嫌於驕奢淫逸. 喪心蔑理也哉. 他書亦講報應, 亦欲勸懲, 但他書勸懲多是寓言. 惟列國志中, 件件皆是實事, 則其勸懲爲更切也."

6) 『中庸』, "天命之謂性, 率性之謂道."

학은 이와 같은 인성의 표출에 지나지 않는다. 문학은 마음의 움직임이 밖으로 드러난 것이다. 희로애락의 표출은 본성의 표면에서 일어나는 '파동'과 같다. 선·악의 감정은 본성을 잃지 않았는가와 관련된 것이고, 문학은 이 감정을 표출한 결과이다. 본성은 물과 같은 것이어서, 물의 본질은 영원히 변하지 않으나 그때그때 표면에 일어나는 '파동'은 다르다. 따라서 영원불변의 본성을 그려내면 작품의 생명력은 길어지는 것이다. 가변적이고 일시적인 '거품'이나 '파동'을 그려낸 작품은 한시적인 것이고 생명력도 짧다. 그리고 그 생명력도 그나마 본성에 근거한 '파동'을 그릴 때라야 겨우 어느 정도 유지될 수 있다. 작품의 표면에 나타나 있는 주제는 '파동'이고 그 '파동'을 있게 한 본성, 즉 권선징악은 작품의 본질적인 주제이다. 필자는 이 이론을 '파동론'이라 명명하고자 한다.

'파동론'은 '양파론'으로도 명명될 수 있다. 양파론은 어떠한 '현실인식'이나 '시대정신'도 겉꺼풀을 벗기고 들어가 보면 마지막에는 권선징악이 자리 잡고 있다는 논리이고,[7] 어떠한 '도덕률'이나 '진眞·미美'의 요소도 선善을 토대로 하지 않고서는 있을 수 없다는 논리이다. 주자는 "미美란 소리와 모양의 성대함이요, 선善이란 아름다움의 알맹이"[8]라고 하였다. 미美가 선善의 외적 가치라고 한다면, 선善은 미美의 내적 가치이다. '미美'와 '선善'은 '양羊'을 기본으로 한 글자로 동근同根의 글자이기는 하나 '선善'을 '본本'으로 하여 알맹이

7) 시대정신(Zeitgeist)이라는 말은 괴테(Goethe)와 동시대 인물인 독일의 철학자이자 비평가인 헤르더(Herder)가 1769년에 처음 쓴 말이다. 한 시대의 문화적 소산에 공통되는 인간의 정신적 태도나 양식, 또는 이념을 일컫는다.

8) 「八佾」篇, 『論語』, "子謂韶盡美矣, 又盡善也."의 朱子注. "美者, 聲容之盛, 善者, 美之實也."

를 삼지 않으면 어떠한 '미美'도 궁극적으로는 겉치레에 불과할 수 밖에 없다. 문학은 인간을 위한 행위이기 때문에 결국 인간에게 유익함을 주기 위해 필요한 것이다. 따라서 예술지상주의와 같은 '예술을 위한 예술(art for art's sake)'보다는 '인생을 위한 예술(art for life's sake)'이 더 바람직한 것이다. '미美'만을 강조하다가 자칫 '인간에게 실속 없는 미美' 나아가 '인간에게 해악을 끼치는 미美'까지 추구해서는 안 될 것이다.

겉으로는 권선징악과 무관한 듯 보이지만, 양파의 다층적 외피 안에 핵이 있는 것처럼, 작품의 외피를 하나하나 벗겨낼수록 권선징악성이 점점 더 선명하게 드러나 결국 그 핵심은 권선징악성으로 구성되어 있다는 것이 '양파론'의 내용이다.

필자는 '파동론'·'양파론'을 '빙산론'으로도 명명하고자 한다. 표면에 드러나 보이는 조그마한 빙산 밑의 수면 속에는 거대한 빙산 즉, 거대한 선의 본성이 자리 잡고 있다. 그렇기 때문에 겉으로 드러난 주제만을 보고 작품을 평가해서는 안 될 것이다. 그것은 겉에 나타난 주제만을 논의하다 보면 수면 속의 거대한 빙산인 권선징악에 부딪혀 스스로 좌초하게 될 수도 있기 때문이다.

도는 심오한 곳에만 있는 것이 아니다. 일상적이고 평범한 곳에 오히려 더 큰 도가 존재하는 법이다. 언제나 접할 수 있는 물이나 공기, 태양의 가치를 무시할 수 없듯이 수많은 선인들이 오랫동안 체득한 결과 얻어진 권선징악을 평범하고 구태의연한 주제라 하여 가볍게 볼 수는 없다. 오히려 물이나 공기, 태양 없이 인간이 살아갈 수 없듯이 권선징악이라는 주제가 없다면 문학 작품의 가치와 생명력은 그만큼 떨어질 것이다.

이제까지의 논의를 그림으로 정리해 보면 다음과 같다.

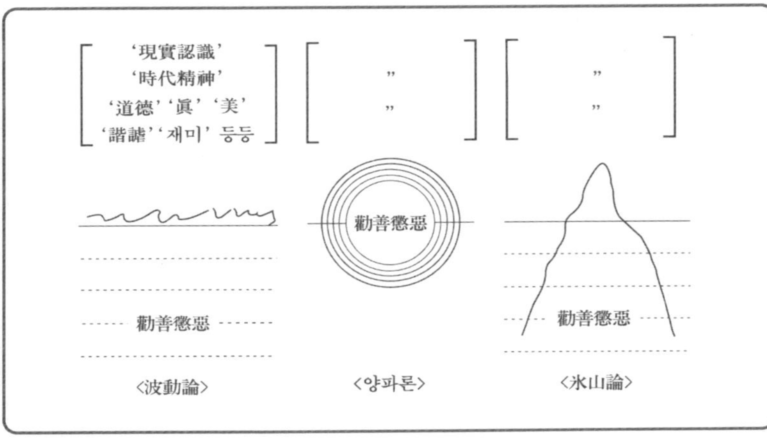

그러나 이와 같은 논의가 모든 작품의 주제를 권선징악으로 형해화形骸化하거나 잔해화殘骸化하자는 것은 아니다. 이와 같은 논의들은 현상적인 요소를 배제하거나 사상捨象(abstraction)해버린 형해화를 의미하지 않는다. 다만 현상적인 요소를 파악하기 위해서는 근본적이고 본질적인 주제인 권선징악을 토대로 하여야 그 타당성을 획득할 수 있다는 것을 밝힌 것일 뿐이다. 즉, 이 주장은 어떠한 현상적인 요소에 대한 논의도 권선징악을 떠나서는 의미가 없다는 논리이다.

그렇기 때문에 필자는 '본질적 주제'와 '현상적 주제'로 구분하여 작품의 주제를 파악하는 것이 올바른 주제 파악의 방법이라고 생각한다. '본질적 주제'는 권선징악에 해당하고, '현상적 주제'는 작품의 표면에 나타난 것이다. 권선징악이 사상적捨象的 주제라면 작품의 표면에 나타난 주제는 형상적形象的 주제라고 할 수 있다. 필자는 '본질적 주제'를 본本으로, '현상적 주제'를 말末로 보고자 한다. 본

本·말末은 동전의 앞·뒷면과 같이 항상 붙어 다니는 것으로 분리할 수 없는 관계이지만, 경輕·중重은 언제나 있는 것이다. 따라서 이와 같은 필자의 논의는 현재 학계에서 언급되고 있는 '복수 주제설'이나 '다층 주제설'[9]과는 크게 다르다. 필자의 주장은 어떤 작품이든 주제는 하나일 수밖에 없으며, 그 주제 속에는 권선징악이 자리 잡고 있다는 것이라는 점에서 현재 학계에서 논의되고 있는 복수 주제설이나 다층 주제설과는 다르다.

권선징악이 사상적捨象的이고 압축된 주제라고 한다면, 현상적 주제는 사상적이고 압축된 주제의 구체적인 표현이 된다. 예를 들어 어떤 작품의 주제를 말할 때, "권선징악적으로, 즉 …… 을 보여준 것"이라고 압축 표현할 수 있다. 본질적인 주제는 늘 권선징악이고, 그 주제의 현상적인 표현은 권선징악의 구체화가 된다. 물론 모든 문학 작품의 주제를 이렇게 표현하자는 것은 결코 아니다. 작품에 따라서 얼마든지 달리 표현될 수 있다. 그러나 '본질적 주제'와 '현상적 주제'가 일치하는 경우도 허다하다는 것을 간과해서는 안 된다. 얼핏 보기에 단순히 자연을 읊고 있는 것 같은 작품 속에서도 권선징악성이 내재하고 있음을 잊지 말아야 한다.

어떠한 개념(concept)에는 유개념類槪念과 종개념種槪念이 있다. 유개념은 대개념(major concept)이나 대범주(general category)를 말하고, 종개념은 소개념(minor concept)이나 소범주(specific category)를 말하기 때문에, 이 두 개념은 구분되어야 한다. 즉, 유개념인 '본질적 주제'는 종개념인 '현상적 주제'를 부각시킬수록 더욱 뚜렷하게 구분된다. 그러므로 '본질적 주제'인 '권선징악'의 실체를 확인하

9) cf. 趙東一, 「葛藤에서 본 春香傳의 主題」, 『韓國古典小說』(李相澤 外 篇, 啓明大出版部, 1974.)

기 위해서는 이를 더욱 구체화시킨 '현상적 주제'를 반드시 살펴보아야 한다. 특히 권선징악을 목표로 창작된 문학 작품의 경우, 이를 실현하기 위한 현상적 수단인 구체적인 주제, 즉 '현상적 주제'를 어떻게 설정하고 있는가에 관심을 가져야 한다.

이제 권선징악이라는 '본질적 주제'가 다른 장르에 비해 분명하게 드러나 있는 고소설을 통해 '본질적 주제'와 '현상적 주제'에 대해 살펴보기로 하겠다. 윤성근尹星根은 '현상적 주제'에 관심을 가져야 한다는 논의를 뒷받침해 줄 만한 발언을 하였다.

> 선악의 개념을 가장 높은 추상의 단계에서 이해하고, 거기에 만족하고 만다면, 선악에 관한 논의는 그 이상 필요가 없다. 우리에게 필요한 것은 추상의 단계를 하나 낮추어서 선악의 구체적 실상이 무엇이며, 그것이 작품 속에 어떻게 형상화되어 있는가를 찾는 일이다.[10]

우리 고소설은 '본질적 주제'와 '현상적 주제'가 일치하는 경우가 많다. 내포(connotation)와 외연(denotation)이 일치하는 경우가 많아 서로 안고 안기는 관계가 지나치게 밀착되어 있어 분리가 곤란한 경우가 허다하다. 따라서 권선징악이라는 본질적 주제를 떠난 현상적인 개별 주제를 생각하기 곤란한 경우가 적지 않다. '본질적 주제'와 '현상적 주제'는 유개념과 종개념의 관계이지만, 그 유개념과 종개념 사이에 다시 수많은 단계의 유개념과 종개념이 있을 수 있어 그 편차가 크게 벌어질 수도 있고 좁혀질 수도 있다. 후자의 경우에 해당하는 작품이 우리 고소설이라 생각된다. 우리 고소설은

---

10) 尹星根, 「유충렬전 연구 - 대립과 갈등의 측면에서 본 선악관」, 『常山 李在秀博士還曆紀念論文集』(1972)

유개념과 종개념 사이의 거리가 매우 밀착되어 있어 불가분의 관계에 있는 경우가 많다. 그리고 대부분의 고소설에서 선善은 가장 공고하고 변함없는 본성本性의 선善을 직접 대변하고 있다. 즉 당위의 도덕적이고 윤리적인 선을 담고 있다. 다시 말해 고소설은 인간 본연의 성에서 나온 가장 공고한 선을 이야기한다. 그래서 권선징악을 통해 인간의 성정을 직접 교화하려고 한다.

우리는 '현상적 주제'를 '본질적 주제'와 절연絶緣시킨 채 논의할 수 없다. 그것은 권선징악과 무관한 듯한 '현상적 주제'도 결국은 권선징악과 관련하여 파악해야 하기 때문이다. 따라서 권선징악 이론은 모든 주제를 권선징악으로 파악하자는 이론이다. '본질적 주제'와 '현상적 주제'는 밀착되어 있는 경우도 있고, 관계가 없는 것처럼 보이는 경우도 있다. 심지어 어떤 경우에는 '현상적 주제'가 '본질적 주제'인 권선징악에 반하는 경우도 있다. 이와 같은 모든 경우에 권선징악성을 적극적으로 찾자는 것이 권선징악 이론이다. 여기서 필자가 주장한 '파동론'·'양파론'·'빙산론'을 상기할 필요가 있다.

옛 글은 도와 분리하여 생각하기 어렵다. 권선징악과 분리하여 생각할 수 없다는 말이다. 이것은 선인들이 남긴 문文·사史·철哲 모두에 해당하는 것이다. 여기에서 고소설의 권선징악 논의가 가지는 중요성을 인식하여야 한다. '권선징악'이 가주제(pseudo-subject)이고 '현상적 주제'가 진주제(real-subject)라고 하여 '본질적 주제'인 권선징악을 도외시할 수 없다. 그것은 고소설에서 권선징악 없이 '현상적 주제'만 논의할 수 없기 때문이다.

2. 권선징악勸善懲惡 이론理論의 전통傳統

권선징악 이론의 연원은 아주 먼 옛날로 거슬러 올라간다. 단군 신화를 보면 풍백風伯・우사雨師・운사雲師로 하여금 '선악을 주관[주선악主善惡]'하게 하였다는 이야기가 나온다. 여기서 '주선악主善惡'은 풍백・우사・운사로 하여금 권선징악하여 세상을 다스리게 했다는 것이다. 권선징악은 세상을 다스리는 근본이 되는 것이다.

충주에 있는 고려말의 명신 박의중朴宜中이 찬한 비문「억정사대지국사지감원명탑비億政寺大智國師智鑑圓明塔碑」에도 "주상 전하께서 즉위하자 착한 것을 표방하고 악한 것을 미워해서 준칙을 만들고 법도를 전했다"[11]는 말이 나온다. 권선징악의 중요성은 동양뿐만 아니라 서양도 마찬가지여서『성경』에 아담과 이브에 관한 권선징악적인 이야기가 나온다.

권선징악 이론은 후대로 끊임없이 계승되어, 조선조 홍봉한洪鳳漢(1713~1778) 등이 편찬한『증보문헌비고增補文獻備考』「형고刑考」에서는 "권선징악은 국가의 대기大機로, 하나가 바르지 못하면 본말本末이 도치된다"[12]고 하였고, 연천淵泉 홍석주洪奭周(1774~1842)는 "중인中人[선천적으로 타고난 슬기가 보통인 사람]의 정과 같은 경우는 화복으로 권선징악되지 않는 것이 드물다"[13]고 하였고, 백파白坡 긍

11) 朴宜中,「億政寺大智國師智鑑圓明塔碑」, "主上殿下, 卽位之初, 彰善癉惡, 作則垂法."

12) 洪鳳漢,「刑考」,『增補文獻備考』卷 127(古典刊行委員會, 1957), p.481. "勸善懲惡, 國之大機, 一有不正, 本末倒置."

13) 洪奭周,「福壽雙會序」,『淵泉全書』7(影印, 旿晟社, 1984),『福壽雙會』, "若中人之情, 則鮮不以禍福爲懲勸."

선亘璇(1767~1852)은 "천당과 지옥 두 가지 설이 실제로 권선징악할 수 있다"[14]고 하였다. 앞에서 살펴본 한말의 김윤식金允植도 "권선징악이라는 것은 선왕이 세상을 다스린 저울이다"[15]라고 하였고, 한종구韓鍾龜(1849~1927)는 "권선징악은 풍속을 돈후하게 하고 바르게 하는 것이니, 정치하는 큰 근본이요 백성을 다스리는 급선무急先務이다"[16]라고 하였다.

위에서 우리는 선악을 다스리는 일이 위정爲政과 치민治民 등 국사國事는 물론 인간사의 모든 분야에서 무엇보다 중요한 일임을 알 수 있다. 정치·경제·사회·문화 등 인간사의 모든 분야는 결국 선악의 문제 곧 권선징악의 문제로 귀결된다. 따라서 권선징악은 유가儒家의 정교政教·시교詩教의 근본이었다. "관직은 도道의 그릇" 또는 "관직은 도를 행하는 그릇"[17]이라는 말과 같이 문학도 재도지기라는 점에서 권선징악 이론이 성립되었고, 시교詩教를 중시하였다.

"공자가 평소에 늘 하시는 말씀은 『시경』·『서경』의 글과 집례執禮에 관한 것이었다"[18]는 『논어』「술이」편의 기록을 보더라도 유가에서 시교를 얼마나 중시했는지 알 수 있다. 공자가 시로써 가르치는 것을 중요시한 것은 선왕先王의 도를 후세에 바르게 전하고 역대의 치란을 거울삼을 수 있도록 하기 위해서였다. 이것은 공자 스

---

14) 亘璇,『修禪結社文科釋』, "二天獄之說, 實能勸善懲惡."
15) 金允植,「答丁小耘論文書」,『雲養集』卷 11, "勸善懲惡者, 先王之御世之權也."
16) 韓鍾龜,「輪示一鄉文」,『芝山集』, "勸善懲惡, 敦風正俗, 爲政之大本, 治民之先務."
17) 李奎報,「反柳子厚守道論」,『東文選』卷 99, "…官者, 道之器 … 官之爲行道之器."
18)「述而」篇,『論語』, "子所雅言, 詩書執禮, 皆雅言也."

스로 『시경』을 비롯한 육경六經의 글들을 산술刪述했다는 것에서도 확인할 수 있다. 여기서 육경의 글들이 모두 권선징악의 차원에서 산술되었음을 간과해서는 안 될 것이다.

권선징악 이론의 전통은 『시경』 시대에 이미 확고하게 성립된 것으로 보인다. 『시경』이나 경서에 나타난 권선징악 이론의 전통은 이후 소설론 · 문장 일반론에 그대로 나타난다. 이 글에서는 이와 같은 권선징악 이론의 양상을 장르별로 살펴보아 권선징악 이론의 전통을 사적史的으로 확인해 보고자 한다.

(1) 시론詩論

1) 중국中國의 경우

문학론에서 권선징악 이론의 원류라고 생각되는 자하子夏의 「시경대서詩經大序」를 보기로 한다.

> 風으로써 움직여 나가고 教로써 化해 나간다. …… 그러므로 [政事의] 잘잘못을 바로잡고 천지를 움직이며 귀신을 감동시키는 데 시 만한 것이 없다. 선왕들은 이로써 부부의 도리를 떳떳하게 하고 孝와 敬을 이루었으며, 인륜을 두터이 하고 교화를 아름답게 하며 풍속을 고쳤다. 그러므로 시에는 六義가 있으니, 첫째는 風이며, 둘째는 賦며, 셋째는 比며, 넷째는 興이며, 다섯째는 雅며, 여섯째는 頌이다. 위에서 아래를 풍화하며 아래에서 위를 풍자한다. 완곡하게 다듬어진 말로써 넌지시 간하니, 말하는 자는 죄받지 않으며 듣는 자는 경계 삼을 만하다. 그러므로 風이라고 한다.[19]

위의 글에서 "풍으로써 움직여 나가고 교로써 화해 나간다[풍이동지風以動之, 교이화지敎以化之]"라는 말은 공자 시교의 최대 목표를 밝힌 대목이다. 바람이 불면 초목이 바람에 따라 쓰러지듯 움직이고 흔들리는 것과 같이 왕풍王風으로 백성들을 움직이고, 가르침으로 백성들을 착하게 하여 민풍을 아름다운 풍속으로 교화해 나간다는 의미이다. 그런데 여기서 풍속을 교화해 간다고 하는 것은 미자권징지의美刺勸懲之義(찬미하고 풍자하고 권장하고 징계하는 뜻)를 담고 있기 때문에 가능하다. 이 미자권징지의는 상하 모두에게 관계되는 것이다. "위에서 아래를 풍화하며 아래에서 위를 풍자한다[상이풍화하上以風化下, 하이풍자상下以風刺上]"는 말에서 알 수 있듯이 치자만을 위한 논리가 아니다. 『시경』 시의 미자권징지의는 모든 글의 전범이 되었으며, 이와 같은 「시경대서詩經大序」의 정신은 면면히 계승되었다.

주자는 「시집전서詩集傳序」에서,

공자께서 그 때에 나셔서 지위를 얻지 못하시어 제왕으로서 권선징악과 黜陟의 정사를 행할 수 없었다. 이 때문에 다만 그 전적을 들어서 토론하시고 그 중복된 것을 제거하며 그 어지러운 것을 바로잡고, 선한 것으로 法이 될 수 없는 것과 악한 것으로 경계를 삼을 수 없는 것은 또한 삭제하여 간략함에 따라 久遠함을 보여 주어 학자들로 하여금 여기에 나아가서 그 득실을 상고할 수 있도록 하여서 착한 것은 본보기로 삼고 악한 것은 고치게 하였다. 그러므로 그 정

---

19) 子夏, 「詩經大序」, 『詩經』, "風以動之, 敎以化之 …… 故政得失, 動天地, 感鬼神, 莫近於詩. 先王以是經夫婦, 成孝敬, 厚人倫, 美敎化, 移風俗. 故詩有六義焉, 一曰風, 二曰賦, 三曰比, 四曰興 五曰雅, 六曰頌. 上以風化下, 下以風刺上, 主文而譎諫, 言之者無罪, 聞之者足以戒, 故曰風."

사가 비록 한 때에는 행해질 수 없었으나 그 교화는 실제로 만대에 입혀졌으니 이것은 『시경』의 시가 가르침이 되는 까닭이 이러한 것이다.[20]

라고 하고, 이에 앞서

> "그러면 그것[詩]이 가르침이 되는 이유는 무엇입니까?"
>
> 대답하기를, "시란 사람의 마음이 사물에 감응하여 말 밖에 드러난 것이다. 마음이 감응하는 것에는 사악함과 바름이 있기 때문에 말로 표현된 것에도 옳고 그름이 있다. 오직 성인만이 위에 있어서 그 느낀 바가 바르지 않음이 없으니, 그 말이 다 가르침이 될 수 있다. 혹시라도 그 느낀 바가 잡되고 발하는 바가 가려야 할 만한 것이 없지 않으면, 윗사람이 반드시 스스로 돌이킬 바를 생각하고 이로써 선을 권하고 악을 징계함이 있으니, 이 또한 가르침이 된다."라고 하였다.[21]

라고 하여, 한결같이 『시경』 시의 권선징악성을 강조하였다. 주자는 공자가 "『시경』 삼백 편의 시를 한마디로 총괄하여 말한다면 생각에 사벽邪辟함이 없는 것이다[시삼백詩三百, 일언이폐지一言以蔽之,

---

20) 朱子, 「詩集傳序」, 『詩集傳』, "孔子生於其時, 旣不得位, 無以行帝王勸懲黜陟之政. 於是特擧其籍而討論之, 去其重複, 正其紛亂, 而其善之不足以爲法, 惡之不足以爲戒者, 則亦刊而去之, 以從簡約示久遠, 使夫學者, 卽是而有以考其得失, 善者師之, 而惡者改焉. 是以其政雖不足行於一時, 而其敎實被於萬世, 是則詩之所以爲敎者然也."

21) 朱子, 「詩集傳序」, 『詩集傳』, "曰 '然則其所以敎者, 何也?' 曰 '詩者, 人心之感物而形於言之餘也. 心之所感有邪正, 故言之所形有是非. 惟聖人在上, 則其所感者無不正, 而其言皆足以爲敎. 其或感之之雜, 而所發不能無可擇者, 則上之人必思所以自反, 而因有以勸懲之, 是亦所以爲敎也.'"

왈사무사曰思無邪」"라고 한 말에 대해

> 시에서 선을 말한 것은 사람의 착한 마음을 감발할 수 있고 악을 말한 것은 사람의 방탕한 마음을 징계할 수 있으니, 시의 쓰임이 사람으로 하여금 성정의 바른 길을 얻게 하는 데 돌아갈 따름이다. 그러나 그 말이 은미하고 완곡하며, 또 각각 한 가지 일로 인하여 말한 것이어서, 그 전체를 곧바로 가리킨 것을 찾는다면 이 말처럼 분명하고도 뜻을 다한 것이 없다. 그러므로 夫子께서 '『시경』 삼백 편을 이 한마디 말로 그 뜻을 다 덮을 수 있다.'고 하신 것이니, 사람에게 보여주신 뜻이 또한 깊고 간절하다.[22)]

라고 풀이하였다. 이렇게 주자는 "시에서 선을 말한 것은 사람의 착한 마음을 감발할 수 있고, 악을 말한 것은 사람의 방탕한 뜻을 징계할 수 있으니, 시의 쓰임이 사람으로 하여금 성정의 바른 길을 얻게 하는 데 돌아갈 뿐이다"라고 하여, 선심善心을 감발시킬 수 있고, 일지逸志를 징창 할 수 있는 것이 『시경』 시라고 하였다.[23)] 이 점은 소설의 경우도 예외가 아니다.

---

22) 朱子, 「爲政」篇의 註, 『論語』, "凡詩之言, 善者, 可以感發人之善心, 惡者, 可以懲創人之逸志, 其用, 歸於使人得其情性之正而已. 然其言微婉, 且或各因一事而發, 求其直指全體, 則未有若此之明且盡者. 故夫子言'詩三百篇, 而惟此一言, 足以盡蓋其義,' 其示人之意, 亦深切矣."

23) 李海觀, 「歧路燈序」, 『岐路燈』, "歧路燈一冊, 畋所樂觀, 閨閣所願聞. 子朱子曰, 善者可以感發人之善心, 惡者可以懲創人之逸志. 友人皆謂于常倫類間煞有發明, 蓋閱三十歲, 而迨於今, 而始成書."
閑齋老人, 「儒林外史序」, 『儒林外史』, "傳云: 善者感發人之善心, 惡子懲創人之逸志. 是書有焉. 甚矣! 有水滸·金瓶梅之筆之才, 而非若水滸·金瓶梅之致爲風俗人心之害也. 則與其讀水滸·金瓶梅, 無寧讀儒林外史. 世有善讀稗官者, 當不河漢予言也夫."

이해를 돕기 위해 사무사思無邪와 권선징악에 대한 주자의 입장을 도표로 정리하면 다음과 같다.

〈思無邪圖〉

<table>
<tr><td>言善者可以感發
人之善心
(선을 말한 것은
사람의 착한 마음을
감발할 수 있음)</td><td>孔子曰詩三百
一言以蔽之曰'思無邪'
(공자가 말씀하시기를
"『시경』 삼백 편의 시를
한마디로 총괄하여
말한다면 생각에 邪辟함이
없는 것이다" 라 하였음)</td><td>言惡者可以懲創
人之逸志
(악을 말한 것은
사람의 방탕한 뜻을
징계할 수 있음)</td></tr>
<tr><td>情性是貼思
(情性은 생각[思]에
해당됨)</td><td>其用歸於使人得其
'情性'之'正'
(그 효용은 사람에게
'情性의 바름[正]'을 얻도록
하는 것에 귀결됨)</td><td>正是貼無邪
(바름[正]은 無邪에
해당됨)</td></tr>
<tr><td colspan="3">朱子曰 '思無邪 魯頌駉篇之辭 夫子讀詩 至此而有合於其心焉 是以取之 蓋斷章摘句云耳'
(주자는 말하기를 "사무사는 『노송』 「경편」에 나오는 말이다. 공부자께서 시를 읽다가 이 부분에 이르러 마음에 합치되는 점이 있어서 이를 취하신 것이니, 단장적구[시문의 한 토막을 딴 구절]한 것일 뿐이다" 라 함)</td></tr>
</table>

주자의 이와 같은 주장은 사람이 선을 보면 감발되어 선으로 나아갈 수 있고, 악을 보면 징창되어 자신의 일지逸志(상도를 벗어난 뜻)를 고쳐나갈 수 있다는 것이다. 글이란 이와 같이 '감발선심感發善心(착한 마음을 감발함)'하고 '징창일지懲創逸志(상도를 벗어난 뜻

을 징계함)'할 수 있는 것이기 때문에, 글로 성정을 바로잡을 수 있어야 한다는 주장을 한 것이다. 문학에서 감발과 징창을 최고의 목표로 삼고 있음을 알 수 있다.

감발이나 징창하는 마음은 인간의 성정을 바로잡을 수 있다. 권선징악 이론은 공자가 "사람의 천성天性은 비슷하지만, 습성習性 때문에 멀어진다"[24]라고 하신 말씀에 기초를 두고 있다고 생각된다. 공자가 말한 이와 같은 명제는 인간 본성의 선천적인 동일함을 이야기하면서 후천성에 의한 본성의 왜곡을 경계하여, 평소 행동하거나 익히는 것[소습所習]을 주의하도록 한 것이다. 후대 맹자는 '성상근性相近'에 주목하여 성선설을 주장하였고, 순자는 '습상원習相遠'에 주목하여 성악설을 주장하였다는 견해도 있다.

'동성이속同聲異俗'이란 말이 있다. 사람이 이 세상에 태어났을 때는 소리가 모두 같지만 자라면서 언어·풍속 등에 따라 소리가 달라진다는 뜻으로, 사람의 본성은 같으나 교육이나 습관에 의해 선악현우善惡賢愚의 차이가 생기는 것을 비유한 말이다.

『예기禮記』「악기樂記」에 이에 관한 다음과 같은 기록이 있다.

> 樂이란 音에 따라 생겨나는 것이다. 그 근본은 사람의 마음이 사물에 느끼는 데 있다. …… 이 여섯 가지는 성품이 아니다. 사물에서 느낀 뒤에 움직이는 것이다. 이런 까닭으로 先王은 [사람의 마음이] 느끼게 하는 것을 신중히 했다. 그렇기 때문에 禮를 가지고 그 뜻을 이끌고 樂을 가지고 그 소리를 화평하게 하고 정치를 가지고 그 행동을 한결같게 했으며 형벌을 가지고 그 간사함을 막았다. 예·악·형·정의 극은 하나이니 백성의 마음을 같게 해서 治道를 내는 것이다.[25]

24) 「陽貨」篇, 『論語』, "性相近, 習相遠."

예 · 악 · 형 · 정이 선악을 다스려 민심을 같게 하고자 한다는 점에서 한가지였다. 민심을 같게 하기 위해서는 권선징악을 떠난 일체의 예 · 악 · 형 · 정이 있을 수 없는 것이다. 따라서 예 · 악 · 형 · 정 모두 권선징악의 차원에서만 논의가 가능한 것이다.

권선징악은 인간의 성정을 바로잡는 데 매우 긴요하다. 사람은 사물에 느껴서 움직이기 마련이다. 그렇기 때문에 『예기』 「악기」에 "사람이 나서 고요한 것은 하늘의 성품이요 사물에 느껴서 움직이는 것은 성품의 욕구이다. 사물이 이르면, 지혜가 [이를 분별할 줄] 알아서 호오好惡가 나타난다. 호오가 안에서 [마음속에서] 절도가 없고 지혜가 밖에서 유혹을 당하여 자신에 돌이켜서 도리의 옳고 그른 것을 분별할 수 없다면 천리天理가 멸滅한다"[26]라고 하였다. 선 · 악에 감발 · 징창되어 성정의 바른 길로 나아가야 할 것이다.

당나라의 오융吳融도 「선월집서禪月集序」에서 『시경』에 나타난 권선징악의 전통을 그대로 이어받아 시에 대한 자신의 견해를 다음과 같이 펴고 있다.

> 시를 지을 때에 선을 좋아하면 그것을 칭송하게 되고, 악을 미워하면 그것을 풍자하게 되니, 이 두 가지 도에 근본할 수 없으면 비록 매우 아름다워도 마치 흙이나 나무로 만든 인형이 혈기를 근본으로 하지 않는 것과 같으니, 무엇을 숭상할 것인가! …… 우리나라[당나라]에 시가를 잘 짓는 자가 적지 않으나 오직 李太白을 제 일인자로

---

25) 「樂記」, 『禮記』, "樂者, 音之所由生也, 其本, 在人心之感於物也. …… 六者非性也. 感於物而后動, 是故先王愼所以感之者, 故禮以道其志, 樂以和其聲, 政以一其行, 刑以防其姦. 禮樂刑政, 其極一也, 所以同民心, 以出治道也."

26) 「樂記」, 『禮記』, "人生而靜, 天之性也, 感於物而動, 性之欲也. 物至知知, 然後好惡形焉, 好惡無節於內, 知誘於外, 不能反躬, 天理滅矣."

일컫는 것은 대개 기품과 골격이 높으면서도 칭송과 풍자의 도를 잃지 않았기 때문이다. 그 후 白樂天의 諷諫 50편도 한 때의 기발하고 초일한 지극한 언사이다. 옛날 張爲가 詩人主客圖 5층을 만들어 백낙천을 廣德大敎化主로 삼았으니, 틀림없는 말이다.27)

이상과 같은 시에 대한 중국의 권선징악 이론의 전통은 한국의 시론에도 그대로 계승되었다.

2) 한국韓國의 경우

하륜河崙(1347~1416)은 「포은선생시권서圃隱先生詩卷序」에서 시의 권선징악성에 대해 다음과 같이 언급하였다.

공자가 刪詩한 것은 삼백 편에 그쳤으나, 天理 · 人倫에 근본하고 政敎 · 風俗에 통달하여, 위로는 郊廟와 朝廷의 樂歌로부터 아래로는 민간과 市井의 노래에 이르기까지 착한 마음을 감발하게 하고 나쁜 뜻을 징계할 수 있는 것이 갖추어지지 않음이 없다. 시의 참다운 의의가 어찌 그 수의 많음에 있겠는가?28)

조위曹偉(1454~1503)도 『두시언해杜詩諺解』 「두시서杜詩序」에서 다음

---

27) 吳融, 「禪月集序」, 『禪月集』 卷首, "夫詩之作, 善善則頌美之, 惡惡則諷刺之. 苟不能本此二道, 雖甚美, 猶土木偶不主於氣血, 何所尙哉? … … 國朝能爲歌爲詩者不少, 獨李太白爲稱首, 蓋氣骨高擧, 不失頌美諷刺之道焉. 厥後白樂天諷諫五十篇, 亦一時之奇逸極言. 昔張爲作詩圖五層, 以白氏爲廣德大敎化主, 不錯矣."

28) 河崙, 「圃隱先生詩卷序」, 『圃隱集』, "嘗謂孔子刪詩, 止于三百篇, 然而原於天理人倫, 而達乎政敎風俗, 上自郊廟朝庭之樂歌, 下至閭閻委巷之謳詠. 凡可以感發善心而懲創逸志者, 無不具焉, 則詩之爲詩, 豈在多乎哉?"

과 같이 언급하였다.

> 신이 생각해보니, 詩道가 세교에 관련됨이 큽니다. 위로는 郊廟의 祭에서 지은 것으로 盛德을 노래 부르고 아래로는 민속의 노래로 時政을 찬미하고 풍자하는 것이 모두 사람의 선악을 감발하고 징계할 수 있으니, 이는 공자가 시 삼백 편을 산정하신 이유가 생각함에 사벽함이 없다는 가르침에 있는 것입니다.[29]

이러한 권선징악적인 시관詩觀은 김인후金麟厚(1510~1560)에게서도 보이며,[30] 이이李珥(1536~1584)는 "『시경』을 읽어 성정의 사정邪正과 선악을 드러내고 징계하는 데 있어서 일일이 은밀히 찾아서 느껴 발하여 징창하도록 한다"[31]라고 하였다. 이 이후 허균許筠(1569~1618),[32] 서계西溪 박세당朴世堂(1629~1703),[33] 이익李瀷(1579~1624),[34] 정조正祖(1752~1800),[35] 겸재謙齋 기학경奇學敬(1750~ 1809),[36] 김수장金壽長(1690~ ?),[37] 고시언高時彦(1671~1734)[38]으로 이어지면서 같은 견해를 피력하였으며, 다산茶山 정약용丁若鏞(1762~1836)은 『여유당전서

29) 曺偉, 「杜詩序」, 『杜詩諺解』, "臣切惟詩道之關於世敎也, 大矣. 上而郊廟之作, 歌詠盛德, 下而民俗之謠, 美刺時政者. 皆足以感發懲創人之善惡, 此孔子所以刪定三百篇, 有無邪之訓也."

30) 金麟厚, 「雜著」 策, 『河西先生全集』 卷 12.

31) 李珥, 『擊蒙要訣』, "讀詩經, 於性情之邪正 · 善惡之褒戒, 一一潛繹感發而懲創之."

32) 許筠, 「題唐絶選刪序」, 『惺所覆瓿藁』 卷 5, 文部 2.

33) 朴世堂, 「論語思辨錄」, 『西溪全書』

34) 李瀷, 『詩經疾書』 卷 1.

35) 正祖, 「經史講義 論語」, 『弘齋全書』 2.

36) 奇學敬, 「論語條對」, 『謙齋集』

37) 金壽長, 「後跋」, 『青丘永言』

38) 高時彦, 『昭代風謠』

與猶堂全書』, 「시양아示兩兒」에서 다음과 같이 언급하였다.

> 후세의 詩律에 있어서는 杜工部로서 공자를 삼아야 하니, 그의 시가 百家의 으뜸이 되는 까닭은 삼백 편의 남긴 뜻을 터득했기 때문이다. 삼백 편은 모두 충신, 효자와 열부, 良友의 惻怛하고 忠厚한 마음에서 나온 것이니, 임금을 사랑하거나 나라를 근심하지 않는 것은 시가 아니고, 시대를 아파하거나 풍속을 고민하지 않는 것은 시가 아니며, 찬미하고 풍자하고 권장하고 징계하는 뜻이 없는 것은 시가 아니다. 그러므로 뜻[志]이 서지 못하고 배움이 醇正하지 못하며 大道를 듣지 못하여, 임금을 임금답게 하고 백성들에게 혜택을 베풀고자 하는 마음을 지닐 수 없는 자는 시를 지을 수 없다.[39]

정약용 이후로도 박춘립朴春立(1823~1884)은 『남서집楠西集』에서 "시삼백 편의 대지大旨는 창선징악創善懲惡에 있다"[40]라고 하였다.

권선징악의 정신을 그대로 드러낸 시 이론으로는 권근權近(1352~1409)의 「송배중원수찬쇄사칠장사서送裵仲員修撰曬史七長寺序」, 성삼문成三問(1418~1456)의 「팔가시선서八家詩選序」, 조호익曹好益(1545~1606)의 「포은선생집중간발圃隱先生集中刊跋」, 홍대용洪大容(1731~1783)의 「대동풍요서大東風謠序」, 정조正祖(1752~1800)의 「아송서雅誦序」, 순조純祖(1790~1834)의 「만파식적萬波息笛」 등 선인들의 문집에서 수없이 찾아볼 수 있다.[41]

---

39) 丁若鏞, 「示兩兒」, 『與猶堂全書』 第1集, 卷 21, "後世詩律, 當以杜工部爲孔子, 蓋其詩之所以冠冕百家者, 以得三百篇遺意也. 三百篇者, 皆忠臣孝子烈婦良友惻怛忠厚之發, 不愛君憂國, 非詩也, 不傷時憤俗, 非詩也, 非有美刺勸懲之義, 非詩也. 故志不立, 學不醇, 不聞大道, 不能有致君澤民之心者, 不能作詩."

40) 朴春立, 『楠西集』, "詩三百篇大旨在乎創善懲惡."

이상과 같이 살펴 본 결과 시를 대상으로 한 권선징악 이론의 전통은 그 연원이 오래되었으며, 동시에 선인들 모두 공통적으로 인식해 온 일관된 주장이었음을 알 수 있다. 『시경』시에서 비롯한 권선징악적 시가관은 계속 이어져 내려오면서 후대 소설 또는 문장 일반의 권선징악 논의에도 그대로 적용되어 나타난다.

그러면 이와 같이 시를 대상으로 한 권선징악적 문학관이 소설에도 그대로 적용된다는 것을 다음 몇몇 예를 통해 살펴보기로 한다.

(2) 소설론小說論

1) 중국中國의 경우

동한東漢의 왕충王充(27~104)은 『논형論衡』에서 다음과 같이 논하였다.

> 성인은 경을 짓고 현인은 기록을 전하여 경박한 풍속을 널리 구제하고 백성을 몰아 성실로 돌아가도록 한다. 상고하건대 六略(劉向의 六略論)의 만 삼천 편은 선을 증장시키고 악을 소멸하여, 어그러진 도리를 베어 끊고, 방종한 태도를 몰아내어 기필코 선을 말하여 정도로 돌아가게 한 것이다. 공자가 춘추를 지은 것은 주나라 백성들이 퇴폐했기 때문이다. 그러므로 터럭 같은 작은 선도 채집하고 아주 작은 악도 폄하하여, 난세를 다스려 올바른 세상으로 돌아가며 인도는

41) 이 외에 산견되는 자료의 목록을 예시해 보면 다음과 같다.
李珥(1536~1584)의 『擊蒙要訣』, 洪大容의 「大東風謠序」(『湛軒書』), 丁若鏞의 「詩經講義」, 「寄淵兒」(『與猶堂全書』), 洪奭周(1774~1842)의 『鶴岡散筆』 卷 4의 5章, 鄭萬祖(1858~1936)의 「大東詩選序」 등.

> 좁혀지고 왕도는 완비되어 靡薄(경박하여 독실하지 않음)한 풍속을 단속[검속]하는 것이 모두 치밀하게 갖추어졌다. 둑이 터질 곳을 미리 대비하지 않으면 물이 넘치는 피해가 있고, 그물이 풀린 것을 묶어놓지 않으면 (걸린) 짐승을 잃는 걱정이 있다. 이런 까닭에 周道가 퇴폐하지 않았다면, 백성이 文治의 덕[예악교화]에 경박하지 않았을 것이며, 백성이 문치의 덕에 경박하지 않았다면 춘추는 지어지지 않았을 것이다.42)

그는 『육략六略』이나 『춘추春秋』를 지은 뜻이 경박한 풍속을 바로잡아 백성들을 올바른 길로 나아가게 하는 데 있다고 하였다. 여기서 풍속을 바로잡는다는 것은 권선징악을 통해야 가능한 것이다. 공자가 『춘추』를 지은 뜻에 대해 작은 선도 채집하고 작은 악도 채집하여 그것을 드러내 보임으로써 권선징악을 통해 풍속을 바로잡고자 한 것이라고 했다. 소설은 『육략』이나 『춘추』와 같이 효용론적인 관점에서 교화를 근본 목적으로 하고 있었다.

청淸나라의 이어李漁(1611~1680)는 희곡, 소설 등 많은 작품을 남겼는데, 그는 『한정우기閑情偶寄』에서 전기傳奇를 칼에 비유하며 전기가 담고 있는 내용이 권선징악적이어야 함을 다음과 같이 밝혔다.

> 무인의 칼과 문인의 붓은 모두 살인 도구이다. 칼이 사람을 죽일 수 있다는 것은 사람들이 잘 알지만, 붓이 사람을 죽일 수 있다는 것

---

42) 王充, 「對作篇山」, 『論衡』, "聖人作經, 賢者傳記, 匡濟薄俗, 驅民使之, 歸實誠也. 案六略之書萬三千篇, 增善消惡, 割截橫拓, 驅役游慢, 期便道善, 歸正道焉. 孔子作春秋, 周民弊也, 故採求毫毛之善, 貶纖介之惡, 撥亂世, 反諸正, 人道狹, 王道備, 所以檢押靡薄之俗者, 悉具密致. 夫防決不備, 有水溢之害, 網解不結, 有獸失之患. 是故周道不弊, 則民不文薄, 民不文薄, 春秋不作."

은 사람들이 다 알지 못한다. 그러나 붓이 사람을 죽일 수 있다는 것을 혹 아는 자가 있더라도, 붓이 사람을 죽이는 것이 칼이 사람을 죽이는 것에 비하여 빠르고 흉한 점이 백배나 더 된다는 점에 대해서는 알아서 분명한 말로 세상에 경계하는 자는 없다.

내가 그 까닭을 깊이 말해 보겠다. 어떻게 그것을 아는가? 다음과 같은 일에서 알 수 있다.

사람에게 형벌을 줄 때에 그냥 죽이는 것과 살을 발라 죽이는 것이 다 같이 한번 죽이는 것이지만 그 경중이 다른 것은, 그냥 죽이는 것은 단지 한 칼로 죽이는 것이어서 오랜 시간이 걸리지 않아 머리가 떨어지면 일이 끝나게 되지만 살을 발라 죽이는 것은 수십백 번을 칼질해야 되므로 반드시 몇 시간이 경과되기에, 죽여도 죽지 않고 아프고 또 아파서 머리가 떨어져 일이 끝나기를 구하여도 되지 않으니, 단지 오래 끄는 것과 잠깐의 차이가 있을 뿐이다. 그렇다면 붓으로 사람을 죽이는 것이 그 아픔이 어찌 몇 시간에 그칠 뿐이겠는가.

나는 다음과 같은 점을 괴이하게 여긴다.

傳奇 一書를 옛날 사람은 목탁에 대신했으니, 우매한 사람들이 글자를 아는 자가 적어 선을 하도록 권장하고 악을 하지 못하도록 경계할 방법이 없으므로 이런 종류의 글을 짓고 배우의 이야기 방법을 빌려 대중과 함께 듣고서 착한 자는 이와 같이 결말을 맺고, 착하지 못한 자는 이와 같은 결과를 받는다고 말하여 사람으로 하여금 좇을 것과 피할 것을 알도록 하려고 생각하였다. 이는 사람에게 약을 주고 오래 살게 하는 방법이요, 고통을 구하고 재앙을 그치게 하는 도구인 것이다. 후세의 각박한 부류들은 이 뜻을 거꾸로 행하고 역으로 시행해서 이 글을 빌려 원수를 갚고 원한을 푸는 데 이용하였다. 마음속으로 기뻐하는 자는 生 · 旦[戲劇 脚色名]의 자리에 처하고 뜻에 노함이 있는 자는 淨 · 醜[戲劇 脚色名]의 모습을 변하게 한다. 또 천백년 동안 듣지도 못했던 추행을 들어 한 사람의 몸에 환상으로 꾸며 붙

여 梨園 자제로 하여금 익혀 전하여 거의 定案이 되게 하니, 비록 효자와 어진 후손이 있어도 능히 고치지 못한다. 아! 어찌 천고의 문장이 다만 살인을 위하여 지어져서 일생동안 외우고 읽음에 한갓 흉함을 행하고 나쁜 짓을 하는 소용거리로 준비되었겠는가? 蒼頡이 글자를 만들었을 때 귀신이 밤에 울었으니 조물주의 마음이 반드시 이런 지경에 이르지 않으리라고 미리 거슬러 생각하지는 않았을 것이다.

전기를 짓는 사람은 요컨대 먼저 이 같은 마음을 씻어버리고 忠厚한 마음을 지니도록 힘써서 殘毒한 일은 하지 말라. 이것으로 은혜를 갚는 것은 괜찮으나 이것으로 원한을 갚는 것은 안 되는 것이며, 이것으로 권선징악하는 것은 괜찮으나 이것으로 선을 속이고 악을 만드는 것은 안 된다.[43]

무인의 칼이나 문인의 붓은 모두 살인의 도구가 될 수 있다. 그러나 사람들은 칼만 사람을 죽이는 줄 알지 붓이 사람을 죽이는 것

43) 李漁,『閑情偶寄』, "武人之刀 · 文士之筆, 皆殺人之具也. 刀能殺人, 人善知之, 筆能殺人, 人則未盡知也. 然筆能殺人, 猶有或知之者, 至筆之殺人, 較刀之殺人, 其快其凶, 更可百倍, 則未有能知之而明言以戒世者. 予請深言其故, 何以知之? 知之於刑人之際, 殺之與韄, 同是一死, 而輕重別焉者, 以殺止一刀, 爲時不久, 頭落而事畢矣. 韄必數十百刀, 爲時必經數刻, 死而不死, 痛而復痛, 求爲頭落事畢而不可得者, 只存久與暫之分耳. 然則筆之殺人, 其爲痛也, 豈止數刻而已哉? 竊怪傳奇一書, 昔人以代木鐸, 因愚夫愚婦識字知書者少, 勸使爲善, 誡使勿惡, 其道無由, 故設此種文詞, 借優人說法, 與大衆齊聽, 謂善者如此收場, 不善者如此結果, 使人知所趨避. 是藥人壽世之方, 救苦弭災之具也. 後世刻薄之流, 以此意倒行逆施, 借此文報仇泄怨. 心之所喜者, 處以生旦之位, 意之所怒者, 變以淨醜之形. 且擧千百年未聞之醜行, 幻設而加於一人之身, 使梨園習而傳之, 幾爲定案, 雖有孝子慈孫不能改也. 噫豈千古文章, 止爲殺人而設, 一生誦讀, 徒備行凶造孽之需乎? 蒼頡造字而鬼夜哭, 造物之心, 未必非逆料至此也. 凡作傳奇者, 先要滌去此種肺腸, 務存忠厚之心, 勿爲殘毒之事. 以之報恩則可, 以之報怨則不可, 以之勸善懲惡則可, 以之欺善作惡則不可."

은 대부분 알지 못한다. 칼로 사람을 죽이는 것보다 오히려 붓으로 사람을 죽이는 것이 범위도 넓고 오랫동안 지속된다. 칼로 사람을 죽이는 것은 시간적으로나 공간적으로나 수적으로 한계가 있지만, 소설은 오랜 생명력을 지니고 있기 때문에 시·공간의 측면에서나 수적으로 한계를 정할 수 없다. 따라서 소설은 목탁과 같은 존재로 권선징악성을 담고 있어야 한다는 것이 이 글의 논지이다. 이광수李光洙도 "글을 쓰는 사람은 만세만인萬世萬人의 심혼心魂에 대하여 칼을 든 것이다. 마땅히 목욕재계하고 분향궤좌焚香跪坐하여서 신에게 기도를 하는 심경으로 붓을 잡을 것이다. 저도 모르는 소리를, 저도 모르는 글을 끄적여 버린다는 것은 큰 죄악이다. 남을 해치는 말을 한 사람은 만겁萬劫에 벙어리의 보報를 받는다 하거니와, 무성의한 악문을 쓴 사람은 만겁에 끝없는 보를 받을 것이다"[44]라고 하였다. 그리고 명나라의 왕기덕王驥德(?~1623)은 권선징악에 관한 소설의 흥기성興起性에 대하여 다음과 같이 말하였다.

> 옛 사람은 갔으나 내가 그 고사를 취해 오늘의 이야기로 각색하여 어진 자는 영광을 주고 사악한 자는 분명히 구별되게 꾸며서 무대 위에 올려, 보는 자로 하여금 이를 바탕으로 권선징악에 흥기되도록 한다. 심지어 어떤 이는 팔을 걷어 부치고 눈이 찢어지도록 분격하여, 눈물과 콧물이 뒤범벅이 되어 쏟아짐을 그치지 못하기도 하니 이래야 비로소 세상을 교화하는 데 관계가 있는 문자인 것이다. 한갓 漫言(깊이 생각하지 않고 입에서 나오는 대로 아무렇게나 지껄이는 말·부질없는 말)만을 취하여 이미 조화가 손에 달려 있는데도 반드시 신기해서 기뻐할 만한 것이 못된다면 어찌 만언이 귀한 것이 되

44) 李光洙, 「文學과 文章」, 『李光洙全集』10(三中堂, 1971), p.487.

겠는가?

이는 쓸모없는 이야기가 아니라 중요한 확론이다. 그러므로 풍속 교화에 관계되지 않고 그저 구애 없이 좋아하는 것으로, 이 "琵琶"는 큰 두뇌의 위치를 지니고, "拜月"은 단지 음란을 부추기는 것이니, 단정한 선비는 참여하지 않는 것이다.[45]

소설을 읽는 독자들이 그 권선징악성에 흥기되어 심지어는 팔을 걷어 부치고 눈이 찢어지도록 분격하며, 그 흥기성으로 인하여 눈물과 콧물이 뒤범벅이 되어 쏟아짐을 멈추지 못하니, 이에 따라 크게 교화된다는 것이다. 소설이 지닌 독특한 장르적 특성으로 인해 사람들이 선악善惡에 쉽게 감흥을 받아 그 효과가 다른 문예적인 글이나 비문예적인 글보다 크다는 것이다. 이러한 견해는 청나라 정염주인靜恬主人[46]의 「금석연서金石緣序」에서도 나타난다.

소설을 무엇 때문에 짓는가? 선을 권장하고 악을 징계하기 위해서이다. 권선징악을 하기에 충분한 책으로는 경서와 역사책을 뛰어넘는 것이 없으나 의리가 어렵고 깊어 집집마다 타이르고 깨우치기는 어렵다. 도리어 패관야승이 복선화음의 이치를 다 갖추고 충성 · 아첨 · 곧음 · 간사에 대한 갚음이 밝게 드러나 사람으로 하여금 눈으로 보고 마음으로 깨우치도록 하는 것만 못하다. 마치 새벽종[새벽종은

45) 王驥德, 『曲律』, "古人往矣, 吾取古事, 麗今聲, 華袞其賢者, 粉墨其慝者, 奏之場上, 令觀者藉爲勸懲興起. 甚或扼腕裂第, 涕泗交下而不能已, 此方有關世教文字. 若徒取漫言, 旣已造化在手, 而又未必其新奇可喜, 亦何貴漫言爲耶? 此非腐談, 要是確論, 故不關風化, 縱好徒然, 此琵琶持大頭腦處, 拜月只是宣淫, 端士所不與也."

46) 靜恬主人은 「療妬緣」, 즉 「鴛鴦會」를 지은 사람으로서 자세한 것은 알려진 바가 없다.

각오하게 함]을 듣는 것과 같고 인과응보를 듣는 것과 같아서 그것[패관야승]이 세도인심에 보탬이 되지 않는 것이 없다. 다만 작자가 모쪼록 먼저 주견을 세워 시작이 있고 결말이 있어서 돌고 도는 이야기가 앞뒤에 서로 조응하고 중요한 정신이 깃들어 있으면서도 화려하고 아름다운 문장으로 꾸며야 비로소 보는 사람으로 하여금 기이하다고 일컫고 듣는 자로 하여금 지루함을 잊게 한다.

어떤 일을 서술하면서 단도직입적으로 한 것이 많아 의미가 삭막해짐이 없게 해야 되고 또 (등장) 인물들이 많고 혼잡하여 (독자의) 눈썹과 눈[얼굴]이 청초하지 못함이 없게 해야 한다. 심한 자는 귀신을 이야기하는데, 괴기하여 이치에 어그러짐을 견디지 못하게 하니, 예컨대『情夢柝』·『玉樓春』·『玉嬌梨』·『平山冷燕』과 같은 것은 소설을 말할 때에 사람의 입에 자주 오르내려 그 유래가 벌써 오래 되었으나, 그 이야기 가운데 파탄[흠집]이 매우 많음을 누가 알겠는가! 일일이 거론키 어려우니 시험 삼아 한두 가지를 말해보겠다.

당당한 남자를 아리따운 여자로 분장하여 남에게 팔아 여종을 만들었으니 천하에 이런 이치가 있겠는가? 이갈이를 할 정도로 어린 규중 소녀 詩篇의 글자 쓰는 법이 朝臣을 압도하였으니 천하에 이런 이치가 또 있겠는가? 당대 조정의 재상과 품행 단정한 이름 있는 벼슬아치가 딸을 위해 배필을 간택하면서 정도를 거치지 않고 규중의 詩詞를 가지고 사람을 찾아 화답하게 하니 무슨 체통을 이루겠는가? 이는 모두 반드시 이치가 없는 것인데, 어찌 당연히 있는 정이 되리오! 저 괴기스럽고 기이함을 자랑하는 것은 더욱 논할 바가 되지 못하니, 교묘함이 이치에 합할 수는 없다.

『金石緣演義』는 충효·절의와 奸盜·邪淫과 빈천·부귀와 離合·悲歡이 가지각색으로 구비되고 또 사적을 인용하고 증거하여 인정을 참작하고 천리에 부합시켜 일찍이 털끝만치도 천착한 흔적이 없으며, 중간의 序次가 자연스러워 끊이지 않고 흐르는 물이 이르는 곳에 도

> 랑이 이루어져서 일찍이 아주 작은 양이라도 흘리거나 빠뜨린 병통이 없다. 비록 감히 완벽하다고 일컫지는 못하지만 역시 권선징악의 일조가 될 수 있다. 읽는 사람은 행여 소설이라 하여 소홀히 여기지 말라. 마땅히 내 몸에 돌이켜 스스로 반성하여 선을 보거든 흥기하고 악을 보거든 고치기를 생각해야 거의 작자의 한 조각 노파심을 저버림이 없을 것이니, 이 책을 『太上感應篇』의 범주에 채워서 읽는 것이 괜찮다.[47)]

그는 '무엇 때문에 소설을 짓는가?'라는 물음에 대하여 '권선징악하기 위해 짓는다.'라고 자문자답하면서, 권선징악 하기에 충분한 책으로는 경서와 역사책을 뛰어넘는 것이 없으나, 그러한 종류의 글들은 의리가 어렵기 때문에 사람들을 교화하는 데는 오히려 소설이 더 낫다는 뜻을 이 글에서 밝히고 있다. 경서나 역사책은 관념을 직서直敍한 것이고, 문학작품은 그것을 구체화한 글이다. 따라서

---

47) 靜恬主人, 「金石緣序」, 『金石緣』, "小說何爲而作也? 曰以勸善也, 以懲惡也. 夫書之足以勸懲者, 莫過于經史, 而義理艱深, 難令家喩而戶曉. 反不若稗官野乘, 福善禍淫之理悉備, 忠佞貞邪之報昭然, 能使人觸目警心. 如聽晨鐘, 如聞因果, 其于世道人心不爲無補也. 但作者先須立定主見, 有起有收, 回環照應一(疑衍), 点淸眼目, 做得錦簇花團, 方使閱者稱奇. 聽者忘倦. 切序(忌)事多直捷, 意味索然, 又忌人多混雜, 眉目不楚. 甚者說鬼談神, 怪奇悖理不堪, 如情夢柝·玉樓春·玉嬌梨·平山冷燕, 語小說, 膾炙人口, 由來已久, 誰知其中破綻甚多? 難以枚擧, 試卽一二言之. 堂堂男子喬扮女粧, 賣人作婢, 天下有是理乎? 齠齡閨媛詩篇字法, 壓倒朝臣, 天下又有是理乎? 且當朝宰輔, 方正名卿, 爲女擇配, 不由正道, 將閨中詩詞索人唱和, 成何體統? 此皆理之所必無, 寧爲情之所宜有? 若夫鬼怪矜奇者, 又不足論, 無惟巧合. 金石緣演義則忠孝節義·奸盜邪淫·貧賤富貴·離合悲歡, 色色俱備, 且徵引事迹, 酌乎人情, 合乎天理, 未嘗露一毫穿鑿之痕, 中間序次天然, 聯絡水到渠成, 未嘗有点遺漏之病. 雖不敢稱全璧, 亦可爲勸懲之一助, 閱者幸勿以小說而忽之, 當反躬自省, 見善卽興, 見惡思改, 庶不負作者一片婆心, 則是書充於太上感應篇讀也可."

독자의 반응이 예민한 만큼 소설이 주는 교화의 속도는 빨랐고 그 폭도 넓었던 것이다.

청나라의 성원퇴사惺園退士는 「유림외사서儒林外史序」에서

> (선비가) 패관야승을 좋아하여 때때로 손에서 놓지 않는다. 그 결구가 아름다운 것은 충효·절의로 소리와 뜻이 격하고 높아서 스승 삼아 공경할 수 있고 노래 불러 눈물을 흘릴 수 있으니, 영원토록 보고 감동하는 마음을 불러일으키기에 충분하다. 그리고 간사하고 아첨을 잘하는 것을 묘사하면 사람마다 욕을 내뱉으니, 경서를 보고 사람을 깨우치게 하는 것보다 더욱 빠르다.[48]

라고 하였다. 소설이 주는 효과는 경서보다 훨씬 빠르고 큰 것이었다. 따라서 언제나 소설의 권선징악성이 강조되었고, 소설의 비윤리적 속악성이 늘 문제가 되었다. 만청晩淸의 저명한 계몽 사상가이자 문학가, 소설 비평가인 양계초梁啓超(1873~1929)는

> 한 나라의 백성을 새롭게 하려면 먼저 한 나라의 소설을 새롭게 하지 않으면 안 된다. 그러므로 도덕을 새롭게 하려면 반드시 소설을 새롭게 하여야 하고, 종교를 새롭게 하려면 반드시 소설을 새롭게 하여야 하고, 정치를 새롭게 하려면 반드시 소설을 새롭게 하여야 하고, 풍속을 새롭게 하려면 반드시 소설을 새롭게 하여야 하고, 학예를 새롭게 하려면 반드시 소설을 새롭게 하여야 하며, 사람의 마음을 새롭게 하려거나 인격을 새롭게 하려 하는 것까지도 반드시 소설을

---

48) 惺園退士, 「儒林外史序」, 『儒林外史』, "惟稗官野乘, 往往愛不釋手. 其結構之佳者, 忠孝節義, 聲情激越, 可師可敬, 可歌可泣, 頗足興起百世觀感之心, 而描寫奸佞, 人人吐罵, 視經籍牖人爲尤捷焉."

> 새롭게 하여야 한다. 어째서 그러냐 하면, 소설은 불가사의한 힘이 있어서 人道를 지배하기 때문이다.[49]

라 하여 소설이 불가사의한 힘으로 인도人道를 지배함을 역설하였다. 공리주의적 소설관을 지녔던 대표적 인물인 양계초가 위와 같은 언급을 한 것은 당연한 것이라 하겠다. 시나 소설이 그 내용상 권선징악을 담고 있다는 점에서는 같다고 하더라도 시보다 소설이 독자에게 미치는 효과가 훨씬 컸기 때문에 그만큼 소설의 권선징악성이 강조되어 온 것이다.

이 밖에도 소설에서 권선징악의 중요성을 강조한 자료는 매우 많다.[50]

---

49) 梁啓超, 「論小說」, 『飮氷室文集』 卷 10, "欲新一國之民, 不可不先新一國之小說, 故欲新道德, 必新小說, 欲新宗教, 必新小說, 欲新政治, 必新小說, 欲新風俗, 必新小說, 欲新學藝, 必新小說, 乃至欲新人心, 欲新人格, 必新小說. 何以故? 小說有不可思議之力, 支配人道故."

50) 卽空觀主人의 「拍案驚奇序」, 「四庫全書總目」 卷 140, 子部 小說家類 1, 蠡勺居士의 「昕夕閑談小序」, 閑齋老人의 「儒林外史序」, 「金甁梅」 文龍評本 第 100回, 花也怜儂의 「海上花列傳例言」, 庸愚子의 「三國志通俗演義序」, 樵餘의 「水滸后傳論略」, 「三分夢全傳」 何芳苡評本卷首, 欣欣子의 「金甁梅詞話序」, 李肇의 「唐國史補序」, 夏履先의 「禪眞逸史凡例」, 凌雲翰의 「剪燈新話序」, 「金甁梅」 張竹坡評本卷首 등 (孫遜·孫菊園 編, 『中國古典小說美學資料匯粹』, 上海古籍出版社, 1991.)
蔡元放의 「水滸后傳讀法」·「東周列國志讀法」, 笑花主人의 「今古奇觀序」, 李公佐의 「謝小娥傳」, 瞿佑의 「剪燈新話序」, 自怡軒主人의 「娛目醒心編序」, 高儒의 「百川書志」, 酉陽野史의 「新刻續編三國志引」, 吳承恩의 「禹鼎志序」, 无碍居士의 「警世通言敍」, 劉廷璣의 「在園雜志」, 鍾離睿水의 「十二樓序」, 西湖釣叟의 「續金甁梅集序」, 許喬林의 「鏡花緣序」, 蒲立德의 「聊齋志異跋」 등 (黃霖·韓同文 選注, 『中國歷代小說論著選』, 江西人民出版社, 1982.)

2) 한국韓國의 경우

김만중金萬重(1637~1692)은 『서포만필西浦漫筆』에서 역사서와 통속소설의 관계를 다음과 같이 밝혔다.

> 이제 陳壽의 『三國志』나 司馬光의 『資治通鑑』을 가지고 대중을 모아놓고 이야기를 한다면, 사람들이 눈물을 흘리는 일은 없을 것이다. 이것이 바로 통속소설이 만들어지는 까닭이다.[51]

사실을 직서直敍한 역사서와 예술적으로 꾸민 통속소설의 대사회적 영향에 대해 언급하고 있는 이 글은 소설의 예술성을 인정한 발언으로 중요한 의미를 지닌다. 중국의 소설론에서 살펴본 것과 같이 소설은 다른 어떤 장르보다 사람들에게 미치는 영향이 신속하고 지대하기 때문에 담고 있는 내용이 다른 어떤 장르보다 세교적世敎的이어야 한다는 것을 선인들이 깨닫고 있었다. 이로 인해 선인들은 소설이 속악성을 담고 있다는 점에서는 소설을 비난하였지만, 다른 한편으로 권선징악성을 담고 있다는 점에서는 소설을 적극 옹호하였다.

김춘택金春澤(1070~1717)은 「사씨남정기謝氏南征記」의 권선징악성에 대해 다음과 같이 언급하였다.

> 稗官小記는 황탄하지 않으면 浮靡한 것이지만, 인간의 떳떳한 도리를 돈독하게 만들고 세상의 교육에 보탬을 줄 수 있는 것으로는 오직 「사씨남정기」가 있다 하겠다. …… 이와 같을 뿐만 아니라 그

51) 金萬重, 『西浦漫筆』, "今以陳壽史傳 · 溫公通鑑, 聚衆講說, 人未必有出涕者, 此通俗小說之所以作也."

> 類를 미루고 義를 이끌어 댄다면 어느 것이든 인간을 교육하는 것이 아닌 것이 없다. 쫓겨난 신하와 원망에 찬 여인네가 하늘로 삼고 있는 것의 천성과 인간의 떳떳한 도리가 서로 일어나게 하는 것이 있다고 한다면, 楚辭에서 말한 인간의 착한 마음을 감동시켜 흥기시키게 하고 인간의 放逸한 뜻을 징계하는 것이 있을 것이니, 이것이 바로 『시경』에 접근하는 것이다. 이 어찌 여타 소설들과 같은 수준에서 말할 수 있겠는가?[52)]

「사씨남정기」가 담고 있는 내용이 『초사』에서 말하는 '감발인지선심感發人之善心 징창인지일지懲創人之逸志[사람의 착한 마음을 감발하고 사람의 상도를 벗어난 뜻을 징계함]'한다는 뜻에 일치한다는 것이다. 주자는 『논어』 「위정」편에서 공자가 "시삼백詩三百 일언이폐지왈一言以蔽之曰 사무사思無邪"라고 한 장구의 주에서 "시의 말이 착한 것을 말한 것은 사람의 착한 마음을 감발할 수 있고, 악한 것을 말한 것은 사람의 상도를 벗어난 뜻을 징계할 수 있으니, 시의 쓰임이 사람으로 하여금 성정의 바른 길을 얻게 하는 데 돌아갈 뿐이다"[53)]라고 하여 시의 권선징악성을 강조하였다. 주자의 이와 같은 논지와 위에서 김춘택이 『초사』를 해석한 논지는 일치하는 것이다. 다시 말해 김춘택은 전통적인 권선징악적 시가관을 그대로 소설에 대입시켜 논하고 있는 것이다. 영조 때의 학자 이양오李養吾(1737~1811)도 『반계집磻溪集』에서 「사씨남정기」의 권선징악성에 대해 다

---

52) 金春澤, 「散藁」 26張, 『北軒集』 卷 16, "稗官小記非荒誕則浮靡, 其可以敦民彝·裨世教者, 惟南征記乎 …… 不惟如是, 推類引義, 將無往而非教人者. 所謂放臣怨妻與所天者, 天性民彝交有所發, 則如楚辭所謂感發人之善心, 懲創人之逸志, 則又庶幾乎詩. 是爲可與他小說同日道哉?"

53) 朱子, 「爲政」 篇의 注, 『論語』, "凡詩之言, 善者可以感發人之善心, 惡者可以懲創人之逸志, 其用歸於使人得其情性之正而已."

음과 같이 언급하였다.

> 「사씨남정기」를 보니 소설 고담에 지나지 않지만 그 중에는 볼 만한 것이 있다. …… 이 전[「사씨남정기」]은 성현의 문자가 아니기 때문에, 감히 잘못된 것을 분변해서 바로잡거나 고쳐서 일에 나아가 논단하여 세교로 삼으면, 권선징악의 도에 조그마한 보탬이 없을 수 없을 것이다.54)

이는 「사씨남정기」가 비록 성현의 문자는 아니나 잘 논단해 보면 권선징악의 도에 있어서는 경서와 다를 바 없다는 논리로 받아들여진다. 김춘택이 「사씨남정기」를 패관소기로 본 것과 이양오가 「사씨남정기」를 소설 고담으로 본 것에 차이가 있을 뿐 「사씨남정기」의 권선징악성은 공통적으로 인식되고 있다. 「창선감의록倡善感義錄」의 권선징악성도 책머리에 잘 나타나 있는데, 그 내용을 보면 다음과 같다.

> 나는 근래 痰火[담]로 정양을 하느라 누워 있으면서 부인네들을 시켜 여항간의 諺書小說을 읽게 하고 들었다. 그중에 『寃感錄』이란 것이 있는데, 그 내용은 원한·응보가 서로 엇물려서 실로 마음 아프고 뼈골이 시릴 지경이다. 그러나 착한 일을 하는 자는 반드시 昌盛하고 악한 일을 하는 자는 반드시 망하는 이치를 보여 주어서 또한 충분히 사람을 감동시키고 勸懲할 만한 것이다.55)

---

54) 李養吾, 「謝氏南征記後序」, 『磻溪集』, “按謝氏南征記, 不過小說古談, 其中皆有可觀焉 …… 此傳旣非聖賢文字, 故乃敢卞訛而抹改, 卽其事而論斷之, 以爲世戒, 其於懲勸之道, 亦不無小補云.”

55) 「倡善感義錄」 卷 1, 山房版 張 1, 2葉, “余近以痰火養病潛臥, 使婦人輩讀閭巷間諺書小說而聽之. 其中有所謂寃感錄者, 蓋寃報相因, 僭愴酸骨, 然爲

「창선감의록」의 내용이 원한과 응보가 서로 맞물려서 보는 이로 하여금 마음이 아프고 시릴 지경이라는 것이다. 위에서 "착한 일을 하는 자는 반드시 창성昌盛하고 악한 일을 하는 자는 반드시 망한다"는 말은 복선화음福善禍淫을 말한 것인데, 이는 「창선감의록」뿐만 아니라 대부분의 고소설이 권선징악이라는 주제를 실현하기 위해 환하게 보여 주고 있는 내용이다. 즉 선대의 작가들은 현실적으로 잘 지켜지지 않는 복선화음을 소설에서 꼭 지켜진다고 그려 보임으로써 이를 독자에게 증명해 보이려 했던 것이다. 이러한 경향은 소설뿐만 아니라 종교나 철학도 마찬가지였다. 그러면 '선한 사람은 복을 받고 악한 사람은 화를 받는다'는 복선화음 사상과 관계되는 자료인 「숙향전 서淑香傳 序」를 살펴보기로 한다.

> 소설가가 저술한 본 뜻이 요컨대 권선징악의 뜻에서 나왔는데, 사람이 선을 하거나 악을 함에 그에 따른 보응은 매우 분명하다. 그러나 혹 命數가 그 사이에 존재하여 태어나는 애초에 결정됨이 있는 듯해서 화를 만들고 복을 짓기를 하지 않아도 절로 되고, 부를 줄을 모르는데도 이른다. 이것은 황하에서 신령한 거북을 건지고 벼락이 참소하는 계집종에게 떨어졌다는 것이 바로 이것이다. 처음 淑娘이 떠돌아다니며 급박하여 거의 위태로운 지경에 이르렀을 때 어느 누가 그 후일에 榮貴할 줄을 알았겠는가! 그러나 거룩한 자태를 보전하고 맑은 절개를 잘 지켜서 사랑하는 신랑이 敬服하고 지엄한 시아버지가 감격하여 후회하니 이는 人事에 있어 당연히 살펴야 되는 것이다.
>
> 예컨대 河上의 玉女와 옥중의 青鳥는 실상 영혼이 통하여 느껴진 바이나, 하늘이 이미 두 仙子를 내려 보내어 옥 같은 아름다운 인연

善者必昌, 爲惡者必亡, 亦足可以動人, 而懲勸者矣."

> 을 맺도록 하였는데 어찌하여 素娥에게만 몹시 혹독히 하기를 15년에 이르기까지 오랫동안 하였는가! 이는 天理의 헤아릴 수 없는 경우이니, 비로소 命數는 도망칠 수 없음과 인사를 살피지 않을 수 없는 것을 알겠다. 이와 같이 보아 가면 절로 망령된 생각을 하는 사람이 없을 것이니 이 어찌 勸懲에 일조가 되지 않겠는가![56)]

이 자료는 복선화음의 문제를 이기理氣와 도수道數로 풀이한 김종후金鍾厚(?~1780)의 '이기설理氣說'[57)]이나 이정직李定稷(1841~1910)의 '도수설道數說'[58)]과도 관련이 있는 자료이다. 권선징악과 떨래야 뗄 수 없는 관계인 복선화음 논의에 좋은 자료가 된다. 권선징악과 복선화음의 관계를 살펴보면 권선징악은 주제이고 복선화음은 하나의 이치로서, 권선징악적 주제를 위한 결말 구조로 이용된다. 권선징악이란 주제는 결말에 가서 복선화음의 구조로 그 모습을 드러낸다. 권선징악이라는 주제를 효과적으로 살리기 위해 복선화음의 이치를 선택했으며, 이것이 권선징악 할 수 있는 명분이 되었다.

한편 『교방가요敎坊歌謠』의 편찬자이며, 판소리사에서 중요한 인물인 정현석鄭顯奭(1817~1899)은 신재효申在孝(1812~1884)에게 보낸 편

---

56) 「淑香傳 序」, 『淑香傳』, "大凡小說家著述本旨가 要出於勸善懲惡之意而人之爲善爲惡에 報應이 孔昭ᄒᆞ나 又或有命數ㅣ 存乎其間ᄒᆞ야 似有定於有生之初ᄒᆞ야 作孼做福을 莫之爲而爲ᄒᆞ고 不知致而至ᄒᆞᄂᆞ니 此ㅣ 河拯神龜와 雷震讒婢가 是也ㅣ라 方淑娘之流離顚沛ᄒᆞ야 幾瀕危境之時에 人誰知其後日榮貴哉아 然而能保神姿ᄒᆞ고 秉節淸介ᄒᆞ야 情郞이 敬服ᄒᆞ고 嚴舅ㅣ 感悔ᄒᆞ니 此ᄂᆞᆫ 人事之所當省者也어니와 若夫河上之玉女와 獄中之靑鳥ᄂᆞᆫ 實是靈通所感者而天旣謫下兩仙子ᄒᆞ야 使之玉成佳緣則何乃偏酷於素娥를 至十五年之久哉아 此ᄂᆞᆫ 天理之不可測者也니 始知命數之不可逃也오 抑亦人事之不可不省也니라 如是觀來則自無妄念之人矣리니 此豈非勸懲之一助哉아. 丙辰菊秋福泉老傖題."

57) 金鍾厚, 「福善禍淫解」, 『本菴集』

58) 李定稷, 「福善禍淫論」, 『石亭集』

지에서 판소리의 권선징악성을 다음과 같이 논하였다.

시 삼백 편에서, 그 선한 것은 사람의 양심을 감발시킬 수 있고, 악한 것은 사람의 방탕한 뜻을 징창할 수 있다. 그렇기 때문에 王者가 이것으로 교화를 행하고 풍속을 바꾸어 사람으로 하여금 각기 성정의 바름을 얻도록 했던 것이다. 후세에 골계와 배우의 무리들이 일어나서 이야기로써 풍자하였으나 말한 자는 죄가 없고 듣는 자는 훈계가 되니 淳于髡·優孟·東方朔이 이런 무리들이다.

우리나라 광대의 노래가 거의 옛날 배우의 노래와 방불하니 춘향가·심청가·흥부가 등이 그것으로, 모두 권선징악을 하는 것이다. 단지 사람이 천하고 말이 속되어서 이치에 어긋난 말이 많으므로, 듣는 자가 한 낫 웃음거리로만 삼고 또한 그 본지[권선징악]를 이해하지 못한다.

어느 날 광대 李慶泰가 나에게 고하기를, "高敞의 申處士 在孝는 집이 심히 가난하지는 않으나, 자신 받들기를 검소하고 박하게 하여 마치 고졸 질박하기가 시골 노인 같았습니다. 일찍이 여러 광대를 불러 모두 나에게 오도록 하여 문자를 가르쳐서 음과 뜻을 바로잡아 비리가 심한 것을 고쳐짓고는 그들로 하여금 때때로 익히게 하였습니다. 이에 이곳저곳에서 배우러 오는 자가 날로 집안에 가득 차니 그들 모두를 머물게 하고 식사를 제공하고 있습니다. 항상 자신의 樂은 풍부한데도 그 音은 낮으니 사람들이 모두 이상하게 생각합니다."라 하였다.

내가 듣고 탄복하여 말하기를, "이는 진실로 뜻있는 선비이다. 골계의 일을 몸소 행할 수 없으니 남의 혀를 빌려 넌지시 남을 타일러 권선징악의 뜻을 부치니 그 마음 씀이 역시 진실로 괴롭다고 하겠다. 온 세상을 둘러봄에 그 마음을 알아주는 자 몇 사람이며, 音을 알아주는 자 몇 사람인가. 신군은 풍화에 도움을 주는 훌륭한 사람이며,

광대의 노래는 곧 삼백 편[시]의 遺音이다."라 했다. 癸酉 仲夏 璞園 吏隱 쓰다.[59]

「춘향가」·「심청가」·「흥부가」 등의 노래는 쉽게 인정을 감발시켜서 권선징악하는 것이요, 그 나머지는 들을 만한 것이 없다. 시속의 창을 두루 들으니 敍事가 이치에 가깝지 않은 것이 많고, 풀어낸 말도 역시 질서가 없다. 하물며 광대 중에 글을 아는 이가 적어서 높낮이가 바뀌고, 미친 듯이 부르짖어 시끄럽게 부르니, 열구의 말을 들어도 한두 구도 알 수 없다. 또 머리를 흔들고 눈을 굴리며 전신을 어지럽고 난잡하게 하여 차마 바로 볼 수 없다.

이 폐단을 고치고자 한다면, 먼저 가사에서 그 비리하고 이치에 어긋나는 것을 버리고 문자로 윤색하여 그 사정을 형용해서 한 편의 문리가 접속되게 하고 언어가 아정하게 하며, 곧 광대 가운데 용모 단정한 자로 목소리가 크고 맑은 자를 선발하여 수천 자를 가르쳐서 平聲·上聲·淸音·濁音을 분명히 알도록 한 연후에 가사를 외우되 마치 자기의 말을 외우는 것처럼 하도록 가르친다.

그 다음에 성조를 가르쳐서, 그 평성은 雄深和平하기를 요하고, 叫

---

59) 鄭顯奭, 「贈桐里申君序」, 강한영, 「판소리의 이론-자료의 정리」, 『국어국문학』 49·50합집(국어국문학회, 1970), pp.15~16. 再引用. "詩三百篇, 其善者可以感發人之良心, 惡者可以懲創人之逸志. 故王者以是行教化移風俗, 使人各得其性情之正矣. 後世滑稽俳優之徒起, 以談辯諷刺之, 言之者無罪, 聞之者足以爲戒, 淳于髡優孟東方朔之類是已. 我東倡夫之歌, 殆彷彿乎古之俳優, 春香·沈淸·興富等歌, 皆足以勸善懲惡. 但其人也賤, 其詞也俚, 語多悖理, 聞者徒爲戲笑之資, 亦不解其本旨矣. 日倡夫李慶泰告余曰, "高敞申處士在孝, 家不甚貧, 自奉儉薄, 古樸若野老. 嘗召諸倡, 皆於我乎歸, 訓以文字, 正其音釋, 改撰其鄙俚之甚者, 使之時習. 於是遠近就學者, 日以盈門, 皆舍而飼之. 常有優樂底音, 人皆異之." 余聞而歎曰, "是誠有志之士也. 滑稽之事, 旣不可以躬行, 則欲倩舌諷諭於人, 以寓勸懲之意, 其所用心, 亦云良苦. 環顧海內, 知心能幾人, 知音亦幾人. 申君其稗風化之善人, 而倡歌, 乃三百篇之遺音也." 癸酉仲夏璞園吏隱敍."

> 聲은 淸壯激厲하기를 요하고, 哭聲은 哀怨悽悵하기를 요하고, 餘響은 撓樑遏雲하기를 요해야 한다. 그리고 무대에 나아가 시창할 때에는 자음이 반드시 분명하고 서사가 조리가 있어서, 청자로 하여금 해득하지 못하는 것이 없도록 하기를 요해야 한다.
>
> 또 몸가짐은 단정하고 바름을 요하여 한번 앉고 한번 서며, 한번 부채를 들고 한번 소매 춤을 추는 데에도 역시 모두 절도에 맞게 한 연후에야 비로소 명창이라 할 수 있다. 桐里에게 이 말을 붙여 보내니 모쪼록 이 要訣을 시험해 보시오. 美錦堂 居士는 농으로 쓰다.[60]

그는 「춘향가」·「심청가」·「흥부가」가 인정을 쉽게 감발시켜 권선징악을 하게 한다고 하면서, '감발인지선심感發人之善心'하고 '징창인지일지懲創人之逸志'한다는 『시경』의 효용성과 판소리가 다르지 않다고 하고 있다. 그리고 판소리의 정신이 『시경』과 같이 권선징악성을 기조에 깔고 있다는 점에서 공통된다고 하였다. 비록 광대의 노래라 할지라도 그 뜻은 세교世敎에 있었음을 알 수 있다. 그렇기 때문에 유몽인柳夢寅(1559~1623)은 『어우야담於于野譚』에서, "예로부터 광대놀이를 꾸미는 것은 웃음만을 보기 위한 것이 아니라 세

---

60) 鄭顯奭, 「贈桐里申君序」 강한영, 「판소리의 이론 - 자료의 정리」, 『국어국문학』 49·50합집(국어국문학회, 1970), pp.16. 再引用. "春香·沈淸·興富等歌, 易爲感發人情, 而足以勸懲者, 其餘無足聽者也. 歷聽俗唱, 敍事多不近理, 遣語亦或無倫. 況唱之識字者尠, 高低倒錯, 狂呼叫嚷, 聽其十句語, 莫曉其一二. 且搖頭轉目, 全身亂荒, 有不忍正視. 欲革是弊, 先將歌詞, 祛其鄙俚悖理者, 潤色以文字, 形容其事情, 使一篇文理接續, 言語雅正, 乃選唱夫中容貌端正, 喉音弘亮者, 訓以數千字, 使平上淸濁, 分明曉得, 然後敎以歌詞誦若己言. 次敎以聲調, 其平聲, 要雄深和平, 其叫聲, 要淸壯激厲其哭聲, 要哀怨悽悵, 其餘響, 要撓樑遏雲. 及其升場試唱, 要得字音必分明, 敍事有條理, 使聽之者, 莫不解得. 且要持身端直, 一坐一立, 一擧扇. 一舞袖, 亦皆中節, 然後始可謂名唱. 寄語桐里, 須試此訣. 美錦堂居士戱寫."

교에 보탬이 되도록 하기 위한 것이었다. 옛날의 우맹優孟이나 우전優旃도 이러한 인물이었다"[61]라고 하였다. 여기서 간과해서는 안 될 것은 판소리 소설 연구는 권선징악성을 떠나서 논의할 수 없다는 것이다. 판소리 소설이 지니고 있는 불통일성 · 비합리성 등은 권선징악을 토대로 논의되어야 한다. 비록 불통일성 · 비합리성이 내재해 있다고 하더라도 그것은 권선징악이라는 주제 파악에 큰 문제가 되지 않는다.[62]

이 외에도 소설이나 서사 작품의 권선징악성을 직접 언급한 자료는 많이 있다.[63]

---

61) 柳夢寅, 「人倫篇 俳優」, 『於于野譚』, "自古倡優之設非爲觀笑, 要以裨益世教, 優孟優旃是也."

62) 姜在哲, 「古典小說에 있어서의 善 · 惡 人物의 性格 把握 問題」, 『古典小說硏究』(華鏡古典文學硏究會, 一志社, 1993)

63) 李齊賢(1287~1367)의 「諸妃傳序」, 成俔(1439~1504)의 「村中鄙語序」, 鄭士龍(1491~1570)의 「禦眠楯跋」, 洪瑞鳳(1572~1645)의 「續禦眠楯跋」, 李植(1584~1647)의 「李留守松都雜記後序」, 張漢宗(1768~?)의 「閱淸齋禦睡新話序」, 睦台林(1782~1840)의 「鍾玉傳序」, 李源命(1807~1887)의 「東野彙輯序」, 徐有英의 「六美堂記序」, 朴泰錫의 「漢唐遺事序」, 李遇駿(1801~1867)의 「小說」(『夢遊野談』), 尹達善의 「廣寒樓樂府序」, 金澤洙의 「五歌全集」 머리말, 李炳勖의 「懸吐彰善感義錄序」와 檀國大所藏本 『彰善感義錄』, 丁奎福 소장본 『彰善感義錄』 등.
권선징악과 밀접한 관계가 있는 복선화음에 관한 기록도 도처에서 보인다. 『금무젼』, 『황운셜연젼』, 『金成運傳』, 『鄭乙善傳』, 『젹셩의젼』, 『張翼星傳』, 『李御使傳』, 『숙독각시젼』, 『鄭太妣傳』, 『漢文懸吐淑香傳』 서문, 『林氏三代錄』 39卷 말미, 『一樂亭記』 서문, 『彰善感義錄』 서두와 말미, 『玉皇紀』 말미, 『元生夢遊錄』 말미, 『토끼전』 말미[『兎公傳』 말미], 『漢文淑香傳』 말미, 『謝氏南征記』 말미, 『玉麟夢』 卷五 말미 · 51회 서두 · 53회 서두 등등. 그리고 『玉樓夢』 16 말미, 『大觀齋夢遊錄』 말미, 『南炎浮洲志』 전편, 『九雲夢』 말미, 『安樂國傳』 말미, 『唐太宗傳』 말미, 『崔陟傳』 말미, 『南洪量傳』 말미, 『金申夫婦傳』 말미, 『鼠獄說』 말미, 『竹夫人傳』 말미, 『楮生傳』 말미, 『心史』 발, 『漢唐遺事』 서 등 수없이 많으며, 이 중 『金鰲新話』의 한 편인 『南炎浮洲志』는 전편의 내용이 직접적인 화복 문

이상에서 살펴보았듯이 시의 경우보다 소설에서 권선징악성이 더욱 강조되고 있음을 알 수 있다. 이것은 소설이 시보다 감발 · 징창을 더욱 구체적으로 환하게 보여 주어 그 미치는 효과가 크기 대문일 것이다. 그렇기 때문에 소설은 더욱더 권선징악적 차원에서 써야 한다는 것이 선인들의 일반적인 생각이었다.

이상과 같이 중국과 한국의 소설론을 살펴본 결과 『시경』이나 경서에 나타난 권선징악의 정신이 소설에서도 똑같이 적용되고 논의될 수 있음을 알 수 있다.

(3) 문장文章 일반론一般論

1) 중국中國의 경우

시 · 소설에 관한 이론뿐만 아니라 문장 일반론의 경우에도 모든 글이 권선징악성을 띠어야 함을 주장한 이론이 많다. 동한東漢의 왕충王充(27~104)은 『논형論衡』에서 다음과 같이 논하였다.

> 문인의 문장이 어찌 한갓 필묵을 희롱하여 미려하게만 꾸미는 것이겠는가. 사람의 행실을 기재하고, 사람의 이름을 전하는 것이다. 선한 사람은 글에 실리기를 원하여 착한 일을 하는 데 힘쓸 것을 생각할 것이며, 사악한 사람은 글에 실리는 것을 싫어하여 힘써 스스로

제를 다루고 있는 점이 특기할 만하다. 그리고 이 밖의 참고 자료로 『東野彙輯』, 『靑邱野談』, 『靑野談藪』, 『破睡錄』, 『寄聞』, 『於于野談』 卷 1 「人倫篇」 孝烈條 등 각 편의 말미에 복선화음에 대한 기사가 많이 보인다. 특히 『동야휘집』은 서문을 비롯하여 각 편마다 거의 복선화음 기사가 보여 이 방면 연구의 좋은 자료가 될 것이다.

> 금하여 억제할 것이다. 그렇기 때문에 문인의 붓은 선을 권장하고 악을 징계하는 것이다. 諡法이란 선을 드러내는 것이지만 그로써 악도 나타내는 것이다. 한 자의 시호를 가함에 사람들은 오히려 권장되고 징계되어 듣는 자들이 스스로 힘쓰지 않는 자가 없다. 더구나 문장의 힘을 극진히 하여 선악의 실상을 결정하고 언행이 빛나게 실리어 많은 글로써 세상에 유전되어 역사가 이루어지기 때문에 文은 높일 만한 것이다.[64]

문장은 미려하게만 꾸밀 것이 아니라 권선징악의 실속이 들어있어야 한다고 주장하고 있다. 이는 주염계周濂溪가 겉꾸밈에만 치중할 것이 아니라 알맹이인 도덕적인 내용을 중시하라고 한 말과 같다. 도덕적인 내용이 권선징악할 수 있는 실상이므로, 권선징악성이 들어 있을 때에 그 글은 영원한 생명력을 얻을 것이다.

그는 또 문장을 시법諡法과 관련하여 설명하고 있다. 시법이란 선을 드러내고 악을 나타내는 것으로, 청사에 길이 유전되어 그 사람의 선악이 남게 되는 것이다. 글도 시법과 같아서 선악을 드러내 보임으로써 역사에 유전되어 후인들로 하여금 선으로 나아가게 한다는 점에서 같다. 비문碑文 또한 이런 성질의 글임은 우리가 익히 아는 바이다.

글이 천지 사이에서 끊어지거나 없어질 수 없는 이유는 다음에 인용하는 고염무顧炎武의 말과 같이 정사를 기록하고 백성들의 아픔

---

64) 王充, 「佚文」 篇, 『論衡』, "夫文人文章, 豈徒調墨弄筆, 爲美麗之觀哉? 載人之行, 傳人之名也. 善人願載, 思勉爲善, 邪人惡載, 力自禁裁. 然則文人之筆, 勸善懲惡也. 諡法所以章善, 卽以著惡也. 加一字之謚, 人猶勸懲, 聞知者莫不自勉. 況極筆墨之力, 定善惡之實, 言行華載, 文以千數, 傳流於世, 成爲丹靑, 故可尊也."

을 살피며 사람의 선을 즐겨 말하기 때문이다. 결국 글에는 권선징악성이 들어 있어야 하고, 권선징악성이 들어 있는 글만 세상을 유익하게 할 것이며 그렇지 못한 나쁜 글이 많으면 많을수록 세상에 해악을 끼치게 될 것이다. 명말 청초 고염무(1613~1682)의 글을 보면 다음과 같다.

> 글이 하늘과 땅 사이에서 끊어질 수 없는 것은 그것이 도를 밝히고 정사를 기록하고 백성들의 아픔을 살피고 사람의 선을 즐겨 말하기 때문이다. 이와 같은 것은 천하에 유익하고 장래에도 유익하여 한 편이 더 많으면 한 편만큼의 이익이 더 있게 되는 것이다. 예컨대 怪異·勇力·悖亂·神異한 일과 근거 없는 말, 남의 것을 표절한 이야기, 아첨하는 글 따위와 같은 것은 자기에게 손해가 되고 남에게도 이익 됨이 없는 것이니, 한 편이 더 많으면 한 편만큼의 손해가 더 많아지게 되는 것이다.[65]

이 밖에도 위에서 살펴본 오융·왕기덕·이어·양계초의 글에서 문장 일반에 관한 권선징악 이론이 보인다. 그리고 이들의 논의를 보면 문장 일반론에서도 『시경』 등 경서에서 확인할 수 있는 권선징악 이론의 정신과 취지가 그대로 적용됨을 알 수 있다.

2) 한국韓國의 경우

남공철南公轍(1760~1840)은 다음과 같이 논하였다.

---

65) 顧炎武, 『日知錄』 卷 19, "文之不可絶於天地間者, 曰明道也, 紀政事也, 察民隱也, 樂道人之善也. 若此者有益於天下, 有益於將來, 多一篇多一篇之益矣. 若夫怪力亂神之事, 無稽之言, 剿襲之說, 諛佞之文, 若此者有損於己, 無益於人, 多一篇多一篇之損矣."

어떤 사람이 묻기를, "선악에 과연 보응이 있는가?" 하여, 대답하기를 "있다. 경서에 '禍福感應之理'에 관한 말이 많다."

"지금 징험이 없는 것은 무슨 까닭인가?" 대답하기를 "三代[夏·殷·周] 이전은 교화가 행해지고 상벌이 밝아서 선한 자는 귀하게 되고 악한 자는 천하게 되었으니, 선을 행하면 상을 받고 악을 행하면 형벌을 받았다. 그러다가 세상의 교화가 쇠미해짐에 이르러서는 귀천의 분별이 없어지고 刑賞의 勸懲이 없어졌다. 이에 공자가 『춘추』를 지어 천자로부터 제후·경대부에 이르기까지 선악에 대하여 모두 포폄을 두니 난신적자가 피할 길이 없었다. 필부가 붓을 잡고 [史實을 쓰니] 그 무게가 刑賞보다 무거웠다. 이는 공자로부터 시작된 것으로 이것이 모두 感應報復의 이치이다." 하였다.

또 묻기를 "佛氏의 地獄之說은 어떠한가?" 대답하기를 "나는 믿지 못한다. 그러나 그 권선징악의 설은 허탄하지만 경서[유가의 경서]와 합치되는 점이 있으니, 도둑질하는 자가 한때의 黥刖(刺字와 발꿈치를 베는 형벌)을 생각하지 않고 남의 재물을 빼앗고, 簒逆하는 자가 후세의 비난과 誅罰을 두려워하지 않고, '죽은 후를 어찌 알 수 있으리오?'라고 말하는데, 이것이 聖王의 법과 春秋의 필법을 폐할 수 없는 까닭이다.

나는 어두운 지옥과 극락세계라는 것이 있어서 선을 행한 자는 길이 부귀를 누리고, 악을 행한 자는 형벌을 받아서 끝없이 고통을 받는다는 것을 알지 못한다. 그러나 다만 輪廻之說은 그런 이치가 있을 법하니, 혼이 흩어졌다가 다시 모여 사람이 되면 前身에 보응을 받지 못한 것이 어찌 後生에 각기 그 類에 따라 화가 있고 복이 있음을 모르겠는가! 후세의 유자들이 '형상이 다 없어지고 나서 『춘추』가 지어졌고, 筆削(쓸 만한 것은 쓰고 삭제하여야 할 것은 삭제함 : 춘추필법)을 (제대로) 시행할 곳이 없어지자 지옥지설이 행하여졌다.'고 하였는데 그대는 어찌 '징험이 없다.'고 하는가?"라고 하였다.[66]

불교의 설이나 유가의 설이나 권선징악적인 내용이 들어 있으면 모두 받아들일 수 있다는 논리이다. 유학자의 입장에서 불교의 지옥지설地獄之說은 허탄하다고 하여 배척하는 것이 일반적인 상식인데, 그는 불교의 지옥지설이 담고 있는 권선징악성이 경서와 합치되는 점이 있다고 하면서 받아들여야 한다고 주장하고 있다. 그리고 불교의 지옥지설이 나오게 된 것은 공자의 춘추필법이 제대로 시행되지 않아 나오게 되었다고 하면서 이를 긍정적으로 받아들이고 있다.

이러한 태도는 연천淵泉 홍석주洪奭周(1774~1842)에게서도 찾아볼 수 있다.

> 주자는 여러 번 왕복하는 편지를 보내어 그것이 옳지 않음을 힘써 말하여 "『주역』의 64괘는 길흉화복에 대하여 말하지 않은 것이 없고, 『서경』의 58편은 재앙 · 상서 · 성공 · 패배를 말하지 않은 것이 없으며, 『시경』의 「아」와 「송」은 복록과 장수를 이룸을 지극히 진술하여 그 임금의 마음을 감동시키고 경계한 것은 더욱 훌륭한 것이니, 무슨 혐의가 있어서 피하겠는가."라고 하였으니, 옛 성현이 백세에 훈계를

---

66) 南公轍, 「對善惡報應問」, 『歸恩堂集』 卷 6, "或問, "善惡果有報乎?" 對曰, "有之. 聖經多言禍福感應之理." 曰 "今無驗, 何哉?" 曰, "三代以上, 教化行, 賞罰明, 善者貴, 惡者賤, 善則得賞, 惡則受刑. 及世教衰, 貴賤無分, 刑賞無勸懲. 於是孔子作春秋, 自天子至諸侯卿大夫, 善惡皆有褒貶, 亂臣賊子莫之逃焉. 以匹夫操筆, 而其權重於刑賞, 自孔子始, 而此皆感應報復之理." 又問, "佛氏地獄之說, 何如?" 曰, "吾未之信, 然其勸懲善惡則誕, 而有與經合者, 蓋爲盜者有不顧一時之黥刖, 而奪人之財, 簒逆者不懼後世之譏誅, 曰, '死後豈有知乎?' 此聖王之法, 春秋之筆, 所不可禁也. 余不知果有所謂冥獄極樂世界, 使爲善者長享富貴, 爲惡者受刀鋸痛毒於無窮, 而獨其輪廻之說, 似有其理, 魂散而復聚爲人, 則前身不受報者, 安知不於他生, 各以其類有禍有福耶! 後儒有言'刑賞窮而春秋作, 筆削無所施而地獄之說行', 子奚以曰'無驗?'""

드리운 것이 이와 같이 명백하여 치우치지 않았다.

근세 중국의 인사들이 가끔 노자와 불교에 의지하고 붙어서 죄와 복을 과장하여 말하니, 비록 그 뜻은 어리석은 풍속을 권유하여 사람들로 하여금 악을 버리고 선을 하도록 하는 것에서 나왔지만, 그 폐단이 극도에 이르면 이단의 교리를 듣는 데에 쏠릴 것이니, 유학을 담당한 자가 (그렇게 되지 않도록) 구하지 아니하면 안 될 것이다. 그러나 이러한 점을 경계하여 옛 성현이 하늘과 사람이 감응되어 복선화음한다고 한 분명한 훈계까지 아울러 폐지하려 하면 이 또한 앞으로 천하를 몰아 멋대로 악한 짓을 하여 서로 하늘을 멸시하고 신을 소홀히 여기며 경서를 배반하고 성인을 모욕하는 곳으로 끌어갈 것이다. 이러한 폐해가 또 어찌 다만 矯枉過直보다 심할 뿐이겠는가?

혹자는 말하기를 "『시』·『서』에서 성현이 말한 것은 대개 권선징악하려는 은미한 權道에서 나온 것이기에 반드시 낱낱이 믿을 것은 아니다."라고 하니 이는 성인이 거짓을 지어 사람들을 속였다는 말이다. 성인을 속이고 성인의 말씀을 업신여긴 것이 크도다.[67]

위에서 그는 노자와 불교를 이단으로 간주하고 있지만, 그들이 말하는 복선화음의 이치까지 폐지해서는 안 된다고 하였다. 이처럼 당대의 유학자들이 이단시했던 노자나 불교에 대해서도 권선징악

67) 洪奭周, 「鶴岡散筆」, 『淵泉全書』 7, "朱夫子屢書往復, 力言其不可曰, "易六十四卦, 無非言吉凶禍福, 書五十八篇, 無非言災祥成敗, 詩之雅頌, 極陳福祿壽考之成, 以歆動其君, 以告戒之者, 尤不爲少, 有何嫌疑之可避哉!" 古聖賢垂訓於百世者, 若是其明白而不偏也. 近世中州之士, 往往依附老釋, 侈言罪福, 雖其意出於勸誘愚俗, 使人去惡而爲善, 其弊之所極, 將靡然聽命於異端之敎, 任斯道者, 亦不可以莫之救也. 然懲乎是, 而欲幷廢古聖賢天人感應·福善禍淫之明訓, 是又將毆(疑驅)天下, 肆然爲惡, 而相率於蔑天慢神·畔經侮聖之域也. 是其害又豈獨矯枉過直而已哉? 或以爲詩書聖賢之所言, 蓋出於勸善禁惡之微權, 而非必一一可信. 是謂聖人作僞以誑人也, 其誣聖人·侮聖言, 亦大矣."

의 문제에 한해서 만큼은 긍정적으로 받아들였다. 이와 같은 사실은 우리 선인들이 세상을 교화하는 데 필요한 권선징악의 정신을 얼마나 중요시했는가를 보여주는 것이다. 권선징악의 문제에 관한 한 유·불·도를 비롯한 모든 종교가 일률一律이었으며, 동양의 모든 문학이 이 권선징악을 토대로 삼지 않고는 논의될 수 없었다.

문사文辭에 대한 권선징악관을 총괄적으로 극명하게 밝혀준 김윤식金允植(1835~1922)과 이승복李承福(1886~1961)의 글에 대해 앞에서 간단하게 언급하였지만 여기서 다시 한 번 더 살펴보기로 하자. 김윤식의 글은 다음과 같다.

> 내가 일찍이 생각하기를 문장이란 다른 것이 아니라, 黑과 白을 서로 섞은 것일 뿐이다. 무릇 천하의 일은 是가 있으면 非가 있으니, 是는 白이고 非는 黑이다. 非를 내리고 是를 올려 하나를 억누르고 하나를 드러냄으로써 문장이 비로소 나타난다. 是를 드러내는 것은 권선하는 것이요, 非를 억누르는 것은 징악하는 것이니, 권선징악은 선왕께서 세상을 다스리신 저울이다. 정사에 시행하면 예·악·형·정이 되고 문장에 실리면 『시』·『서』·『역』·『예』·『춘추』 및 여러 성현의 글이 되니, 이 모두가 권선징악이다.
>
> 글을 논하는 방법은 理를 주인으로 삼고 辭를 손으로 삼아야 한다. 理가 이르면 辭가 따르고, 辭가 따르면 氣가 갖추어지고, 氣가 갖추어지면 광채가 저절로 나타나는 것이다. 옛날의 군자는 근본을 돈독히 하여 實에 힘썼기 때문에 입으로 말을 가려서 하지 않아도 모두 문장을 이루어, 마치 야광주와 連城之璧(和氏璧)이 깨끗이 털고 닦기를 기다리지 않고서도 항상 하늘을 비추는 기운이 있는 것과 같다. 후세에는 그 實은 버리고 華를 구하여 빈 언사와 넘치는 말로 實과 理를 겁주고 억제하여 자기의 욕심에 따르기를 구한다. 이에 빈

詞藻를 늘어놓고 헛된 문장의 광채를 떨쳐 옥의 티를 가리고 제값에 팔기를 꾀하니, 비유하건대 嫫母(黃帝의 제 4비의 이름. 얼굴은 추악하나 가장 어진 비)를 분단장시켜 狂夫(시비를 분간 못하는 사람)를 그르치는 것과 같아서 그 수고가 백배나 된다.[68]

다음으로 같은 취지에서 문사文詞를 논한 이승복의 글을 보도록 한다.

문장이란 사람 마음의 소리이다. 옛 사람의 마음은 볼 수 없지만 문장에서 그 마음을 볼 수 있고, 문장에 나타난 마음은 볼 수 없지만 독서하는 마음 가운데 문장에서 보기 어려운 마음을 볼 수가 있다. 문장에 나타난 마음은 예나 지금이나 할 것 없이 勸이고 戒이다. 문장에 勸戒가 분명히 나타나 있는 경우도 있고 권계가 나타나 있지 않은 경우도 있지만, 권계의 뜻은 독서하기를 기다려 스스로 깨닫게 되는 것이다. 그러나 성인이 『시』·『서』를 정리하면서 "『시』·『서』를 읽는 사람들은 이것으로 권계를 삼아야 한다."라고 사람들에게 일찍이 명시한 적은 없었다.

그러나 성인은 반드시 시대를 구분하여 (문장을) 보지 않으셨으니, 그 까닭은 어디에 있는가? 말만 이해하는 사람은 천고의 글을 볼 수 있지만 도리어 옛 사람의 마음에는 미치지 못하여 끝내 소리에 그칠

68) 金允植, 「答丁小耘論文書」, 『雲養集』 卷 11, "竊嘗以爲文章者, 非有他也, 黑與白相錯而已矣. 凡天下之事, 有是則有非, 是者白也, 非者黑也. 抑非而揚是, 一抑一揚, 而文章乃見. 夫揚是, 所以勸善也. 抑非, 所以懲惡也, 勸善懲惡者, 先王所以御世之權也. 措之於事, 而爲禮樂刑政, 載之於文, 而爲詩書易禮春秋及群聖賢之書, 皆是也. 夫論文之道, 理爲主, 而辭爲賓. 理到而辭從, 辭從而氣備. 氣備而光彩自著. 古之君子, 敦本而務實, 口無擇言, 而皆能成章, 如夜光連城之璧, 不待拂拭, 而常有燭天之氣. 後世去其實而求其華, 乃欲以虛辭濫說, 劫制實理, 以求從己之欲. 於是鋪空藻, 奮虛焰, 掩其瑕瑜, 圖售其價, 譬猶紛飾嫫母, 以誤狂夫, 其勞且百倍矣."

뿐이다. 그 때문에 곧 말하기를, "佶屈聱牙[문자가 난삽하여 어려운 문장]한 것은 「殷盤」·「周誥(『서경』 편명)」의 글이라"고 하고, "簡嚴馴雅한 글은 전한 후한의 글이다."라고 하는데, 그래도 이와 같은 것을 안다면 今古 문장의 구별을 할 수 있다고 할 만하다. 그러나 도리어 忠愛 正直함이 마음에 근본이 되어 機軸을 다 말한 것이 곧 典謨訓誥의 남긴 글이 됨은 알지 못한다. 그 때문에 세상 사람들은 대부분 성현의 뜻을 살피는 데 미치지 못하는 것이니, 근세의 재주와 지혜 있는 사람들도 단지 聲律과 體制 사이를 살피는 데 불과할 뿐이다.

이를 끝까지 캐어본다면 어찌 문장이 성현의 성률뿐이겠는가? 마음이 실제가 되고 소리는 그 다음이다. 그 때문에 소리는 三古와 전·후한 아래로 삼당 말에 이르기까지와 송·원·명·청이 열리기까지 같은 가락이 아니다. 다만 한 가지로 자취를 합해 보면 성정은 한가지이다. 그렇다면 雅道(바른 도), 衡鑑(시비를 분별할 수 있는 기준)이 경술에 녹아 있어야 하는 것이니, 단지 문사를 주조하는 것은 하찮은 선비들이 남긴 구슬일 뿐이다.[69]

이 글들은 모두 한결같이 문장의 겉꾸밈보다 내용을 중시하면서 그 내용이 권선징악적이어야 함을 강조한 글이다. 김윤식은 권선징

---

69) 李承福, 「文詞」, 『良谷遺稿』 卷 5, "文章者, 人之心聲也. 古人之心不可見, 其於文章見其心, 文章之心不可見, 以其讀書之心, 見其文章難見之心. 夫文章之心, 無今無古, 曰勸曰戒. 有彰明其勸戒者, 且有未嘗明彰勸戒, 而勸戒之意, 其俟乎讀書, 而自悟者矣. 然聖人刪詩書, 未嘗明示於人曰, "讀是詩書者, 以是爲勸戒也." 然而聖人必非以時爲觀也者, 其故安在乎? 但得說者, 可以讀千古之書矣, 而反不及心也, 竟定聲而止. 故便曰, "佶屈聱牙殷盤周誥之文", 曰"簡嚴馴雅前漢後漢之文," 猶知如此, 其今古區別可謂能矣. 然反不知忠愛正直爲本於心, 而闢捩盡言者, 卽爲典謨訓誥之遺也. 故世多不及觀聖賢, 近世才智, 獨不過聲律體制之間而已. 蓋究極, 則豈以文章者, 聖賢之聲律而已也? 心爲實而聲次之矣, 故聲則下三古前後漢至三唐末, 以沓宋元明淸, 必不同調也. 但共是合轍, 則一性情也. 然則雅道衡鑑在鎔經術, 而但鑄文詞者, 是小儒之遺珠也夫."

악이 선왕께서 세상을 다스리신 저울이라고 하면서, 그 권선징악이 정사에 시행되면 예·악·형·정이 되고 문장에 실리면 오경 즉 『시경』·『서경』·『역경』·『예기』·『춘추』 및 성현의 글이 된다고 하였다. 이는 한마디로 오경의 글이 모두 권선징악을 담고 있다고 종합하여 말한 것이다. 이승복은 모든 문장은 예나 지금이나 할 것 없이 권선계악을 담고 있다고 하면서, 그것이 명시적이든 묵시적이든 간에 그 나름대로 문장 속에 들어 있다고 하였다. 이들의 논지를 따르면, 권선징악을 담고 있지 않는 글은 없다. 그만큼 선인들은 글이 담고 있는 기본 정신을 권선징악에 두었으며, 권선징악을 떠난 글의 가치는 말末로 생각하였다.

양촌陽村 권근權近(1352~1409)은 권선징악성이 담겨 있다는 오경의 상호관계를 "『역경』은 오경의 전체全體요, 『춘추』는 오경의 대용大用이다. 『서경』은 정사를 말하였고, 『시경』은 성정을 말하였고, 『예기』는 절문節文을 신중히 했으니, 비록 각기 그 한 가지 일만을 말했으나 『역경』·『춘추』의 체용體用을 또한 갖추지 않은 것이 없다"[70]라고 하고, 또 "『역경』은 오경의 전체요, 『춘추』는 오경의 대용이다. 이 전체와 대용의 『예기』적 실현 수단은 절節·문文이며, 『시경』적 실현 수단은 권·징이며, 『서경』적 실현 수단은 상·벌이다"[71]라고 하였다.

---

70) 權近, 「五經體用合一之圖」, 『入學圖說』, "易五經之全體也, 春秋五經之大用也, 書以道政事, 詩以言性情, 禮以謹節文, 雖各專其一事而易春秋之體用, 亦各無所不備焉."

71) 上揭書, 같은 곳.

易全體也 ┬ 書 —— 賞·罰 —— 之以政 ┬ 春秋大用也
　　　　 ├ 詩 —— 勸·懲 —— 之以言 ┤
　　　　 └ 禮 —— 節·文 —— 之以行 ┘

『서경』·『시경』·『예기』는 『역경』을 전체로 하며, 『춘추』를 대용으로 한다는 말인데, 춘추필법의 권선징악성은 이미 잘 알려져 있는 것이고, 『역경』 또한 길흉화복을 보임으로써 권선징악의 실속을 담고 있는 글이다. 전체로서 『역경』에 대해 스님으로 추정되는 사수沙隨는 "『역경』은 도의를 화복에 배치했으니, 세교에 가장 보탬이 된다"72)라고 하였다. 이는 『역경』 자체가 권선징악성을 담고 있는 글이고, 나머지 경서들은 그를 전체로 한 대용이기 때문에 권선징악을 담고 있다는 것은 말할 나위가 없다는 뜻이다. 이승복이 '글에는 경술이 녹아 있어야 한다.'고 말한 것처럼, 옛 선인들의 글은 경서를 토대로 하였기 때문에 모두 경서에 나타난 권선징악성이 녹아 있는 것이다. 김윤식의 이론 중 문장에 관한 흑·백 논의는 이병곤李秉坤(1785~1859)의 논의와 흡사한 데가 있다.73)

이 밖에도 문장 일반론으로써 권선징악성에 대해 논의한 자료는 많이 있다.74)

이상의 논의를 통해 볼 때 『시경』이나 다른 경서에 담긴 권선징악의 정신은 소설론이나 문장 일반론에 모두 나타나는 공통 현상임을 알 수 있다.

---

72) 『備旨具解原本周易』 卷 1, 乾, 二以會 刊, p.119. "沙隨謂易以道義配禍福, 最有補於世教云."

73) cf., 李秉坤, 『圖齋集』, "第十六節總言, 善惡而結之. 蓋天下之事, 非公則私, 非正則邪, 非直則枉, 非順則逆, 非敬則肆, 非誠則僞, 不外是善惡兩端而已. 如非陽則陰, 非白則黑, 世豈有陰陽黑白間界之位也."

74) 權近의 「進三國史略箋」, 鄭摠(1358~1397)의 「高麗國史序」, 徐居正(1420~1488)의 「進三國史節要箋」, 桂德海(1708~1775)의 「文章」, 丁若鏞(1762~1836)의 「文體策」 등의 글과 洪奭周(1774~1842)의 『福壽雙會』, 崔漢綺(1803~1870)의 『明南樓叢書』, 權重顯(1854~1934)의 『功過新格』 등과 같은 책이 그것이다. 이 중 특히 『복수쌍회』나 『공과신격』은 전편이 권선징악에 관한 내용으로, 이 분야 연구의 중요한 자료가 된다.

이상에서 살펴본 것과 같이 동양 문학에서 권선징악 이론의 전통은 매우 오래된 것이며 끊임없이 이어져 온 보편적인 문학론이었음을 시론·소설론·문장 일반론을 통하여 확인할 수 있다. 『시경』이나 다른 경서에 담긴 권선징악의 정신이 소설론이나 문장 일반론에 나타나는 것이 공통 현상이다. 특히 사건을 직접 제시해 보임으로써 가흥可興의 효과가 큰 산문, 그 중에서도 소설의 권선징악성이 늘 강조되어 왔음을 알 수 있다.

동양의 전통적인 이론으로 우리 고전문학을 연구하는 것은 바람직하고 의미 있는 일이다. 따라서 동양에서 지속적으로 계승되고 추구되어 온 권선징악적 문학론에 대한 기존의 소극적·부정적 인식은 불식되어야 한다. 문예의 독립을 꾀한 나머지 미와 쾌락의 추구에만 경도된 예술지상주의적인 문학관이 아니라 적어도 문사文辭의 알맹이에는 '이문정심以文正心'적인·'이문정세以文正世'적인 목적이 자리잡고 있어야 한다. 시비선악은 없고 희로애락만 있는 문학은 고전이 될 수 없다. '예술을 위한 예술(art for art's sake)'의 경지를 넘어 이를 수렴하고 극복한 '인간을 위한 예술(art for life's sake)'이 되어야 할 것이다.

오늘날 우리의 현실이 뚜렷한 가치관 없이 표류하고 있는 것에는 여러 가지 이유가 있겠지만, '정교政教'와 '시교詩教'를 통한 명징明澄한 권선징악성이 없기 때문에 그러한 것이 아닌가 생각한다. 도덕적 가치보다는 문예미를 우선하는, 선을 도외시하고 미만을 추구하려는, 그래서 단자單字의 미학美學이나 어구의 나열에 한없이 신경쓰는 오늘날의 문학 현실을 반성하고 선인들이 끊임없이 추구해 온 권선징악적 문학관을 앞으로도 계속 계승·발전시켜야 하지 않을까 한다.

Ⅲ. 권선징악勸善懲惡과 고소설古小說

1. 『논어論語』 장구章句와 관련關聯한 고소설古小說 논의論議와 권선징악勸善懲惡

권선징악 이론은 그 연원이 매우 오래되었으며, 서구의 문학 이론이 이 땅에 상륙하기 이전, 선대先代에는 단 한번도 도전을 받아 본 적이 없는 것이었다. 그러므로 우리 고전문학을 연구하면서 권선징악 이론과 같은 동양의 전통적인 이론으로 우리 고전문학을 이해해 보고자 하는 것은 바람직하고 의미 있는 연구 태도가 될 것이다.

이 장에서는 이와 같은 연구를 위한 선행 작업으로 『논어』의 몇몇 장구章句를 권선징악 이론과 결부시켜 논의해 보고자 한다. 이 장에서는 권선징악 이론과 관련된 『논어』의 장구章句를 '흥관군원興觀群怨'·'정성음鄭聲淫'·'괴력난신怪力亂神'의 3언言에 한정하여 논하고, '사무사思無邪' 등은 후고로 미루기로 한다. 또, '정성음鄭聲淫'이라는 장구章句는 일반적으로 많이 쓰였던 『예기禮記』 「악기樂記」에 기록된 것과 같은 뜻인 '정위지음성鄭衛之淫聲'으로 용어를 바꾸어 쓰고자 한다.

이 장의 논의를 위하여 먼저 위 3언言의 출처가 되는 『논어』의 몇 구절을 참고로 인용해 보면 다음과 같다.

興觀群怨

子曰, 小子는 何莫學夫詩오. 詩는 可以興이며 可以觀이며 可以群이며 可以怨이며 邇之事父며 遠之事君이요 多識於鳥獸草木之名이니라.

孔子께서 말씀하셨다. "너희들은 어찌하여 詩를 배우지 아니하느냐? 詩는 (그로써 정서를) 일으킬 수 있으며, (풍속을) 살필 수 있으며, 무리지어 살 수 있으며, 원망할 수 있으며, 가까이는 어버이를 섬기게 하며, 멀리는 임금을 섬기게 하고, 새와 짐승 · 풀과 나무의 이름을 많이 알게 한다." (「陽貨篇」)

鄭聲淫

顔淵問爲邦한대 子曰, 行夏之時하며 乘殷之輅하며 服周之冕하며 樂則韶舞요 放鄭聲하며 遠佞人이니 鄭聲은 淫하고 佞人은 殆니라.

顔淵이 나라를 다스리는 것을 묻자, 孔子께서 말씀하셨다. "夏 나라의 철(책력)을 행하며, 殷 나라의 수레를 타며, 周 나라의 면류관을 쓰며, 음악은 韶舞를 할 것이요, 鄭 나라 음악을 추방해야 하며 말재주 있는 사람을 멀리 할 것이니, 鄭 나라 음악은 음란하고 말 잘하는 사람은 위태로우니라." (「衛靈公篇」)

怪力亂神

子不語怪力亂神이러시다.

孔子께서는 怪異함과 勇力과 悖亂의 일과 鬼神에 관한 일을 말씀하시지 않으셨다. (「述而篇」)

(1) 흥관군원興觀群怨

공자는 『논어』의 「양화」편에서 "시가이흥詩可以興, 가이관可以觀, 가이군可以群, 가이원可以怨"이라고 하였다. 여기서 '흥興'은 감발의지感發意志, '관觀'은 고견득실考見得失, '군群'은 화이불류和而不流, '원怨'은 원이불로怨而不怒의 뜻을 나타낸다. 시를 배우면 이 네 가지의 효용성을 체득할 수 있다는 말이다. 그런데 선인先人들은 이와 같은 '사가론四可論'이 소설의 경우에도 마찬가지라고 생각했다.

중국의 이지李贄(1527~1602)는 전기傳奇가 '흥관군원興觀群怨'할 수 있다고 인식하여 다음과 같이 말하였다.

> 이 記述(傳奇)은 目好·曲好·自好·事好에 관계된다. 樂昌은 파경에 이르렀다가 다시 결합하였고, 紅拂은 지혜의 눈을 견줄 곳이 없었고, 虬髥은 집을 버리고 바다로 들어갔으며, 越公이 두 기녀를 다 보냈던 일은 모두 스승으로, 법으로 삼을 만하며 공경하고 그리워할 만하다. 누가 傳奇는 興할 수 없으며, 觀할 수 없으며, 群할 수 없으며, 원망할 수 없다고 말하는가? 음식을 들고 宴樂하는 사이에 義理를 일으키고 강개함을 움직이는 경우가 많다. 현재의 음악이 옛 음악과 같은 것이니, 행여 차별 없이 보는 것이 옳겠다.[1)]

중국의 오전성吳展成도 「연산외사서燕山外史序」에서 『연산외사燕山

---

1) 黃漢靑, 『中國美學思想彙編』 下, (成均出版社, 台北, 中華民國 72年 9月), p.145. "此記, 觀目好·曲好·自好·事好. 樂昌破鏡重合, 紅拂智眼無雙, 虬髥棄家入海, 越公並遺雙妓, 皆可師可法, 可敬可羨. 孰謂傳奇不可以興, 不可以觀, 不可以群, 不可以怨乎? 飮食宴樂之間, 起義動慨多矣. 今之樂猶古之樂, 幸無差別視之其可."

外史』가 '흥관군원興觀群怨'할 수 있다고 하며 다음과 같이 말하였다.

> 「燕山外史」 一篇은 陳君 蘊齋가 지은 것이다. 그 사이에 竇生과 愛姑의 일을 서술하여 생동감 있게 표현하려고 모두 騈麗文으로 썼다. 그 글이 유연하고 감미로워(부드러워) 절로 문장을 이루었으니, 아마도 興·觀·群·怨의 미묘한 뜻을 터득함이 있는 것일 것이다.[2)]

이들의 이야기는 시나 소설이 '흥관군원興觀群怨'의 효용성에 있어서는 모두 동일하다는 것이다. 여기서 '흥관군원興觀群怨'의 네 가지 효용성에 대하여 차례대로 논의해 보면 다음과 같다.

'흥興'은 '의지를 감발한다[感發志意]'는 뜻이다. 여기서 '의지意志'는 일반적인 감정일 뿐만 아니라 작자의 순수하고 진지한 마음에서 나온 감정으로, 독자에게 옮겨가서 독자로 하여금 감흥을 일으키게 하는 감정이다. 주자朱子는 "선을 좋아하고 악을 싫어하는 마음이 흥기하여 스스로 그만둘 수 없는 경지가 반드시 이에서 터득된 것이다"[3)]라고 하였다. 매하산인梅下山人 최영년崔永年(1856~1935)은 『해동죽지海東竹枝』에서 "「춘향가」·「심청가」·「흥부가」가 세상 사람들의 정을 감발한다"[4)]고 하였는데, 이것이 바로 '흥興'을 말한 것이다.

자기의 의지를 감발感發시킨다는 것은 선악을 보여 주어 독자의 의지를 흥기興起시킨다는 뜻이다. 그것은 미美·불미不美와 선善·악

---

2) 吳展成, 「燕山外史序」, 『中國歷代小說論著選』(黃林·韓同文 選注), "燕山外史一篇, 陳君蘊齋所作也. 其間敍竇生愛姑事, 栩栩欲活, 悉以騈麗之詞寫之. 流連宛轉, 自成文章, 殆有得于興觀群怨之微旨歟."

3) cf., 徐復觀, 『中國藝術精神』(1990), p.65. 再引用, "所以興起其好善惡惡之心, 而不能自已者, 必於此而得之."

4) 崔永年, 『海東竹枝』, "春香歌主其烈, 沈淸歌主其孝, 興夫歌主其友愛, 使世人有感發之情."

惡을 보여줌으로써 독자의 마음을 흥기興起시켜 권선징악하게 하는 것이다.[5)]

소설은 경서나 역사서보다 독자를 더욱 흥기시켜 미치는 효과가 큰 것이다. 바로 이 흥기성興起性이 '흥관군원興觀群怨'의 '흥興'에 해당된다. 이 '흥興'에 대하여 홍석주洪奭周는 "공자는 시를 논하면서 첫째로 가흥성에 대하여 말하였다. 가흥성이란 사람을 감동시켜 분발하게 함을 말하는 것이다."[6)]라고 하였는데, 선인先人들은 시의 가흥성可興性보다 소설의 가흥성이 더 크다는 것을 누누이 강조하여 왔다.

'관觀'은 '득실을 상고한다[고견득실考見得失]'는 뜻이다. 여기서 득실得失을 상고詳考한다는 말은 풍속風俗의 성쇠盛衰를 관찰한다는 말이다. 여기서 말하는 풍속은 "군상소화君上所化 위지풍謂之風 민하소습民下所習 위지속謂之俗"[7)]이라 하여, 임금과 백성에게 모두 관계되는 것으로, 주周 나라 동천東遷 이전에는 임금이나 백성의 선·악을 보기 위하여 나라 안에 유포되어 있는 시를 '채시관採詩官'에게 채집採集하여 살펴보게 했던 것이다. 이러한 역할을 맡았던 관리로 '패관稗官'이 있었는데, 이들 역시 나라 안에 유포되어 있는 이야기를 채집하여 당시 정치의 선·악을 파악하는 관리였다. 풍속의 선·악을 살피는 일은 매우 중요한 일로, 우리나라의 관찰사觀察使도 풍속의 선·악을 살피는 것을 주요 임무로 한 관리였다. 관찰사라는 말

---

5) 「陽貨」篇, 『論語』, "詩 可以興"의 小註. "朱子曰, 讀詩見不美者, 令人羞惡見其美者, 令人興起." [備旨] "夫詩何以當學也. 詩之所載有善有惡, 而勸戒備焉, 學之者, 可以感發吾之志意而興也."

6) 洪奭周, 『鶴岡散筆』 卷 3, 章 96, "夫子論詩, 首言可以興. 興也者, 感發之謂也."

7) 「先行實立教條」의 注, 『小學』

이 '관풍찰속觀風察俗'에서 나온 말이라는 것을 감안할 때, 이들의 고유 기능 중 한 가지가 채시관이나 패관의 기능이었음을 짐작할 수 있다.

채시관이나 패관에 의하여 채집된 것은 선·악이 분명하였으니, 선을 권장하거나 악을 징계할 것이 못된다면 제외되었다. 성삼문成三問이 「팔가시선서八家詩選序」에서 "그 지은 것이 성性과 정情에서 나오지 않고 풍속과 교화에 관계되지 않아 선이든 악이든 사람을 권장하거나 징계할 것이 못되면, 모두 취하지 않는 것이다"[8]라고 한 말과, 이제현李齊賢이 「제비전서諸妃傳序」에서 "드러난 선·악이 없는 것은 생략한다"[9]라고 한 말을 보면 이를 잘 알 수 있다. 결국 그들에 의해 채집된 것은 권선징악적인 작품이었고, 이것은 권선징악성을 담고 있는 글만 살아남을 수 있다는 뜻으로 이해된다. 이야기가 세교世敎에 도움을 주어 이풍역속移風易俗할 수 있는 것만 채집될 수 있었던 것처럼, 작품도 세교에 도움을 줄 수 있는 권선징악적인 작품만 살아남을 수 있었을 것이다.

글이 세교에 보탬이 되어야 한다는 것은 선인들의 변함없는 공통된 인식이었다. 성여학成汝學은 「어우야담서於于野譚序」에서 "기중가경가괴비일이其中可警可怪非一二, 이편언척자막비세교而片言隻字莫非世敎"라고 하여 『어우야담於于野譚』에 수록된 내용 가운데 편언척자片言隻字도 세교에 관계되지 않는 것이 없다고 강조하였다.

'군群'은 '화하되 도를 넘어 방탕한 데로 치닫지 않는다[화이불류和而不流]'는 뜻이다. '군群'도 역시 권선징악의 차원에서 이해되어야

---

8) 成三問, 「八家詩選序」, "其所作, 苟非發於性情, 而關於風教, 善與惡, 不足以勸懲人, 則皆在所不取."

9) 李齊賢, 「諸妃傳序」, "無大善惡者略之."

할 것이다. 무리지어 화락하게 살 수 있되, 방탕한 데로 흐르지 않기 위해서는 선·악의 분별이 확실하고 그것이 잘 지켜져야 할 것이다. 모든 사람이 '화和'로만 흘러가서 그것이 지나치게 되면 오히려 좋지 않은 것이다. 만약 연애 소설이 지나치게 '화和'한 것만 보여준다면 사람들을 좋지 않은 곳에 이르게 할 것이다. 지나친 '화和', 즉 화和를 벗어나는 것[유流]은 선이 아니며 '화和'가 부족한 것도 선이 되기 어렵다. 소설은 중정中正한 도道로서 선을 권장하고 악을 징계하는 권선징악성을 보여 주어야 한다.

'원怨'은 '원망하되 도를 넘어 분도로 치닫지 않는다[원이불노怨而不怒]'는 뜻이다. 원怨은 자기의 도리를 다한 뒤 부족함을 나타내는 마음의 상태인데, 소설에서는 '원怨'을 얼마든지 드러낼 수 있다. 다산茶山은 "임금을 사랑하거나 나라를 근심하지 않는 것은 시가 아니고, 시대를 아파하거나 풍속을 고민하지 않는 것은 시가 아니며, 미자권징지의美刺勸懲之義가 없으면 시가 아니다"[10]라고 하였는데, 이 말은 소설에도 적용될 수 있는 것이다. 국가가 위태로운데도 원심怨心이 없으면 애국하는 자세가 아니다. '원怨'하여 바로잡아야 한다. 그러나 '원이불노怨而不怒'해야 바람직한 것이다. '원怨'이 상황에 따라 나타나는 인간의 자연스런 마음이지만, '분노憤怒'해서는 안 된다. 특히 '분노憤怒'해서 난亂까지 일으켜서는 더욱 안 된다.[11]

사람이 '원怨'하게 되면 '간諫'하게 되는 데, 이 때에도 '노怒'하지 않고 '덕德'으로써 해야 한다. 『좌전左傳』에 "임금이 도리에 어긋나는 일을 했을 때 덕으로써 임금에게 간언하기를 잊지 않았다"[12]라

10) 丁若鏞, 「寄淵兒」, 『與猶堂全書』, "不愛君憂國, 非詩也, 不傷時憤俗, 非詩也, 非有美刺勸懲之義, 非詩也."

11) 『左傳』 文公 2年條, "怒不作亂."

고 한 말과, 『예기禮記』에 "간하되 거스르지 말아야 한다"[13]라고 한 말이 있는 것처럼, 선인들은 도에 맞게 덕으로써 간諫하는 것을 선으로 여겼다. 선인들이 「홍길동전」을 비난한 이유는 여러 가지가 있겠지만, 도술道術[괴력난신怪力亂神]적인 이야기가 많고, 부형父兄에게 품은 '원怨'에 대해서는 그런 대로 거슬림 없는 '간諫'으로써 '호부호형呼父呼兄'할 것을 허락받았지만(물론 다른 요인도 있어서 허락받을 수 있었음), 국가에 대해서는 이러한 '간諫'을 시도조차 해보지도 않은 채 도적의 괴수로서 권모權謀를 사용하여 국가를 전복하려고 했었다는 점에 있었던 것이 아닌가 생각된다. 자기의 도리는 다하지 않고 '원怨'해서 '난亂'까지 일으킨 것이 문제이다.

남이 잘못을 했는데도 '원怨'하여 징악懲惡하지 않으면, 이것은 진정 남을 사랑하는 것이 아니다. '원怨'은 '인仁'과 상반相反되는 것처럼 보이지만 '의義'의 발로로, 덕德을 상성相成하는 것이다.

부모의 잘못을 보고도 '원怨'하지 않고 무관심하면 효孝가 되지 못할 것이다. 사랑하기 때문에 '원怨'할 수 있는 것이다. 이에 대하여 맹자孟子는 다음과 같이 말하였다.

> 公孫丑가 孟子께 여쭈었다. 告子가 "『詩經』의 「小弁」은 小人이 지은 시"라고 하더군요.
>
> 맹 자 : "무슨 이유로 그러더냐?"
>
> 공손추 : "怨望의 시라고 합디다."
>
> 맹 자 : "高子 노인의 시 해석은 고루하구나! 가령 여기 한 사람이 있다고 하자. 그리고 만약에 越 나라 사람이 활을 당겨 누군가를 쏘

12) 『左傳』 桓公 2年條, "君違, 不忘諫之以德."
13) 「祭義」, 『禮記』 下, "諫而不逆."

았다 하더라도 그는 담소하면서 그런 일이 있었음을 이야기할 것이다. 그 이유는 다름이 아니다. 자기와는 무관한 사람들의 일이기 때문이다. 그러나 만약에 자기의 친형이 활을 당겨 누군가를 쏘았다고 하면 그는 눈물을 흘리며 말할 것이다. 그것은 딴 이유가 아니다. 자기 형에 대한 측은한 마음이 있기 때문이다. 「小弁」의 시에 나타난 怨望은 자기 아버지를 사랑한 나머지 나타난 怨望의 情이다. 그리고 그렇게 아버지를 사랑한다는 일은 바로 仁이니라. 그러니 高子 노인의 시를 보는 태도는 참으로 고집불통이라 하겠다!"

공손추 : "「凱風」의 시에서는 왜 怨望하지 않았습니까?"

맹　자 : "「凱風」에 나타난 어머니의 잘못이 적기 때문이다. 하지만 「小弁」에 나타난 아버지의 허물은 컸으므로 怨望했다. 부모의 허물이 큰데도 자식이 怨望하지 않으면 부모를 더욱 疎遠하는 것이고, 반대로 부모의 허물이 작은 데도 怨望하면 孝諫을 포기하는 頑惡한 태도이다. 부모에게 더욱 소원한 태도를 취하는 것도 불효이지만, 孝諫을 포기하는 頑惡한 태도도 불효이다. 孔子께서 말씀하셨다. '舜임금은 지극한 효자이셨다. 50살에도 부모를 그리워하고 怨望했으니!' 라고."[14)]

부모의 허물이 큰 경우에도 '원怨'조차 하지 않는 것은 부모를 완전히 포기한 것으로 불효이다. 반대로 허물이 작은 데도 이를 효성으로 '간諫'하는 노력을 하지 않고 '원怨'만 하는 것은 효간孝諫을 포

---

14) 「告子」 下, 『孟子』, "公孫丑問曰, 高子曰, 小弁小人之詩也. 孟子曰, 何以言之? 曰, 怨. 曰, 固哉, 高叟之爲詩也. 有人於此, 越人關弓而射之, 則已談笑而道之, 無他, 疎之也. 其兄關弓而射之, 則已垂涕泣而道之, 無他, 戚之也. 小弁之怨, 親親也. 親親仁也. 固矣夫, 高叟之爲詩也. 曰, 凱風何以不怨? 曰, 凱風親之過小者也, 小弁親之過大者也. 親之過大而不怨, 是愈疎也, 親之過小而怨, 是不可磯也. 愈疎, 不孝也, 不可磯, 亦不孝也. 孔子曰, 舜其至孝矣, 五十而慕."

기한 것으로, 이 역시 불효이다. 맹자는 여기서 50세가 되어서도 안타까운 심정으로 울던 순舜의 대효大孝를 드러내 밝힌 것이다.

인간 사회에서 남을 사랑하기 위해서는 '원怨'이 필요하기도 하다. 그러나 '원怨'이 지나쳐서 '노怒'하게 되는 것은 선이 아니다. 소설은 '원이불노怨而不怒'의 선을 보여 주어야 한다. 이것이 권선징악의 참된 정신이다.

(2) 정위지음성鄭衛之淫聲

선인들은 소설을 시에서 말하는 '정위지음성鄭衛之淫聲'에 곧잘 비견하였다. 장지연張志淵은 「현토천군연의서懸吐天君演義序」에서 "전기소설이란, 비유하자면 정·위의 음란한 소리이다"[15]라고 하였다. 그리고 부묵자副墨子도 마찬가지로 음성淫聲에 비유하였다.

> 客이 나에게 묻기를 "우리나라는 禮樂文物의 盛함이 中華와 견줄 만하여 嘉言과 善行을 다 기록할 수 없는데, 그대는 어찌 齊東之語[허탄한 말]를 취하여 음란한 소리로 [세상을 향하여] 묻는가? 이와 같은 것이 예법을 존중하는 사람들에게 책망을 받지 않겠는가?"라고 하였다. 내가 응답하기를, "『詩經』 詩 삼백 편은 閭巷의 歌謠가 아님이 없고, 또 하물며 淫亂함은 鄭·衛만한 것이 없는데도 孔子는 二南[周南·召南]의 아래에다 배열해 놓았으니, 그 勸善懲惡의 뜻이 엄하고도 두렵도다. 이 글을 읽는 자가 善한 것은 法으로 삼고 惡한 것은 警戒로 삼아 일에 따라 스스로 警戒하면, 淫亂한 말과 野言이 나에게

15) 張志淵, 「懸吐天君演義序」, "夫傳奇小說者, 譬之, 如鄭衛之淫聲."

무슨 상관이 있겠는가?"라고 하였다.16)

부묵자副墨子의 이 글은 비록 음성淫聲이라도 그것을 권선징악의 의미로 읽으면 경계警戒 삼을 만하다는 논리이다. 음란한 말이라도 그것을 경계의 의미로 받아들이면 도움이 된다는 것이다. 이는 독자의 수준과 수양에 관계되는 문제로, "소가 물을 마시면 우유가 되고, 뱀이 물을 마시면 독이 된다[우음지위유牛飮之爲乳, 사음지위독蛇飮之爲毒]"는 이치와 같다. 음성淫聲이라 할지라도 "아름다운 사람이 들으면 아름다운 것이요, 음란한 사람이 들으면 음탕한 것이다[문자견지文者見之, 위지문謂之文, 음자견지淫者見之, 위지음謂之淫]", "도는 똥·오줌에도 있다[도재시익道在屎溺]" 도란 선·악, 미美·추醜를 떠나 어디에나 있을 수 있는 법이다. 하찮은 풀(질경이와 균류菌類 식물[우수마발牛溲馬勃])도 모두 약이 될 수 있듯이 음성淫聲이라도 받아들이는 사람에게 달렸을 뿐이다. 주자朱子는 "사람들이 만약 스스로를 닦는 것으로 마음을 삼는다면, 눈앞에서 감응된 온 천하의 만물들이 모두 내 의리의 바름을 드러내기에 부족한 것이 없다. 선한 것은 진실로 스승 삼을 수 있고 선하지 않은 것을 보면 곧 두려워하여 반성하는 것이니 또한 나의 스승이다"17)라고 하였다. 자기의 마음 자세에 따라 스승이 될 수도 있고 되지 않을 수도 있는 것이

16) 副墨子, 「破睡錄序」, "客有問於余曰, 我東禮樂文物之盛, 侔擬中華, 嘉言善行不可殫記, 則子何取乎, 齊東之語, 而問之以淫聲耶? 如是而能不見譏於禮法之家乎? 余應之曰, 詩三百無非閭巷歌謠, 又況淫莫如鄭衛, 而夫子繫之二南之下, 其勸善懲惡之旨, 嚴矣畏哉. 覽是書, 而善則爲法, 惡則爲誡, 隨事自警, 則淫言野語, 何有於我哉?"

17) 「述而」 篇, 『論語』, '三人行, 必有我師~'의 小註. "人若以自修爲心, 則擧天下萬物, 凡有感乎前者, 無不足以發吾義理之正. 善者固可師, 見不善者, 便恐懼修省, 亦吾師也."

다. 중국의 오은지吳隱之는 한번 마시면 누구나가 탐욕이 크게 일어난다는 '탐천貪泉'이라는 물을 마셔도 청렴한 자는 마음이 바뀌지 않는다고 하여 그 뒤 그 샘의 이름을 '염천廉泉'으로 고쳤다는 일화까지도 전하지 않는가![18)]

음탕淫蕩한 것을 보여 주어 성정性情을 해칠 수 있을지라도 독자는 권선징악의 차원에서 해석하여 받아들일 수 있어야 한다는 것이다. 다시 말해 큰 악이라 할지라도 그것을 거울삼아 자계自戒하라는 논리이다. 모든 것은 잘만 받아들이면 '선악善惡이 개오사皆吾師'인 것이다. 쌍봉요씨雙峯饒氏는 "삼인행三人行, 필유아사必有我師"를 설명하면서, "이것은 우선 한 가지 선과 한 가지 악을 상대로 말하여 선악이 모두 나의 스승임을 보여 준 것이다. 혹 두 사람이 모두 선하면 당연히 두 사람을 모두 좇고 모두 악하면 당연히 모두 고쳐야 한다. 곧 한 사람과 함께 길을 가더라도 나의 스승이 있으니, 이것은 언외의 뜻이 담긴 것이다"[19)]라고 하였다. 또 남헌장씨南軒張氏는 "한 사람의 몸에 선도 있고 선하지 않은 것도 있으니, 또한 나의 스승이 아님이 없다"[20)]라고 하였다.

권선징악 이론은 도덕을 준거準據의 틀로 하여 작품을 해석하자는 이론이다. 다시 말해서 모든 작품을 해석하면서 명시적으로든 묵시적으로든 그 안에 들어 있다고 추정되는 도덕적 의미, 즉 권선징악성을 추구하고자 하는 이론이다. 따라서 작품 해석의 출발점과

---

18) 『古文眞寶』 前集, "古人云此水, 一歃懷千金, 試使夷齊飮, 終當不易心."

19) 「述而」 篇, 『論語』, '三人行, 必有我師~'의 小註. "雙峯饒氏曰, 此姑以一善一惡對言, 以見善惡, 皆吾師. 或兩人皆善則皆當從兩人, 皆惡則皆當改. 便是與一人行, 亦有我師, 此則言外之意."

20) 「述而」 篇, 『論語』, '三人行 必有我師~'의 小註. "南軒張氏云, 一人之身, 有善有不善, 亦莫非吾師也."

귀착점을 권선징악에 두는 이론이다. 서거정徐居正은 “행여 관람해 주시고 눌러 간행할 것을 허하시오면, 지난 일의 시비를 밝게 알아서 사람도 거울이 되고 옛 일도 거울이 될 것이옵니다. 뒤에 오는 이에게 권계를 뚜렷이 보여 선도 내 스승이요, 악도 내 스승이 될 수 있을 것입니다”21)라고 하였다.

「홍길동전」의 작자를 호되게 비난했던 택당澤堂 이식李植도 다음과 같이 말하였다.

> 내가 가만히 옛사람의 圖書에 대하여 생각해 본다. 반드시 善·惡을 좌우로 갈라 그려 놓은 것은, 지나간 자취로 勸戒를 보이고자 한 것이다. 「國風」 가운데 鄭衛의 淫聲을 삭제하지 않은 것도 역시 이 같은 뜻이다.22)

이는 선·악을 동시에 보여 줌으로써 모두 스승으로 삼도록 한다는 논리이다. ‘정위지음성鄭衛之淫聲’이라도 얼마든지 사람에 따라 도움을 줄 수 있어 오히려 선이 될 수도 있는 것이다. 이 논리를 따라 궁극적인 데로 들어가면, 곧 ‘선악善惡은 불이不二’이다. 이것은 불교佛敎의 말로 선·악이 각각 두 가지가 아니고 평등무차별한 한 가지 불리佛理로 귀착된다는 말이다. 『노자老子』에도 “선인자善人者, 불선인지사不善人之師, 불선인자不善人者, 선인지자善人之資”라는 말이 있다. 선·악이 서로 도움을 주는 것이다.

선인先人들은 ‘정위지음성鄭衛之淫聲’이라도 독자가 받아들일 탓이

---

21) 徐居正, 「進三國史節要箋」, 『東文選』 卷 11, “儻賜觀覽仍許頒行, 明燭往事之是非, 人爲鑑而古亦爲鑑, 昭示來者之勸戒, 善吾師而惡亦吾師.”

22) 李植, 「隋煬南幸圖後敍」, 『澤堂別集』 卷 5, 敍引, “余竊思古人圖書. 必左右分寫善惡, 前迹以示勸戒. 國風之不刪鄭衛者, 亦此意也.”

라는 견해에 대해 다양한 논리를 펴고 있으니, 그 예를 하나 들자면 다음과 같은 것이 있다.

강희맹姜希孟은 「태평한화골계전서太平閑話滑稽傳序」에서 다음과 같이 말하였다.

> 일은 美惡을 막론하고 風俗을 깨우치는 것이 重하고, 말은 精粗를 막론하고 이치에 맞는 것이 貴한 것이다. 그러므로 수레바퀴를 깎는 것[斲輪]을 보면 自得한 妙를 알게 되고, 滄浪之歌를 들으면 自取할 기미를 알게 되는 것이니, 어찌 鄙諺이나 巷論이라 하여 精美한 것이 (그 속에) 붙여져 있음을 찾아보지 않겠는가?[23)]

여기서 '착륜斲輪'은 『장자莊子』의 「천도天道」편에 나오는 이야기로, 수레바퀴를 깎는 일은 말로 가르쳐 주어서 되는 것이 아니라 그것을 보아 자득自得해야 한다는 이야기이다. 소설 같은 글도 그 내용이 어떻든 간에 스스로 보아 선·악을 찾아내어 스스로 깨달아야 한다는 말이다. 선·악의 일을 직접 보여줌으로써 스스로 깨닫게 한다는 것이다. 수레바퀴를 어떻게 깎아야 한다고 말로 설명해 준다고 배울 수 있는 것은 아니라는 것이 장자의 말이다. 이처럼 선·악을 말로써 이야기하는 것이 아니라 직접 제시해 줌으로써 자득하게 한다는 것이 선인들의 생각이었다. 여기서 '자득自得'이라고 한 것은 이치에 맞는 것을 스스로 깨달아 알게 된다는 뜻이다.

맹자가 인仁을 설명하면서 인은 자기가 행할 탓이라고 하였다. '창랑자취滄浪自取'가 바로 그것이다. 이는 공자가 어린이의 「창랑지

---

23) 徐居正, 『徐四佳全集』(影印本, 昕晟社, 1980), p.813. "事無美惡, 警俗者爲重, 言無精粗, 詣理者爲貴. 是以觀斲輪則知其自得之妙, 聽滄浪則審其自取之機, 庸可以鄙諺巷論, 而不究夫精美之所寓耶."

가滄浪之歌」 "창랑지수청혜滄浪之水淸兮, 가이탁오영可以濯吾纓, 창랑지수탁혜滄浪之水濁兮, 가이탁오족可以濯吾足"을 듣고 스스로 얻을 바를 찾아냈다는 이야기를 맹자가 인용하여 한 말이다. 남에게 잘못을 비판받는 것은 모두 자기가 할 탓이라는 것이다. 강희맹의 이와 같은 이론은 공자도 어린아이가 부르는 하찮은 노래에서 취할 점을 찾아냈는데, 소설 같은 글에서 선·악의 감계鑑戒를 찾아내는 것은 독자의 일이라는 것이다.

강희맹은 다시 「촌담해이 자서村談解頤自序」에서

> (이러므로) 「滄浪之歌」를 孔子가 '自取한 것'이라고 찬탄하였고, 陽貨之言을 孟子가 취하여 仁을 논하였으니 일은 비록 鄙俚하다 할지라도 燕 나라의 편지를 郢에서 나름대로 해설[燕書而郢說 : 이는 원래 郢書燕說을 거꾸로 쓴 것으로 牽强附會를 말함]한다 하여 어찌 不可함이 있겠는가?[24]

라고 하였다. 「창랑지가」도 공자가 자취自取한 것이고, 맹자가 '양화지언陽貨之言'을 자취하여 훌륭히 사용했듯이 소설 같은 글도 내용이 어떠하든 좋은 방향으로 자취하면 된다는 것이다. '연서이영설燕書而郢說'도 마찬가지의 의미로, 나쁜 것일지라도 득이 되는 방향으로 해석하여 스스로 취하면 된다는 논리이다.

성종成宗도 다음과 같이 말하였다.

> 사람은 각기 類가 있어서 어진 사람은 비록 허무맹랑한 책을 보더

24) 姜希孟, 「村談解頤自序」, 『古今笑叢』(影印本, 旿晟社, 1981), p.201. "滄浪之歌는 孔子 嘆其自取하고 陽貨之言은 孟子 取以論仁이어늘 事雖鄙俚나 燕書而郢說之니 何有於不可리요."

라도 (사람이) 어찌 변하여 惡한 일을 하겠는가? 어질지 못한 사람은 비록 正大한 책을 보더라도 어찌 善을 행하겠는가? 善을 행하고 惡을 행하는 것은 사람에게 달려 있는 것이니, 善과 惡을 모두 관찰하여 勸戒할 일로 삼아야 한다.[25)]

위에서 살펴본 것과 같이 음성淫聲이라도 권선징악적인 도道의 측면에서 적극적으로 읽고 해석하면 유익한 것이 될 것이다. 권선징악 이론은 이와 같이 음성淫聲을 듣고도 이 음성淫聲을 자계自戒 하기 위한 방편으로 해석하자는 적극적인 이론이다. 권선징악 이론은 재도론적載道論的 문학관에서 나온 것으로, 권선징악적 교훈성을 중시하는 이론이다. 선·악의 가치관이 확립된 사람이나 수양이 된 사람은 무슨 글을 읽더라도 상관없을 것이다. 그러나 사람에게는 지智·우愚, 현賢·불초不肖, 상지上智·중지中智·하우下愚의 등급이 있어서 권선징악적인 차원에서 해석하여 받아들일 줄 모르는 사람이 있다. 똑같이 「춘향전」을 읽더라도 어떤 사람에게는 그것이 '음탕 교과서淫蕩教科書'가 될 것이고, 어떤 사람에게는 '도덕 교과서道德教科書'가 될 것이다.

어리석고 현명함에 따라서 음성淫聲을 받아들이는 태도도 크게 달라질 것이다. 썩은 달걀이라도 어떤 사람에게는 약藥이 되고, 어떤 사람에게는 병病이 될 것이다. 썩은 물도 잘만 빚으면 술이 된다. 그래서 선인들은 "먼저 육경에 제시된 도학을 밝혀야 한다"[26)] 라고 하였다. 육경六經의 도학道學을 밝게 안 다음에는 어떤 글을 읽

---

25) 『成宗實錄』 卷 285, 成宗 24年 12月, p.457. "人各有類, 賢者, 雖見不經之書, 豈可變而爲惡? 不賢者, 雖見正大之書, 何能爲善? 爲善爲惡, 在人耳, 善惡皆當觀之, 以爲勸戒."

26) 李承召, 「略太平廣記序」, "先明六經之道學."

어도 무방하며, 도리어 이익이 되는 점이 많다는 것이다. 그러므로 음성淫聲도 흥미의 측면에서 보면 유익하고, '이장지도弛張之道'로 보면 꼭 필요하다.

그러면 여기서 '이장지도弛張之道'에 대해 살펴보기로 하자. 『예기禮記』「잡기雜記」 하下에 "활을 당기기만 하고 풀지 않는 것[장이불이張而不弛]은 문왕·무왕도 하지 못할 것이요, 풀기만 하고 당기지 않는 것[이이불장弛而不張]은 문왕·무왕도 하지 않는 일이다. 한번 당기고 한번 푸는 것[일장일이一張一弛]이야말로 문왕·무왕의 도인 것이다"[27]라고 하였다. 이를 '이장지도弛張之道'라 하는데, 이장弛張은 '엄嚴·완緩' '흥興·폐廢' '성盛·쇠衰' '예禮·비례非禮' '문文·무武' 등으로 비유 될 수 있는 말로, 여러 가지 해석이 가능한 매우 함축적인 말이다. 사람은 항상 긴장만 하고 살 수 없으며, 또 한가롭게만 살 수도 없는 것이다. 문왕文王·무왕武王 같은 성왕聖王도 긴장만 하고 살 수는 없었으며, 한가롭게만 있는 일은 문왕·무왕도 피했다는 것이다.

서거정徐居正의 「태평한화골계전 자서太平閑話滑稽傳自序」에 "그대는 '희학을 잘 한다'는 말과 '문왕·무왕의 이장지도'를 듣지 못했는가?"[28]라고 객客에게 묻는 말이 나온다. '선희학善戱謔'은 『시경詩經』에 나오는 말이고, '이장지도弛張之道'는 위에서 본 것과 같이 『예기禮記』에서 가지고 온 말이다.

양성지梁誠之도 「태평한화골계전 서太平閑話滑稽傳序」에서

27) 「雜記」 下, 『禮記』, "張而不弛, 文武弗能也, 弛而不張, 文武弗爲也. 一張一弛, 文武之道也."
28) 徐居正, 「太平閑話滑稽傳自序」, 『古今笑叢(全)』(影印本, 旿晟社 1981), p.13. "子不聞善戱謔兮여 文武弛張之道乎아."

『詩經』에서 말하기를 '戱謔을 잘 한다'라 했고, 『禮記』에서 말하기를 '한번 당기고 한번 푼다[一張一弛]'라 했으니 지금 전하려는 글이 어찌 益齋의 稗說[역옹패설]과 더불어 우리나라에 만세토록 영구히 流傳되지 않겠는가?[29]

라고 하였다. 긴장 뒤에 풂이 있어야 한다. 그러나 푼다고 해도 나태하게 지내지 않는 것이 군자君子의 일인 것이다. 무엇을 하든지 하는 것이 도리이다.

그래서 서거정徐居正은 「태평한화골계전 자서太平閑話滑稽傳自序」에서

애초에 후세에 전하기를, 뜻하지 않고 세상일을 잊어버리고 …… "더구나 孔子 같은 聖人도 바둑 두는 것이 마음을 쓰는 곳이 없는 것[無所用心]보다는 낫다고 하였으니, 이 역시 居正이 마음을 쓰는 곳이 없는 것[無所用心]을 스스로 경계한 것이다." 라고 하니 客이 웃으면서 갔다.[30]

라고 기록하고 있다. 장기나 바둑을 두는 일도 마음을 쓰는 곳이 없는 것, 즉 '무소용심無所用心'보다는 낫다고 하였는데, 하물며 책을 짓는 것은 장기·바둑을 두는 것보다도 훨씬 나은 것이 아니겠느냐는 논리이다. 서거정은 한가한 생활을 일 없이 그대로 보내는 것을 경계하여 파한破閑의 일거리로 골계전滑稽傳을 저작하였던 것이다.

---

29) 上揭書, p.15. "詩에 曰 善戱謔兮라하고 記에 曰 一張一弛라하니 今傳文이 豈不與益齋稗說로 永流傳於海東萬世也哉아."

30) 上揭書, pp.13~14. "初非有意於傳後요 只欲消遣世慮하야 …… 況孔聖이 以博奕으로 爲賢於無 所用心者라 하시니 此亦 居正에 無所用心之自戒라 한대 客이 笑而去러라."

허종許琮은 『실록實錄』에서, “일장일이一張一弛는 문왕·무왕의 도리이니, 때때로 글씨를 쓰는 것은 무방합니다만, 시문을 짓거나 서화를 그리는 일에만 뜻을 향하게 하면 안 될 것입니다”[31]라고 하여 성종의 소설 옹호론에 반대하는 상소를 통해 ‘이장지도弛張之道’를 말하였다. 이와 같이 음성淫聲도 ‘이장지도弛張之道’의 관점에서 보면 도움이 될 수 있다.

이와 같은 논의에도 불구하고 음성淫聲은 아무에게나 유익한 것으로 볼 수 있는 것은 아니며, 누구나 권선징악의 차원에서 이해할 수 있는 것이 아니다. 양의良醫라야 우수마발牛溲馬勃을 모두 취해서 유용하게 쓸 수 있는 것이다. 따라서 고소설을 사갈시蛇蝎視한 선인들이 많았던 것도 사실이다. 그러나 무책임하게 독자의 수용 능력에만 작품의 의미와 가치를 맡길 수 없으니, 지·우, 현·불초, 상지·중지·하우 모두에게 해를 끼치지 않는 작품을 창작해야 할 것이다.

정위지음성鄭衛之淫聲에 대해 자세히 논한 글로는 이 밖에도 김택영金澤榮의 『소호당집韶護堂集』에 실려 있는 「정위음풍변鄭衛淫風辨」 등의 자료가 있다.

(3) 괴력난신怪力亂神

“공자께서는 괴이함과 용력과 패란의 일과 귀신의 일을 말씀하시지 않으셨다[자불언괴력난신子不語怪力亂神]”는 『논어』의 기록은 소설

31) 『成宗實錄』 卷 169, 成宗 15年 8月, “許琮啓曰, 一張一弛, 文武之道, 有時書字無妨, 但於文墨向意, 則不可.”

과 매우 밀접한 관련이 있는 장구章句이다. 괴이怪異와 용력勇力과 패란悖亂의 일은 바른 이치가 아니기 때문에 말씀하시지 않은 것이고, 귀신은 조화造化의 자취이니 이치가 바르지 않은 것은 아니지만 그 이치를 궁구함이 지극하지 않고는 쉽사리 밝힐 수 없는 것이 있으므로 가볍게 사람들에게 말씀하시지 않았던 것이다.

'괴怪'는 괴이한 것, 즉 미스테리 같은 것이고, '력力'은 인仁 · 지知의 덕德으로써 하지 않고 힘으로써 하는 것, '난亂'은 도리를 짓밟고 인륜에 어긋나면서 그것을 어지럽히는 일, '신神'은 그 공덕을 입고자 귀신을 믿는 것을 말한다. 이렇게 보면 '괴력난신怪力亂神'은 일반적으로 불합리하거나 신비로운 것을 의미한다고 볼 수 있다. 따라서 배우는 자는 괴 · 력 · 난 · 신과 반대되는 상常 · 덕德 · 치治 · 인人을 말해야 한다는 것이다.

소설에는 괴력난신怪力亂神이나 위리패상違理悖常[32]에 관한 글이 많으므로 배척해야 된다는 것이 선인들의 일관된 논리였다. 괴력난신怪力亂神은 모두 '상常'에서 벗어나는 일이다. 인간사人間事에는 '상常'과 '변變'이 있는데, 선인들은 상도常道에서 벗어난 변變에 대해서는 말하기를 좋아하지 않았다. 이는 '이기理氣'와 '도수道數'에 관한 철학적 논리로도 풀이 된다. 이理와 도道는 상常이요, 기氣와 수數는 변變에 해당한다. 상적常的인 것은 기이奇異함이 없는 물 · 공기 같은 담박淡泊한 것이요, 변적變的인 것은 예리한 섬광이나 출렁이는 파도와 같이 기이한 것이다.

사람에게는 일상적인 것보다 비일상적인 것을 좋아하는 심리가 있다. 따라서 기이한 것을 좋아하여 전기소설傳奇小說 같은 것을 탐

32) cf., 正祖, 『弘齋全書』 卷 163. "惟明淸以來, 稗官雜記, 違理悖常之書, 貪多而務求."

독한다. 그러나 이는 성정性情을 해치는 변적變的인 것으로, 고춧가루나 독한 술과 같은 작용을 한다. 독한 술은 물·공기와 같이 담박淡泊한 것이나 일상적인 밥보다 맛은 있으나, 자기도 모르게 속을 상하게 한다. 그래서 결국 일상적인 물·공기 같은 것이 훨씬 좋다는 것을 깨우치게 한다.

물·공기·일상적인 밥은 중용中庸의 정신과 통하는 것이다. 따라서 상도를 벗어난 변적인 기이한 이야기를 선인들은 좋게 여기지 않았다. 평담平淡할지라도 중정中正한 도道에 어긋나지 않는 중용적中庸的인 것을 언제나 귀貴하게 여기고 선호하였다. 이러한 인식에 따라 선비들은 평담한 생활을 제일로 여겼으며, 시에 관한 평어評語 중에서도 '평담'의 경지를 최고의 경지로 여겼다.

공자를 위시한 선인들이 괴력난신을 말하지 않은 것은 모두 이러한 이유와 무관한 것이 아니었다. 괴력난신이 인간의 성정을 크게 해칠 수 있다고 생각한 것이다. 그러나 소설의 메카니즘으로 볼 때, 흥미성을 배제할 수 없는 것이 소설의 본질이다. 따라서 소설에는 기이성이 부단히 부하負荷되어 왔으며, 이것이 소설의 독자를 매료시켰다는 점을 간과할 수 없다.

그러나 소설이 기이성만을 부하負荷하고 만다면 이것은 끝내 괴력난신으로 끝나고 말 것이다. 소설 속에 권선징악이라는 교훈성과 권계성勸戒性이 함께 내포되어 있어야 '인생을 위한 예술, 인생을 위한 문학'이 될 수 있다. 아무리 괴력난신을 담은 이야기라 할지라도 권선징악적인 요소가 깃들어 있으면 무방하다는 것이 선인들의 논리였다. 따라서 선인들은 소설이 괴력난신을 담고 있다고 하여 무조건 부정했던 것이 아니다. 오히려 권선징악적인 요소가 있으면 긍정적으로 받아들였다. 이러한 논리를 편 글로는 남공철南公轍의

「대선악보응문對善惡報應問」과 홍석주洪奭周의 『학강산필鶴岡散筆』 등이 있다. 이들은 괴력난신에 가까운 불교佛敎나 노자老子의 말이라 할지라도, 그 말 속의 권선징악적인 요소만은 취할 만하다고 말하였다. 노·불을 모두 괴력난신에 가까운 것으로 생각하고 있었던 그 시대를 감안해 볼 때, 이들의 발언은 이들이 권선징악을 얼마나 중시했는가를 짐작할 수 있게 한다.

김시습金時習도 『전등신화剪燈新話』를 읽고 "말이 세교에 관계된다면 괴이해도 무방하다"33)라고 하였다. 그는 『전등신화剪燈新話』가 괴이하고 허탄虛誕한 이야기이지만, 공자가 『주역周易』에 나오는 '용전龍戰'이나 『상서尙書』에 나오는 '구치雊雉', 그리고 출전 미상의 '귀거鬼車' 같은 이야기를 산정刪定하여 없애지 않은 것처럼, 그 또한 세교世敎에 도움이 된다고 생각했던 것이다. 이러한 김시습의 소설관이 『금오신화金鰲新話』를 짓도록 한 것이다. 따라서 『금오신화』도 괴력난신에 관한 이야기이지만 권선징악을 목적에 두고 지었음이 분명하다고 하겠다.

전항前項의 「정위지음성鄭衛之淫聲」 조條에서 살펴보았듯이 아무리 괴력난신에 관한 글이라고 할지라도 독자가 권선징악적으로만 읽을 수 있다면 좋을 것이다. 그러나 이 점도 「정위지음성」 조에서 살펴보았듯이 괴력난신을 어떻게 받아들이느냐 하는 것은 사람에 따라 다른 것이기 때문에 선인들이 괴력난신을 부정적으로 인식하지 않을 수 없었던 것이다. 나쁜 점은 물들기 쉬운 법이니, 검은 흙을 손으로 받으면 받은 손이 검게 되는 이치와 같다. 공자는 『논어』의 「위정」 편에서 "이단을 전공하면 해가 될 뿐이다[공호이단攻乎異端,

33) 金時習, 『梅月堂集』 1(세종대왕기념사업회, 1977), p.83. "語關世敎, 怪不妨."

사해야이斯害也已]"라고 하였다. 괴력난신처럼 이단異端에 몰두하다 보면 그것에 빠지기 쉬움을 경계한 말이다.

자극적이고 신기神奇한 것 또는 허탄虛誕한 이단은 우리의 감정을 일시적으로 흥기興起시킬 수는 있어도 우리에게 영원한 감동을 줄 수는 없다. 평범한 인간의 일상 속에 참으로 위대한 진리가 있고, 그것을 얼마나 잘 형상화하느냐에 따라 더욱 진귀珍貴한 감동을 줄 수 있을 것이다. 진리는 평범한 것이다. 평범한 것을 여실히 잘 그리면 사람들은 오히려 그것을 기이奇異하게 받아들인다. 괴력난신을 그리는 것이 아니라 자기 주변의 일상생활을 바탕으로 한, 인간 본성을 여실히 보여 주는 보편적인 권선징악적 주제를 그려내는 것이 사람들에게 영원한 감동을 줄 수 있는 것이다.

『중용中庸』에 "공자가 말했다. 숨는 것을 바탕삼아[제일第一로 여겨] 괴이한 일을 행하는 것을 후세에 칭술하는 일이 있으나 나는 그런 일을 하지 않는다"34)라고 하였다. '소은행괴素隱行怪'란 소부巢父·허유許由처럼 숨는 것을 제일로 여겨, 더불어 사는 현실을 외면하고 산 속으로 숨는다든지 하여 현실을 떠나는 괴이한 행동을 하는 것을 말한다. 공자의 말은 이런 일들은 혹 세상을 속이고 이름을 도둑질할 수가 있기 때문에 하지 않으며, 또한 '중中'에 벗어나는 행동이니 하지 않는다는 말이다. 같은 의미로 순자荀子도 다음과 같이 말하였다.

君子는 구태여 하기 어려운 행위를 貴하게 여기지 않고, 지나치게 세밀한 학설을 귀하게 여기지 않으며, 구태여 후세에 이름을 전하는 것을 귀하게 여기지 않고, 오직 인간의 도리[禮義]에 맞는 것을 貴하

34) 『中庸』, "子曰, 素隱行怪, 後世, 有述焉, 吾弗爲之矣."

게 여긴다.[35)]

성악설性惡說을 주장하기는 하였지만 순자도 유가儒家의 이론에 배치되지 않는 인간의 도에 맞는 것을 가장 귀하게 여겼다. 이처럼 선인들은 괴력난신을 배격하여 공자가 말한 '소은행괴素隱行怪'나 순자가 말한 '구난苟難 · 구찰苟察 · 구전苟傳'을 귀하게 여기지 않았으나, 그것이 권선징악에 도움이 된다면 굳이 부정하지도 않았다.

이러한 태도는 서양의 플라톤의 경우와 비슷하다. 그는 어떤 이야기에도 거짓된 것, 참이 아닌 것이 있어서는 안 된다고 하였으나, 거짓으로 꾸민 이야기라도 허용되는 경우가 단 한 가지 있다고 하였다. 거짓으로 꾸민 이야기라도 악을 물리치고 선을 조장助長시키고자 하는 경우에 한해서는 허용될 수 있다고 하였다.[36)] 정치 · 음악 그리고 시도 도덕적인 선에 종속된다고 본[37)] 그는, 괴력난신이라도 권선징악에 도움이 된다면 굳이 부정하지 않았던 동양의 선인들과 같은 생각을 지녔던 것이라 생각된다. 공화국에서 문인文人을 추방하기까지 한 그였지만, 그는 미적 대상에 대해 지극히 섬세한 감수성을 지닌 예술가이며 애호가로서[38)], 예술이 도덕적 가치를 고양시키거나 악에 대한 혐오감을 예리하게 나타내야[39)] 한다고 하였으니, 거짓으로 꾸민 이야기라고 할지라도 악을 물리치고 선을 조장하고자 할 경우에는 허용하였던 것이다.

---

35) 「不苟」 篇, 『荀子』, "君子行不貴苟難, 說不貴苟察, 名不貴苟傳, 唯其當之爲貴."

36) cf., 鄭漢模 · 金容稷, 『文學槪說』(博英社, 1973), pp.29~30.

37) cf., H. J. 슈퇴릭히 著, 林錫珍 譯, 『世界哲學史』 上(분도출판사, 1987), p.199.

38) cf., 上揭書, p.222.

39) cf., 上揭書, p.221.

이상에서 필자는 『논어』의 몇몇 장구와 고소설의 권선징악성을 중시하는 권선징악 이론에 관한 문제를 결부시켜 논의해 보았다. 이를 통해 '흥관군원興觀群怨'·'정위지음성鄭衛之淫聲'·'괴력난신怪力亂神'의 3언言이 모두 고소설과 결부시켜 논할 때, 권선징악 이론과 밀접한 관계가 있음을 알 수 있었다.

필자가 주장하는 권선징악 이론은, 글의 겉꾸밈보다 알맹이를 중시하자는 재도적 문학이론과 궤를 같이 하는 것으로, 모든 글에 담긴 권선징악적 작의성作意性을 중시하고 또 이를 글 속에서 적극적으로 찾아 해석하자는 이론이다. 즉 모든 글을 효용론적 입장에서 '자반自反'의 계기로 삼자는 이론이다.[40] 이러한 관점에서 보면 필자의 권선징악 이론은 비록 '정위지음성'이나 '괴력난신'일지라도 자타自他의 권계적勸戒的 의미로 받아들이자는 이론이다. 즉 남의 선악을 보고 그것을 스스로 거울삼아 경계하자[이인위감以人爲鑑]는 이론이다.

앞으로 우리의 고전문학을 연구하는 데에 있어서 이 이론을 적극적으로 활용하여야 하겠다. 이는 고전문학에만 국한되는 문제가 아니라고 생각한다. 문학 작품이 진정한 생명력을 획득하여 영원히 전해질 수 있는 고전古典이 되기 위해서는 다산茶山의 말과 같이 찬미讚美·풍자諷刺하고 권선勸善·징악懲惡하고자 하는 의의意義를 도외시하는 것이어서는 안 될 것이기 때문이다.

---

40) 洪大容은 「大東風謠序」에서, (이 책에 실려 있는) 調戱 淫褻의 文辭는 孔子가 鄭·衛의 시가들을 버리지 않은 뜻과, 朱子의 이른바 '그것을 보고 自反할 바를 생각하여 勸善懲惡케 한다'는 교훈을 적용한 것이다[若其調戱淫褻之辭, 亦夫子不去鄭衛詩之意, 晦翁所謂思所以自反, 而有以勸懲之者]라고 하였다.

2. 작품作品 연구研究 방법론方法論과 고소설古小說의 권선징악적勸善懲惡的 주제파악主題把握 문제問題

경서에 나타난 성현의 가르침과 모든 역사서의 기술 태도, 역대 제현諸賢의 철학적·문학적 저술의 궁극적 목적과 마찬가지로 선을 권장하고 악을 징계하는 것은 동양 문학의 전통적인 목적이었다. 즉 성정性情을 바로잡고 사회를 바로잡는 것이 동양 문학의 궁극적인 목적이었다. 따라서 성정과 사회를 바로잡기 위한 방편으로 불가피하게 권선징악이 필요한 것이었고, 권선징악은 글 속에서 선을 보면 감발感發되어 선으로 나아갈 수 있게 하고, 악을 보면 징창懲創되어 성정을 바로잡고 사회를 바로잡을 수 있게 하는 것이었다. 그런데 권선징악 이론은 재도론載道論과 궤를 같이하는 것이다. 재도론은 서구의 문학 이론이 이 땅에 상륙하기 이전에는 한 번도 도전받아 본 적이 없는 동양의 전통적인 문학관이었다.

따라서 문학 작품의 해석에 작자의 권선징악적인 본의本意가 존중되어야 한다. 그리고 겉꾸밈에 해당되는 문사文辭는 작자의 본의 아래 통어統御·수렴收斂되어 파악되어야 한다. 이러한 의미에서 공자의 말씀과 맹자의 설시법說詩法[41]은 고전문학 작품의 연구는 물론 현대문학 작품 연구의 바람직한 방향 설정을 위해서도 시사하는

41) 맹자의 설시법은 문학 작품의 연구 방향에 큰 시사점을 주는 것이다. 정요일은 문학 연구에 있어서 내용적 측면과 형식적 측면 등 여러 가지 요소나 본질이 두루 연구될 필요가 있겠으나 내용 연구가 중요하다고 하면서, 작자가 나타내고자 한 뜻을 제대로 파악하는 요령의 한 가지로 맹자의 설시법을 거론한 바 있다. 鄭堯一, 「文學 硏究 方法上의 몇 가지 問題」, 『國語敎育硏究』 第6輯(仁荷大學校 國語敎育科, 1991), pp.15~16.

바가 크다고 하겠다. 문학 작품은 겉꾸밈에 해당되는 요소들보다 내용이 중시되어야 하며, 무엇보다도 작자가 나타내고자 한 본뜻이 중시되어야 한다. 이와 같은 이론은 문학작품의 주제 파악 문제에 있어서도 그대로 적용되어야 할 것이다.

이 절節은 『주역周易』에 보이는 공자의 말씀과 『맹자』에 보이는 설시법을 통해 문학 작품 연구의 한 방향을 제시하기 위해 시도된 것이다.

(1) 공孔 · 맹지언孟之言의 작품作品 연구硏究 방법론적方法論的 해석解釋

1) 『주역周易』 「계사상전繫辭上傳」의 기록記錄

공자는 30대에 이미 시에 밝았기 때문에 훌륭한 스승으로 이름을 날리기 시작했다고 한다. 그는 『시경』을 산정刪定하고, "『시경』 삼백 편의 시를 한마디로 총괄하여 말한다면 생각에 사벽邪辟함이 없는 것이다[시삼백詩三百, 일언이폐지왈一言以蔽之曰, 사무사思無邪]"라고 하였는데, 여기서 언급된 '사무사'란 말은 동양 시론의 기본 종지宗旨가 되었다. 이 밖에도 공자는 시에 관한 여러 견해를 밝혔는데, 이 모두가 중요한 동양의 시론이 되었다.

그 중 하나가 『주역』 「계사상전」 제12장에 전하는데, 그 내용을 보면 다음과 같다.

공자는 말했다. "글로는 말을 다 나타내지 못하고, 말로는 뜻을 다 나타내지 못한다. 그렇다면 성인의 뜻은 볼 수가 없단 말인가?" 공자는 말했다. "성인은 象을 세워서 뜻을 다 나타내고, 卦를 베풀어서 情僞를 극진히 다 나타내고, 繫辭로서 그 말을 다 나타내고, 변하고 통함의 이치를 보여줌으로써 이로움을 다 나타내고, 이것을 鼓舞함으로써 신비로움을 다 나타낸다."

乾坤은 易을 蘊蓄한 것이다. 건곤이 列을 이루어 역이 그 속에서 이루어진다. 건곤이 허물어지면 역을 볼 수가 없다. 역을 볼 수 없으면 건곤이 없어진다.

그렇기 때문에 형이상을 '도'라고 하고 형이하를 '기'라고 하며, 化해서 制裁하는 것을 '變한다'고 하고 미루어 행하는 것을 '通한다'고 하며, 들어서 천하의 백성을 조치하는 것을 '事業'이라고 한다.[42]

여기서 필자가 주목하는 부분은 "글로는 말을 다 나타내지 못하고, 말로는 뜻을 다 나타내지 못한다[서불진언書不盡言, 언불진의言不盡意]"는 구절이다. 글[서書]이나 말[언言]은 뜻을 다 나타내지 못하기 때문에 성인도 입상立象을 하고, 설괘設卦를 하고, 계사繫辭를 덧붙이는 등 다른 전달 방법이 필요했던 것이다.

이 대목을 문학작품 연구 방법론과 연관하여 생각해 보면 우리가 문학 작품을 연구할 때, 글이나 말이 뜻을 나타내는 데 한계가 있기 때문에 그 한계를 넘어서 있는 의의義意의 파악이 중요한 것이다. 따라서 작자가 한 말[문사文辭]이 중요한 것이 아니라, 작자가

42) 「繫辭上傳」, 『周易』, "子曰, "書不盡言, 言不盡意. 然則聖人之意, 其不可見乎?" 子曰, "聖人立象以盡意, 設卦以盡情僞, 繫辭焉, 以盡其言, 變而通之, 以盡利, 鼓之舞之, 以盡神". 乾坤其易之縕耶! 乾坤成列, 而易立乎其中矣, 乾坤毁, 則无以見易, 易不可見, 則乾坤或幾乎息矣. 是故形而上者, 謂之道, 形而下者, 謂之器, 化而裁之, 謂之變, 推而行之, 謂之通, 擧而措之天下之民, 謂之事業."

나타내고자 한 뜻이 중요한 것임을 알 수 있다. 이 말은 작자의 입언본의立言本意가 무엇인지를 잘 알아서 글의 뜻을 파악하여야 하지, 작자가 한 말[문사文辭]에 얽매여 작자가 나타내고자 한 본 뜻을 해쳐서는 안 된다는 말이다. '의재언외意在言外'[43]니, '언외지의言外之意'를 잘 파악하여 작자의 입언본의를 옳게 파악해야 한다는 말이 될 것이다. 정자程子는 "대체로 언어는 반드시 함축적이어야 여의餘意가 있는 것이니, '글로는 말을 다 표현해 내지 못하고, 말로는 뜻을 다 표현해 내지 못 한다'는 것이다"[44]라고 하였다. 따라서 함축된 여의까지 잘 파악하여야 하는 것이지 문면文面에 나타난 뜻만을 파악하여 작자의 입언본의를 왜곡해서는 안 될 것이다.

위진남북조 시대의 문학 이론가인 유협劉勰(465?~522?)도 『문심조룡文心雕龍』의 「과식夸飾」 조에서 작자가 글의 한계를 의식하고 문사文辭의 한 방법으로 과장법 등을 쓰지만, 이것을 문면에만 얽매여 잘못 파악하면 안 된다는 논지를 전개하면서, 공자께서 "형이상을 도라 하고, 형이하를 기라 한다[형이상자形而上者, 위지도謂之道, 형이하자形而下者, 위지기謂之器]"라고 말씀하신 구절을 대전제로 맨 앞에 내세우고, 이어 후술할 맹자의 설시법으로 단락을 마무리 지었다. 그 일부분을 보면 다음과 같다.

> 현상을 초월한 추상적 존재를 '道'라 하고, 현상 세계의 구체적 존재를 '器'라 한다. 신비한 '도'는 표현하기 어려우므로 아무리 정묘한 언어를 가지고도 그 極을 추구할 수 없으나, 실제의 '기'는 묘사하기

---

43) 李齊賢, 『櫟翁稗說』
44) 程子, 「遺書」, 『二程全書』 卷 18, "大率言語, 須是含蓄, 而有餘意, 所謂書不盡言, 言不盡意也."

> 쉬워서 활달한 언어 표현에 의해서 그 진상을 나타낼 수 있다. 이것은 작자 재능의 우열에 좌우된 것이 아니라 '도'와 '기' 그 자체가 어렵고 쉬운 것으로 되어 있기 때문이다. 그러므로 천지창조 이래로 미리 음성과 형상에 빠져들어서 문장에 오르게 되면 거기에는 항상 과장이 존재하게 된다. …… 성인 공자의 이러한 所述은 후대 작가들이 배워야 할 憲章이 되었다. 맹자는 "시를 설명하는 자는 글로써 말[문장]을 해치지 말고 말로써 본래의 뜻[본의]를 해치지 말아야 한다."라고 하였다.45)

공・맹과 이를 계승한 유협의 이와 같은 언급들은 모두 말 속에는 다하지 못한 뜻이 들어있다는 것으로, 그 뜻을 잘 파악하기 위해서는 말[문사文辭]의 장애를 받아서는 안 되며, 또한 선입견이 없는 내 뜻으로써 작자의 입언본의에 맞추어 해석해야 함을 보여주는 것이다.

이와 같은 논리를 맹자가 좀 더 구체적으로 밝혔는데, 절을 달리하여 자세히 검토해 보기로 한다.

2) 『맹자孟子』 「만장 하萬章 下」, 맹자위만장왈孟子謂萬章曰 조條의 기록記錄

맹자께서 萬章에게 이르시기를 "한 고을의 善士라야 한 고을의 선사와 벗할 수 있고, 一國의 선사라야 일국의 선사와 벗할 수 있고, 天下의 선사라야 천하의 선사와 벗할 수 있는 것이다. 천하의 선사와

---

45) 劉勰, 「夸飾」 條, 『文心雕龍』, "夫形而上者, 謂之道, 形而下者, 謂之器. 神道難摹, 精言不能追其極, 形器易寫, 壯辭可得喩其眞. 才非短長, 理自難易耳. 故自天地以降, 豫入聲貌, 文辭所被, 夸飾恒存 …… 大聖所錄, 以垂憲章. 孟軻所云, '說詩者, 不以文害辭, 不以辭害意也.'"

> 벗하는 것을 만족스럽지 못하게 여겨, 또다시 위로 올라가서 옛 사람을 논하니, 그 시를 외우며 그 글을 읽으면서도 그 사람을 알지 못한다면 되겠는가. 이 때문에 그 當世를 논하는 것이니, 이는 위로 올라가서 벗하는 것이다."[46]

위의 대문大文 중 "그 시를 외우며 그 글을 읽으면서도 그 사람을 알지 못한다면 되겠는가. 이 때문에 그 당세를 논하는 것이다"라는 말은 반드시 그 사람과 그 당세를 알아야 작자의 입언본의를 잘 파악할 수 있다는 말이다. 그렇지 않으면 작품을 견강부회牽强附會하여 파악하기 쉽다. 그 당세를 논하지 않고는 그 사람을 알 수 없으며, 그 사람을 알지 못하고는 그가 말하려고 하는 입언본의를 알 수 없다. 따라서 작품을 연구할 때 필수적으로 그 당세를 논하고, 그 사람을 논하고, 그 다음에 작품을 논하게 되는 것이다. 즉, '당세'當世 → 인人 → 이의역지以意逆志'의 순서로 논하게 되는 것이다. 이와 같은 관점에서 보면 똑같은 말이라고 할지라도 '당세'나 '인'에 따라 그 뜻이 달라질 수도 있다.

'사랑한다'는 말은 사람에 따라 진실일 수도 있고 가식일 수도 있다. 노처녀가 던진 '시집가기 싫다'는 말과 노인이 던진 '죽고 싶다'는 말은 그 뜻이 정반대일 수 있다. 안중근 의사가 외친 '애국'과 매국노 이완용이 외친 '애국'은 다른 것이다. 누가 어떤 상황에서 어떤 관점에서 말하느냐에 따라 말은 의미가 달라진다. 따라서 작가의 상황과 관점을 고려하여 작품의 의미를 해석할 필요가 있다.

---

46) 「萬章 下」, 『孟子』, 孟子謂萬章曰 條, "孟子謂萬章曰, "一鄕之善士, 斯友一鄕之善士, 一國之善士, 斯友一國之善士, 天下之善士, 斯友天下之善士. 以友天下之善士爲未足, 又尙論古之人, 頌其詩, 讀其書, 不知其人, 可乎. 是以論其世, 是尙友也.""

그래서 선인들은 '문즉인文則人'[47]이니 '시품출우인품詩品出于人品'이니 했던 것이다. 그리고 글과 사람은 불가분의 관계가 있다는 관점에서 글[문文]을 읽고 글을 논했던 것이다.

조선조의 경와敬窩 김휴金烋(1597~1639)도 예외는 아니어서 위와 같은 맹자의 말씀을 계승하여, "인물을 논하는 자는 반드시 먼저 기국器局과 식견識見을 살핀 후에 문예를 논해야 하고, 작자를 논술하려는 자는 반드시 먼저 행적을 논한 뒤에 문장을 논해야 한다"[48]고 했다. 그리고 작자의 행적을 알려면 먼저 선善·불선不善을 간파하여야 한다고 했다. 수천 년간 수많은 인물들의 선·불선을 총람總攬하여 일일이 되새겨 보니 독서한 공功과 효력은 그 행적에서 찾아볼 수 있으나, 문장 저술은 여사餘事일 뿐이라는 것을 느꼈다고도 했다. 작품 연구에는 작자의 행적 연구가 우선되어야 하고, 그 행적은 결국 선·악을 보는 것이므로 이는 다음 장의 '권선징악적 주제파악의 문제'와도 무관하지 않다.

입언立言하는 사람은 일반적으로 후세에 전할 만한 도道를 세우려고 한다. 따라서 작품을 대할 때 비록 글과 사람이 불가분의 관계에 놓여 있다고 할지라도 그 사람을 떠나 도만을 취하여도 괜찮다. 그렇기 때문에 공자는 "군자는 말로 사람을 기용하지 않으며, 사람으로 말을 버리지 않는다[49]"라고 하였다. 진정한 군자는 말을 잘한다고 해서 그 사람을 들어 쓰지 않으며, 사람이 나쁘다고 하여 그의 좋은 말을 버리지도 않는 법이다. 살인자의 말이라도 좋은 말

---

47) 書道에서는 '書則人', '觀書知人', '心正則筆正'이라 하였다.
48) 金烋, 「序文」, 『海東文獻總錄』, "凡論人物者, 必須先器識而後文藝, 論述作者, 必須先行跡而後文章."
49) 「衛靈公」 篇, 『論語』, "君子不以言擧人, 不以人廢言."

이면 받아들이고, 존경받는 사람의 말이라도 나쁜 말이면 버린다. 진시황秦始皇을 도와 분서갱유焚書坑儒에 앞장서 많은 유학자들을 죽음에 몰아넣은 이사李斯의 「상진황축객서上秦皇逐客書」가 『고문진보古文眞寶』에 지금도 전하지 않는가!

작자의 좋은 말, 즉 도가 담긴 말은 받아들여야 한다. 사람이 나쁘다고 그의 좋은 말까지 버리는 어리석음을 범할 필요는 없다. 친일파의 작품이라 하여 모두 버릴 필요는 없다. '의意는 미워하되 그 사람은 미워하지 말라[오기의惡其意, 불오기인不惡其人]'는 말이 있듯이 친일파의 의意는 미워해도 사람까지 미워해서는 안 된다. 이광수李光洙가 친일을 했다고 하여 그의 작품을 모두 버릴 필요는 없다. 친일한 의는 미워하되 인간 이광수까지 미워해서는 안 된다. 그는 냉정한 머리와 따뜻한 가슴의 소유자로서 압박해오는 완악頑惡한 야성野性마저 한 몸으로 감싸 안으려 했던 뜨거운 가슴의 소유자가 아니었는가!

(2) 권선징악적勸善懲惡的 주제파악主題把握의 문제問題

전통적 문학관에서 작자의 '입언본의立言本意'란 도에 해당하는 것이다. 성현이라야 진정으로 입언할 수 있는 것이지만, 일반인의 입언 또한 성현의 입언과 같기를 추구하였던 것이다. 따라서 '모든 글은 반드시 도를 담고자 했다'는 인식을 바탕으로 작자의 입언본의를 생각해야 한다.

글의 입언본의는 대체로 성정에 의거한 '당연지리'나 '당행지로'인 '도'를 실현하기 위한 방편이 되는 권선징악과 관계가 있다. 이 말은 권선징악이라는 대전제 아래 문사文辭를 파악해야 한다는 말이다. '입언'은 정요精要한 불후不朽의 말을 세운다는 뜻으로, 입언에서 가장 중요한 것은 정자程子가 말했듯이 도를 밝히는 일이며,[50] 이것은 결국 권선징악의 문제로 귀결된다.

조선 정조 때의 문신 정범조丁範祖(1723~1801)는 「입언대立言對」에서 "저 좌구명 · 사마천 · 반고는 그 말이 진실로 교묘하다. 그러나 저들은 오히려 도의 조粗한 것을 얻었다. (얻은) 도가 조하나 폐하여지지 않은 것은 그 말에 흥망 · 선악의 자취를 붙여서 증험이 있기 때문이다. 그러나 그 포 · 폄과 시 · 비는 간혹 서로 어긋남이 있기 때문에 요약하여 말하면 조이다"[51]라고 하였다. 입언한 것이 정精한 것이 못되고 조粗한 것이라도 권선징악에 관계가 되면 폐하지 않는다는 논리이다. 그만큼 권선징악은 중요한 의의를 지니는 것이기 때문에 모든 글은 권선징악을 입언본의로 한다고 해도 틀린 말이 아니다.

도학자이면서 근대近代 문학재상文學宰相으로 평가받고 있는 한말의 운양雲養 김윤식金允植(1835~1922)은 다음과 같이 말하였다.

> 권선징악은 선왕이 세상을 다스린 저울이다. 정사에 시행하면 예 · 악 · 형 · 정이 되고 문장에 실으면 시 · 서 · 역 · 예 · 춘추 및 여러 성현의 글이 되니 이 모두가 권선징악이다.[52]

---

50) 程子, 「論道」 篇, 『二程全書』 卷 40, "子曰, 立言所以明道也."

51) 丁範祖, 「立言對」, 『海左文集』 卷 38, "彼左丘明 · 司馬遷 · 班固, 其言誠工, 然彼猶得夫道之粗也. 道之粗也, 而得不廢者, 以其言寓夫興亡善惡之跡而有足證也. 然其小褒貶是非間有抵語, 故要之粗也."

52) 金允植, 「答丁小耘論文書」, 『雲養集』 卷 11, "勸善懲惡者, 先王所以御世之權也. 措之於事, 而爲禮樂刑政, 載之於文, 而爲詩書易禮春秋及群聖賢之書, 皆是也."

이와 같이 권선징악은 모든 글의 주제가 된다. 다만 권선징악이 환하게 드러나 있는 경우가 있는가 하면, 그렇지 않은 경우가 있을 뿐이다. 이에 대해 양곡良谷 이승복李承福(1886~1961)은 「문사文詞」에서 다음과 같이 언급하였다.

> 문장이란 사람 마음의 소리이다. 옛사람의 마음은 볼 수가 없지만 문장에서 그 마음을 볼 수 있고, 문장에 나타난 마음은 볼 수가 없지만 독서하는 마음을 통해 문장에서 보기 어려운 마음을 볼 수가 있다. 문장에 나타난 마음은 예나 지금이나 할 것 없이 '勸'이고 '戒'이다. 문장에 권계가 분명히 나타나 있는 경우도 있고 권계가 나타나 있지 않는 경우도 있는데, 권계의 뜻은 독서하기를 기다려서 스스로 깨닫게 되는 것이다. 그러나 성인이 詩書를 정리하면서 "시서를 읽는 사람들은 이것으로 권계를 삼아야 한다"라고 사람들에게 일찍이 明示한 적이 없었다. 그렇지만 성인은 반드시 이렇게 〈문장을〉 보지 않으셨으니 그 까닭은 어디에 있는가? 말만 이해하는 사람은 천고의 글을 볼 수가 있지만 도리어 옛사람의 마음에는 미치지 못하여, 끝내 소리에 그칠 뿐이기 때문이다.53)

이와 같이 모든 글에는 권선징악적 주제가 명시되어 있지 않으면 묵시적으로라도 숨어 있기 마련이다. 겉으로는 권선징악과 무관한 듯 보이지만 양파가 다층적 외피 안에 핵심이 있는 것처럼 그 외피

---

53) 李承福, 「文詞」, 『良谷遺稿』 卷 5, "文章者, 人之心聲也. 古人之心, 不可見, 其於文章, 見其心, 文章之心, 不可見, 以其讀書之心, 見其文章難見之心. 夫文章之心, 無今無古, 曰勸曰戒. 有彰明其勸戒者, 且有未嘗明彰勸戒, 而勸戒之意, 其俟乎讀書而自悟者矣. 然聖人刪詩書, 未嘗明示於人 曰, "讀是詩書者, 以是爲勸戒也." 然而聖人必非以是爲觀也者, 其故安在乎? 但得說者, 可以讀千古之書矣, 而反不及心也, 竟定聲而止."

를 하나하나 벗겨낼수록 권선징악성이 점점 선명하게 드러나 결국에는 그 핵심에 권선징악이 자리잡고 있는 법이다. 이러한 작자의 입언본의를 잘 파악하여야 한다. 그렇지 않으면 양파의 겉껍질만 가지고 주제를 논의하는 결과가 될 것이다. 그렇기 때문에 작자의 권선징악적 입언본의를 잘 파악하기 위해서는 위와 같은 독서법이 필요하다. 다시 말해 위에서 논의한 작품 연구 방법론이 절대적으로 필요하다.

이상에서 살펴본 것과 같이 작자가 처해 있던 당세와 그 인간을 먼저 안 다음 그가 말하려는 권선징악적 입언본의를 고려하지 않고, 겉으로 나타난 문사에만 얽매이다 보면 자칫 '믿을 수 없는 황당한 말[제동지어齊東之語]'이나 '견강부회의 설[영서연설郢書燕說]'이 될 수 있다.

작품에서는 작가가 의도하는 전체 구조 속의 본지本旨나 요지要旨의 파악이 중요한 것이지, 본지 파악에 장애가 되는 디테일이 중요한 것은 아니다. 공자의 말씀이나 맹자의 설시법 등은 이러한 관점을 잘 보여주는 것으로, 이러한 뜻은 도연명陶淵明에게도 이어져 그는 「오류선생전五柳先生傳」에서 '무리한 해석을 하려고 들지 않는다[불구심해不求甚解]'라고 하였다. 이 말의 참뜻은 독서는 다만 요지를 이해하는 데 있는 것이니 자구字句에만 얽매이지 말라는 뜻이다. 이상의 논의를 다시 한 문장으로 정리하자면, "문학 작품의 해석에 있어서 문사文辭는 의意를 넘어설 수 없고, 설자說者의 의意는 작자作者의 지志를 넘어설 수 없는 것이므로, 문사는 의意의 통어統御에 예속되고, 설자說者의 의意는 작자作者의 지志의 통어에 예속되는 것이다"라고 요약할 수 있다.

앞에서도 언급했듯이 '문이재도론文以載道論'에 비추어 볼 때 궁극적으로 의에 의해 문사가 통어될 수밖에 없다. 문사文辭 즉 글에 쓰인 말 · 겉꾸밈 · 문면에 나타난 뜻 · 각종 예술 기법 · 입언본지 해석에 배치되는 반주제적인 지엽적인 문제 등은 의意, 즉 입언본지[속뜻]인 도에 궁극적으로 통어될 수밖에 없다. 따라서 당연히 그럴 수밖에 없는 사물의 당연한 이치나 사람이 매일 살아가는 데 있어 당연히 행해야 할 것, 즉 하늘이 명한 성(정)을 따르는 것인 도를 실현시키기 위해 방편이 되는 권선징악적 주제를 항상 의식하고 작품을 연구해야 한다. 이와 같은 관점은 문학작품 연구 태도에 있어 문면에만 너무 치중하여 매달리려는 오늘날 연구자들에게 좋은 경계가 될 만하다.

3. 고소설古小說에 있어서 선善 · 악惡 인물人物의 성격 파악性格把握 문제問題

이 절節은 고소설에 있어서 선 · 악 인물의 성격파악 문제에 관해 서술한 것이다. 이 절에서는 고소설에 등장하는 선 · 악 인물의 성격파악 문제에 관한 중요한 이론인 '맹자의 설시법說詩法'과 '홍운탁월법烘雲托月法' · '츤탁법襯托法'을 논리적 근거로 하여 고소설 연구에 하나의 방향을 제시하기 위해 서술된 것이다. 문학 작품은 겉꾸밈에 해당하는 요소들보다 내용이 중시되어야 하며, 무엇보다도 작자가 나타내고자 한 본뜻이 중시되어야 한다. 이와 같은 관점은 특히 작품 속의 선·악 인물의 성격파악 문제와 작품의 주제해석 문제에 있어서도 그대로 적용되어야 한다.

경서에 나타난 성현의 가르침과 역사서의 기술 태도를 비롯하여 역대 제현諸賢의 철학적·문학적 저술의 궁극 목적과 마찬가지로 선을 권장하고 악을 징계하고자 하는 것이 동양 문학의 전통적인 목적이었다. 고소설에 있어서 작자가 선한 인물로 나타내고자 한 인물은 어디까지나 작자의 본의本意가 존중되어야 할 것이다. 이러한 의미에서 '맹자의 설시법'과 '홍운탁월법烘雲托月法' 및 '츤탁법襯托法'은 고소설 연구의 바람직한 방향 설정에 시사하는 바가 크다.

이 절은 앞서 언급한 이론들이 제시한 논리를 중시하여 고소설 연구의 방향을 모색하고, 이 이론들을 「흥부전」 등에 적용한 것으로 몇몇 기존 연구에 대한 반성이 될 수 있을 것이다.

(1) 선善·악惡 인물人物의 성격性格 파악법把握法

1) 맹자孟子의 설시법說詩法

『맹자』「만장 상」, 함구몽문 조에 맹자의 설시관說詩觀을 잘 보여주는 다음과 같은 대목이 있다. 시를 말하는 사람[설시자說詩者]이 자기 마음속의 뜻[의意]으로써 작자가 표현한 문文·사辭의 속 뜻[지志]을 미루어 헤아려야 한다는 태도를 분명하게 밝혀 준 맹자의 말씀은 작자와 독자가 시詩·문文에 있어서 무엇을 중요시해야 하는가 하는 점에서 동양의 전통적인 문학관의 핵심적인 논리를 제시하고 있다.

함구몽이 또 말했다. “순임금이 요제를 신하로 다루지 않았다는 것은 이미 선생님의 가르침을 듣고 잘 알았습니다. 『시경』에 ‘온 하늘 아래 땅은 왕의 땅이 아닌 것이 없고, 四海 안의 땅에 사는 사람은 왕의 신하 아닌 자가 없다.’고 했습니다. 그런데 순임금이 이미 천자가 되었는데도 어찌하여 그의 아버지 고수는 신하가 아니라고 하십니까?”

이에 맹자는 다음과 같이 설명해 주었다. “그 시는 그런 뜻이 아니다. 왕을 위해 나라 일을 열심히 하느라 자기의 부모를 공양할 수가 없어서 ‘내가 하는 일들은 다 왕을 위한 국사이니 모든 사람이 다 같이 해야 할 것인데, 왜 나 혼자만 賢才를 지니고 고생을 해야 하나’ 하고 푸념을 한 것이다. 그러므로 시를 설명하는 사람은 글자로써 말[문장]을 해치지 말고, 말로써 본래의 뜻을 해치지 말며, 독자의 뜻으로써 작자의 뜻에 맞추어야만 시를 알 수 있다. 만약 辭句만을 가지고 풀이한다면 예를 들어 「雲漢」 篇에서 ‘주나라의 남은 백성은 아무도 없다.’고 했는데, 진실로 이 말과 같다면 주나라에는 남은 백성이 없어야 할 것이다.”54)

주자朱子는 대문大文 중 “설시자說詩者가 불이문해사不以文害辭하며 불이사해지不以辭害志요 이의역지以意逆志라야 시위득지是爲得之니라”에 대해 다음과 같이 대주大註에서 설명하였다.

54) 「萬章 上」, 『原本備旨 孟子集註』 卷 9, 咸丘蒙問 條, “咸丘蒙이 曰舜之不臣堯則吾旣得聞命矣어니와 詩云普天之下ㅣ 莫非王土ㅣ며 率土之濱ㅣ 莫非王臣이라하니 而舜이 旣爲天子矣시니 敢問瞽叟之非臣은 如何ㅣ잇고 曰是詩也는 非是之謂也ㅣ라 勞於王事而不得養父母也하야 曰此ㅣ 莫非王事ㅣ어늘 我獨賢勞也ㅣ라하니 故로 說詩者ㅣ 不以文害辭하며 不以辭害志요 以意逆志라야 是爲得之니 如以辭而已矣인댄 雲漢之詩에 曰周餘黎民이 靡有孑遺ㅣ라하니 信斯言也인댄 是周無遺民也ㅣ니라.”

文은 글자요. 辭는 말이다. 逆은 맞이함이다. 雲漢은 「大雅」의 편명이다. 孑은 홀로 서 있는 모양이요, 遺는 벗어남이다.

시를 설명하는 자는 글자로써 말[문장]을 해치지 말고 말로써 본래의 뜻을 해치지 말고, 독자의 뜻으로써 작자의 뜻에 맞추어야만 시를 알 수 있는 것이니, 만일 단지 그 말만 가지고 볼 뿐이라면 「雲漢」詩에서 말한 것과 같을 것인데, 이것은 周나라 백성들이 참으로 남은 종자가 없다는 것이다. 독자의 뜻으로써 작자의 뜻을 맞춰보면 이 시를 지은 자의 뜻이 가뭄을 걱정함에 있지 참으로 遺民이 없다는 것에 있지 않았음을 알 수 있을 것이다.[55]

이와 같은 맹자의 설시법은 공자의 회사후소繪事後素[56]와 같은 동양의 전통적인 문학관에서 나온 것으로 시문詩文 등 제諸 문학文學 작품 연구에 두루 통용될 수 있는 것이고, 문학 연구의 기본 방향을 잘 제시해 준 논거라 할 수 있다.

"설시자說詩者가 불이문해사不以文害辭하며 불이사해지不以辭害志요 이의역지以意逆志라야 시위득지是爲得之니라"에서 '문文 · 사辭 · 지志 · 의意'에 일단 유의할 필요가 있다. 문文과 사辭는 문사文辭로 묶을 수 있는 자字들이고, 지志와 의意는 지의志意로 묶을 수 있는 자字들로 이는 의意로 대표될 수 있다. 즉 맹자의 설시법은 문학에 있어서 형식적인 면인 문사文辭와 내용적인 면인 의意의 관계를 잘 드러낸 말

---

55) 「萬章 上」, 『原本備旨 孟子集註』 卷 9, 咸丘蒙問 條 朱注, "文은 字也요 辭는 語也라 逆은 迎也라 雲漢은 大雅篇名也라 孑은 獨立之貌라 遺는 脫也라 言說詩之法은 不可以一字 而害一句之義하며 不可以一句 而害設辭之志오 當以己意로 迎取作者之志라야 乃可得之나 若但以其辭而已면 則如雲漢所言인댄 是周之民이 眞無遺種矣라 惟以意逆志면 則知作詩者之志가 在於憂旱 而非眞無遺民也리라."

56) 「八佾」 篇, 『論語』

이다. 작자의 본뜻을 파악하는 것이 중요하다고 했다는 점에서 '이의위주以意爲主'의 문학관을 천명한 단적인 예이다.

맹자의 '이의위주以意爲主' 문학관은 후대로 면면히 이어져 내려오게 되는데, 위문제魏文帝는 "글은 뜻[의意]을 임금으로 하고 기氣를 재상으로 하고 사詞를 호위병으로 한다"[57]라고 했고, 당唐나라의 두목杜牧은 "글 짓는 일은 뜻[의意]을 임금으로 하고 기氣를 재상으로 하고 사채장구辭彩章句를 호위병으로 한다. 진실로 뜻을 먼저 세우지 않고 오직 문채사구文彩辭句로 앞에서 둘러싸고 뒤에서 받들게 되면 말이 많아질수록 이치는 더욱 혼란해진다"[58]라고 했다. 송대宋代 초기의 유학자인 주돈이周敦頤도 「문사文辭」에서, "문사文辭는 예아藝也요 도덕道德은 실야實也라"라고 하여 도덕론의 원론적 근거를 마련하였다. 정요일鄭堯一은 주돈이의 이와 같은 논리를 설명하여 "문장의 겉꾸밈으로 나타난 문사文辭는 예藝에 해당되고 드덕이 문장의 알맹이 곧 내용이니, 결국 문장의 알맹이에 해당된다고 할 도덕을 실어 나타내자는 것이 문장을 짓는 궁극 목적임을 말하여, 문장에 있어서는 형식보다 내용이 중요하다는 사상을 천명하였다"[59]라고 하였다.

고려 후기 이규보李奎報도 중국의 유공보劉貢甫가 언급한 "시는 의의意義를 위주로 삼고, 문사文詞의 문제를 다음으로 삼는 것이다"[60]

57) 魏慶之 編, 「命意」條, 『詩人玉屑』 卷 6, "文以意爲主, 以氣爲輔, 以詞爲衛."
58) 杜牧, 「答莊充書」, "凡爲文以意爲主, 氣爲輔, 以辭彩章句爲之兵衛, …… 苟意不先立, 止以文彩辭句, 繞前捧後, 是言愈多而理愈亂."
59) 鄭堯一, 「文學 硏究 方法上의 몇 가지 問題」, 『國語敎育硏究』 第6輯(仁荷大學校 國語敎育科, 1991), p.16.
60) 魏慶之 編, 「命意」條, 『詩人玉屑』 卷 6, 「劉貢甫詩話」, "詩以意義爲主, 文詞次之."

라고 한 말과 같이 "시는 뜻을 위주로 하니 뜻을 구상하는 것이 가장 어렵고, 말을 엮는 것은 다음 가는 문제이다"[61]라고 하였다. 박지원朴趾源은 "글자는 말하자면 병사요, 뜻은 말하자면 장수이다"[62]라고 하여 글 짓는 법을 전법戰法에 비유하였다.

위와 같은 논리에서 문사文辭와 의意의 관계는 보輔·위衛와 주主의 관계, 말末과 본本의 관계, 경輕과 중重의 관계이다. 글에서 무엇보다 중시해야 할 것은 문사보다 작자가 담고자 한 의意라는 말이다.

따라서 글을 논할 때 작자가 생각하고 있었던 본의本意가 무엇인지 늘 생각하면서 문사를 논해야 하는 것이지 문사에 얽매여 작자의 본의를 해쳐서는 안 된다는 뜻으로 맹자의 설시법을 정리할 수 있다.

'불이문해사不以文害辭' 즉 문자文字에 구애되어 전체 어구語句의 의의意義를 오해해서는 안 되며, '불이사해지不以辭害志' 즉 사의辭義에 구애되어 작자의 원의原意를 오해하거나 곡해해서는 안 된다는 주장은 문학연구 방법에 있어서 시사하는 바가 크다.

공자는 "글로는 말을 다 표현하지 못하고, 말로는 의를 다 드러내지 못한다"[63]라고 하였다. 따라서 이러한 제약을 벗어나기 위하여 "성인은 상을 세워서 의를 다 드러냈다"[64]고 하였다. 작자는 문사의 제약을 넘어서 진상眞相을 표현해내기 위해 과장법 등 각종 창작 기법創作技法을 사용한다. 유협劉勰은 『문심조룡文心雕龍』에서 "문

---

61) 李奎報, 『白雲小說』, "夫詩以意爲主, 設意最難, 綴辭次之."
62) 朴趾源, 「騷壇赤幟引」, 『燕巖集』 卷 1, 「引」 條, "字譬則士也, 意譬則將也."
63) 「繫辭上傳」, 『周易』, "書不盡言, 言不盡意."
64) 上同, "聖人立象以盡意."

사에는 항상 과식이 따른다"고 하면서, "『시경』이나 『서경』 같은 정통적인 언어도 세인을 바르게 교화하기 위해 반드시 사실을 적당하게 넓히고 문사 역시 과장하였다"65)라고 하면서 공자의 시와 맹자의 설시법을 예로 들어 증명하고 있다. 작품을 볼 때 창작 기법이나 문면文面만을 이해해서는 안 된다. '언외지의言外之意(말 밖에 숨어있는 뜻)'를 찾아내야 한다. 문면만을 이해한다면 문사로써 의意를 해치는 결과가 된다.

이와 같은 뜻을 지닌 말로는 '심행수묵尋行數墨'·'언전言筌'이 있다. '심행수묵尋行數墨'의 행行은 글의 줄, 묵墨은 문자文字로 글의 줄이나 찾고 문자만을 헤아린다는 뜻이다. 독서할 때 문자에만 구애되어 문자 밖의 참뜻을 깨닫지 못하는 것을 '심행수묵'이라 한다. '언전'은 말의 통발이란 뜻으로, 언어상의 조리나 언어·문자의 말절末節에만 구애되는 것을 말한다.

송宋나라의 엄우嚴羽는 "시에는 별재가 있으니 서書에 관계되는 것이 아니고, 시에는 별취가 있으니 이理에 관계되는 것이 아니다. 그러나 다독서多讀書하고 다궁리多窮理하지 않으면 그 지극함을 다 드러내지 못하니 이로理路를 밟지 않고 언전에 떨어지지 않는 것이 최상이라고 하는 것이다"66)라고 하였다. 글[서書]을 많이 읽고 이치[이理]를 많이 궁구해야 지극한 데 이를 수 있지만, 그 글과 이치에 얽매여서는 작자가 말하는 별다른 소재[별재別材]와 별다른 의취[별취別趣]를 완전하게 얻지 못한다는 말이다. 주자도 그의 시에서 "불

65) 劉勰, 「夸飾」條, 『文心雕龍』, "文辭所被, 夸飾恆存. 雖詩書雅言, 風格訓世, 事必宜廣, 文亦過焉."

66) 嚴羽, 『滄浪詩話』, "大詩有別材, 非關書也, 詩有別趣, 非關理也. 然非多讀書多窮理, 則不能極其至, 所謂不涉理路, 不落言筌者上也."

섭언전불락공不涉言詮不落空[언전言詮을 밟지 않고 공언空言에 떨어지지 않는다]"이라고 하였으니 위와 같은 말이다. 장자는 "통발을 가진 사람은 고기에 마음이 있으니 고기를 잡고 나면 통발을 망각하고, 올가미를 가진 사람은 토끼에 마음이 있으니 토끼를 잡고 나면 올가미를 망각하고, 말을 하는 사람은 뜻[의意]을 표현하는 데 마음이 있으니 뜻[의意]을 전달하고 나면 말을 망각한다"[67]라고 하였다. 언言은 언言이고 의意는 의意이다. 이 사이에는 뛰어넘을 수 없는 심연深淵이 있다. 그렇기 때문에 이 심연을 뛰어넘기 위한 수단과 방편으로 언言이 동원되는 것이다. 즉 언言은 의意를 전달하기 위한 수단과 방편의 하나에 불과한 것이다. 따라서 수단과 방편에 얽매여 진정한 의意를 해쳐서는 안 된다.

앞서 예를 들은 맹자의 설시법은 문학 작품 연구에 큰 시사점을 준다. 정요일은 문학 연구에 있어서 내용적 측면과 형식적 측면 등 여러 가지 요소나 본질이 두루 연구될 필요가 있지만 내용 연구가 가장 중요하다고 하면서 작자가 나타내고자 한 뜻을 제대로 파악하는 요령의 한 가지로 맹자의 설시법을 들고 있다.[68]

그런데 여기서 유의해야 할 것은 독자의 뜻과 작자의 뜻의 관계를 논한 "이의역지以意逆志라야 是爲得之니라"의 해석이다.

주자는 이 구절에 대해 소주小註에서 다음과 같이 설명하였다.

> 逆이라는 것은 미리 미루어 맞이하는 것이다. 자신의 의사로 전면에 가서 시인의 뜻을 기다리기를 마치 어떤 사람을 기다리는 것과

---

67) 「外物」篇, 『莊子』, "筌者所以在魚, 得魚而忘筌, 蹄者所以在兔, 得兔而忘蹄, 言者所以在意, 得意而忘言."
68) 鄭堯一, 前揭書, pp.15~16.

같이 하니 오늘 기다려서 오지 않으면 내일 또 오기를 기다려서 반드시 오는 것을 기다려야 비로소 얻는 것이다. 지금 사람들은 반대로 자신의 생각을 굳게 붙잡고 있으니 이것은 逆志가 아니다. 逆이라는 것은 이르고 이르지 않고 또 더디고 속히 하는 것을 감히 스스로 내가 기필하지(반드시 그렇게 될 줄로 믿지) 않고 저 사람에게 듣는 것이다.

독서는 반드시 마음을 비우고 기운을 편안하게 하며 한가롭게 玩味하여 천천히 성현이 말한 본뜻이 향하는 곳이 어디인지를 보아야 한다. 그런 뒤에 원근과 심천과 경중과 완급에 따라 설명하여야 그 本意를 얻을 수 있다. 만약 나에게 先入된 설명이 내 마음 속에 가로놓여 있어서 성현의 말씀을 내치거나 억지로 끌어다가 그럴 듯하게 꾸며 나의 뜻에 따르게 하면, 의리는 통할 수 있으나 이미 사사로이 천착하게 되어 郢書燕說의 꾸지람을 면하지 못할 것이다. 더구나 〈그 견해가〉 의리가 막혀서 실행할 수 없는 것에 있어서이겠는가![69]

이 글은 "(시를 설명하는 사람이) 자기의 뜻을 가지고 작자의 본의에 맞추어 읽어야 비로소 올바르게 이해할 수가 있다"는 말이다. 여기서 역逆은 영迎으로, '남의 뜻을 잘 맞추어줌', '맞이하여 받음', '맞게 함' 등의 뜻으로 영합迎合과 같은 말이다. 결국 이 구절은 나의 선입견을 미루어 작자의 뜻을 헤아려서는 안 된다는 말이고, 미리 정해 놓은 의도를 가지고 작품을 보아서는 안 된다는 말이다.

---

69) 「萬章 上」,『原本備旨 孟子集註』卷 9, 咸丘蒙問 條, "朱子曰, 逆, 是前去追迎之意. 將自家意思去前面, 等候詩人之志來, 如等人來相似, 今日等不來, 明日又等, 須等得來, 方得. 今人却是硬把他來, 便不是逆志, 所謂逆者, 其至否遲速, 不敢自必, 而聽於彼也. 大抵讀書, 須虛心平氣, 優游玩味, 徐觀聖賢立言本意所向如何. 然後隨其遠近深淺輕重緩急而爲之說, 庶乎可以得之. 若便以吾先入之說 橫於胸次, 而驅牽聖賢之言, 以從己意, 設使意理可通, 已涉私穿鑿, 而不免於郢書燕說之誚, 況又義理窒礙, 實有所不可行乎!"

성현의 입언본의立言本意를 알고, 그 뒤에 원근·심천·경중·완급에 따라 설명해야 그 본뜻을 알 수 있다는 것이다. 문사보다 중요한 것이 의意이고, 의意 가운데 가장 중요한 것이 작자의 입언본의이다. 작자의 입언본의가 무엇인지 파악하는 방법을 설정한 다음 원근·심천·경중·완급에 따라 차례차례 문사를 파악해야 할 것이다.

주자는 "독서하는 법은 (글의) 대본과 대원을 파악하고, 대강과 대목을 파악하는 데 있다. 또 일에 따라서 이해해야 하는 곳이 있으며, 또 그 다음은 문의를 해석하는 것이다"[70]라고 하고 또, "사서를 읽을 때에는 당연히 대윤리와 대기회와 대치란의 득실을 보아야 한다"[71]라고 하였다.

그런데 전통적인 문학관에서 작자의 입언본의란 도덕에 해당하는 것이다. 성현이라야 진정으로 입언立言할 수 있는 것이지만, 일반인의 입언 또한 도덕을 추구했다. 따라서 모든 글은 도덕을 담고자 했다는 인식을 바탕으로 작자의 입언본의를 생각해야 한다.

그러나 이와 같은 맹자의 설시법이 문사와 독자의 의意를 도외시한 이론이라고 보아서는 안 된다. 의意와 문사의 관계를 본말로 파악하여 경중을 둔 것이고, 독자의 의意가 작자의 의意에 일치될 수 있어야 한다는 것이지 문사와 독자의 의를 소홀히 하자는 것이라고 생각해서는 안 된다. 그렇기 때문에 정자程子는 "독서하면서 문의에 마음을 머물러 두지 않으면 그 본의가 거칠고 소략하게 되고, 문의만 정밀하게 하면 반드시 거기에 얽매여 통달하지 못한다"[72]라고

70) 朱熹,「讀書法」,『朱子語類』卷 11, "讀書之法, 有大本大原處, 有大綱大目處. 又有逐事上理會處, 又其次則解釋文義."
71) 上同, "讀史, 當觀大倫理大機會大治亂得失."

하였다.

그러면 여기서 문사 표현 방법의 하나인 '홍운탁월법烘雲托月法 · 츤탁법襯托法'을 바탕으로 선 · 악 인물의 성격 파악 문제에 대해 논의해 보기로 한다. 홍운탁월법烘雲托月法 · 츤탁법襯托法 등의 문사 표현 기법技法과 의意의 관계, 거기서 나온 의意로서의 작자의 입언본지立言本旨를 염두에 두고 살펴본다면 문면文面의 뜻만을 가지고 인물의 성격을 파악해서는 안 되며, 작자의 속뜻 곧 입언본지立言本旨를 제대로 파악해야 인물의 성격이 올바르게 드러날 것이라는 점을 알 수 있을 것이다.

2) 홍운탁월법烘雲托月法과 츤탁법襯托法

'홍운탁월법烘雲托月法'과 '츤탁법襯托法'은 비슷한 화법을 일컫는 말로 본래 동양화론에서 쓰기 시작하였으나 현재는 동양 예술 전반에 걸쳐 쓰이는 용어이다.

'홍운탁월법烘雲托月法'은 주체主體인 달을 그리기 위해 달을 바로 그리지 않고 객체客體인 구름을 주위에 그려 주체인 달이 자연스럽게 그려지고, 또 그것을 두드러지게 보이게 하는 기법이다. '츤탁법襯托法'은 다른 사물에 의해 주체를 두드러지게[돋보이게] 하는 기법이다. 이 법에는 '정츤법正襯法'과 '반츤법反襯法'이 있는데, '정츤법正襯法'은 사물을 정면에서 묘사하여 주체를 두드러지게 표현하는 기법이고, '반츤법反襯法'은 반대면을 묘사하여 정면을 표현하는 기법을 말한다. 화론畫論에서 '츤襯'이란, "상하접왈츤上下接曰襯"73)이라

72) 程子, 「粹言」, 『二程全書』 卷 40, "讀書而不留心於文義, 則踈忽其本意, 專精於文義, 則必固滯而無所通達矣."

73) 王槩, 「釋名」, 『芥子園畫傳』

하여 산의 우묵한 데와 수목의 틈을 담묵淡墨으로 선염渲染하여 기氣를 그려서 상하좌우가 서로 연접하게 하는 기법이다.

이러한 기법들은 '방고측격旁鼓側擊'의 수법과 같다. 한쪽에서 북을 치고 다른 쪽을 공격하는 방법이고, 본의本意를 드러내기 위해 측면을 묘사하는 방법이다. '성동격서聲東擊西'의 방법이라고도 할 수 있는데, 동쪽을 공격한다고 떠들어대면서 서쪽을 공격하는 수법이다. 이는 '경동비서驚東備西'의 방법과도 같다. 동쪽을 놀래켜서 서쪽을 갖추게 하는 수법이다.

'홍운탁월법烘雲托月法'과 '츤탁법襯托法'의 이해를 돕기 위해 이 기법에 대한 선인들의 기록을 예시해 보기로 한다.

* 烘雲托月法

① 烘托法 : 그림을 그리거나 글을 짓는 방법이다. 곧 곁으로부터 主意를 드러내어 물들여서 主體[그림]나 主旨[글]로 하여금 저절로 드러나게 하는 것이다.[作畫或作文之方法. 卽從旁面著意渲染, 使主體或主旨, 自然顯出也]〈『中文大辭典』〉

② 烘雲托月 : 구름의 색깔을 칠하여 달의 밝은 모습을 襯托함을 말한다. 본디 달의 밝은 모습을 그리는 한 가지 방법을 가리키는 말이었으나 후대에는 측면에 물감을 더 칠하여 그리는 사물을 襯托하여 그 사물이 더욱 돌출되어 보이도록 함을 비유하는 말로 쓴다.[渲染雲彩以襯托月亮. 本指畫月亮的一種方法, 後用以比喩從側面加以點染來襯托所描繪的事物, 使其更加突出]〈『漢語大辭典』〉

③ 詹嫂 母子를 시골 아낙네와 어린이로 핍진하게 그린 것은 반츤으로 張氏 노인 부부의 촌스럽고 어리석은 성격이 이미 차츰 변화한 것이기 때문이니 대체로 畫家의 홍운탁월의 법을 이용한 것이다.[寫詹嫂母子, 逼眞鄕村婦孺, 所以反襯張老夫婦喬野愚蠢之已漸化也, 蓋用

畫家烘雲托月之法.]〈『兒女英雄傳』還讀我書室主人評本 第三十七回〉

④ 甁兒의 春情을 묘사하면서 한번은 迎春이 눈으로 본 것을 썼고, 두 번째는 金蓮이 말한 것을 썼고, 다음에는 手卷·一影을 썼고, 또 다음에는 金蓮의 手卷이 一影 본뜬 것을 본 내용을 썼으니 이는 모두 正筆을 쓰지 않고 순전히 홍운탁월의 법을 쓴 것이다.[寫甁兒春意, 一用迎春眼中, 再用金蓮口中, 再用手卷一影, 再用金蓮看手卷效尤一影, 總是不用正筆, 純用烘雲托月之法]〈『金甁梅』 張竹坡評本 第十三回〉

⑤ 耿順이 처음 태어났을 때에 반드시 한번 熱鬧[여러 사람이 혼잡하여 떠들썩함. 번화하여 소란함]가 있었고, 또 夢卿이 처음 죽었을 때에도 반드시 한번 熱鬧가 있었는데 모두 쓰지 않은 것은 俗氣를 피한 것이다. 뒤에 耿順의 調養과 여러 사람들이 祭奠을 드리는 것을 보면 앞의 熱鬧를 알 수 있는 것이니 이것이 바로 홍운탁월법이다. [耿順初生, 必有一番熱鬧, 夢卿初死, 亦必有一番熱鬧, 乃俱不書者, 避俗也. 看后來耿順之調養, 衆人之奠祭, 則當前之熱鬧可知, 是爲烘雲托月法]〈『林蘭香』 寄旅散人評本 第三十六回〉

⑥ 「溫酒斬華雄」은 예술의 특색을 가장 돋보이게 한 것이니 이는 주체를 직접 묘사한 것이 아니고, 그 주위의 다른 인물을 통틀어 묘사하여 烘托으로 주체를 표현해 낸 것이다. 關羽가 이 단락의 중심인물임은 의심할 것이 없으나 작품에는 關羽의 勇武와 神威를 직접 묘사한 것이 없고 華雄의 驍勇함을 힘써 渲染하였다.[「溫酒斬華雄」最突出的藝術特色, 是不直接描寫主體, 而是通過對其他人物的措寫來烘托出主體. 關羽無疑是這個片斷中的中心人物, 然而作品沒有直接描寫關羽的勇武神威, 而是着力渲染華雄的驍勇]〈沈默, 「旁敲側擊 烘雲托月」 談「溫酒斬華雄」的藝術手法(『中國古典小說戲劇欣賞』, 岳麓書社, 1984.)〉

* 襯托法

① [反襯] : [襯托] : 문장 짓는 법의 이름이다. '襯'이란 피부에 닿는 속옷이므로 뜻은 안에 있으면서 그 뜻이 밖에 드러나도록 하는 것을 모두 襯이라 한다. 善을 드러내 보이려는 자는 진실로 惡한 자와 대비하였을 때에 그 선이 더욱 드러나는 것이니 이를 반츤이라 이르며, 또 츤탁이라 이른다.[文章法之名. 襯爲在裏切膚之衣, 故凡意在內而使之外顯者, 皆曰襯. 將欲顯示善者, 苟與惡者比照, 而益顯其善, 謂之反襯, 或謂之襯託]〈『中文大辭典』〉

② 襯托은 문학에서 묘사의 중요한 수법 중 하나이니 眞과 假, 美와 醜, 强과 弱이 모두 서로 비교됨으로써 존재하고 서로 투쟁함으로써 발전하는 것이다. 객체를 묘사함으로써 왕왕 주체가 더욱 돌출하여 나타나게 할 수 있다. 宋代의 畫家인 郭熙의 「林泉高致」에서 설명하기를 "산을 높이 그리려고 하면서 다 나오게 하면 높아지지 않으니 그 산허리를 연운으로 감싸면 높아지고, 물을 길게 그리려고 할 때에 다 나오게 하면 길지 않으니 빛을 가려 그 수맥을 끊으면 길게 보인다."라고 하였으니 이러한 도리를 설명한 것이다.[襯托是文學描寫的重要手法之一, 眞與假 · 美與醜 · 强與弱都是相比較而存在, 相鬪爭而發展的. 描寫客體, 往往可以更突現出主體來. 宋代畫家郭熙的「林泉高致」中說, "山欲高, 盡出之則不高, 煙虛鎖其腰則高矣, 水欲遠, 盡出之則不遠, 掩映斷其脈則遠矣." 講的就是這個道理]〈沈默, 「旁敲側擊烘雲托月」談「溫酒斬華雄」的藝術手法(『中國古典小說戱劇欣賞』, 岳麓書社, 1984.)〉

③ 문장에 正襯과 反襯이 있다. 魯肅의 老熟함과 진실함을 그릴 때에 孔明의 어긋나고 교묘한 것을 用襯하는 것이 곧 反襯이고, 周瑜의 어긋나고 교묘한 것을 그릴 때에 孔明의 어긋나고 교묘한 것을 배가하여 用襯하는 것이 곧 正襯이다. 비유하건대 경국지색을 그리는 자가 추녀를 아름답게 표현하는 것이 미녀를 더욱 아름답게 표현

하는 것보다 못하고 범 같은 장수를 묘사함에 겁쟁이를 용감하다고 표현하는 것이 용감한 사나이를 더욱 용감하게 표현하는 것보다 못하다. 이를 읽으면 문장이 서로 用襯하는 법을 깨달을 수 있다.[文有正襯反襯. 寫魯肅老實, 以襯孔明之乖巧, 是反襯也. 寫周瑜乖巧, 以襯孔明之加倍乖巧, 是正襯也. 譬如寫國色者, 以醜女形之而美, 不若以美女形之而覺其更美, 寫虎將者, 以懦夫形之而勇, 不若以勇夫形之而覺其更勇. 讀此可悟文章相襯之法]〈『三國演義』 毛宗崗評本 第四十五回〉

이상으로 '홍운탁월법烘雲托月法'과 '츤탁법襯托法'의 논리를 대충 살펴보았다. 그러나 필자는 기존 이론의 이해에만 머물러 있고자 하는 것이 아니다. 좀 더 발전적으로 이해하여 문학론에 응용하고자 한다. 이를 위해 두 가지 유사 용어 중 '홍운탁월법'이란 용어만을 택하여 그 문학적 의의를 고소설에 나타난 선·악 인물의 성격 묘사법과 관련시켜 살펴보기로 한다.

달을 그리는 화가가 달을 바로 그리지 않고 애써 구름을 그려 달이 저절로 그려지게 하는 것, 이것은 마치 소설가가 선을 그리기 위해 악을 애써 묘사하는 수법과 같다. '홍운탁월법'에서 흑과 백은 상호 대비되고 상호 조영照映되어 흑·백의 성격이 더욱 강렬해진다. 검은색은 더욱 검게 보이게 하고 흰색은 더욱 희게 보이게 한다. 흰색과 검은색이 따로 떨어져 독립되어 있을 때와는 달리 인접하여 서로 대비됨으로써 더욱 그 소성素性을 돋보이게 한다.

조선의 화가 긍재兢齋 김득신金得臣(1754~1822)의 걸작으로 꼽히는 수묵화 「오동폐월도梧桐吠月圖」를 예로 들어 보기로 한다. 제題를 보면 "한 개가 짖고 두 개가 짖고, 뭇 개가 따라 짖기에 아이를 불러 문밖에 나가 보랬더니 달이 오동나무 제일 높은 가지에 걸렸다 하네[일견폐一犬吠, 이견폐二犬吠, 만견종차일견폐萬犬從此一犬吠, 호동출문간呼童出門看, 월괘오동제일지月掛梧桐第一枝]"라고 되어 있다. 전체적으로 포치布置가 절묘하고 흑백의 대립미가 극치를 이루고 있어, 흑과 백의 소성素性이 잘 드러나 보인다. 개는 공산의 달을 보고 잘 짖어대는 습성이 있다. 더욱이 칠흑 같은 밤에 밝은 달이 떴을 때 유난히 더 짖어댄다. 이러한 정경의 묘사를 대립의 수법으로 잘 보여주었다.

겸재謙齋 정선鄭敾(1676~1759)의 수묵화인 「선인도해도仙人渡海圖」를 보면 밝은 달이 잘 묘사되어 있다. 주위를 어둠과 구름으로 처리하여 밝은 달의 모습이 잘 드러나 보이는 기법을 사용하고 있다. 제題에 "삼만 리나 물결치는 한바다 고요한 밤, 밝은 달에 석장錫杖을 타고 공중에서 내려오네[야정해도삼만리夜靜海濤三萬里, 월명비석하천풍月明飛錫下天風]"라고 한 것을 보면 밝은 달밤이 전체 배경을 이루고 있다. 이러한 배경 묘사를 선염법渲染法과 구름을 이용하여 여실히 묘사하고 있다. 구름에 달이 일부 가려져 있다.

이렇게 그려냄으로써 흑·백의 '대립의 미'·'변증의 미'를 잘 보여준다. 그러나 여기서 유의해야 할 것은 대립이란 개념이다. 여기서의 대립은 주체와 주체의 대립이 아니라 주체와 객체의 대립이라는 것이다. 대립을 통해 주체와 객체를 선명히 드러내나 결국 대립은 주체를 위한 대립으로, 비중은 어디까지나 주체인 백白에 있는 것이다. 백을 그리기 위해 애써 흑을 대비시켜 강조해 그리는 것이다. 주지主旨는 주체인 백에 있지만, 흑인 객체를 더욱 강조해 적극적으로 묘사한다. 따라서 흑의 묘사는 선도적先導的이고 능동적인 반면, 백의 묘사는 추수적追隨的이고 피동적이다.

흑의 묘사가 선공적先攻的·적극적 묘사라면 백의 묘사는 대응적 · 수세적 · 소극적 묘사이다. 흑만 잘 묘사하면 백은 저절로 그려지는 것으로, 뜻의 중점은 백에 있지만 묘사의 중점은 흑에 있다. 그러나 여기서 흑 · 백은 하나의 유기체로서 역학 관계에 놓여있으며 함수 관계에 놓여 있다. 흑 · 백은 떼어놓고 볼 수 없는 관계에 놓여 있어, 독립된 것이 아니라 '상대적인 백' · '상대적인 흑'이 된다. 따라서 달에 구름이 끼거나 이지러졌다 해도 큰 문제가 안 된다. 달은 역시 달일 뿐이다. 본 모습이 일그러졌다 해도 우리는 그것이 달임을 잘 안다.

이와 같은 논의는 고소설의 선 · 악 인물의 성격 묘사에도 그대로 적용된다. 선 · 악을 대비시킴으로써 선 · 악의 성격이 더욱 강렬하게 드러난다. 선 · 악이 개별적으로 존재해 있을 때와는 달리 상호 대비 · 조영照映됨으로써 그 소성素性이 더욱 돋보인다. 이러한 것을 '대립의 미' · '변증의 미'라 할 수 있다. 그러나 여기서의 대립은 선 · 악 모두가 주체가 되어 대립하는 것이 아니라, 선인 주체와 악인 객체의 대립이다. 대립을 통해 주체와 객체를 선명히 드러내지만 결국 대립은 주체를 위한 대립이기 때문에, 비중은 주체인 선에 있는 것이다. 선을 그리기 위해 애써 악을 대비시켜 강조해 그리는 것이다. 주지는 주체인 선에 있지만, 악인 객체를 더욱 강조해 그리는 것이다. 악의 묘사는 선도적이고 능동적인 반면, 선의 묘사는 추수적이고 피동적이다.

악의 묘사가 선공적 · 적극적 묘사라면, 선의 묘사는 대응적 · 수세적 · 소극적 묘사이다. 선은 악의 대응으로만 묘사되지 선도적으로 묘사되지 않는다. 악만 잘 묘사하면 선은 저절로 그려지는 것으로, 뜻의 중점은 선을 그리는 데에 있지만 묘사의 중점은 악을 그리는 데에 놓여있다. 따라서 설령 선의 묘사에 문제가 있다 해도 큰 문제가 안 된다. 선의 속성은 역시 선일뿐이다. 따라서 선의 거울에 때[구垢]가 묻어 있다 해도 그 때가 결정적인 흠이 될 수 없다. 예를 들어 「흥부전」에서 흥부의 무능력은 흥부의 선을 이야기하는 데 큰 문제가 안 된다. 이 점은 뒤에서 상술하기로 한다.

그러나 여기서 유의해야 할 것은 틀 안에 들어온 선·악은 하나의 유기체로서 상호 역학 관계와 함수 관계에 놓여 있다는 사실이다. 이미 선·악은 서로 떼어놓고 볼 수 없는 관계에 놓이게 된다. 따라서 선·악은 독립된 선·악이 아니라 '상대적인 선'·'상대적인 악'이 된다. 개별적으로 보면 '상대적인 선'은 악이 될 수도 있고, '상대적인 악'이 선으로 보일 수도 있다. 따라서 놀부를 의식하지 않는다면 흥부를 부정적으로 볼 수도 있을 것이다.

(2) 기존既存 연구研究의 반성反省 -「흥부전」을 중심中心으로

한국문학사에서 쟁점으로 남아있는 문제 중의 하나가 '흥부와 놀부의 인물 평가' 문제일 것이다. 「흥부전」은 전형적인 권선징악 소설로, 연구자들에 의해 별다른 이의 없이 흥부는 선인善人 놀부는 악인惡人으로, 흥부는 긍정적 인물 놀부는 부정적 인물로 받아들여져 오다가, 1968년 조동일의 논문[74]이 계기가 되어 연구자들에 의해 최근까지 흥부를 부정적, 놀부를 긍정적으로 평가해 보려는 시도가 이어지고 있다. 이상택은 「흥부 놀부의 인물평가」라는 논문을 발표하였는데, 그는 "흥부를 부정적으로 놀부를 긍정적으로 평가한

74) 趙東一, 「興夫傳의 兩面性 - 판소리系小說 硏究의 方法論 摸索을 위한 一試攷」, 『啓明論叢』5(啓明大學校, 1968), pp.71~123.

경우로 조동일(1969)과 서대석(1975)을 들 수 있고, 흥부를 긍정적으로 놀부를 부정적으로 평가한 경우로 임형택(1969)·이상택(1974)·이문규(1981) 등을 들 수 있다"[75]고 하였다. 이 밖에도 흥부를 부정적으로 본 연구자로 김광순(1973) 등이 있고, 긍정적으로 본 연구자로 안승덕(1978)·박희병(1986)·여운필(1990) 등이 있다.

심지어는 중학교 1학년 1학기 국어 교과서의 「14. 주제 정하기」 단원에서 다음과 같은 물음이 나오게 되었다.

5. 다음 글을 읽고, 물음에 답해 보자.

> 철호 : 흥부같이 가난한 사람은 우리가 돈을 모아 도와 주어야 해.
> 선숙 : 아니야. 그런 사람은 도와 주면 더욱 의타심이 생겨 게을러지기만 해. 그러니까 도와 줄 필요가 없어.
> 신옥 : 그렇지만 가난에 쪼들리는 사람을 보고도 못 본 체 한다는 건 사람의 도리가 아니잖아?
> 현배 : 그렇다고 계속 도와 주기만 하면, 그 사람은 끝내 자기 힘으로 살아갈 생각을 하지 않을 거 아니야?

(1) 토론에서 나온 주장은 다음의 두 가지이다. 이와 같은 주장이 나온 이유를 말해 보자.
  * 가난한 사람을 도와 주어야 한다.
  * 가난한 사람을 도와 줄 필요가 없다.

(2) 이 토론에서 다루고 있는 문제가 무엇인지 간단히 써 보자.

---

75) 李相澤, 「흥부 놀부의 人物評價」, 『韓國文學史의 爭點(城山張德順先生停年退任紀念論叢)』(集文堂, 1986. 11), p.549. *괄호 속의 연대는 필자가 부기한 것임.

(3) 이 토론에 대하여 글을 쓴다고 생각하고, 자신의 의견을 세워 보자.

(4) 자신의 의견에 맞게 주제를 정하고 글을 지어 보자.

흥부의 성격을 긍정적으로 파악한 견해의 주요 논리를 예시해 보면 다음과 같다.

첫째로 안승덕安承德은

위에 지적한 바와 같이 興夫傳에 나타난 興夫의 가난, 예컨대 수숫대로 집을 짓는다거나, 아이들이 배고프다고 보챈다든가, 형수가 밥주걱으로 흥부의 뺨을 때린다든가 하는 일련의 이야기에 너무 집착하지 않는 태도, 즉 說話의 傳授者나 作家는 왜 興夫傳 이야기를 쓰지 않으면 안 되었던가 하는 그들의 心理에서 興夫傳의 主題는 찾아져야 할 것이다. 흥부는 가난했기 때문에 고통을 받았다는 立場에서가 아니라 착했기 때문에 가난했다는 입장, 즉 小說에 나타난 모든 구체적인 事件의 根底에 깔린 興夫의 善心을 더 重要視해야 한다.[76]

라고 했다. 다음으로 이문규李文奎는

넷째, 흥부와 놀부의 離合을 構造로 볼 때 흥부전은 作品 內的 질서를 가지고 있는 小說이며, 有機的 統一性을 지니고 있는 小說이다. 흥부전이 판소리로서의 特性 때문에 생길 수 있는 細部的 모순은 전체 구조상 중요한 意味를 지니지 못한다.[77]

---

76) 安承德, 「興夫傳 主題考」, 『國文學論集』 9(檀國大學校 國語國文學科, 1978), p.129.

77) 李文奎, 「「흥부전」의 文學的 特質에 대한 考察」, 『先淸語文』 11 · 12 합병호(서울師大 國語教育科, 1981), p.325.

라고 했다. 박희병朴熙秉은

> 부분의 독자성 개념은 주로 일정 장면의 묘출을 극대화시키는 판소리 독특의 서사 원리에 적용될 때 가장 妙味를 얻는다 생각되며, 이 경우에 있어서조차 유의되지 않으면 안될 것은 부분의 독자성이란 어디까지나 상대적인 것이며 따라서 기본적으로 전체, 곧 이야기 줄거리의 구속력 내지는 통찰력을 인정해야 한다는 사실이다.[78]

라고 했다. 또 여운필呂運弼은 흥부를 긍정적으로 보아야 할 이유를 4가지 들고 있는 데, 그 중 첫째로

> 작가(서술자)와 구연자가 흥부를 주동적 인물로 내세워 전반적으로 옹호하는 입장을 취하고 있고 놀부의 탐욕과 악행 및 몰인정이 지닌 반사회성은 흥부의 비현실적이고 소극적인 생활태도가 지닌 개인적 결함보다 훨씬 심각한 부정적 요인이라는 점이다. 놀부의 도저히 용서받기 어려운 이런 비인간성은 흥부의 상당한 결점을 시인하더라도 긍정적인 인물로 볼 수 없게 만드는 것이다[79]

라고 했다.

이상과 같은 연구자들의 지적은 인물의 성격만을 논의한 것이 아니라 주제를 논하면서 언급한 논거들로, 단편적이기는 하나 나름대로 타당성이 있다고 생각된다.

---

78) 朴熙秉, 「판소리에 나타난 현실인식 - 연구사에 대한 방법론적 검토」, 『韓國文學史의 爭點(城山張德順先生停年退任紀念論叢)』(集文堂, 1986), p.483.
79) 呂運弼, 「흥부전」, 『韓國古典小說作品論(玩巖金鎭世先生華甲紀念論文集)』(集文堂, 1990), p.529.

그러나 이와 같은 긍정적인 논의들에도 불구하고 아직도 이 문제는 우리 학계의 커다란 쟁점 중 하나로 남아 있으며, 흥부와 놀부의 인물 평가는 고소설의 인물평가 특히 권선징악 소설 전반의 인물 평가를 위해서도 중요하기 때문에 본격적으로 재검토되어야 할 필요성이 있다.

그러면 여기서 흥부가 긍정적 인물로 놀부가 부정적 인물로 파악되어야 하는 이유를 전항前項의 논리에 입각하여 검증해 보기로 한다.

「흥부전」의 입언본의立言本意는 어디까지나 권선징악에 있다. 따라서 흥부를 선한 인물로 놀부를 악한 인물로 그리려고 했던 것이 작자의 본의이다.

정현석鄭顯奭이 동리桐里 신재효申在孝에게 보낸 글에서 "우리나라 광대의 노래가 거의 옛날 배우의 노래와 비슷하니 「춘향가」·「심청가」·「흥부가」 등이 그것으로, 모두 권선징악을 하는 것이다"[80] 라고 「흥부전」의 입언본지立言本旨를 권선징악이라고 밝힌 후, "그러나 다만 사람이 천하고 말이 속되어서 이치에 어긋난 말이 많으므로 듣는 자가 한낱 웃음거리로만 삼고, 또 그 본지本旨[권선징악勸善懲惡]를 이해하지 못한다"[81]라고 했다. 이런 점을 신재효가 인식하고 이경태李慶泰로 하여금 "문자를 가르쳐서 음과 뜻을 바로잡아 비리함이 심한 것을 고쳐짓게 했다"[82]라고 하였다. 그리고 다른 편

80) 鄭顯奭, 「贈桐里申君序」, 姜漢永, 「판소리의 理論－資料의 整理」, 『국어국문학』 49~50합집(국어국문학회, 1970), p.16. 再引用. "我東唱夫之歌, 殆彷彿乎古之俳優, 春香·沈淸·興富等歌, 皆足以勸善懲惡."

81) 上同, "但其人也賤, 其詞也俚, 語多悖理, 聞者徒爲戲笑之資, 亦不解其本旨矣."

82) 上同, "訓以文字, 正其音釋, 改撰其鄙俚之甚者."

지에서도 "「춘향가」·「심청가」·「흥부가」가 인정을 감발시켜 권선징악하는 것"이라고 하면서, "시속時俗의 창唱을 두루 들으니 서사敍事가 이치에 가깝지 않은 것이 많고, 풀어낸 말도 역시 혹 질서가 없다"83)고 했다. 그리고 "이러한 폐단을 고치고자 한다면 먼저 가사에서 그 비리鄙俚하고 이치에 어긋나는 것을 버리고 문자로 윤색하여 그 사정을 형용해서 한 편으로 문리가 접속되게 하고 언어가 아정雅正하게 해야 한다"84)고 했다.

이러한 일련의 편지나 그에 관한 내용들을 자세히 음미해 보면, 종전의 판소리나 이경태·신재효가 개작改作한 후의 판소리가 모두 권선징악의 뜻을 입언立言하려 했던 것을 알 수 있다. 다만 개작하기 이전의 판소리는 자칫 잘못하면 문사의 지나친 패리悖理로 인해 입언본지인 권선징악성을 파악하기 어려운 면도 없지 않았다는 것이다. 그러나 이것 역시 『시경詩經』 삼백편三百篇의 입언본지와 같이 권선징악이라는 것이다. 개작 이전이나 개작 이후나 모두 권선징악이 입언본지이다. 이와 같이 소설은 입언본지가 권선징악 아닌 것이 없다.

중국의 정염주인靜恬主人은 「금석연서金石緣序」에서, "소설은 무엇 때문에 짓는가? 권선징악하기 위해서 짓는다. 권선징악을 하기에 충분한 책으로 경서와 역사책을 뛰어 넘는 것이 없으나, 의리가 어렵고 깊어 집집마다 타이르고 깨우치기 어려워 도리어 패관야승이 복선화음의 이치를 다 갖추고 충성·아첨·곧음·간사에 대한 보응이 밝게 드러나 사람들로 하여금 눈으로 보고 다음으로 깨우치도

83) 上同, "歷聽俗唱, 敍事多不近理, 遣語, 亦或無倫."
84) 上同, "欲革是弊, 先將歌詞, 袪其鄙俚悖理者, 潤色以文字, 形容其事情, 使一篇文理接續, 語言雅正."

록 하는 것만 못하다"[85]라고 하였다. 그러나 일련의 소설들(「정몽탁情夢柝」·「옥루춘玉樓春」·「옥교리玉嬌梨」·「평산냉연平山冷燕」)은 그 이야기가 파탄이 심하고 이치에 맞지 않는 것이 많다고 했다. 그것은 규중 어린 소녀의 글자 쓰는 법이 조신朝臣을 압도했다는 등 일이 이치에 맞지 않는다는 것이다.

이와 같이 판소리나 일반소설 모두 문면文面에 나타난 말이나 문사 자체의 비문성非文性으로만 볼 때 공共히 이치의 파탄성破綻性이 있는 것이다. 소설이 허탄하다는 것은 이를 두고 하는 말일 것이다. 그러나 그 입언본지는 어디까지나 권선징악에 있다. 그것은 경우에 따라서는 오히려 허구를 통한 권선징악의 효과가 경經·사史보다 나을 수도 있어서이다.

작자의 입언본지를 감안할 때 흥부를 부정적인 인물로 파악해서는 안 된다. 설령 그를 부정적인 인물로 볼 수 있게 하는 요소들, 즉 골계적·과장적 표현과 같은 것들은 문사로써 소설을 흥미 있게 이끌어 나가기 위한 방편에 불과한 것이다. 자칫하면 부정적으로 볼 수도 있게 하는 이러한 갖가지 표현수법 때문에 입언본지인 권선징악성이 잘못 파악되어서는 안 된다. 이는 문文·사辭로써 의意를 해쳐서는 안 된다는 맹자의 설시법에도 어긋나는 해석법이다. 이러한 관점에서 볼 때 흥부는 어디까지나 선한 인물이다. 본성의 착함을 밑바탕에 두고 이야기 진행상의 흥미를 위해 재미있게 골계적으로 표현된 인물일 뿐이다.

---

85) 黃霖·韓同文 選注, 『中國歷代小說論著選』(江西人民出版社, 1982), p.429. "小說何爲而作也? 曰以勸善也, 以懲惡也. 夫書之足以勸懲者, 莫過于經史, 而義理艱深, 難令家喻而戶曉. 反不若稗官野乘, 福善禍淫之理悉備, 忠佞貞邪之報昭然, 能使人觸目警心."

문사 표현법의 하나인 홍운탁월법烘雲托月法 등을 통해 흥부의 인물 성격을 다시 한 번 더 살펴보기로 한다.

권선징악 소설에 있어서 선·악의 대립은 주체와 주체의 대립이 아니라 선인 주체와 악인 객체와의 대립이다. 이와 같은 사실은 작자가 생각하는 비중이 주체에 있다는 것으로, 수용 미학적 측면에서도 주체가 우선 파악되어야 한다는 것이다.

권선징악 소설에서 선·악의 대립은 하나의 유기체로 서로 떼어놓고 파악될 수 없는 것이다. 이 점은 일찍이 주자朱子의 언급에서도 찾아볼 수 있다. 그는 독서법에 대해 언급하면서 "서사를 볼 때에 옳은 것과 옳지 못한 것이 있다. 그 옳은 것을 보아서 옳지 못한 것을 구하며, 옳지 못한 것을 보아서 옳은 것을 구하여야 하니, 이런 뒤에 곧 의리義理를 볼 수 있는 것이다"[86]라고 했다.

조선후기 실학자의 한 사람인 최한기崔漢綺도 선·악 인물의 상호 유기적 관계를 다음과 같이 논하였다.

> 大善人의 곁에 반드시 大惡人이 있어서 그 사람의 大善을 드러낸다. 大惡의 침해가 있지 않다면 어찌 그 大善을 드러내겠는가? …… 惡人은 大善으로 인하여 大惡의 이름을 얻고, 善人은 大惡으로 인하여 大善의 이름을 얻는다. 그러므로 어느 大善人이 있음을 듣게 되면 반드시 그 大惡人의 所在를 묻는다.[87]

86) 朱熹, 「讀書法」, 『朱子語類』 卷 11, "凡觀書史, 只有箇是與不是. 觀其是, 求其不是, 觀其不是, 求其是, 然後便見得義理."

87) 崔漢綺, 「大善大惡」, 『明南樓叢書』 2(景仁文化社, 1971), pp.29~30. "大善人之傍必有大惡人, 以暢其人大善. 不有大惡之侵害, 何以彰露其大善也? …… 惡人因大善而得大惡之名, 善人因大惡而得大善之名. 是以聞有一大善人, 必問其大惡人所在."

이러한 선·악 유기체의 속성은 언제나 선이 주체이고 악이 객체이다. 선을 본本으로 한 유기체이지 선·악을 동등하게 보는 유기체가 아니다.

「흥부전」의 주체와 객체는 말할 나위 없이 흥부가 주체이고 놀부가 객체이다. 흥부의 선함을 보이기 위해 객체인 놀부의 악을 그려 보인 것이다. 따라서 주지主旨를 파악하기 위해서는 흥부의 선에 초점을 맞추어야 하지, 객체인 놀부에게까지 확대하여서는 안 된다. 놀부는 흥부의 선을 묘사하기 위해 등장시킨 상대적인 인물에 불과하다. 그러므로 구태여 초점을 놀부에게까지 맞추어 주지를 파악하고자 하는 것은 잘못이다. 이와 같은 태도는 작자의 본지나 '홍운탁월烘雲托月'의 기법과도 거리가 먼 주지 파악 방법이다. 작품이나 그림에는 초점이 있기 마련이다. 초점을 잘 맞추어 바라볼 수 있어야 한다.

초점이 되는 흥부의 묘사에 문제가 있다 해도 큰 문제가 되지 않는다. 흥부의 속성은 언제나 선한 인물이다. 흥부의 묘사가 지니는 문제는 구름에 달이 잠시 가렸거나 거울에 때가 묻어 있는 것과 같은 것으로, 흥부의 본질은 역시 언제나 선한 사람이다. 「흥부전」에서 비록 무능력하게 표현되었다 할지라도, 상황이 바뀌면 언제든 능력을 발휘할 수 있는 인물이다.

'홍운탁월법烘雲托月法'에서도 살펴보았듯 악의 묘사는 선도적이고 능동적인 반면 선의 묘사는 추수적이고 피동적이다. 악의 묘사가 선공적·적극적 묘사라면 선의 묘사는 대응적·수세적·소극적 묘사이다. 선을 추수적·피동적·대응적·수세적·소극적으로 묘사하는 방법은 화법에서의 대비나 작문법의 대결구조에서 어쩔 수 없는 것이겠지만 여기에는 동양인의 전통적인 예술표현 기법이 내재하여 있음을 간과해서는 안 된다.

동양의 중요한 예술 표현기법 중의 하나가 '불사지사不寫之寫'[88]의 기법으로, 묘사하지 않음으로써 묘사하는 것이다. 화폭에 중요한 선만을 그어 그림을 완성한다. 세세한 곳, 명암 등을 일일이 고려하지 않는다. 근간이 되는 선만을 이용하여 진실에 접근하고자 하는 방법으로, 가변성 있는 형체는 그리지 않고 영원히 불변하는 실체만을 그리려 한다. 이른바 Dominant Impression[지배적支配的 인상印象]만을 그리는 방법과 같다. 이와 함께 희화화戱畫化한 것은 아니지만, 그 특징을 끄집어낸다는 점에서는 Caricature(희화戱畫) 수법과도 같다. 몇 개의 선線 외에는 여백이다. 그러나 이 여백은 묘사한 것 이외의 모든 것을 포함하고 있다. 바로 '불사지사不寫之寫'인 것이다. 만약 여백의 내용을 모두 그린다면 그만큼 효과는 반감된다. 장자가 말하는 '불언지언不言之言'의 수법이다. 뜻이 말 밖에 있다는 것이다.[89]

이와 같은 표현법은 '은이유현隱而愈現'의 수법과도 비슷하다. 숨김으로써 더욱 더 잘 드러나 보이게 하는 수법이다. 남녀의 운우지정을 직접 그리지 않고 주변의 대나무, 집, 댓돌 등을 그리고 그 댓돌 위에 남녀의 신발을 나란히 그려두는 수법이다. 운우지정을 직접 그리는 것보다 더욱 더 리얼한 효과를 가져다주는 수법이다. 이를 '허실상생법虛實相生法'[90]이라고도 한다. 미인을 그리되 전신全身을 그리지 않고 반신半身을 그리고, 전신을 그리되 일부를 묘사하지

88) 孫遜 · 孫菊園 編, 『中國古典小說美學資料匯粹』(上海古籍出版社, 1991), pp. 300~304.
89) 莊子, 「徐无鬼」, "丘也聞不言之言矣."
90) 孫遜 · 孫菊園 編, 前揭書, pp.300~304.

않는 수법이다.

위와 같은 수법들이 소설의 인물묘사에도 그대로 응용된다. 지고至高의 선善을 표현하기 위해 이러한 수법을 쓴다. 악을 강력히 묘사하여 주체의 지선至善을 효과적으로 표현하고, 선 자체는 절제하여 끝까지 세세하게 표현하지 않는다. 이렇게 함으로써 '불사지사不寫之寫'의 지선至善을 묘사한다. '홍운탁월법烘雲托月法'에 의하여 선은 악을 지니지 않았음을 표현하였고, 그 후 '불사지사不寫之寫'의 표현법에 의하여 선은 더 많은 선을 지니고 있음을 표현한다. 소극적으로 생략함으로써 그 이면에 더 많은 선이 숨어 있음을 암시하는 것이다. '불사지사不寫之寫'의 표현법으로 선이 빙산의 일각임을 보여준다. 일단 그려진 달은 여백으로 처리할 뿐 그 내부를 더 이상 묘사하지 않는다. 묘사하려다 보면 오히려 본질과는 더 멀어질 수 있다.

「흥부전」에서 흥부의 선은 끝까지 표현되어 있지 않다. 놀부의 악을 적극적으로 표현하다 보니 흥부의 선은 상대적으로 적극적으로 묘사되지 못했다. 따라서 설령 그가 무능력하게 표현되었다고 하더라도 그것은 '불사지사不寫之寫'의 표현법으로 이해되어야 한다. 작품에서 나타내고자 한 작자의 뜻을 이해하는 데 흥부의 무능력이 결코 장애가 되어서는 안 된다. 이면에 숨어 있는 크나큰 선으로 인해 표면에 드러난 작은 흠집은 그리 큰 문제가 되지 않는다. 따라서 결코 흥부를 부정적인 인물로 파악할 수 없다. 이러한 인물평가 방법은 고소설 전반에 걸쳐 두루 통용될 수 있으리라 본다.

「장화홍련전」에서 장화와 홍련의 아버지인 배좌수는 무분별한 사람으로 묘사되어 있다. "소녀의 아비는 본성이 착하와 어두운 탓으로 흉녀 간계에 빠져 흑백을 분변치 못함이오니, 십분 용서하여

주시옵기를 바라나이다"라고 하였다. 계모의 악행을 강렬하게 묘사하다 보니 배좌수는 무능력하게, 장화나 홍련은 소극적으로 당하고만 마는 인물로 묘사될 수밖에 없다. 장화나 홍련 같은 인물이 부정적으로 파악될 수 없듯이 흥부 또한 부정적으로 파악되어서는 안 된다. 장화·홍련·흥부가 나약하거나 무능력하다는 묘사는 작품 본질의 이해에 큰 장애가 될 수 없다. 「창선감의록」에 나오는 아버지 화욱花郁과 아들 화춘花瑃·화진花珍의 인물 성격 파악도 마찬가지이다. 권선징악 소설은 권선징악 소설의 틀, 즉 선악의 틀 안에서 이해해야 하지 비약해서 선·악을 따로 떼어놓고 이해해서는 안 된다. 흥부의 무능력도 놀부의 악에 기인한 무능력일 뿐이기 때문에 권선징악 소설의 본지와 따로 떼어놓고 생각할 수 없다. 「콩쥐팥쥐전」에서도 이러한 논리는 마찬가지이다. 콩쥐가 악惡에 의해 계속 피해를 당하는 인물로만 묘사되어 있다 하여 비난 받을 수는 없다. 악을 강조하여 반사적으로 얻어지는 '홍운탁월烘雲托月'의 선善 묘사법 그리고 다 표현하지 않고 그려내는 '불사지사不寫之寫'의 지선至善 묘사법을 추구하다 보니, 직접적인 선의 묘사가 중요한 것이 아니었으므로 천성만 선한 인물로 그린 것이다.

이상과 같은 논의를 토대로 하여 볼 때, 결코 흥부를 부정적인 인물로 볼 수 없다. 「흥부전」에 나타난 흥부의 선은 본연本然의 선, 즉 성선性善의 선만 보여 준 것이다. 맹자는 '가욕지위선可欲之謂善'이라고 했다. 선하려고 하는 것이 바로 선이다. 그리고 이황李滉은 "본연지성本然之性에서 발생하는 일체의 생각과 행동이 선"[91]이라고 했다. 흥부의 행동은 본연의 성에서 나온 선의 행동이다. 설령 그

91) cf., 儒教大事典編纂委員會 編, 「性」條, 『儒教大事典』, 博英社, 1990.

행동이 과장 혹은 골계적으로 표현되어 무능력한 면과 같이 부정적인 면이 있다 할지라도, 작자는 이것을 권장한 것이 아니라 본성의 선을 권장한 것이다. 지성至誠으로 선해지려고 한 행위는 부정적인 면이 있다 하더라도 선이다. 설령 단점이 있다 하더라도 '불이일악망중선不以一惡忘衆善'[92]이란 말과 같이 하나의 작은 악이 여러 가지 선을 가릴 만큼 큰 문제가 되지 않는다. 문면文面만을 보아 그를 소극적이라고 할지라도 결코 도道에 소극적이었던 인물은 아니다. 그는 다만 이利에 소극적이었던 인물로, 적극적으로 도덕적인 선을 믿고 행동했던 인물이다. 이에 반하여 놀부는 세속적인 부를 적극적으로 믿고 행동했던 인물이다. 흥부는 선에 대해 적극적이었으며 놀부는 악에 대해 적극적이었던 인물이다.

흥부의 선은 초시대적인 선이라고 할 수 있다. 선에 당시선當時善·시대선時代善·초시대선超時代善이 있을 수 있다면, 당시선·시대선을 뛰어넘는 것이 초시대선이므로, 이것이 본질적인 선이 된다. 이 선이 본연의 선으로, 흥부의 선이 바로 이와 같은 선이다. 이와 같은 선이 오늘날을 살아가는데 맞지 않는다 하여 흥부의 인물성격을 부정적으로 파악해서는 안 된다. 흥부처럼 살면 못 살고 놀부처럼 살면 잘 살 수 있는 세상이 잘못된 것이지 흥부의 선에 잘못이 있는 것이 아니다. 오늘날의 관점에서 볼 때 잘 들어맞지 않는다 하여 흥부의 선을 부정적으로 생각할 수는 없다.

이상과 같은 인물의 성격 파악법은 주제 파악에도 그대로 적용될 수 있다. 따라서 그간 학계에서 논의되어 온 복수주제설·다층주제설 등은 재고되어야 한다. 각도에 따라서 주제를 여러 관점에서 이

---

92) 唐太宗 文皇帝 御撰, 「賓客」, 『帝範』

야기할 수는 있겠지만 '주제主題'는 '주主'가 말해 주듯 하나이다. 동시에 여러 주제로 파악될 수 있다는 것은 작자의 입언본지立言本旨를 고려하지 않은 것이다. 문사文辭에는 작자의 주의主意·주지主旨에 의한 경중, 본말, 주객이 있는 법이다. '경·말·객'에 지나치게 비중을 두어 주의主意를 왜곡시켜 파악하는 태도는 초점을 잘못 맞춘 주제 파악법이다. 입언본지를 고려하여 원근·심천·경중·완급에 따라 설명해야만 올바른 주제를 파악할 수 있다.[93] 이른바 비고정체계면[94]도 중시할 필요성이 있으나 본지 파악에 장애가 되어서는 안 된다. 삽화를 비롯하여 「흥부전」에 나타난 각종 문사 때문에 인물의 성격을 잘못 파악하고, 이로 인해 주제까지 잘못 파악해서는 안 된다. 『논어』에 "큰 덕이 한계를 넘지 않으면 작은 덕은 출입하여도 괜찮다[대덕불유한大德不踰閑, 소덕출입小德出入, 가야可也]"라고 하였는데 여기서 대덕大德은 대절大節(큰 일) 소덕小德은 소절小節(작은 일)을 가리키는 말로, 사람이 먼저 큰 것을 확립시키면 작은 일이 혹 다 이치에 부합하지는 않더라도 큰 해가 될 것이 없음을 말한 것이다. 어패가 있는 말일지는 몰라도 작은 일은 큰일에 가려지는 것이기 때문이다. 인물의 성격 또한 이와 같은 논리로 파악할 수 있다. 그리고 이 점은 앞에서 살펴본 '불구심해不求甚解'란 말을 상기하여 다시 음미할 필요가 있다. 특히 선·악 인물이 등장하는 소설의 경우 더욱 그렇고, 한 인물 안의 선·악 갈등 문제를 그린 소설의 경우에 있어서도 마찬가지이다.

---

93) cf., 孟子의 說詩法에 대한 朱子의 小注.

94) 조동일이 「興夫傳의 兩面性」이란 논문에서 처음 사용한 용어로 「흥부전」을 고정체계면과 비고정체계면으로 갈라 파악하면서 복수주제설을 처음으로 주장하였다.

고소설과 오늘날 우리가 생각하고 있는 현실인식 문제를 너무 깊이 연결시켜 천착해서도 안 된다. 고소설의 현실인식 문제는 오늘날 우리들이 생각하고 있는 현실인식 문제와 다른 성격을 지닌다. 고소설에 있어서 현실인식 문제의 출발점은 선·악에 있으며, 귀결점도 선·악에 있다. 타고난 본성, 즉 선의 회복이 모든 현실적 문제를 해결해 준다고 본 것이 선인들의 생각이었다. 본성이 회복되면 현실 문제는 저절로 해결된다고 본 것이 선대先代 작가들의 정신이었다. 따라서 오늘날 우리들이 생각하고 있는 현실인식 문제에 중점을 둔 것이 아니라 인성人性의 교화에 중점을 둔 것이 대부분이다. 이런 점을 감안할 때 권선징악 소설을 오늘날의 현실인식 문제로 파악하려 하는 것은 잘못이다. 표면적으로 현실인식 문제를 강하게 다룬 작품도 양파의 껍질처럼 벗겨내고 보면 최종적으로는 그 핵심에 권선징악이 자리 잡고 있다. 고소설이 현실 인식의 문제를 문사로써 복잡하게 표현하고 있다고 할지라도, 그 입언본의立言本意는 역시 선의 회복과 권선징악에 있다. 어떻게 보면 복잡하게 표현된 현실인식의 문제도 본연의 선을 회복하기 위한 부수적인 문사에 지나지 않는다. 그러므로 오늘날 현실인식의 문제를 본지本旨로 다룬 현대 소설과는 다른 점이 있다. 따라서 고소설을 연구하면서 선의 회복 문제를 도외시한 일체의 현실인식 논의는 뿌리 없는 논의가 될 것이며, 양파의 껍질을 가지고 논의하는 결과가 될 것이다. 「흥부전」은 신재효의 말과 같이 '형완제현兄頑弟賢'[95]을 보여준 작품이다. 「흥부전」의 주제는 권선징악으로, 본성에 완頑한 이利의 추구보다는 본성에 현賢한 도道[형제간의 우애]의 추구가 더 중요하다는

95) 姜漢永, 「판소리의 理論 - 資料와 整理」, 『국어국문학』 49~50(국어국문학회, 1970), p.13. 再引用.

현실인식 문제를 보여준 것이라고 할 수 있다. 결국 「흥부전」은 조선 후기라는 시대가 보여주는 이利 추구의 타락 양상과 인륜인 도道의 무너짐을 비판한 작품이라고 볼 수 있다. 그러나 이와 같은 주제의 표현도 선인들이 가장 근본적이고 공고한 현실인식의 문제로 생각했던 '권선징악勸善懲惡'이라는 말로 간단하게 압축하여 표현할 수 있다.

앞에서 살펴 본 것과 같이 고소설에 나타난 선·악 인물의 성격 파악법으로 제시된 '맹자의 설시법'과 '홍운탁월법烘雲托月法'·'츤탁법襯托法'에 비추어 보더라도, 선·악 인물의 성격파악 문제는 작자의 본지本旨 곧 '권선징악'의 관점에서 논의되어야 할 것이다. 권선을 통해 징악이 가능하고 징악을 통해 권선이 가능한 것이지만, 권선징악의 궁극적인 목적은 권선에 있는 것이므로, 「흥부전」 등 권선징악적인 주제가 두드러진 고소설의 인물 성격 파악 문제가 권선징악의 논리 그 자체를 왜곡하여 해석하는 방향으로 나가서는 안 될 것이다. 「흥부전」의 흥부가 오늘날 선善한 인물로 적합하지 못하다고 하여 작자의 의도와 관계없이 부정적인 인물로 파악될 수는 없는 것이다. 따라서 「흥부전」의 주제도 기존의 몇몇 연구에서 논의된 것과 달리 재고되지 않으면 안 될 것이다.

앞에서 제시한 맹자의 설시법 등의 이론은 소설연구에만 적용될 수 있는 것이 아니라 경서·역사서의 독법은 물론이고, 문학 작품 전반을 연구하고 이해하는 데에도 두루 적용될 수 있을 것이다. 앞으로 고소설의 주제·구조 및 구성·문체·불합리성·불통일성 등의 문제에 두루 적용하여 연구한다면 기존의 연구에 대한 반성은 물론 기대되는 성과가 적지 않을 것이다.

4. 선인先人들의 복선화음福善禍淫 신봉관信奉觀과 고소설古小說

선善한 사람은 복福을 받고 악惡한 사람은 화禍를 받는다는 복선화음福善禍淫 이치가 현실적으로 꼭 신봉할 만한 것인가에 대한 물음은 태초부터 있어 왔다고 생각된다. 따라서 선악을 다스리는 것이 중요한 문제가 되지 않을 수 없었을 것이다. 이는 단군신화檀君神話를 보면 잘 알 수 있는데, 풍백風伯·우사雨師·운사雲師에게 '주선악主善惡'하게 하였다는 이야기가 그 단적인 예가 될 것이다. 여기서 '주선악主善惡'은 결국 권선징악勸善懲惡으로 간주되는 것으로 풍백·우사·운사로 하여금 권선징악하여 세상을 다스리게 했다는 것이다. 우리나라 정교政敎의 기본정신인 '홍익인간弘益人間'도 권선징악의 차원에서 가능했던 것이라고 할 수 있다.

권선징악은 『좌전左傳』에 처음 나오는 말로, "선을 권장하고 악을 징계한다"는 뜻이며, 복선화음福善禍淫은 『서경書經』에 처음 나오는 말로, "선한 사람은 복을 받고 악한 사람은 화를 받는다"는 뜻으로 이 두 가지는 매우 밀접한 관계에 놓여있다. 홍석주洪奭周는 "이를테면 중인[선천적으로 타고난 슬기가 보통인 사람]의 정은 화복으로 권선징악되지 않는 것이 드물다"[96]라고 하였고, 백파白坡 긍선亘璇(1767~1852)은 "천당과 지옥 두 가지 설이 실제로 권선징악할 수 있다"[97]고 하였다. 이규경李圭景은 "불교에 인과의 설이 있고 도교

96) 洪奭周,「福壽雙會序」,『淵泉全書』7(影印, 旿晟社, 1984.), "若中人之情, 則鮮不以禍福爲懲勸."

97) 亘璇,『修禪結社文科釋』, "二天獄之說, 實能勸善懲惡."

에 감응편이 있는 것도 역시 권선단악勸善癉惡[권선징악]의 뜻이다"[98]라고 하였다. 이 말들은 모두 복선화음이 권선징악이라는 주제의 실현을 위해 매우 중요한 이치가 된다는 것을 단적으로 말해준 것이다. 정자程子는 『주역』 「대유괘大有卦」의 설명에서 "백성을 다스리는 도는 악을 막고 선을 고양시키는 데 있을 뿐이니, 악을 징치하고 선을 권면하는 것은 천명을 순히 따라서 백성들을 편안하게 하기 때문이다"[99]라고 했다.

한말의 김윤식金允植은 "권선징악이라는 것은 선왕께서 세상을 다스리신 저울이다"[100]라고 했고, 한종구韓鍾龜(1849~1927)는 "권선징악은 풍속을 돈후하게 하고 바로잡는 것이니, 정치하는 큰 근본이요 백성을 다스리는 급선무이다"[101]라고 했다. 양梁 나라의 배자야裴子野도 "옛날의 풍·아·송·부·비·흥 등은 모두 시인데, 사방의 풍속을 표현한 것이고 또 군자[재위자在位者]의 뜻을 드러낸 것이니, 권선징악은 왕화王化의 근본이다"[102]라고 하였다.

위에서 우리는 선악을 다스리는 일이 위정爲政·치민治民 등 인간사에서 무엇보다 중요한 일임을 알 수 있다. 인간사의 정치·경제·사회·문화 등 모든 분야의 문제는 결국 선악의 문제로 귀결될

98) 李圭景, 「善惡報應遲速辨證說」, 『五洲衍文長箋散稿』 卷 42, "釋氏有因果之說, 道家有感應之篇者, 亦勸善癉惡之義也."
99) 「大有卦」, 『周易』, "治衆之道, 在遏惡揚善而已, 惡懲善勸, 所以順天命而安群生也."
100) 金允植, 「答丁小耘論文書」, 『雲養集』 卷 11, "勸善懲惡者, 先王之御世之權也."
101) 韓鍾龜, 「輪示一鄕文」, 『芝山集』, "勸善懲惡, 敦風正俗, 爲政之大本, 治民之先務."
102) 裴子野, 「雕蟲論」, "古者四始六藝, 總而爲詩, 旣形四方之風, 且彰君子之志, 勸美善惡, 王化本焉."

것이다.

이 점은 소설에서도 예외일 수는 없다. 소설도 효용론적 입장에서 보면 결국 선악의 문제로 귀결될 수밖에 없다. 여기서 복선화음福善禍淫 문제가 대두되며, 이것이 고소설의 주제로서 권선징악에 관한 연구의 관건이 된다고 할 것이다.

이 절節에서는 여기에 착안하여 선인들의 복선화음 신봉에 대한 논리를 여러 관점에서 살펴보고, 소략하나마 가능한 한 사적史的으로 검토하여 그것을 토대로 고소설의 본질을 파악해 보고자 한다.

선인들의 복선화음에 대한 신봉은 하나의 신앙이었다. 복선화음은 유·불 사상의 기본 논리인 동시에 교리였으며, 선인들은 이것을 여러 가지 논리로 받아들였다. 유·불 사상의 기본 논리인 동시에 신앙의 근간이었던 복선화음지리福善禍淫之理·성감지리誠感之理·인과응보지리因果應報之理를 선인들이 어떻게 받아들였는가를 비유적 논리·철학적 논리로 나누어 파악해 보고 그 기저에 흐르는 '지속遲速의 논리'를 고찰해보도록 하겠다.

복선화음 신봉에 관한 각종 논의가 우리 고소설의 본질과 발달 그리고 전개에 관해 중요한 단서들을 제공해 줄 것이다. 그러나 이 절에서는 고소설의 서序·발跋이나 서두序頭·말미末尾에 보이는 직접적인 복선화음 관계기사는 다루지 못한다. 그리고 고소설의 내용과 연결하여 입체적이고 유기적으로 서술하지도 못한다. 이런 점은 이 글의 미진한 부분으로 지적될 수 있겠지만, 이 글의 일반적인 논의만으로도 고소설의 본질에 대한 이해나 발달과 전개과정을 살펴보는 데 의의가 있을 것이다.

앞서 이미 언급한 것과 같이 이 절은 복선화음의 '신봉'에 관한 논의를 중심으로 한다. 복선화음에 대해서는 끊임없이 부정이나 회의가 있어왔으나, 이에 대한 선인들의 논의는 거의 없는 것으로 보아 복선화음에 대한 회의와 부정이 금기시되어 온 듯하다. 따라서 이 절에서 부정과 회의에 관한 문제는 논하지 않는다. 그러나 소설의 본질과 발달을 고려해 볼 때 부정과 회의의 문제는 신봉에 관한 논의와 함께 동전의 앞 · 뒷면과 같은 것으로 불가분의 관계에 있음을 밝혀둔다. 소설의 메커니즘이 일반적 전통을 벗어나려는 의식과 고수하려는 의식의 갈등과 대립에 있어서인지, 복선화음관의 신봉과 불신에 관한 문제는 사상 일반에서보다 오히려 소설에서 강하게 나타났다.

권선징악 논리의 전개를 위해 복선화음의 이치가 필요하고, 복선화음의 이치를 증명하기 위해 이 글에서 논의하려는 '성감지리誠感之理' · '인과응보지리因果應報之理' · '비유적譬喩的 논리' · '철학적哲學的 논리' · '지속遲速의 논리'가 필요한 것인지도 모르겠지만, 이것들은 모두 선이 전제된 논의임을 밝혀둔다. 모든 논의의 기반은 선이 전제되고 있으며, 선이 위에서 언급한 모든 논리나 교리들을 버티는 지주支柱가 되고 있다.

앞으로 논하고자 하는 복선화음의 신봉[불신不信]에 관한 사상은 문학 사상과는 분명히 다르나, 사상 일반과 문학 사상은 상호 영향 관계에 있으며 대다수의 문학 사상은 사상 일반에 의존한다는 기본적인 인식 아래에서 이 논의가 시작된다는 것을 밝혀둔다. 고소설에서는 복선화음에 대한 신봉과 회의의 논리를 어떻게 작품으로 형상화하는가가 큰 문제였다. 일반적으로 사상 일반은 추상적인 관념어를 논리적으로 나열하여 설명하고, 문학은 구체적인 예와 이야기를 통해 그 사상 일반을 전달하는 것이라고 선인들은 생각했다. 따라서 이 절에서 복선화음의 신봉[동전의 앞 · 뒤와 같은 불신을 전제하고]에 대한 유·불의 기본적 논리나 선인들의 수용 논리를 예시해보는 것은, 바로 이와 같은 의식이 소설의 창작 의식과 직접 연결된다는 점에서 대단히 중요하기 때문이다.

(1) 복선화음福善禍淫 신봉信奉의 논리적論理的 근거根據

1) 유儒·불佛의 기본적基本的 논리論理

① 성감지리誠感之理

성감지리誠感之理란 지성至誠이면 반드시 감응感應이 있다는 것으로, 참된 마음으로 다른 사물의 마음을 움직이는 이치를 말한다. 『서경』의 "지극한 정성은 귀신도 감동시킨다"[103]는 말이나 『맹자』의 "지성은 하늘이 우리에게 내려 준 참다운 도리이고, '그 하늘의 도리인' 지성을 완성하고자 애씀은 우리 인간이 실천해야 할 도리이다. 지성으로 감동되지 않는 자는 이제껏 없었다. 반대로 지성스럽지 못하면 아무것도 감동시키지 못한다"[104]라는 말이나 『중용』에 "재앙과 복이 이르려 할 때에는 좋은 일도 반드시 먼저 알 수 있고, 좋지 못한 일도 반드시 먼저 알게 된다. 그러므로 지성은 마치 신과 같다"[105]라는 말이나 『주역』에서 "적막해서 움직이지 않다가 감동하여 드디어는 천하의 일에 통한다"[106]라는 말이 모두 성감

103) 「大禹謨」, 『書經』, "至誠感神."

104) 「離婁 上」, 『孟子』, 居下章, "足故誠者, 天之道也, 思誠者, 人之道也. 至誠而不動者, 未之有也. 不誠, 未有能動者也."

105) 『中庸』, "禍福將至, 善, 必先知之, 不善, 必先知之, 故至誠如神."

106) 「繫辭傳」 上, 『周易』, "寂然不動, 感而遂通天下之故."

지리誠感之理를 뒷받침해주는 경전의 말들이다.

성誠이란 주지하다시피 유가의 근본사상으로 윤리의 근본이 되어 왔다. 이 성誠을 체계화시켜 발전시킨 경전이 『중용』인데, 『중용』에 나타난 '성誠'자字에 대한 7가지 해석을 보면 다음과 같다.

① 성실한 것은 하늘의 道이다.
② 성실하려고 하는 것은 사람의 道이다.
③ 성실한 사람은 힘쓰지 않고서도 사리에 맞아 나아가고, 생각하지 않아도 터득하고, 거동이 正道에 맞으니 聖人이다.
④ 성실하려고 하는 사람은 善한 것을 택하여 그것을 고집하는 사람이다.
⑤ 성실함이란 스스로 인격을 완성하는 요건이다.
⑥ 성실함이란 萬物의 처음이자 끝이다. 성실하지 않으면 만물이 존재하지 않는다.
⑦ 성실함이란 스스로 자기를 이룩하게 할 뿐만 아니라 萬物을 이룩하게 하는 所以이다.

위의 '①·③·⑤·⑥'은 천도天道를 가리켜 말한 것이고, '②·④·⑦'은 인도人道를 가리켜 말한 것이라고 주자朱子는 해석했다. 그러나 성誠은 천도天道와 인도人道에 공통적인 것이며, 그것들을 관통하여 천인합일天人合一을 가능하게 한다.107) 그래서 지성至誠이면 감천感天이 있기 마련이다. 인간은 모든 행위를 지성至誠으로 하여야 한다. 그러면 감응感應이 있기 마련이다. 지성至誠으로 선을 행하고 복을 빌면 하늘도 감동하여 반드시 복을 내려 준다는 것이다.

107) 儒教事典編纂委員會, 『儒教大事典』(博英社, 1990), p.702.

선인先人들은 존경사상尊經思想을 바탕으로 성감지리誠感之理를 하나의 신앙처럼 믿어왔다. 그러면 여기서 선인들의 성감지리誠感之理에 대한 논리를 한두 가지 들어보기로 한다.

이홍李弘(1701~1778)은 『와집窩集』의 「논감응지리論感應之理」에서 다음과 같이 밝혔다.

天地간에 있는 만물이 수없이 많고 많아서 전혀 같지가 않으나 그 性과 氣는 모두 천지에 근원한 것이다. 천지는 하나의 理와 하나의 氣로 만물을 빚어 만들었음으로 그 중에 저절로 순수하고 雜되며 치우치고 올바른 것이 같지 않은 점이 있으나 理와 氣는 上下와 遠近과 彼此의 다름이 없다.

그렇기 때문에 日月星辰이 비록 높고 멀리 있지만 정성으로 감응시킬 수 있고, 禽獸와 草木이 사람과 다른 類이나 믿음으로 감응시킬 수 있고, 胡·越·燕·秦이 비록 멀리 떨어져 있는 나라이나 마음으로 감응시킬 수 있는 것이다. 하물며 사람이 사람과 더불어 살면서 같은 鄕邦과 같은 族類 사이이겠는가!

이것이 사람과 사물이 같이 길러지면서도 서로 害가 되지 않으며, 무리지어 살면서도 서로 어지러워지지 않는 까닭이다. 이 때문에 성인이 천하를 보기를 一家와 같이 하였으며, 모든 백성 보기를 어린아이와 같이 하여 천지의 도와 만물의 길러지는 공을 극진히 하여 感應之道를 극진히 한 것이다.

그래서 卜筮를 만들어 길흉을 나타내고, 제사를 잘 지내서 神明과 交感하게 하여 천하 후세로 하여금 감응의 도리를 알게 하셨으니, 感應의 道는 오직 誠에 있다. 孟子는 "지성이면 감동하지 않는 것이 없다."고 하였다.[108]

108) 李弘, 「論感應之理」, 『窩集』, "夫萬物在天地間者, 林林蔥蔥, 有萬不同, 而

감응지도感應之道는 성誠에 있는 것이다. 성誠을 보이면 사람뿐만 아니라 모든 사물이 감응感應한다는 논리이다. 『중용』에서 말하는 '지성여신至誠如神'인 것이다. 지극한 정성은 신명神明과 같아 어떤 사물에나 감응하여 틀리지 않는 것이다. 이는 하나의 신앙이었다. 한말의 성리학자 소응昭應 이직신李直愼(1852~1930)은 『습재집習齋集』의 「감응설感應說」에서 다음과 같이 감응의 이치에 대해 밝혔다.

> 天地 · 陰陽 · 五行 · 男女 · 萬物은 각기 다른 하나의 性을 가졌으나 하나의 太極에 다 같이 본체가 되기[統體] 때문에 서로 감응됨이 묘하고 빨라서 스스로 그만두지 못한다. 그러나 배움의 지[學知]와 이로움의 행[利行]의 나뉨에 있어서는 반드시 善을 택해 굳게 지키고 자기 몸을 삼가하고 성실함을 보존하여 仁義中正의 성대한 덕과 큰 사업을 이룬 다음에야 비로소 天地 · 神明 · 人類 · 萬物의 和應을 감응시켜 부를 수 있어서 大人이 되는 것이다. 자신을 권면하고 남을 권면하는 것이 단지 이 일에 있을 뿐이다.109)

모든 사물에 감응은 반드시 있는 법이라고 하면서 『중용』의 '택

其性與氣, 則皆原於天地也. 天地, 以一箇理一箇氣, 甄陶萬物, 其中自有, 粹駁偏正之不同, 而理與氣, 則無上下遠近彼此之殊也. 故日月星辰, 雖高遠而可以誠感也, 禽獸草木, 雖異類而可以信感也, 胡越燕秦, 雖絶域而可以心感也. 況人之與人, 同鄕邦同族類者乎? 此人與物, 所以並育而不相害, 群居而不相亂也. 是以聖人視天下猶一家, 視萬民猶赤子, 極其位育之功, 以盡感應之道. 而作卜筮以著其吉凶, 謹祭祀以交夫神明, 使天下後世, 知所以感應, 而感應之道, 只在乎誠. 孟子曰, 至誠而不動者, 未之有也."

109) 李直愼, 「感應說」, 『習齋集』, "天地陰陽五行男女萬物, 各一其性, 而統體一太極, 故互相感應, 神速而不能自已焉. 然在學知利行分上, 則必擇善固執, 恭己存誠, 以致仁義中正之盛德大業, 然後始可以感召天地神明人倫庶物之和應, 而得爲大人. 自勉勉人, 只有此事而已矣."

선고집擇善固執' 등의 언사言辭를 논리의 근거로 삼고 있다. 이 글 이외에도 그는 「덕유감응설德有感應說」·「적감설寂感說」 등을 지어 그가 이 방면에 관심이 많았음을 알 수 있다.

조선조 양명학파의 대표적인 학자로 손꼽히는 하곡霞谷 정제두鄭齊斗(1649~1736)도 성감지리誠感之理에 대해 다음과 같이 밝혔다.

> 誠이란 것은 둘[貳]이 되지 않고 그치지도 않는 것이며 가려질 수도 없는 것이다. 그 감응하여 통하게 하는 道라는 것은 李廣이 돌을 쏘았던[射石] 것과 같은 것이다. 그의 마음이 지극히 專一하였으며 그 誠이 흔들려서 둘로 되지 않았던 까닭에 돌을 꿰뚫었던 것이다. 만약에 一毫라도 시험 삼아 하는 식으로 閑漫하게 하여 전일하지 못한 뜻이 있었다든가 또는 의심과 믿음이 반반씩 되어서 기필할 수 없다는 생각이 있었다면 끝내 통투[透]할 도리[理]가 없었을 것이다. 陽明이 이르기를 "고양이가 쥐를 잡는 때처럼 수탉이 암탉을 굴복시킬 때처럼 한다면 거의 誠에 가까울 것이다"라고 하였다.
>
> 占을 쳐서 반응을 이루는 것과 제사를 지내서 神을 感激시키는 것도 역시 이와 같은 것이며, 陰德이 報恩을 하는 것과 지극한 孝道가 物을 감동시키는 것도 역시 이와 같은 것이니, 정성된 마음과 참된 道가 온전하고 전일한 것이 이와 같다면 비록 지극히 은미한 일일지라도 능히 神을 통하고 하늘을 感激시킬 것이지만, 조금이라도 이 마음에 결함이 있다면 비록 천 가지 형상[千象]과 만 가지 형상[萬象]이 높거나 크다고 하더라도 그 일은 저절로 天地와는 막혀서 끊어질 것이다.
>
> 感悅하는 것이 있다는 것은 곧 생물의 암컷 수컷[牝牡]과 암컷 수컷[雌雄]이 서로 느끼고 사랑하며 草木도 역시 암컷과 수컷이 있다는 것이요, 氣相에 느끼는 것이 있다는 것은 磁石이 바늘을 끌어당기는

> 것과 方諸(달 아래에서 물을 받는 그릇)로 물을 받는[方諸取水] 따위와 같은 것이며, 精誠에 감동하는 것이 있다는 것은 實心과 眞情으로 서로 감동하는 것이 이것이니, 實德으로 和氣가 感應하는 것과 陰德으로 도움을 받는 것과 至誠으로 신령[靈]에 통하는 것과 吉凶을 神明에 점치는 것이 모두 이것이다.110)

지성至誠으로 선한 행동을 하여 복을 빌면 반드시 감응이 있다는 논리이다. 이 밖에도 성감지리誠感之理에 대한 선인들의 논의는 문집 속에 수없이 많이 나타난다.111)

선인들은 성誠을 모든 행동의 규범으로 삼고, 신앙처럼 믿었기 때문에 성誠에 대한 글과 문헌은 헤아릴 수 없이 많다. 유가儒家 교육의 기본 텍스트인 『효경孝經』에도 「감응장感應章」이 있다. 효제孝悌를 지극하게 하면 신명神明에 통하고 사해四海에 빛나서 통하지 않는 곳이 없다고 하였다. 도교道敎에도 『태상감응편太上感應篇』이 있고, 불교에도 『분별선악보응경分別善惡報應經』 등이 있고, 우리나라의

---

110) 鄭齊斗, 『霞谷集』, "夫誠者不貳也, 不已也, 其不可掩也. 其感而通之道也者, 其李廣之射石歟. 其心至專至一, 其誠無所撓貳, 故貫之. 若一毫有姑試漫爲不能專之意, 及疑信參半, 不可必之念, 則終無可透之理. 陽明曰, 如猫捕鼠, 如鷄伏雌, 庶幾矣. 夫占之致應, 祭之格神, 亦如此, 夫陰德之致報, 至孝之感物, 又如此, 誠心實道, 其專而一也如此, 則雖至微之事, 能通神格天, 而少欠此心則雖千狀萬象高大, 其事自與天地隔絶. 有感悅者, 卽生物牝牡雌雄之相感愛, 草木亦有牝牡是也, 有感氣相者, 如磁石引針, 方諸取水之類, 有感誠者, 以實心眞情相感動者是也, 凡以實德而和氣應, 陰德而得祐, 至誠而通靈, 占吉凶於神明, 皆是也."

111) 참고로 林喬鎭의 『荷汀草稿』의 「誠感」이란 題下의 글을 소개한다. "天道至誠而萬物感而生成焉. 所以感者, 誠之力也, 人道亦然, 能誠則人衆物微, 皆可以感矣, 至於天之, 高神之繼, 亦可得以動也. 易曰, 感而遂通天下之故, 言誠之能致感也. 詩曰, 人情物理, 摠難窮, 何術相李聲氣中, 惟有一心, 眞實力可權格遠徹微切."

『삼국유사三國遺事』에도 「감응편感應篇」이 있다. 열심히 지성至誠으로 빌고 행동하면 감통感通이 있다는 내용이다.

'지성이면 돌부처도 돌아앉는다'라는 속담이 우연히 생긴 것이 아니다. 식물에게 정성을 드리면 감응되어 잘 자라고, 개를 지성으로 키우면 잘 자라고 좋아하는 기색을 알아 잘 따른다. 지성으로 효행을 하면 뜻밖의 감응이 있어 부모님의 병환이 나을 수 있고, 부모님의 정성에 감응되어 탕아가 돌아올 수 있으며, 입시철 문밖에서 엿을 붙여놓고 비는 부모님의 정성에 자식이 감동되어 분발하여 좋은 결과를 낳을 수 있다. 선인들은 지성이면 감천感天되어 흰 무지개가 해를 꿰뚫는다[백홍관일白虹貫日]고 생각했고, 지성으로 효행을 하면 부모님이 원하는 죽순이 겨울에도 나온다고 생각했다. 지성이면 천天·지地·인人 모두에게 감응된다. 천·지·인 삼재三才의 감응에 대해서는 이규경李圭景의 『오주연문장전산고五洲衍文長箋散稿』에 「천지인상응변증설天地人相應辨證說」이 있어 상고詳考할 필요가 있다. 이규경도 정성이면 모든 사물에 불감통不感通이란 없다고 생각했다.

지성감응지리至誠感應之理는 모든 종교가 마찬가지이다. 불교의 예를 한둘 들어보기로 한다.

『삼국유사』「진표전간眞表傳簡」 조條의 「찬시讚詩」에 "말세에 나타나서 몽매한 인간을 깨우치니, 신령한 산과 개울에 감응이 통하여라. 탑참搭懺을 전하기에 애썼다고만 말하지 말라. 동해에 다리 놓은 어족魚族까지 교화시켰네"112)라고 하였는데, 어족까지 감응으로 교화시켰다고 했다. 이 밖에도 감통感通에 대한 이야기는 『삼국유사』 도처에 나오며, 체제의 하나로 「감통感通」 조條가 있을 정도이다.

---

112) 「眞表傳簡」 條, 『三國遺事』, "讚曰, 現身澆季激慵聾, 靈岳仙溪感應通. 莫謂翹懃傳搭懺. 作橋東海化魚龍."

곽예郭預(1232~1286)는 「내전행공덕천도장소內殿行功德天道場疏」에서 "만약 이 위에 진실하고 정성스러움을 더한다면 막힘이 없는 (부처님의) 감통感通함에 이를 것입니다"113)라고 하였다. 원문의 '곤핍悃愊'은 정성 곤悃·정성 핍愊자로 정성·진실을 말하는 것이다.

「월인천강지곡月印天江之曲」 기 팔其八에도 "이 도사 정성이 지극ᄒᆞᆫ단 디면 하ᄂᆞᆯ히 당다이 이 피ᄅᆞᆯ 사ᄅᆞᆷ ᄃᆞ외에 ᄒᆞ시리라[이 도사의 정성이 지극한 것이면 하늘이 마땅히 이 피를 사람이 되게 하실 것이다.] …… 병甁ㄱ 소배 ᄀᆞ초아 뒷더시니 선혜善慧 정성이 지극ᄒᆞ실ᄊᆡ 고지 소사나거늘[병 속에 감춰 두셨더니 선혜의 정성이 지극하시므로 꽃이 솟아나거늘]"이라 하여 지성이면 하늘이 마땅히 피를 사람이 되게 하고 꽃이 정성에 감응하여 병 속에서 솟아난다는 것이다. 이 밖에도 수없이 많은 예를 들 수 있으니 정성을 드리면 부처님의 감응이 있다는 것이다.

마지막으로 도가道家의 예를 하나 들어 보기로 한다.

최치원崔致遠은 「상원재사上元齋詞」에서 "신臣이 우러러 현경玄經[도덕경道德經]을 고찰해보니 도道는 백성들을 자본이 됨을 보겠으며, 굽혀 성전聖典을 상고해보니 신神이 지성에 감응함을 알겠나이다"114)라고 하였다. 이는 지성至誠이면 신神의 감응感應이 있다는 도가道家의 언급이다.

이상으로 성감지리誠感之理에 대한 유·불·도의 논리와 사례를 유가儒家 중심으로 살펴보았다. 유가 중심으로 살펴 본 것은 성사상誠思想이 유가 윤리철학의 근본이기 때문이다. 그러나 성감지리誠感

---

113) 郭預, 「內殿行功德天道場疏」, "脫此有加之悃愊, 格于無㝵之感通."
114) 崔致遠, 「上元齋詞」, 『桂苑筆耕集』 卷 15, "臣仰察玄經, 乃見道資衆甫, 俯稽聖典, 則知神應至誠."

之理는 모든 종교를 초월한 하나의 논리로, 정성으로 선을 행하면 언젠가는 복을 받는다는 복선화음福善禍淫 이치의 신봉도 이와 같은 논리로 설명되고 증명되었다. 더 나아가 성감지리誠感之理는 논리 이전에 하나의 신앙이며 사상이었다.

다음으로는 복선화음福善禍淫의 신봉信奉에 대한 불교佛敎의 사상적 · 신앙적 논리에 대해 살펴보기로 한다.

② 인과응보지리因果應報之理

인과응보因果應報의 이치는 불교의 가장 기초적인 교리로, 선악의 인연에 응應하여 화복禍福의 갚음을 받는 일을 말한다. 사람도 스스로 만든 선악의 인업因業에 응하여 과보果報를 받는다. 따라서 선을 쌓으면 그것이 인因이 되어 복을 받고 악을 쌓으면 그것이 인因이 되어 화를 입는다는 논리는 너무나도 당연하다.

모든 중생은 업業을 일으켜 자신의 선업과 악업에 따라 생사生死를 윤회하면서 고락의 과보果報를 받는다. 우주 또한 그런 중생들의 업력業力[공업력共業力]에 의해 생성 · 소멸의 과정[성주양공成住壞空]을 되풀이하고 있다는 것이다. 여기에 신이나 운명을 개입시킬 필요는 없다. 인간의 복선화음福善禍淫은 오로지 자신의 업보일 뿐이다. 따라서 삼세업보三世業報 · 삼세인과응보三世因果應報에 대한 깨달음이야말로 고난을 극복하고 행복을 가져올 인간 행동의 가장 신뢰할 만한 도리라고 하지 않을 수 없다는 것이다.

이와 같은 인과응보지리因果應報之理는 일찍이 불교와 함께 우리나라에 전래되었다. 소수림왕小獸林王 2년(372) 고구려에 온 순도順道가 당시 사람들이 질박質朴했으므로 "인과因果로 교시敎示하고 화복禍福으로 설유說誘하였다"115)라는 기록이 보인다. 이 말은 인과응보지리

因果應報之理로 화복禍福을 설명하고 믿게 하였다는 것으로, 복선화음福善禍淫의 이치는 인과응보因果應報의 논리로 설명되고 신봉되었다는 말이다. 인과응보지리因果應報之理에 대해서는 더 많은 기록이 보이지만, 앞으로 더 설명하기로 하고 여기서는 생략한다.

이상으로 복선화음 신봉을 위한 유·불·도의 논리에 대해 알아보았다. 다음으로는 이와 같은 유·불·도의 성감지리誠感之理나 인과응보지리因果應報之理를 통한 복선화음지리福善禍淫之理를 선인들이 어떻게 긍정적으로 수용하였는가에 대해 알아보기로 한다. 이 글에서 다룬 주된 자료나 논리가 유·불에 한정된 것임을 미리 밝혀둔다.

2) 선인先人들의 수용受容 논리論理

선인들은 유·불·도의 복선화음 논리를 긍정적으로 수용하기 위해 나름대로 여러 가지의 논리를 폈다.

① 비유적譬喩的 논리論理

복선화음福善禍淫 신봉에 대한 비유적譬喩的 논리로는 필자가 명명命名한 '영향설影響說'·'종자설種子說'·'굴신설屈伸說'·'측전설軸轉說' 등이 있다.

㉠ 영향설影響說

한 가지 사물이 다른 사물에 미치는 결과를 사전적으로 '영향影響'이라고 정의한다. 그러나 여기서는 좀 더 구체적이고 학술적으로, "사물에는 그림자[영影]가 있기 마련이고[조응照應], 소리를 내면 그

115) 「順道」, 『海東高僧傳』 卷 1.

에 상응하는 메아리[향響]가 있기[향응響應] 마련인 것처럼 복선화음福善禍淫이 반드시 이와 같이 지켜진다"는 말을 '영향설影響說'이라고 정의하여 사용하고자 한다.

『서경』의 「대우모大禹謨」에서 우禹임금이 "도를 따르면 길하고, 좋지 않은 일을 따르면 흉한데 그 선악의 결과란 형상에 그림자가 따르고 소리에 메아리가 있듯이 분명한 것입니다"116)라는 말을 하였는데 유가의 경전에는 처음 등장하는 것으로 이 글에서 주장하는 '영향설'의 효시이다. 불교의 경전인 『열반경涅槃經』에는 "선악의 보報는 그림자가 형태를 따르는 것과 같다. 그리하여 삼세三世의 인과가 휘돌아 없어지는 일이 없다"117)라는 말이 있다.

이는 일찍부터 유·불이 모두 성감지리誠感之理·인과응보지리因果應報之理·복선화음지리福善禍淫之理를 증명하기 위해 비유적 논리로 영향설을 사용하였음을 보여주는 것이다. 유·불의 논리가 동일한 것으로, 이와 같은 상황은 『구당서舊唐書』의 「장사형전張士衡傳」에서 "선악지보善惡之報, 약영수형若影隨形은 유서儒書의 말이니, 어찌 한갓 불경에서만 한 말이겠는가?"118)라고 한 말을 통해 더욱 확실하게 증명된다. 유가 경전이나 불교 경전 모두 공共히 '선악지보善惡之報, 약영수형若影隨形'이라는 말을 사용하고 있음을 알 수 있다.

이와 같은 성감지리誠感之理와 인과응보지리因果應報之理 그리고 복

116) 「大禹謨」, 『書經』, "惠迪吉, 從逆凶, 惟影響."의 疏에 '影響 ; 吉凶之 事, 惟若影之隨形, 響之應聲, 言其無不報也.'라 되어 있으니, '吉凶의 일이 마치 그림자가 형태를 따르는 것과 같고 메아리가 소리에 상응하는 것과 같으니 報를 받지 않음이 없음을 이른다'라는 뜻이다.

117) 韓龍雲 編, 李元燮 譯註, 『불교대전』(玄岩社, 1980), p.354.

118) 「張士衡」 條, 『舊唐書』, "善惡之報, 若影隨形, 此是儒書之言, 豈徒佛經所說?"

선화음지리福善禍淫之理에 대한 비유적인 논리를 선인들이 어떻게 수용했는지 알아보기로 한다.

변계량卞季良은 「개경사관음전행법화법석소開慶寺觀音殿行法華法席疏」에서 "그림자와 메아리처럼 감응하여 통한다"119)라고 했고, 「흥천사기우소興天寺祈雨疏」에서는 "'참으로 지극한 정성은 금석도 뚫는다' 하였으니, 부처님의 밝으신 응감이 그림자와 메아리처럼 빨리 이루어지옵소서"120)라고 하였다.

이이李珥도 『서경』에 나오는 우禹임금의 말에 대한 채씨설蔡氏說, 즉 "길흉이 선악에 따라 응함은 마치 그림자와 메아리가 형체와 소리에 따라 나옴과 같다"121)라는 말을 그의 문집에 그대로 전재轉載하였다.

이규경李圭景은 선악의 보응에 대한 그의 글 「선악보응지속변증설善惡報應遲速辨證說」에서 "아아! 현덕玄德[숨어 나타나지 않는 덕행德行]이 제왕에게 알려지고 죄악이 가득 찬 것은 선과 악이 여물어 익을 때가 아니겠는가? 그러므로 그 보응이라는 것은 빠르기가 마치 그림자나 메아리와 같으니 이제 그것을 장황하게 말할 필요가 없다"122)라고 하였다.

석釋 취여取如(1720~1789)도 『괄허집括虛集』의 「권선설勸善說」에서 "사람의 화복은 선악을 쌓은 것에 저절로 관계되니 선을 쌓으면 복이 반드시 이르고, 선하지 않은 것을 쌓으면 화가 반드시 이르는

119) 卞季良, 「開慶寺觀音殿行法華法席疏」, 『東文選』 卷 113, "影響感通."

120) 卞季良, 「興天寺祈雨疏」, 『東文選』 卷 113, "允矣至誠, 觸諸金石而直透, 昭哉覺應, 捷於影響之相須."

121) 李珥, 『栗谷全書』 卷 25, "吉凶之應於善惡, 猶影響之出於形聲也."

122) 李圭景, 「善惡報應遲速辨證說」, 『五洲衍文長箋散稿』, "嗚呼! 玄德升聞, 罪惡貫盈, 豈非善惡稔熟之時乎? 故其報應者, 捷如影響, 今不必多舌於其間."

것이니, 비유하면 그림자와 메아리가 각각 응하는 것과 같다"[123]라고 하였다. 철종 때의 은사隱士인 이이교李利敎도 "선악의 보응은 그림자가 형체를 쫓는 것과 같다"[124]라고 하였다.

위에서 제시한 예문들과 동근同根의 비유적 논리로는 거울에 비친다거나 달빛이 물에 비친다는 등의 비유적 논리가 그것이다. 우선 '거울'을 통한 성감지리誠感之理・인과응보지리因果應報之理・복선화음지리福善禍淫之理에 대한 선인들의 비유에 대하여 알아보도록 한다.

이규보李奎報는 「위상부기우오백성중재소爲相府祈雨五百聖衆齋疏」에서 "지성이 이르는 것이 오묘한 거울에 반드시 통할 것입니다"[125]라고 했고, 「소재도량소消災道場疏」에서는 "정성스러운 공력이 모이자마자 '부처님의' 지혜로운 거울은 이미 감통합니다"[126]라고 말하였다.

석釋 기화己和(1376~1433)는 「금강반야바라밀경오가해설의金剛般若波羅蜜經五家解說誼」에서 '외응군기外應群機[밖의 사기事機에 감응하는 것]'에 대해 "외물이 오면 즉시 응하여 느껴 통하는 것이 마치 거울이 경대에 있을 때에 오랑캐가 오면 오랑캐가 나타나고 한인이 오면 한인이 나타나는 것과 같다. 큰 쇠북이 틀에 달려 있을 때에 크게 치면 큰 소리가 나고 작게 치면 작은 소리가 나는 격이다"[127]라고 설의說誼하였다.

석釋 복암宓菴(충지冲止, 1266~1292)도 「축성소祝聖疏」에서 "참다운

---

123) 釋 取如, 「勸善說」, 『括虛集』, "蓋人禍福, 自係乎善惡之積, 積善則福必至, 積不善則禍必至, 譬如影響之相應也."

124) 李利教, 「善惡」, 『蓉崗集』 卷 1, "善惡之報, 如影隨形."

125) 李奎報, 「爲相府祈雨五百聖衆齋疏」, 『東文選』 卷 110, "至誠所格, 妙鑑必通."

126) 李奎報, 「消災道場疏」, 『東文選』 卷 110, "熏功纔集, 彗鑑已通."

127) 釋 己和, 「金剛般若波羅蜜經五家解說誼」, "物來即應, 感而遂通, 如明鏡當臺, 胡來胡現, 漢來漢現. 洪鍾在虡, 大扣大鳴, 小扣小鳴."

정성이 이르는 곳에 부처님의 불가사의한 거울이 두루 비추어 주소서. …(중략)… 산을 북돋는 힘을 다하여 해를 향하는 해바라기의 정성을 닦으렵니다. 이에 정진의 공력을 다 들여서 원명하신 거울에 우러러 고하나이다"128)라고 하였다.

정성에 따라 인과응보지리因果應報之理의 결과가 보인다는 '거울'의 비유적 논리는 불교에서 이른 시기부터 있었다고 생각된다. 『화엄경華嚴經』에 문수보살文殊菩薩이 보수보살寶首菩薩에게 인과因果의 지속遲速에 대해 물으니, 보수보살寶首菩薩이 "비유하자면 거울이 그 대하는 사물의 모양을 따라 비추는 모습이 각기 다른 것과 같습니다"129)라고 했다는 것에서도 알 수 있고, 지옥의 염마청閻魔廳에 있다는 거울로 죽은 사람의 얼굴을 비추면 생전의 소행이 다 나타난다고 하는 정파리경淨玻璃鏡·업경業鏡의 이야기를 통해서도 알 수 있다.

다음으로 성감지리誠感之理·인과응보지리因果應報之理·복선화음지리福善禍淫之理를 '달빛'에 비유한 예를 알아보도록 한다.

석釋 복암宓菴은 「축영수소祝令壽疏」에서 "〈부처님의〉 자비한 광명은 연못에 달이 비치듯 밝아서 일천 물결에 전부 나타납니다"130)라고 했고, 「축성소祝聖疏」에서는 "〈부처님의〉 감응이 환하게 드러나는 것이 마치 달빛이 물에 통하듯 합니다"131)라고 하였다.

이렇게 거울이나 달빛을 통한 예들은 '영향설影響說' 중 '영影'에 해당하는 것으로, 영종影從(형체와 그림자가 서로 의지하고 따름)의

---

128) 釋 宓菴, 「祝聖疏」, 『東文選』 卷 112, "眞誠所格, 妙鑑旁周. …(中略)… 盍盡培山之力, 益修向日之誠. 玆殫精進之功, 仰告圓明之鑑."

129) 韓龍雲 編, 李元燮 譯註, 前揭書, p.352.

130) 釋 宓菴, 「祝令壽疏」, 『東文選』 卷 112, "慈光朗若月潭, 千波頓現."

131) 釋 宓菴, 「祝聖疏」, 『東文選』 卷 112, "覺應頓彰, 有似蟾光之透水."

논리로서 앞에서 살펴본 '조응照應'이라는 단어가 여기에 해당한다. '영향설' 중 '향響'에 해당하는 것은 앞에서 살펴본 '향응響應'이란 단어로 포괄할 수 있는 것들로 다음과 같은 예들이 있다.

박문호朴文鎬(1846~1918)는 「보응론報應論」에서 "보응의 빠름은 북소리에 응하는 메아리가 빠른 것보다 훨씬 더 빠른 것이다. 또 어찌 몸이 죽고 난 뒤를 기다리겠는가!"132)라고 하였다.

석釋 복암宓菴은 「정혜입원축성하안거기시소定慧入院祝聖夏安居起始疏」에서 "〈부처님이〉 메아리처럼 응답[곡답谷答]하는 것은 천진한 덕화로써, 사람들의 원하는 것을 반드시 들어 줍니다"133)라고 하였는데, 여기서 곡답谷答이란 메아리가 산골짜기에 울려 퍼지는 것을 말하는 것으로 소리에 대해 향응響應이 있음을 말하는 것이다. 석釋 시성時聖(정경문鄭景雯, 1710~1776)도 『야운집野雲集』의 「쌍계사적묵당중수모연사雙溪寺寂黙堂重修募緣辭」에서 "종을 두드리면 종소리를 듣고, 콩을 심으면 콩을 거두는 것이니, 복을 구하고 죄를 뉘우치는 어질고 착한 이들이여! 호랑이 굴에 들어가지도 않고 호랑이 새끼를 서로 잡으려 한다[선을 쌓아야 복을 받는데, 선을 쌓지도 않고 복을 받으려함을 비유]"134)라고 하였는데, '구종문종扣鍾聞鍾'은 인과응보가 종소리와 같은 것으로, 종을 두들기면 반드시 그 소리가 있듯이 인과응보도 반드시 있다는 것이다.

『천자문千字文』에 보면 "빈 골짜기에서 소리치면 그대로 전해지고

---

132) 朴文鎬, 「報應論」, 『壺山集』, "此其報應之速, 不翅如缶鼓影響之捷. 又何能留以待夫身入鬼簿之後哉."

133) 釋 宓菴, 「定慧入院祝聖夏安居起始疏」, 『東文選』 卷 112, "谷答是天眞之化, 人所願求者必從."

134) 釋 時聖, 「雙溪寺寂黙堂重修募緣辭」, 『野雲集』, "扣鍾聞鍾, 種豆得豆, 邀福懺罪之仁人善士兮! 不入虎穴, 爭得虎子."

[공곡전성空谷傳聲], 빈 방의 소리가 울리듯이[허당습청虛堂習聽] 착한 일을 하면 천리 밖에서도 응한다. 화는 악을 쌓는데서 비롯되고 복은 선에 연유한다"135)라는 구절이 있는데 이것도 '영향설' 중 '향響'에 해당한다고 할 수 있다. 이 밖에 중국인 장문잠張文潛의 「송진소장서送秦少章序」에도 '화가 메아리처럼 닥쳐올 것을 후회한다[회화향지悔禍響至]'136)라는 구절이 있다.

이상에서 예시한 영향설에 관한 자료는 극소의 예에 불과하다. 선인들은 성감지리誠感之理와 인과응보지리因果應報之理 그리고 복선화음지리福善禍淫之理의 이치를 비유적으로 말할 때 이 영향설을 즐겨 사용했다.

ⓛ 종자설種子說

일반적으로 말하는 종자설種子說이란 불교佛教의 비유사상의 한 종류이다. 그 내용이 초목에 종자種子가 있는 것과 비슷하다고 해서 나온 말인데, 우리들의 몸과 입과 뜻으로 만든 선악의 업業은 마치 종자가 열매를 맺는 것과 같이 고락苦樂의 과보果報를 넌다는 사상으로, 종자의 선구 사상인 불실不失 · 증장增長 등의 개념과 함께 업력業力의 문제를 해결하려고 한 원리 중의 하나였다.

일본의 칸바야시 류조神林隆淨는

> 種子는 業을 일으키는 근본임과 동시에 또한 業의 결과로서 나타나는 일종의 힘이 있기 때문에 業과 種子는 동일한 힘이 있는 것이며, 그것이 身 · 口 · 意를 통할 때는 業이라고 불리고, 그 동일한 힘

135) 『千字文』, "空谷傳聲, 虛堂習聽. 禍因惡積, 福緣善慶."
136) 張耒, 「送秦少章序」, 『古文眞寶』

이 본래의 위치에 되돌아오면 種子가 되는 것이다. 그렇기 때문에 業과 種子는 이 경우에 한해서 동일한 실체로 간주되고 있다.[137)]

라고 하였다.

이와 같이 종자설은 업사상業思想과 밀접히 관련된 비유법으로 인과응보지리因果應報之理를 설명하기 위해 반드시 거론되었다. 업業에는 반드시 종자가 부대附帶되어 왔으며 종자를 가리켜서 업業이라고 부르는 경우도 있다. 『삼국유사』에 "제팔간자第八簡子는 신훈성불종자新熏成佛種子니, 이것으로써 마땅히 과보果報를 알지니라"[138)]라고 하여 종자설이 인과응보因果應報를 알게 하는 데 매우 중요한 비유적 이론이 됨을 알 수 있다.

이상으로 보아 불교의 종자설은 업도業道의 문제를 해결하기 위한 개념이며, 업業의 윤리 문제를 해결하기 위하여 설정되었음을 알 수 있다.

그러나 이 글에서 필자가 말하는 종자설은 위와 같은 불교의 설說을 원용援用한 것이기는 하지만, 꼭 이 개념에 얽매일 필요는 없는 것이다. 필자는 상식적이고 직관적이며 일반적인 포괄적 비유의 개념으로 종자설이라는 용어를 사용하고자 한다. 종자설의 연원은 극히 상식적인 것에서 출발했을 것이다. '콩 심은 데 콩 나고 팥 심은 데 팥 난다'는 우리 속담과 '종하주생種下柱生[씨가 있어야 식물이 난다]'이라는 중국 속담이 이 사실을 잘 증명해 준다고 하겠다. 『열반경涅槃經』의 '외 심은 데 외 나고 오얏 심은 데 오얏 난다[종과득

137) 神林隆淨, 「業感緣起說と阿賴耶識」, 『宗教研究』 卷 7, 5號, p.59.

138) 「關東楓岳鉢淵藪石記」, 『三國遺事』 卷 4, "八者新熏成佛種子, 以此當知果報."

과種瓜得瓜, 종리득리種李得李]'나 『정법념경正法念經』의 '곡식 심으면 곡식 거두고 보리 심으면 보리 거둔다[종곡득곡種穀得穀, 종맥득맥種麥得麥]'나 『여씨춘추呂氏春秋』 「이곡람離谷覽」의 "보리 심으면 보리 거두고, 피 심으면 피 거둔다[종맥이득맥種麥而得麥, 종직이득직種稷而得稷]"나 『명심보감明心寶鑑』의 "외 심은 데 외 나고 콩 심은 데 콩 난다[종과득과種瓜得瓜, 종두득두種豆得豆]" 등에서 보이는 것처럼 일반적인 사고에서 나온 상식적인 비유이다.

그러면 여기에서 성감지리誠感之理·인과응보지리因果應報之理·복선화음지리福善禍淫之理를 증명하기 위해 경전에 나타난 예와 선인들이 수용한 예를 보기로 한다.

경전의 예를 들어보면 「상응부경전相應部經典」의 "사람은 뿌린 종자와 동일한 열매를 거둔다. 선행자善行者는 선과善果를 악행자惡行者는 악과惡果를, 너는 종자種子를 뿌려서 네 이것을 향수享受하라"[139]와 『화엄경華嚴經』의 "업業의 본성도 이러해서 밭에 뿌려진 씨가 각기 자각하지 못하지만 저절로 싹을 트는 것과 같다"[140]와 『중론中論』의 "이 곡식 씨의 비유와 같이 업과業果도 이와 같아서 초심初心에 죄복罪福을 일으키는 과정이 곡식 씨와 마찬가지이다"[141]와 『대집회정법경大集會正法經』에 "보살행을 닦는 사람은 온갖 선법善法의 씨를 뿌려 하나하나 익히게 된다. … … 저 선법善法의 씨앗은 다겁多劫이 지난다 해도 파괴되는 일이 없다"[142] 등이 있다.

다음으로 선인들이 수용한 예를 들어 보기로 한다.

---

139) 日本版, 「相應部經典」 1, 『南傳大藏經』 卷 12, p.398.
140) 韓龍雲 編, 李元燮 譯註, 前揭書, p.352.
141) 上揭書, p.361. "如穀種喩, 業果亦如是, 初心起罪福, 猶如穀種."
142) 上揭書, p.649.

자字를 여경餘慶이라 한 홍유손洪裕孫은

> 인연은 12가지가 있는데 비유해서 말하면, 因은 봄에 논밭을 갈아 씨를 뿌리는 것이고, 果는 가을에 그 열매를 먹는 것이다. 善을 쌓으면 福을 얻고, 惡을 쌓으면 禍를 얻게 되니 積善積惡은 因이요 得福得禍는 果다.143)

라고 하여 인과因果와 화복禍福을 '종자를 심어 거두는 것'에 비유했다.

이홍李弘은 『와집窩集』의 「논복선화음論福善禍淫」에서 "천도天道의 복선화음福善禍淫도 지도地道의 '종리득리種李得李, 종도득도種桃得桃'와 같은 것이니 이것은 이理의 필연必然이다"144)라고 했으며, 월창거사月窓居士 김대현金大鉉도 『술몽언述夢言』의 「연감緣感」에서 "시절이 꼭 들어맞아서 마치 자연스러운 것 같은 것은 비유하면 땅에 종자를 뿌려 봄을 만나면 싹이 트고 꽃이 피어 씨를 맺는 것과 같다. 이는 모두 정감情感의 소치로서 이런 원인이 있으면 이런 결과가 있는 것이니 다시 무엇을 의심하겠는가"145)라고 했다.

석釋 시성時聖도 『야운집野雲集』의 「대승사대웅전단청권선문大乘寺大雄殿丹靑勸善文」에서 선업善業에 대해 "봄에 한 알의 씨를 심어서 가을에 만 알의 열매를 거둔다"146)라고 했고, 「쌍계사적묵당중수모연

---

143) 洪裕孫, 「尊者庵改構侑因文」, 『篠叢遺稿』, "因緣亦有十二矣, 因比之則春耕種也, 果比之則秋食實也. 積善則得福, 積惡則得禍, 積善積惡者因也, 得福得禍者果也."

144) 李弘, 「論福善禍淫」, 『窩集』, "蓋天道之福善禍淫, 亦如地道之種李得李·種桃得桃, 此理之必然也."

145) 金大鉉 撰, 「緣感」, 『述夢言』, "時節湊合, 有若自然者, 譬如下種於地, 逢春乃萌開花結子, 是皆情感所召, 有是因則是果, 復何足疑."

사雙溪寺寂黙堂重修募緣辭」에서는 '종두득두種豆得豆'[147]라고 했다.

이상과 같은 예는 '영향설影響說' 관계 자료처럼 수없이 찾을 수 있으나 이 글에서는 몇 가지 예만 제시하여 선인들이 성감지리誠感之理와 인과응보지리因果應報之理 그리고 복선화음지리福善禍淫之理를 신봉信奉한 논리를 살펴보았다.

이와 별도로 '복전설福田說'이라고 명명命名할 수 있는 비유법이 있다. 『무량수경無量壽經』의 「정영소淨影疏」에 복전福田이라는 말이 나온다. 이는 불교어佛教語로 공양供養을 잘한 사람이 뒤에 받게 되는 복보福報를 말한다. 밭에 씨를 뿌리고 농사를 잘 지어 가을에 추수를 많이 한다는 것에서 나온 말이다. 그러나 이는 '종자설種子說'에 지나지 않기 때문에 여기서는 언급만 하고 지나가도록 한다.

이 밖에도 종자의 비유는 『성경聖經』에도 보인다. 갈라디아서 6장 7절에 "사람은 무엇을 심든지 자기가 심은 것을 그대로 거둘 것입니다. …… 낙심하지 말고 꾸준히 선을 행합시다. 꾸준히 계속하노라면 거둘 때가 올 것입니다"라는 말이 있다.

㉠의 영향설과 ㉡의 종자설을 통해 한 가지 지적하고 넘어가야 할 것은 보응에 있어 지속의 논리이다. 응보가 빨리 나타나는 것은 주로 영향설[영향설을 설명하는 데는 '첩捷'자字를 자주 첨용添用한 다]로 설명되고, 지속에 관계없이 언젠가는 꼭 나타나는 것은 종자설로 설명된다는 것이다. 이 점은 '(3) 수용受容 논리論理의 기저基底' 조條를 이해하는 데 참고가 될 것이다.

---

146) 釋 時聖, 「大乘寺大雄殿丹青勸善文」, 『野雲集』 卷 2, "春種一粒粟, 秋收萬顆子."

147) 上揭書, 四葉, 卷 2.

ⓒ 굴신설屈伸說

한 번 굽히면 한 번 펴진다는 논리를 비유적으로 명명命名하여 굴신설屈伸說이라고 한 것이다.

정해필鄭海弼(1831~1887)은 『조암집照菴集』의 「지성설至誠說」에서 지성至誠의 도道를 설명하는 가운데 "감화가 있으면 반드시 응함이 있고, 굽힘이 있으면 반드시 펴짐이 있는 것이 지성의 도이다"148)라고 했다. 이 말은 지성至誠의 도道는 감화感化가 있으면 반드시 응應함이 있는 것이라는 것을 굴신屈伸의 논리로 설명한 것이다.

ⓔ 축전설軸轉說

세간世間의 업業은 수레[거車]가 축軸에 의하여 움직이는[전轉] 것과 같다는 비유를 명명命名한 것이다.

『대장경大藏經』의 「소부경小部經」에 "세간世間은 업業에 의하여 움직이고[전轉] 유정有情도 업業에 의하여 움직인다[전轉]. 유정有情이 업業에 의하여 움직임[전轉]은 마치 수레[거車]가 축軸에 의하여 움직이는[전轉] 것과 같다"149)는 말이 있다. 불교에서는 금생今生에 잘 사는 것은 전생前生에 작선作善한 소치所致이며 금생에 못 살고 고생하는 것은 전생에 악행惡行한 업보業報라고 한다. 선행자善行者는 선과善果를 악행자惡行者는 악과惡果를 받게 되며, 이러한 세간世間은 업業에 의하여 돌고 있는데 이것은 마치 수레[거車]가 축軸에 의하여 이탈하지 않고 움직이는 것과 같다는 논리이다.

이상 착목着目되는 자료만을 위주로 성감지리誠感之理와 인과보응

---

148) 鄭海弼, 「至誠說」, 『照菴集』 卷 6, 雜著, "有感則必有應, 有屈則必有伸, 至誠之道也."

149) 日本版 「小部經典」 2, 『南傳大藏經』 卷 24, p.244.

지리因果應報之理를 통한 복선화음福善禍淫 신봉의 비유적 논리에 관한 예를 들어 보았다. 유·불의 비유적 논리는 같은 것이었다. 비유는 진실이 아닐 수도 있고, 비유 나름대로 오류를 범할 수도 있다. 그러나 비유는 유·불 모두가 즐겨 사용한 논리였으며 선인들은 비유를 이용한 설명을 굳게 믿었다. 따라서 선인들은 이 비유법을 통해 성감지리誠感之理·인과응보지리因果應報之理·복선화음지리福善禍淫之理를 강조하고자 노력하였다.

이상에서 살펴본 '비유적 논리'가 직관적 논리에 해당되는 것이라면, 다음 항목에서 살펴볼 '철학적哲學的 논리論理'는 직관적 논리를 넘어선 객관적·구체적 논리에 해당한다. 선인先人들은 복선화음을 증명하기 위해 '비유적 논리'와 함께 '철학적 논리'를 사용하여 보다 논리적이고 이론적인 설명을 전개하고자 하였다.

② 철학적哲學的 논리論理

이 부분에서는 복선화음 신봉에 관한 선인들의 철학적 논리를 유·불의 순으로 소개하고자 한다. 먼저 유가들의 논리를 소략하게나마 사적으로 전개해 보고, 이 방면 연구에 중요한 의미를 지닌 '이기설理氣說'과 '도수설道數說'에 대해 설명하도록 하겠다.

우리나라의 경우 복선화음관福善禍淫觀 신봉信奉의 철학적 논리를 제일 먼저 편 사람이 정도전鄭道傳일 것이다. 그는 「심문心問」·「천답天答」·「불씨잡변佛氏雜辨」 등을 통하여 불교나 도교를 비판하였는데, 그의 불교와 도교 비판이 유가의 입장에서 이루어진 것이기 때문에 그의 비판이 절대적 정당성을 확보한 것이라 보기 어려우며, 또 성리학적 편견이 너무 많이 개입된 것도 사실이다. 따라서 억측과 독단이 많다. 그러나 이와 같은 불교와 도교에 대한 비판에도 불구하고 정도전이 복선화음을 부정했던 것은 아니다.

「심문心問」·「천답天答」은 인과응보설因果應報說의 오류를 간단한 운문체의 시를 사용하여 비판한 것이다. 「심문心問」 편은 마음[심心]이 상제上帝에게 복선화음의 법칙이 제대로 준행遵行되지 않는 까닭을 질문한 것이며, 「천답」 편은 이에 대한 상제의 답변이다. 이 답변에서 상제는 하늘과 인간은 기氣가 상응相應하기 때문에 인간이 죄악을 저지르면 하늘의 기氣가 손상되어 하늘이 상도常道를 잃게 되며 복선화음의 법칙도 어그러질 수가 있지만, 천리天理가 다시 안정되면 하늘이 상도를 되찾아서 인간을 지배하게 된다고 하였다. 천리의 우위를 인정하고 복선화음은 지속이 있을 뿐이라고 하여 불교 철학을 비판한 것이다.

「불씨잡변」 20편 중 복선화음과 직접 관계되는 것은 첫째와 둘째 편인 「불씨윤회지변佛氏輪廻之辨」과 「불씨인과지변佛氏因果之辨」, 그리고 열한 번째의 「불씨화복지변佛氏禍福之辨」이다. 첫째와 둘째 편은 불교의 윤회사상輪廻思想이나 인과응보설因果應報說이 혹세적惑世的이라고 비판한 것으로, 우주간의 삼라만상이나 인간계의 지우智愚·현불초賢不肖·선악善惡·화복禍福 등이 많은 차이와 불균형을 가지는 이유가 오로지 음양오행陰陽五行의 기氣에 통색通塞·편정偏正·청탁淸濁·후박厚薄·고하高下·장단長短·쇠왕衰旺의 차이가 있기 때문이지 이와 별도로 불교의 보응과 같은 것이 있기 때문이 아니라고 주장한 것이다. 그러므로 악에서 선으로 전화轉化하거나 화를 면하고 복을 받고자 할 때는 오직 기질氣質의 변화를 통해서만 가능하다고 하였다. 열한 번째의 「불씨화복지변佛氏禍福之辨」은 불교에서 사람의 사정邪正이나 시비是非는 논하지 않고 "부처에게로 오는 자는 화를 면하고 복을 받을 수 있다"고 한다고 공박하면서, 화복은 누가 주는 것이 아니어서 자기 마음을 바르게 하고 자기 몸을 닦으면 저절로 복이 오고 화가 멀어지는 것이라고 주장하였다.

그러나 이와 같은 주장에도 불구하고 정도전鄭道傳이 복선화음 자체를 부정한 것은 아니다. 정도전의 복선화음관福善禍淫觀이 보여주는 차이는 어디까지나 유·불의 견해 차이에서 나온 것으로, 그가 어떤 논리를 바탕으로 하였든 복선화음관福善禍淫觀을 신봉하고 있다는 점은 분명하다. 필자가 살펴본 자료로는 정도전 이후로 18세기 성리학자 김종후金鍾厚의 「복선화음해福善禍淫解」와 19세기 실학자 이정직李定稷의 「복선화음론福善禍淫論」이 볼 만한 변론으로, 이 방면 연구에 중요한 자료가 된다고 생각된다.[150] 앞에서 언급한 '이기설理氣說'·'도수설道數說'도 이들의 견해에서 나온 것으로 이 글의 마지막 부분에서 소개하기로 하고, 여기서는 우선 몇몇 선인들의 견해를 한데 묶어 간단하게 서술해 보기로 하겠다.

18세기 학자 이홍李弘은 『와집窩集』의 「논복선화음論福善禍淫」에서 관부官府도 사람에게 사사롭게 상벌을 주지 않는데 지극히 공정하고 바른 천지신명天地神明이 사람에게 사사롭게 화복禍福을 주겠느냐는 논리를 펴고 있다. 그러면서 앞에서 살펴본 '종자설種子說'이 이理의 필연必然이라고 하면서 복선화음 불신의 반론으로 복선화음의 결과란 지속이 있을 뿐이라는 설을 펴고 있다. 이 지속의 문제는 일찍이 정도전에 의해 언급된 것으로, 화禍나 복福은 언젠가는 반드시 나타나는 것이지만, 그 결과가 빨리 나타날 수도 있고 늦게 나타날 수도 있다는 것이다. 이 점에 대해서는 별도의 항목에서 다시 자세하게 논하도록 한다.

150) cf., 脫稿 후에 着目된 자료로는 崔忠成(1458~1491)의 「天堂地獄辨」(『山堂集』 卷 1)이 있다.

18・9세기 문신文臣 남공철南公轍은 『귀은당집歸恩堂集』의 「대선악보응문對善惡報應問」에서 화복감응지리禍福感應之理의 불신不信에 대해 감응지리感應之理가 반드시 있다는 것을 필삭筆削(쓸 만한 것은 쓰고 삭제하여야 할 것은 삭제함: 춘추필법春秋筆法)이 증험하여 준다는 논리를 폈다. 이 논리는 김종후金鍾厚가 「복선화음해福善禍淫解」 말미末尾에서 "선한 이에게 복을 주는 것과 음한 이에게 화를 주는 것이 자기에 있지 않으면 그 자손에게 있어서 천백세千百世에 이르더라도 반드시 그렇게 됨을 전기傳記에서 볼 수 있으니, 이것은 반드시 이理가 기氣를 이기기 때문이다"라고 한 것과 통한다. 전기에서 볼 수 있다는 말은 필삭筆削이 증험한다는 말과 통하는 것이다. 선인들은 후대의 포폄이 곧 화복이라고 생각했으며, 개관사정蓋棺事定[죽은 후에 현부賢否가 정해짐]이란 말이 있듯이 사람의 포폄은 죽은 후에 글로 기록된다고 믿었다.

특히 남공철南公轍은 유가儒家의 대부분이 인정하지 않으려고 했던 윤회지설輪廻之說을 어느 정도 인정하고 있다는 점이 특이하다. 그는 필삭筆削이 제대로 행해지지 않아서 지옥지설地獄之說이 횡행한다고 하면서 윤회지설의 이치가 있을 법하다고 말하였다.

동시대의 홍석주洪奭周는 『연천전서淵泉全書』의 「학강산필鶴岡散筆」에서 복선화음福善禍淫에 대한 선현先賢들의 논의를 소상히 언급하고 나서 이러한 논의를 불신하는 것은 '성인聖人을 속이고 성인의 말씀을 업신여긴 것이 크다'151)라고 하였다. 『논어論語』에 군자의 세 가지 두려움으로 '외천명畏天命, 외대인畏大人, 외성인지언畏聖人之言'이라고 말하였듯, 선인先人들은 성인의 말을 믿고 두려워했으니 홍석주

151) 洪奭周, 「鶴岡散筆」, 『淵泉全書』, "其誣聖人侮聖言亦大矣."

의 이와 같은 언급은 당연한 귀결인지 모른다. 홍석주는 남공철의 견해와 같이 노老·불佛의 권선징악이나 복선화음만은 믿어야 된다고 주장하였다.

19세기 신석우申錫祐의 『가헌문집可軒文集』 속 「역적선지가유여경易積善之家有餘慶」은 복선화음의 이치를 『주역周易』 「건괘乾卦」의 초육初六에 기초하여 설명한 점이 독특하다.

이와 같이 선인들은 복선화음관 신봉의 논리를 그들 나름대로 펴고 있다. 필요하다면 때로는 불교佛敎의 논리를 원용하면서까지 복선화음만은 신봉하였고 신봉시키려고 노력했던 흔적이 브인다. 이 시기의 복선화음 관계 자료로는 이 밖에도 최남중崔南重(1674~1704)의 「선악길흉설善惡吉凶說」(『허재집虛齋集』), 유의건柳宜健(1687~1760)의 「보응설報應說」(『화계문집花溪文集』), 변태화卞泰和(1682~1761)의 「선악자경설善惡自警說」(『농눌유고聾訥遺稿』)과 이정국李禎國(1743~1807)의 「화복설禍福說」(『우원집尤園集』) 등이 있다.

다음으로는 이들보다 비교적 철학적 논리가 정연한 두 사람의 견해를 살펴보기로 한다.

복선화음은 철칙이지만 현실에서는 반대로 나타나기도 하는 이유를 성리학자 김종후金鍾厚(?~1780)는 유학의 일반론인 이기理氣로 설명하였다. 이理는 정正한 것이지만 부정한 기변氣變 때문에 복선화음이 반대로 나타나는 경우도 있으나, 끝내는 정리正理로 돌아가고 만다는 것이다. 기氣가 잠시 변상變常되어서 복선화음이 안 지켜지기도 하지만 일시적인 기변氣變은 반드시 정리正理르 되돌아가는 것이다. 예를 들면 천재지변은 기변氣變으로 인한 잠시의 일이니 이러한 변상變常은 언젠가는 정리正理인 상常으로 되돌아가는 것과 같다는 것이다. 이처럼 김종후는 유가 일반의 이기설理氣說을 근간으로 화복禍福의 문제를 소상히 밝혔다.

실학자 이정직李定稷(1841~1910)은 복선화음의 이치를 도道와 수數로 풀었다. 이는 이기理氣로 설명한 김종후金鍾厚의 논조와 같은 것으로 차이를 들자면 전자는 이기理氣라는 용어를 사용하였고, 후자는 도수道數라는 용어를 사용하였다는 것에 불과하다. 이理와 도道, 기氣와 수數는 다른 말이기는 하지만 비슷한 뜻이다. 주자朱子는 이理·기氣·수數의 관계에 대해 『주자어류朱子語類』 권 65에서 "이理가 있으면 기氣가 있고, 기氣가 있으면 수數가 있다"라고 하여 수數를 이理나 기氣보다 하위개념으로 규정하였다. 수數란 숫자·운명·기술·자연의 이치 등의 의미로, 우주생성의 해석에 사용된 용어이다. 이 수數는 이理의 하위개념이다. 이정직李定稷은 "언제나 그러함을 도道라 하고 우연히 그러함을 수數라 한다[상연지위도常然之爲道, 적연지위수適然之謂數]"라고 하여 도道와 수數의 개념을 정의하였으니, 이理·기氣·도道·수數가 다소 차이는 있으나 그리 큰 차이가 없음을 알 수 있다.

필자는 전자를 '이기설理氣說', 후자를 '도수설道數說'이라 명명命名하고 이 두 이론이 복선화음을 이해하는 중요한 자료라고 생각하여 아래에서 전문全文을 인용하도록 한다. 이들의 견해는 정도전鄭道傳의 글 이후 복선화음을 성리학적 견지에서 풀이한 중요한 자료가 된다.

金鍾厚의 「福善禍淫解」

湯[書經]의 말에, "天道는 善한 사람에게 福을 주고 淫한 사람에게 禍를 준다."고 하였으나 후세에 이르러 善·淫·禍·福이 혹 반대가 되기도 하였으니 이는 무슨 까닭인가. 내가 蘇氏[東坡]의 「正統論」을 읽고 느낀 것이 있다. 그 說은 貴로써 名을 삼고 輕을 삼았으며, 賢으로써 實을 삼고 重을 삼아서 말하기를, "성인이 輕으로써 사람들에게 貴를 주고 重으로써 사람들에게 賢을 주어, 賢이 貴를 빼앗지 못함을 알기 때문에 다투지 않고, 貴가 賢만 못함을 알기 때문에 實에 나아가는 것이다. 예컨대 저 堯舜 三代에서 행한 것이 후세의 임금이 행한 것보다 나은 것은 정통에 있는 것이 아니다"라고 하니, 교묘하다 그 말이여! 그러나 의리는 정당하다. 내가 이것을 복선화음의 說에 반영하려고 한다. 선한 자가 복을 받고 음한 자가 화를 받는 것은 진실로 理의 정당함이고, 선한 자가 도리어 화를 받고 음한 자가 도리어 복을 받는 것은 氣의 변화이지만, 理의 바른 것은 애초에 있지 않음이 없다[항상 있다]. 어째서인가 하면 사람이 重하게 여기는 것이 善이 아니겠으며, 輕하게 여기는 것이 福이 아니겠는가. 善人은 重한 것을 重하게 여기고 輕한 것을 輕하게 여기며, 淫人은 重한 것을 輕하게 여기고 輕한 것을 重하게 여기는 것이다. 理의 바름에 있어서는 하늘이 사람에게 善과 淫의 구별 없이 진실로 한결같이 그 重한 것을 주었는데, 重한 것이 있는 곳에 輕한 것도 그것을 따르는 것이어서 이 重이 없으면 그 輕을 아울러 잃는 것이니, 이것이 善者는 福을 받고 淫者는 禍를 받는 것이다. 그러다가 理가 氣에 변화가 되어서는 善人이 그 重을 보존하나 輕을 잃을 때가 있는데, 輕한 것을 잃어도 重한 것은 저절로 있는 것이니 이것이 하늘이 善人에게 重함을 주었기 때문이다. 淫人은 그 重함을 잃어도 輕을 요행히 소유하게 되는데, 輕은 있어도 重이 거기에 끼여 있지 않으니, 이것은 하늘이 淫人에게 輕함을 주었기 때문이다. 이것이 善人이 도리어 禍를 받고 淫人이 도리어 福을 받는 까닭이다.

重과 輕은 곧 사람이 스스로 하는 것이나 하늘이 (善惡에) 따라서 (禍福을) 주니, 善人은 重한 것을 重하게 여기기 때문에 重한 것을 얻을 뿐이니 비록 輕을 얻지 못해도 유감이 없고, 淫人은 輕한 것을

重하게 여기기 때문에 輕을 얻는 것으로서 다행하게 여겨 잃는 것이 重임을 알지 못한다. 輕을 淫人에게 주고 重을 善人에게 주었기 때문에 "理의 바른 것은 애초에 있지 않음이 없다"고 말한 것이다. 蘇氏가 말하기를, "輕을 사람에게 貴로 주고 重을 사람에게 賢으로 주었다"라고 하였는데, 나는 말하기를 "輕을 淫人에게 주었고, 重을 善人에게 주었다"고 주장하겠다. 蘇氏가 말하기를, "堯舜 三代에서 행한 것이 후세의 임금보다 훌륭한 것은 정통에 있지 않다"라고 하였는데, 나는 말하기를 "善人이 행한 것이 淫人보다 훌륭한 것은 福에 있지 않다"라고 주장하겠다. 나는 그러므로 蘇氏의 의논에 특별한 느낌이 있다. 아아! 하늘이 이미 重을 善人에게 주고서 輕은 주지 않으니, 善人된 자는 重한 것을 重하게 여기고 輕한 것을 輕하게 여겨, 스스로 애를 쓰는 데에 도움을 주지 않아도 게을리 하지 않기 때문이다. 비록 그러하나 사람의 일은 빠르고 짧으며, 하늘의 도는 오래가고 영원하다. 그러므로 申包胥의 말에 "하늘이 定하면 사람을 이길 수 있다[자연의 역량이 완전히 정해지면 사람의 힘을 능가할 수 있다]"라고 하였으니, 善한 이에게 福을 주는 것과 淫한 이에게 禍를 주는 것이 그 자신에게 있지 않으면 그 자손에게 있게 되어, 비록 천백세에 이르더라도 반드시 그렇게 됨을 傳記에서 뚜렷이 볼 수 있으니, 이것은 끝내 理가 氣를 이기기 때문임이 틀림없다. 저 淫人은 어찌 또 경계할 줄도 모르는가. 안타깝도다. 아아![152]

152) 金鍾厚, 「福善禍淫解」, 『本菴集』, "湯之言曰, 天道福善禍淫, 而降及後世, 善淫禍福, 或反焉, 此何故也. 余讀蘇氏正統論, 有感焉. 其說以貴爲名爲輕, 以賢爲實爲重, 而謂聖人輕以與人貴, 重以與人賢, 知賢之不奪貴, 故不爭, 知貴之不如賢, 故趨於實, 使夫堯舜三代之所爲, 賢於後世之君子, 不在乎正統, 巧哉言乎! 然而義則正矣. 吾欲以是, 反諸福善禍淫之說. 夫善者福, 而淫者禍, 固理之正也, 至於善者反禍, 淫者反福, 則氣之變也, 而理之正者, 未始不在焉. 何則, 人之所重者非善乎, 所輕者非福乎. 善人重其重而輕其輕, 淫人以重爲輕而輕爲重. 在理之正也, 則天之於人, 無善淫, 固均與其重, 重之所在, 輕亦從之, 無是重, 則幷失其輕, 此所以善者福, 而淫者禍

여기서 중重은 현賢이고 실實이며 선善이고, 경輕은 귀貴이고 명名이며 복福이니, 소동파蘇東坡의 「정통론正統論」을 응용하여 복선화음福善禍淫이 언젠가는 꼭 지켜지지만, 현실적으로는 반대로도 나타날 수 있는 이치를 이理와 기氣로 밝히고 있다. 다음은 도道와 수數로 그 사실을 밝힌 이정직李定稷의 글을 보기로 한다.

李定稷의 「福善禍淫論」

常然(변하지 않는 것)을 道라고 하고 適然(때에 따라 변하는 것)을 數라고 하니, 聖人이 道를 말할 때에 數를 함께 말하지 않는 것은 고의로 함께 말하지 않는 것이 아니다. 道는 앞서서 정한 것이고, 數는 어떤 일의 앞에 정해져 있지 않았기 때문에 함께 말하기 어려운 것이다. 書經의 「湯誥」에 이르기를, "天道는 善한 사람에게 福을 주고 淫한 사람에게 禍를 준다"고 하였으니, 善한 사람은 당연히 福이 있어야 되나 혹 반드시 福을 받지 못하는 경우도 있고, 淫한 사람은 당연히 禍가 있어야 되나 혹 반드시 禍를 받지 않은 경우도 있으니, 이를 후세에서 의심한다. 이런 의심은 후세에서만 있는 것이 아니고, 湯의 시대에도 간혹 있었다. 그러나 湯의 「誥」에 '適然'을 언급하지

也. 及理爲氣變也, 則善人保其重, 而輕者有時乎失. 失輕而重自在, 是爲天與善人以重也. 淫人喪其重而輕者幸而有之, 有輕而重無與焉, 是爲天與淫人以輕也. 此所以善者反禍, 而淫者反福也. 夫其重輕乃人之所自也, 而天從而與之, 善人重其重, 故得重則已, 雖不得輕而無憾, 淫人重其輕, 故得輕以爲幸而不知其所失者重也. 輕以與淫, 重以與善, 故曰理之正者, 未始不在. 蘇氏曰, 輕以與人貴, 重以與人賢, 吾則曰, 輕以與淫人, 重以與善人. 蘇氏曰, 堯舜三代之所爲賢於後世之君者, 不在正統, 吾則曰, 善人之所爲賢於淫人者, 不在福. 余故特有感於蘇氏之論也. 嗟夫! 天旣以重與善人, 而去其輕, 爲善人者, 可不益自勉於重其重輕其輕而不懈也哉. 雖然, 人事速而短, 天道久而長. 故申包胥之言曰, 天定亦能勝人, 福之於善, 禍之於淫, 不在其身, 則在其子孫, 雖至千百世而必定, 歷歷見傳記, 是則氣終爲理所勝也決矣. 彼淫人者, 盍亦少知戒歟. 噫!"

않고 바로 '常然'을 제시하여 말하기를 '福善禍淫'이라 했으니, 아아! 이것이 참으로 성인의 말씀이다.

대체로 하늘은 자연의 이치이고 도는 자연의 길이다. 福善은 善하면 스스로 福이 되는 것을 이르는 것이요, 禍淫은 淫하면 스스로 禍가 됨을 이르는 것이다. 비유하자면 마치 그릇을 두는 것과 같아서 平正한 곳에 두면 그 그릇이 저절로 안정되고, 기울어진 곳에 두면 그 그릇이 저절로 위태롭게 된다. 예컨대 평정한 곳에 두었는데도 저촉하는 것이 있으면 간혹 위태로운 데 이르게 되고, 기울어진 곳에 두어도 흔들리는 것이 없으면 혹 잠시 안정되기도 하는데, 저절로 안정되고 위태로워지는 것은 理이고, 위태로워지기도 하고 안정되기도 하는 것은 數이다. 성인인 뒤에야 정해지지 않은 數에 의혹되지 않아서 앞서 정해진 道를 믿지만, 보통 사람은 그렇지 못하여 하나의 善을 했는데도 福이 응하지 않으면 곧 말하기를, "善은 하지 않아도 괜찮은 것이 이와 같다"라고 하고, 한 번 淫한 일을 했는데도 禍가 응하지 않으면 곧 말하기를, "淫을 반드시 하지 않을 필요가 없는 것이 저와 같다"라고 하여 常然한 것은 믿지 않고 도리어 適然한 것에 의혹되니, 이는 여름이 잘못되어 간혹 서리가 내리는 것을 보고 여름에도 당연히 서리가 내린다고 하며, 겨울이 잘못되어 간혹 꽃이 피는 것을 보고 말하기를, 겨울에도 당연히 꽃이 핀다고 하는 것과 무엇이 다르겠는가. 아아! 성인의 교화가 크게 시행되면 福善禍淫의 道가 마치 태양과 별처럼 환하게 드러나나, 중인의 말이 가득 충만하게 되면 혹 그렇게 되는 일이 그 사이에 섞여 행해지는 것이다.

시험 삼아 말하겠다. 唐虞가 한창 융성할 때에 善을 하였는데도 福을 받지 못했으며, 淫을 하였는데도 禍를 받지 않은 자가 있었는가. 예컨대 虞・皐陶・益・稷・契・夔・龍의 현달과 鯀・共工・三苗・驩兜의 죄가 이런 경우이다. 三代의 훌륭한 정치에도 어찌 福善禍淫의 정당한 應이 아닌 경우가 있었는가. 桀의 시대에 龍逢이 죽임을 당하였고 紂의 시대에 飛廉·惡來가 총애를 받았다. 비록 그러하나 桀과 紂가 無道함으로써 망하지 않을 수 있었던 자가 있었는가. 이것이 福善禍淫의 대략적인 의미이다. 가령 세상이 모두 唐虞와 三代의 훌륭한 정치와 같다면, 어찌 조금도 善淫福禍의 서로 반대됨이 있겠는가? 天道는 스스로 행하지 못하고 반드시 사람을 기다려 이루어지는 것이니, 「虞謨」에서 이르기를, "하늘의 일을 사람이 대신한다"라고 하였으니 天道가 행하지 아니함은 곧 人事의 미진함에서 생긴다. 후세 사람이 하나의 善과 하나의 淫에 福과 禍가 응하지 않음으로써 앞에 정해지지 않은 數에 핑계를 대는 것은 의혹된 일이다.[153]

유가儒家에서는 복선화음을 우주론적宇宙論的·심성론적心性論的·

153) 李定稷, 「福善禍淫論」, 『石亭集』, "常然之謂道, 適然之謂數, 聖人言道 不兼乎數, 非故不兼也. 道前定, 數未前定, 難乎其兼也. 書之湯誥曰, 天道福善禍淫, 夫善者當有福, 而或不必福, 淫者當有禍, 而或不必禍, 則後世疑之. 斯疑也, 非後世而有之, 雖湯之時, 亦或有之. 然湯之誥也, 不及乎適然者, 而直以常然者, 示之曰, 福善禍淫, 嗚呼! 此眞聖人之言也. 蓋天者自然之理也, 道者自然之路也. 福善者, 謂善足以自福也, 禍淫者, 謂淫足以自禍也. 譬如措器然, 措之平正, 則其器自安, 措之傾側, 則其器自危. 若夫措之平正, 而有觸焉者, 則或至於危, 措之傾側而無所搖之, 則或有暫安者, 自安自危者, 理也, 或危或安者, 數也. 惟聖人而後, 不惑乎未定之數, 而信其前定之道也, 衆人不然, 一善焉而福不應, 則曰善之不足爲也如是, 一淫焉而禍不應, 則曰淫之不必不爲也如彼, 不信常然者, 而反惑乎適然者, 此何異於見夏之乖而或霜者, 曰夏亦宜霜, 見冬之乖而或花者, 曰冬亦宜花也. 嗚呼! 聖人之教大行, 則福善禍淫之道, 昭乎若日星, 而衆人之說, 充斥焉, 則或然者, 錯行乎其間矣. 請試言之. 方唐虞之盛, 有善而不福, 淫而不禍者乎? 如禹皐陶益稷契夔龍之顯, 鯀共工三苗驩兜之罪是已 當三代之治, 亦豈有福善禍淫之不應者乎? 惟桀之世, 而龍逢見殺, 紂之世而飛廉惡來寵也. 雖然, 有桀紂之無道而能不亡者乎? 此福善禍淫之大致也, 使世皆如唐虞三代之治, 豈或有善淫福禍之相反也哉? 蓋天道不能自行, 必待人而成, 虞謨曰, 天工人其代之, 天道之不行, 卽人事之未盡也. 後之人以一善一淫之福禍不應, 藉口於未前定之數, 則惑矣."

이기론적理氣論的으로 해석하고 있는데, 모두 복선화음은 언젠가는 반드시 지켜진다는 논리를 펴고 있다. 음陰·양陽, 성性·정情, 이理·기氣·도道·수數는 복선화음의 증명을 위한 논리적 근거로 사용되는 중요한 개념어였다.

이 밖에도 홍석주洪奭周(1774~1842), 최한기崔漢綺(1803~1877) 등의 실학자와 이기李沂(1848~1909)[154], 철종哲宗 때의 은사隱士 이이교李利教 등 근대의 인물들이 복선화음에 대해 더 큰 관심을 가졌다. 실학 시대와 근대로 넘어오면서 이 문제에 더욱 더 큰 관심을 갖게 되었고 논리적으로 사고했었던 듯하다. 이에 관한 직접적인 자료로 신영균申永均(1833~1922)의 「천설복선화음지의天說福善禍淫之意」(『인당집忍堂集』), 박문호朴文鎬(1846~1918)의 「보응론報應論」(『호산집壺山集』), 이유흥李裕興(1860~1923)의 「복선화음설福善禍淫說」(『성암유고誠菴遺稿』), 권중현權重顯(1854~1934)의 「보응필험론報應必驗論」(『공과신격功過新格』), 조림曺霖(近代人 : 생몰연대미상)의 「복선화음설福善禍淫說」(『신재집新齋集』), 홍모洪某(近代人 : 생몰연대미상)의 「복선화음설福善禍淫說」(『삼우당집三友堂集』) 등이 있는 것만 보아도 실학 시대로 넘어오면서 복선화음에 더욱 더 관심이 많아졌다는 것을 알 수 있다. 특히 이 중 이이교李利教의 복선화음에 관한 장문長文은 상고해 보아야 할 필요성을 느낀다. 그리고 권중현權重顯의 저서 『공과신격功過新格』은 당나라 여조呂祖의 『공과격功過格』이란 책을 참고하여 저술한 것으로, 책 전체의 내용이 복선화음과 권선징악에 관계되는 것이다. 이 책은 복선화음이나 권선징악에 대한 전체적인 이론적 논의와 선악을 기준으로 한 구체적인 공로와 죄과를 드러낸 것으로 이 방면 연

154) cf., 朴鍾赫, 「海鶴의 散文精神과 譬喩的 技法」, 『漢文學論集』 8(檀大出版部, 1990).

구의 중요한 자료가 된다.

다음으로 복선화음에 대한 불교佛教의 논리를 보기로 한다. 많은 예가 있겠지만 필자가 살펴본 것으로는 먼저 응윤應允(1743~1804)의 「논윤씨무화복설論尹氏無禍福說」(『경암집鏡巖集』)을 들 수 있다. 이 글은 윤씨가 '무화복無禍福'이란 취지의 글을 쓴 것에 대해 반론을 편 글이다. 윤씨가 '선한 자가 일찍 죽고 악인惡人이 수壽한 예로 봐서 화복禍福은 없다'고 주장했다고 추측되는데, 이에 대해 응윤應允이 죽음은 명命에 달린 것이지 부처가 사사롭게 대하는 것이 아니라고 주장한 글이다. 전문全文을 보면 다음과 같다.

> 옛날 尹氏의 말을 살펴보니, '梁武帝의 福 없음으로 魏武帝의 禍 없음을 대략 알겠으니 부처는 어찌 魏武帝에게는 영험하면서도 梁武帝에게는 영험하지 아니한가' 하였다. 나는 말한다. 양무제의 餓死와 위무제의 갑작스러운 죽음은 다 命이다. 聖人도 命에는 어찌할 수 없기 때문에 顔回의 죽음에 부자(孔子)께서 구원하지 못하였으니 저 두 武帝의 경우에 부처가 어찌 사사롭게 대했겠는가? 또 37대의 임금은 封禪하여 하늘을 섬겼는데도 장생했다는 말을 듣지 못했고, 武乙은 가죽주머니를 하늘에 쏘았는데도 갑자기 벼락을 맞아 죽었으니, 하늘을 섬겼으나 福 없는 것으로 하늘을 쏘았으나 禍 없는 것을 견줄 수 있겠는가. 盜跖은 오래 살다 죽었고, 顔淵은 일찍 죽었으니 君子가 福 없음은 논할 것이 없으나 小人이 禍 없음은 징계하지 않아도 되겠는가. 아아! 尹氏의 無福無禍의 의논은 부처를 헐뜯으려고 한 것뿐이지만 그 자신의 말이 저절로 무너지는 것을 알지 못하였다.[155]

155) 應允, 「論尹氏無禍福說」, 『鏡巖集』, "嘗閱古尹氏之言, 以梁武之無福. 例知魏武之無禍, 佛何靈於魏武, 而不靈於梁武乎. 余曰梁武之餓死, 魏武之暴亡, 皆命也. 聖人無如命, 何故顔回之死也, 夫子莫之救, 彼二武之間, 佛何私焉? 且三十七代之君, 封禪事天, 而未聞長生, 武乙革囊射天, 而暴雷震

월창거사月窓居士 김대현金大鉉(?~1870)은 『술몽언述夢言』의 「징험徵驗」에서 윤회輪廻를 징험하려고 하였다. 이 글은 윤회하기 때문에 선하게 살아야 하는 것으로, 복선화음관을 논리적·철학적으로 보여주는 것이다. 이 글에서 김대현은 꿈은 사생死生의 징험이고 환상은 윤회의 징험이라고 주장하였다. 전문을 보면 다음과 같다.

> 마음이 미착되기 때문에 꿈이 되고, 마음에 사물이 있기 때문에 환상을 이루는 것이니 진실로 아주 환하게 언제나 비치고 있으면 어찌 꿈을 꾸며, 고요히 사물이 없으면 어찌 환상이 일어나겠는가. 이제 꿈이 없으면 어찌 죽고 살며 지금 환상이 없으면 어찌 輪廻하겠는가. 이로써 꿈은 死生의 징험이고 환상은 輪廻의 징험임을 알 수 있다.[156]

백파白坡 긍선亘璇(1767~1852)은 불교의 천당·지옥의 설이 결국은 권선징악할 수 있다는 논리를 펴고 있다. 이 이야기도 결국은 복선화음을 논리적으로 보여준 것이라 하겠다. 그는 왕양명王陽明과 양숙자羊叔子의 고사를 들어 천당·지옥의 설을 믿어야 한다고 주장하였다[천당天堂과 지옥地獄의 두 가지 설說은 실제로 권선징악勸善懲惡할 수 있다].

> 천당·지옥과 같은 이야기는 없는 것 같으나 듣는 자가 천당을 부

死, 亦可以事天之無福, 例於射天而無禍耶. 盜跖壽死, 顔淵夭卒, 君子無福, 不足學也, 小人無禍, 不足懲乎? 噫! 尹氏無福無禍之論, 徒欲毁佛, 而不知其言之自墮也."

156) 金大鉉, 「徵驗」, 『述夢言』, "心迷着故爲夢, 心有物故成幻, 苟能朗然常照, 孰能爲夢, 寂然無物, 孰能爲幻. 今旣無夢, 孰能死生, 今旣無幻, 孰能輪廻. 是知夢是死生之徵, 幻是輪廻之驗."

> 러워하여 선으로 나아가고 지옥을 두려워하여 악을 그만두면 천당・지옥의 설이 백성을 교화하는 데 있어서 그 이로움이 이보다 큰 것이 없다. 과연 그것이 있다면 선한 자는 반드시 천당으로 올라가고 악한 자는 반드시 지옥에 빠질 것이다. 그러므로 그것을 듣게 하면 선한 자는 스스로 선을 힘써서 마땅히 천당에서 복을 누리고 악한 자는 스스로 그쳐서 지옥에 들어가는 것을 면할 것이니 하필 천당・지옥의 설을 배척하여 허망하다고 하는가! 轉生[윤회]하는 것은 그 數를 모를 만큼 많다. 또 王陽明・羊叔子 등의 일에서 명명백백한 징험이 있으니 어찌 믿지 않겠는가![157]

왕양명의 고사에 '개문인시폐문인開門人是閉門人'이라는 말이 나오는데, 이는 '문을 여는 자는 결국 문을 닫은 자였다'는 말로, 전생前生에서 문을 닫은 자가 현생現生에서 문을 열어 징험해 보였다는 불교적佛教的 논리를 보여주는 말이다. 선・악에 따라 천당・지옥에 간다는 논리는 결국 복선화음의 이치를 논한 것과 같은 것이다.

이상과 같은 논의들은 결국 복선화음이 꼭 지켜진다는 것을 나름대로 논리적으로 설명하고 있는 이론들이다. 선악의 보응이 더디게 나타나거나 빨리 나타나는 차이는 있을지언정 언젠가는 반드시 지켜진다는 논리이다. 그러면 다음으로는 선인들의 복선화음 신봉 논리의 기저에 깔려 있는 지속遲速의 문제에 대해 논해보기로 한다.

---

157) 亘璇, 「二天獄之說 實能勸善懲惡」, 『修禪結社文科釋』, "天堂地獄說, 若無者, 人之聞者, 慕天堂而趨善, 畏地獄而沮惡, 則天獄之說, 至於化民, 利莫大焉. 果其有者, 善者必昇天堂, 惡者必陷地獄, 故使之聞之, 則善者自勉, 而當享天堂, 惡者自止, 而免入地獄, 何必斥於天獄之說, 而以爲妄耶! 況其轉生者, 不知其數. 且如王陽明羊叔子等, 明明有徵, 胡不信歟."

3) 수용受容 논리論理의 기저基底

유·불 신앙의 기본적 논리나 선인들의 복선화음관 수용 논리의 기저에는 모두 지속의 논리가 깔려 있다. 비유적 논리이든 철학적 논리이든 구분할 것 없이 저변에 깔려있는 논리는 모두 지속의 논리였다. 복선화음은 꼭 지켜지나 결과가 일찍 나타날 수도 있고 늦게 나타날 수도 있는데, 이 이치를 모르기 때문에 사람들은 결과가 바로 보이지 않으면 믿지 않으려고 한다는 것이다. 정도전鄭道傳의 「심문心問」·「천답天答」, 김종후金鍾厚의 이기설理氣說, 이정직李定稷의 도수설道數說 등이 모두 복선화음의 지속 문제를 다룬 것이다. 이이교李利敎는 『용강집蓉崗集』의 「선악善惡」에서 "복선화음의 응험應驗은 털끝만큼도 어그러짐이 없으나 다만 지속遲速이 한결같지 않다"158) 라고 했다.

복선화음의 지속 문제만을 자세히 논한 이규경李圭景의 「선악보응지속변증설善惡報應遲速辨證說」을 직접 보기로 한다.

> 아아! 玄德[드러나지 않는 덕]이 제왕에게 알려지고 죄악이 가득 찬 것은, 선과 악이 여물어 익은 경우가 아니겠는가? 그러므로 그 報應의 빠르기가 마치 그림자와 메아리 같으니 이제 그것을 장황하게 말할 필요가 없다.
>
> 그러나 옛날부터 선은 적고 악은 많았으며, 보응은 있는 것 같기도 하고 없는 것 같기도 하다. 그러므로 옛사람이 詩를 지어 '善惡若無報, 乾坤必有私.(선악에 보응이 없을 것 같으면 天地에는 반드시 사사로움이 있으리라)'라고 하였다. 이것은 그 보응의 速驗을 보고자 하였으나 잠잠하여 아무 소문도 듣지 못했기 때문에 이런 시를 쓰게

158) 李利敎, 「善惡」, 『蓉崗集』, "禍福之應, 毫髮不爽, 特遲速不同."

된 것이다. 그러나 선을 행하면 복을 얻고 악을 행하면 화를 얻는 것은 천지 귀신이 그 선악에 따라 화복으로 보답하는 것이 아니다. 선한 자는 복을 받는 일에 날마다 빨리 달려가고 악한 자는 화를 받는 일에 날마다 달려가서이니, 『周易』에 '積善之家, 必有餘慶, 積不善之家, 必有餘殃'이라고 한 것은 모두 그러한 이치를 스스로 부른 것이다. 그렇기 때문에 '화복은 자기 스스로 구하지 않은 것이 없다'라고 하였다. 또 옛 사람이 선악의 보응에 대하여 '선악이 쌓이면 끝내 보응이 있는데, 다만 속히 옴과 더디 옴이 다툴 뿐이네'라는 시를 남겼다. 이 시 역시 보응이 없음을 답답하게 여겨서 지은 것이다. 세상의 無知한 사람들은 마침내 선을 행해도 꼭 복을 받는 것이 아니고 악을 행해도 꼭 화를 입는 것이 아니라고 생각하여 불의를 자행하며 함부로 禍福은 일정함이 없다는 이야기를 하였는데 화복은 과연 應함이 없는 것인가?

善人이 선을 행하여도 하늘이 혹 선한 응보를 내리지 않는 것은 보응이 없는 것이 아니라 아직 보응이 내리지 않은 것이고, 惡人이 악을 행하여도 하늘이 혹 악한 응보를 내리지 않는 것은 보응이 없는 것이 아니라 아직 보응이 내리지 않은 것이니, 아직 보응이 내리지 않은 것은 무슨 까닭인가? 사람에게 쌓은 선악이 아직 다 익지 않았기 때문에 다소 늦추어서 잠시 그 익음을 기다릴 뿐이다. 익은 뒤에 禍福이 따르는 것으로, 사람의 一動과 一靜에 화복이 잠복하고 있는데 어찌 그 빠르고 늦음을 논하겠는가!

『大藏經』에서 '선에 보응이 없음은 그 선이 아직 익지 않아서이니, 그 선이 익었을 때에는 반드시 그에 대한 복을 받는다. 악에 대한 보응이 없음은 그 악이 아직 익지 않아서이니, 그 악이 익었을 때에는 반드시 그에 대한 고통을 받는다'라고 하였으니 또한 이 뜻이다. 「太上感應篇」에서 太上이 '禍福은 일정한 문이 없어서 오직 사람이 스스로 부르는 것이다'라고 하였고, '선악의 보응은 마치 그림자가 형체를

> 따르는 것과 같다'라고 하였는데, 이 두 말도 근본으로 삼은 바가 있다.('禍福은 일정한 문이 없어서 오직 사람이 스스로 부르는 것이다'라는 말은 본디 閔子騫의 말이고 '길흉의 보응이 그림자가 형체를 따르는 것과 같다'라는 말은 孔安國의 『尙書傳』에 보이니, 두 분(閔子騫 · 孔安國)이 선을 좋게 여기고 악을 미워하는 뜻은 같다.)
>
> 불교에 因果의 說이 있고 도교에 『感應篇』이 있는 것도 역시 勸善癉惡[권선징악]의 뜻인데 보응이 가장 빠르고 또 증험이 있는 것이다. … 중략 … 보이지 않는 가운데 스스로 밝은 이치가 있으니 두려워하지 않을 수 있겠는가! 漢나라 昭烈[劉備]은 자식을 경계하면서 '선이 작다고 하여 안 하지 말고, 악이 작다고 하여 하지 말라'고 했으니, 어찌 천고의 격언이 아닌가![159]

이렇게 본다면 결국 복선화음의 지속 문제를 유가에서는 당대와

---

159) 李圭景, 「善惡報應遲速辨證說」, 『五洲衍文長箋散稿』 卷 42, "嗚呼! 玄德升聞, 罪惡貫盈, 豈非善惡稔熟之時乎? 故其報應者捷如影響, 今不必多舌於其間. 然自古善少惡多, 報應者若存若無. 故古人有詩曰, 善惡若無報, 乾坤必有私. 此欲見其報應之速驗, 而寂然無聞, 故至有此詩. 然爲善得福, 爲惡得禍, 非天地鬼神, 因其善惡而報之以禍福. 蓋善者日趨於受福之事, 惡者日趨於受禍之事, 易所謂積善之家, 必有餘慶, 積不善之家, 必有餘殃, 皆理之所自致也. 故曰禍福無不自己求之者也. 古人又以善惡報應有詩曰, 善惡到頭終有報, 只爭來速與來遲. 此亦悶鬱無報而作也. 世之無知者, 遂以爲爲善未必福, 爲惡未必禍, 恣行不義, 妄啓禍福無恒之口實, 禍福果無其應者乎? 夫善人爲善, 而天或不以善報, 非無報也, 蓋未報也, 惡人爲惡, 而天或不以惡報, 非無報也, 蓋未報也, 其所未報者, 何也? 人之善惡, 姑未盡熟, 故少遲遲, 稍待其熟耳. 熟之旣盡, 禍福隨之, 人之一動一靜, 禍福倚伏則何論其早晚耶! 大藏經云, 善若無報, 其善未熟, 其善熟時, 必受其福. 惡若無報, 其惡未熟, 其惡熟時, 必受其苦, 亦此意也. 太上感應篇, 太上曰, 禍福無門, 惟人自召, 善惡之報, 如影隨形, 此兩語, 亦有所本. [禍福無門, 惟人所召, 本閔子騫之詞, 吉凶之報, 如影隨形, 見孔安國尙書傳, 二氏善善惡惡之義與同也.] 釋氏有因果之說, 道家有感應之篇者, 亦勸善癉惡之義也, 有報應之最速且驗者. …中略… 冥冥之中, 自有昭昭之理, 可不懼哉! 漢昭烈之戒子, 勿以善小而不爲, 惡小而爲之, 豈非千古之格言也哉!"

조선祖先과 자손의 관계 속에서 해결하려고 하였으며, 불교에서는 전생 · 금생 · 후생 삼세三世의 윤회 관계 속에서 해결하려 하였다는 것을 알 수 있다. 전자를 '친자감응설親子感應說', 후자를 '삼세업보설三世業報說'이라 명명命名하도록 한다.

① 친자감응설親子感應說과 지속遲速의 논리論理

친자감응설親子感應說이란 부모의 선악이 언젠가는 자손에게 영향을 미친다는 사상을 가리키는 말이다. 선악의 결과는 꼭 있는 법이어서 둥근 달이 뜨면 반드시 물에 비치고[조응照應], 종을 치면 반드시 그 소리의 메아리가 있는 것처럼[향응響應], 당대 그 자신에게 미치지 않는다면 내 생명의 연장이라 보았던 후손에게 반드시 그 영향이 미친다는 설說이다. 이는 개인의 선 · 악이 그 자신에게만 영향을 미치는 것이 아니라 후손과 가족, 나아가 향리와 사회에까지 연쇄적으로 영향을 미친다는 사고 의식이 강했던 옛날의 사고방식에서 나온 사상이다.

선인들은 조선祖先과 후손의 관계를 한 그루의 나무와 같이 생각했다. 뿌리나 줄기는 조상이고 잎과 열매는 자식이다. 따라서 내 생명은 단절되는 것이 아니라 자식에게 이어지는 것으로, 마치 열매가 떨어져 다시 싹이 터서 새 생명이 탄생하는 것처럼 대대승승代代承承 이어진다는 계세사상繼世思想을 지니고 있었다. 그렇기 때문에 선인들은 다남多男을 최고의 복으로 생각했다. 『성호사설星湖僿說』 권 17 「선인복박善人福薄」 조에 '세상에서 선인복박善人福薄이라고 하는데, 이것은 몹시 곤궁하고 집이 가난하며 자손이 적거나 혹 끊어짐을 이른다'라고 하였으니 자손의 유무가 복과 깊은 관계가 있었음을 잘 알 수 있고, 심지어 자식이 없는 것을 선악의 결과에 따른 인과응보로까지 생각했다.[160] 권중현權重顯도 「행벌정식行罰定式」에서 무자無子가 악인에 대한 벌의 결과[161]라고 했다. 이런 전통은 이른 시기부터 있었다. 『삼국유사三國遺事』의 「원광서학圓光西學」 조에 보면 '유복한 사람의 무덤에 사태死胎를 묻으면 자식이 끊어지지 않는다[당어유복인묘매지當於有福人墓埋之, 종윤부절種胤不絶]'는 이야기가 있는데, 대를 잇기 위해 복 있는 사람의 무덤에 죽은 아이를 묻는 풍습까지 있었던 것으로 보아 복의 내용 중 하나가 다남多男이었음을 잘 알 수 있다.

조상과 자신과 후손을 하나의 나무로 생각했던 선인들의 의식으로 보아 적악積惡하지 않아야 한다는 관념은 당연하고도 보편적인 생각이었다. 나의 적선積善·적불선積不善이 언젠가는 자식에게 이어지기 때문이다. 뿌리를 충실하게 해야 줄기와 잎이 무성하듯, 부모가 적덕積德을 해야 후손이 복을 받는다는 논리는 당연한 것이다.

앞에서 간단하게 언급했듯이 복선화음 수용의 논리 기저에는 지속의 논리가 짙게 깔려있는데, 이 지속의 논리는 이와 같은 선인들의 '생명관生命觀'을 이해하지 않고서는 이해할 수 없는 것이다. 유가에서는 복선화음이 부모(과거)·자신(현재)·자손(미래)으로 이어진다고 생각했지만, 불교에서는 전생·금생·후생의 삼세로 이어진다고 생각했다. 다시 말하면 유가에서는 내 생명이 자손에게 이어진다고 생각했지만 불교에서는 내 생명이 삼세를 윤회한다고 생각했다. 이와 같은 점이 근본적인 차이점이기는 하나 실제 의식체계에서는 반드시 그런 것만이 아니었다. 불교에서도 자식에게 이어지는 것으로 보기도 하였다. 이 점은 다음의 '삼세업보설三世業報說

160) cf., 金東旭 外, 『韓國民俗學』(새문社, 1988), p.112.
161) cf., 權重顯, 「行罰定式」 條, 『功過新格』

과 지속遲速의 논리論理' 조에서 다시 언급하기로 한다.

여기서는 선유先儒들의 실제 언급이 어떠했는지 살펴보기로 한다. 신석우申錫祐는 「역적선지가유여경易積善之家有餘慶」(『가헌문집可軒文集』)에서 "물의 본원이 깊어야 지류支流가 길게 멀리 뻗고, 나무의 뿌리가 굵고 둥글어야 가지와 잎이 무성한 것은 사물의 이치가 반드시 그러한 것이다. 사람에게 있어서도 다름이 없기 때문에 후세의 흥興함은 반드시 전세前世의 덕德에 말미암는 것이니, 자손의 경사는 반드시 부모의 선善에 연유하는 것이다"[162]라고 하면서, 『주역周易』 건곤괘乾坤卦의 「문언전文言傳」에 나오는 '적선지가積善之家, 필유여경必有餘慶'에 대해 자세히 풀이하였다.

김종후金鍾厚도 「복선화음해福善禍淫解」에서 '선한 이에게 복을 주는 것과 음한 이에게 화를 주는 것이 자신에게 있지 않으면 자손에게 있게 되어, 비록 천백세에 이르더라도 반드시 그렇게 됨을 전기傳記에서 뚜렷하게 볼 수 있으니, 이것은 끝내 이理가 기氣를 이기기 때문임이 틀림없다'라고 하여 언젠가는 후손에게 복선화음이 미침을 강조하였다.

이규경李圭景은 앞서 살펴본 「선악보응지속변증설善惡報應遲速辨證說」에서 '착한 사람의 자손이 도리어 가난하고 천대를 받으며 악한 사람의 자손이 편안하게 부귀를 누리는 것을 보고 혹시 천지 귀신의 조응照應과 단속이 미치지 못하여서인가 한다. 그러나 이것은 그렇지 않다. 다른 사람에게 악을 행한 자는 그 자신의 몸에 사람들마다 침을 뱉고 욕을 하여, 천백세에 걸쳐 침을 뱉고 욕하는 말이 끊

---

162) 申錫祐, 「易積善之家有餘慶」, 『可軒文集』, "水之本源深, 則流波綿遠. 木之根厚圓, 則枝葉繁茂, 物理必然. 在人無異, 故後世之興, 必由於前世之德, 子孫之慶, 必因父母之善."

어지지 않으면 그 자신이 받은 악의 보응이 벌써 극도에 이른 것이다. 그렇기 때문에 그 자손이 만약 개과천선하면 하늘은 반드시 참작하여 용서하고 선에 대한 보응을 한다. 그러므로 자손이 복을 받는 것이다. 다른 사람에게 선을 행한 자는 그 자신의 몸에 사람들마다 찬송하여 천백대에 걸쳐 찬송하는 말이 그치지 아니하면 그 자신이 받은 선의 보응이 이미 가득 찬 것이다. 그렇기 때문에 그 자손이 만약 불초하여 악을 행하면 하늘은 반드시 싫어하여 그 악에 대해 보응을 한다. 그러므로 자손이 화를 받는 것이다'[163)]라고 하여 화복이 자손에게 미치는 관계를 이야기하였다. 권중현權重顯도 부모의 선악이 자식에게까지 미침을 이야기하였다.[164)]

김안국金安國의 『정속언해正俗諺解』 목차의 마지막이 '적음덕積陰德'이다. 이것으로 보아 선인들이 음덕을 쌓는 일을 얼마나 중시했으며 믿었는가를 알 수 있다. 이는 유가의 합리적 사고방식을 기초로 한 혈통의 지속성과도 상관있는 것이다.

이밖에도 화복이 자손에게 미친다는 단편적인 기록들은 문집의 서序·발跋 등에 무수히 보이나 이 글에서는 생략하기로 한다.

② 삼세업보설三世業報說과 지속遲速의 논리論理

삼세업보설이란 전세·현세·후세의 삼세를 업보에 따라 윤회하

---

163) 李圭景, 「善惡報應遲速辨證說」, 『五洲衍文長箋散稿』 卷 42, "…又見善人之子孫, 却受貧賤, 惡人之子孫, 安享富貴, 是或天地鬼神未及照檢而然歟? 此有不然者. 夫惡人者, 及其身, 人人唾罵之, 亘千百世而唾罵不絶, 則身受惡報已極矣. 故其子孫, 若能改過遷善, 則天必參恕, 報其爲善. 故子孫受福. 夫善人者, 及其身, 人人讚頌之, 逮千百代而讚頌不息, 則身受善報已盈矣. 故其子孫, 若不肖而爲惡, 則天必厭之, 報其爲惡. 故子孫受福. …"

164) cf., 權重顯, 「功過打算例」, 前揭書, "夫富貴者, 多是前生及先世, 積德之人, 貧賤者, 多是前生及先世, 薄德之人".

며 태어난다는 이론이다.

현재의 업보를 순현보順現報라고 하고, 다음 생에 받을 업보를 순생보順生報라고 하고, 언젠가는 받을 업보를 순후보順後報라고 하는데 우주만물이 모두 이 선 · 악의 인因에 따라 과보果報를 입고 윤회한다는 이론이다. 이 이론에 대해 석釋 묵암默庵(1722~1795)이 『최늘집最訥集』에서 한 해석을 보면 다음과 같다.

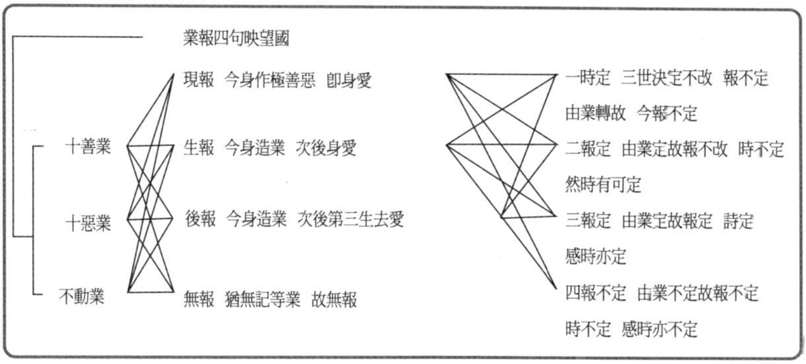

불교적 생명관은 내 생명이 자식에게 이어져 누대累代로 전해진다는 유가의 생명관과는 달리 윤회한다고 보고 있다. 내 생명이 자식에게 이어지는 것이 아니라 윤회한다. 생사는 다생다겁多生多劫의 무수무량無數無量하고 무시무종無始無終한 것으로, 인연에 의해 윤회전생한다는 것이다. 불교의 생명관으로 보면 우리의 생명은 영원무궁한 것으로 윤회하는데, 반드시 선악의 인연에 따라 화복을 받고 윤회한다. 따라서 선한 일을 했는데도 금생에 복을 받지 못하였다면 내생에 가서 반드시 복을 받고, 악한 일을 했는데도 금생에 화를 받지 않았다면 내생에 가서 꼭 그 화를 받는다는 것이다. 다만 화복의 지속이 있을 뿐으로 근보近報든 원보遠報든 반드시 보응을 받는다.

이와 같은 복선화음에 대한 지속의 논리를 유가에서는 조선祖先과 자손으로 이어지는 영속적인 생명관으로 풀었지만, 불교에서는 자신의 윤회로 풀이하고 있다. 따라서 유가에서는 복선화음에 대한 대수代受의 논리가 성립되지만, 불교에서는 대수代受할 수 없다는 것이 원칙이다. 자신이 착한 행동을 하여 업인업과業因業果에 의한 복을 받으라는 것이다. 『출요경出曜經』에 '사람이 악을 행하는 경우 그 재앙을 자초하는 것뿐이어서 부모·형제·종족이 그 죄를 대신해 받아 주는 것이 아니고, 악을 행하지 않는 경우 그 복을 스스로 받는 것뿐이어서 부모·형제가 그 기쁨을 대신해 받는 것도 아니다. 그러므로 청정淸淨한 행위를 자기가 하면, 그 보報도 자기가 받게 된다'[165]라고 하였다. 그러나 세속적인 불교에서는 꼭 그렇지만도 않았다. 그 한 가지 예가 『삼국유사』에 보이는데, 「선율환생善律還生」 조에 보면 부모의 잘못으로 딸이 명부冥府에서 고경苦境에 처하는 이야기가 있다.[166]

이상으로 유·불의 지속 논리에 대해 살펴보았다. 지속의 문제를 풀이하는 관점은 각기 달랐으나 유·불이 모두 복선화음은 반드시 지켜진다고 보았다. 유자儒者들은 윤회설을 믿지 않았어도 복선화음이 꼭 지켜진다는 것을 설명하기 위해 윤회설을 원용하기도 했다. 불자佛者들은 세인世人들이 복선화음이 꼭 지켜진다는 것을 믿지 않았기 때문에 대수代受받을 수 없다는 논리를 스스로 유보하고 당시 유가 사회의 복관념福觀念에 따라 복선화음이 자손에게 이어진

165) 韓龍雲 編, 李元燮 譯註, 前揭書, p.360.
166) cf., 「感通」 篇 第 7, 『三國遺事』

다는 논리를 펴기도 했다. 그러나 이는 어디까지나 하나의 방편에 불과한 것이다.

복선화음이 꼭 지켜진다고 본 것은 모든 종교가 같다. 「태상감응편太上感應篇」을 보면 도교道敎도 마찬가지이고, 『성경聖經』을 보면 기독교도 마찬가지이다. 특정 종교에 국한된 것이 아니라 모든 종교가 복선화음의 신봉에 관해서는 한가지이다. 이는 종고적인 측면에서 뿐만 아니라 사상적인 측면에서도 같아서 제자백가의 설이 또한 그러하다.

이상으로 선인들의 복선화음 신봉의 논리를 여러 가지 측면에서 고찰해 보았다. 선인들은 복선화음을 하나의 신앙처럼 받아들였으며, 이를 증명하기 위해 여러 가지 논리를 폈다.

그러나 이상의 논의와 같이 선인들이 한결같이 복선화음을 신봉만 한 것은 아니다. 끊임없는 회의가 수반되어 왔다. 하지만 비록 회의를 품었다고 하더라도 복선화음 자체의 당위성을 부정한 것은 아니었다. 복선화음을 부정한다는 것은 그 당위성을 부정하는 것으로 그 자체가 악이 되는 것이다. 따라서 복선화음에 대한 부정적인 논의는 바로 악을 찬미하는 것이 되어 지극히 부정적인 것으로 보는 것이 당연한 일이었다. 중국의 왕충王充은 그의 저서 『논형論衡』에서 복선화음이 천도天道가 아니라고 하여 종래의 복선화음관에 대해 부정적인 주장을 하기도 했다. 그러나 이것이 복선화음의 당위성 자체를 부정한 것은 아니다.

복선화음의 신봉에 관한 논의는 그 자체만으로드 의미가 있는 것이지만, 이 논의가 여러 방면의 연구에 도움을 줄 수 있을 것이라는 점에서 그 의미가 더욱 확대된다. 이 글에서는 지금까지 살펴본 논의를 토대로 하여 고소설을 살펴보고자 한다.

(2) 복선화음福善禍淫 신봉관信奉觀과 고소설古小說 논의論議

지금까지 복선화음 신봉의 논리적 근거인 '성감지리誠感之理'와 '인과응보지리因果應報之理'에 대해 살펴보고 이것을 선인들이 어떻게 수용하였는가에 대해 '비유적 논리'와 '철학적 논리'로 나누어 알아보았다. 비유적 논리에서는 '영향설影響說'·'종자설種子說' 등을 살펴보았고, 철학적 논리에서는 '이기설理氣說'·'도수설道數說' 등을 살펴보았다. 그리고 선인들의 비유적 논리와 철학적 논리의 기저에는 '지속의 논리'가 깔려 있음도 알아보았다. 유·불의 논리 모두 언젠가는 반드시 복선화음이 지켜진다는 것이지만, 그 결과가 빨리 나타날 수도 있고 늦게 나타날 수도 있다는 것이다. 유가의 논리는 당대에 나타나지 않으면 자식의 대로 넘어가서 나타난다는 것이고, 불교의 논리는 후생後生에서 나타난다는 것이다. '친자감응설親子感應說'과 '삼세업보설三世業報說'이 그것이다.

이상과 같은 복선화음 신봉에 관한 논의는 소설의 본질과 발달·전개 과정을 이해하는 매우 중요한 단서가 된다. 선인들은 문학의 효용성으로 교훈성을 강조하였는데, 고소설이 당시의 도덕률을 직접적으로 충실하게 형상화했다는 점을 감안하여 볼 때 복선화음 신봉에 관한 논리는 그 자체가 고소설의 발달과 맥을 같이 한다고 볼 수 있다.

고소설에서 복선화음 신봉에 관한 논리를 어떻게 작품으로 형상화하였는가는 큰 과제였다. 고소설과 관련하여 복선화음에 관한 몇 가지 문제를 정리하자면 다음과 같다.

가) 고소설은 크게 보아 복선화음에 대한 철저한 신봉을 보여주

는 것과 회의를 보여주는 것 두 가지 유형이 있다. 『창선감의록彰善感義錄』·『사씨남정기謝氏南征記』 등은 철저한 신봉의 예이고, 『원생몽유록元生夢遊錄』 등은 회의를 보여주는 예이다. 고소설의 서두와 말미에 복선화음에 관한 기사가 많이 보이는데, 이 내용만 보더라도 이 점은 분명하게 드러난다.

그러나 신봉의 예가 절대적으로 우세했다. 다만 복선화음 신봉 관념을 어떻게 작품화하느냐가 문제였다. 그러나 이와 같은 일반적 경향에도 불구하고 복선화음에 대한 신봉을 그리는 대신 불신과 회의를 그린 소설로 발전한 것도 있다. 그것은 소설이 Nor-을 발發하며 발전해온 문학이었기 때문이다. 소설은 모순 양립적 메커니즘을 지닌다. 신봉과 불신의 모순 양립적 요소가 소설의 존재를 가능하게 한다. 전통적인 복선화음 신봉의 파기는 비록 당시의 윤리로 보아 거부감을 주기는 하지만, 다른 한편으로는 소설의 매력이 되었던 것도 틀림없는 사실이다. 모순 양립적 요소 때문에 부단히 새로워지고 새로운 감동으로 전달될 수 있었다.[167] 신봉과 회의에 대한 물음이 소설 역사의 중요한 메커니즘이 되어 왔으며, 소설은 이 물음에 어떻게 답을 할까가 항상 문제였다. "태초에 선악이 있었고 그 결과인 복선화음에 대한 신봉과 회의가 있었다. 이것이 소설 역사의 시작이며 끝이 될 것이다."

나) 복선화음에 대한 신봉과 회의는 고소설의 리얼리티 문제와 관계가 있다. 현실적으로 복선화음이 지켜지지 않는 것을 '성감지리誠感之理'와 '인과응보지리因果應報之理' 등을 동원하여 복선화음이

167) cf., 黃浿江, 「古小說의 槪念」, 『韓國古小說論』(亞細亞文化社, 1991), pp.2~5.

지켜지도록 그린 것은 리얼리티가 없는 것이다. 그러나 선인들의 성감지리誠感之理와 인과응보지리因果應報之理에 대한 믿음은 신앙이었고, 동양적 인과율因果律로 보면 별다른 무리가 없는 것이다. '지성至誠이면 감천感天'이라는 성감지리誠感之理나 인과응보지리因果應報之理로 고소설을 풀어볼 때 리얼리티가 그렇게 중요한 것은 아니다. 소설은 불교佛教에서 말하는 하나의 '방편方便'이기 때문에 현실의 '복사판複寫版'일 필요가 없다. '방편'은 산스크리트어의 우파야(upàya)를 풀이한 말로, 우파야는 '목적에 도달하기 위한 과정'이란 뜻이다. 우리나라의 '방편'관에 커다란 영향을 미친 것은 『화엄경華嚴經』 「비유품譬喩品」의 하나인 '화택유火宅喩'이다.

> 낡은 집 안에서 어린이들이 놀고 있다. 그런데 그 집에 불이 났다. 그런데도 놀이에 열중한 아이들은 위험을 모르고 나오지 않으려 한다. 아버지는 아이들을 구하기 위해 수단을 이용했다. '얘들아, 밖에는 양과 말과 소가 이끄는 훌륭한 차가 있다. 빨리 나와 봐라.' 아이들은 이 말을 듣고 밖으로 나왔다. 그러나 그 차는 없었다.(물론 약속한 차는 아니지만 다른 차는 주었다.)

선인들은 사실보다 진실한 가르침을 전달하는 것이 중요하다고 생각했으며, 그것을 근본으로 삼고자 했다. '방편'이란 수단에 불과한 것으로 진실한 가르침에 대한 임시 가르침, 일시적인 수법이다. 선인들은 소설을 이와 같은 관점에서 본 듯하다. 사실(fact)성보다는 진실(truth)성을 더 중시했다. 진실이 본本이고 사실은 말末에 해당한다. 인류가 추구하고자 하는 권선징악 · 복선화음 등의 문제 앞에서 리얼리티는 그리 큰 문제가 되지 않았다.

『장자莊子』의 「외물편外物篇」에 “통발을 가진 사람은 고기에 마음이 있기 때문에 고기를 잡고 나면 통발을 망각하고, 올가미를 가진 사람은 토끼에 마음이 있기 때문에 토끼를 잡고 나면 올가미를 망각하고, 말을 하는 사람은 뜻을 표현하는 데 마음이 있기 때문에 뜻을 전달하고 나면 말을 망각하게 된다”[168]는 말이 있다. 고기를 잡는 망은 고기를 잡고 나면 필요가 없어지고, 토끼를 잡는 틀은 토끼를 잡고 나면 필요가 없게 되며, 말 또한 뜻을 전하고 나면 필요가 없게 된다. 권선징악의 주제나 복선화음의 이치를 전하는 것이 중요하지 그 수단은 별 문제가 되지 않는다. 권선징악이나 복선화음과 같은 진실의 전달이 중요한 것이지 리얼리티가 중요한 것은 아니다.

위와 같은 선인들의 관념에서 보면 리얼리티는 별 문제가 되지 않는다. 오히려 그들은 고소설 속에서 리얼리티를 느꼈는지도 모른다. 선인들이 ‘원인’과 ‘결과’를 모르고 ‘비논리성’을 몰랐던 것은 아니다. 그들의 인식론으로는 당연하다고 생각했기 때문에 그들 나름의 논리를 구성해 놓은 것이다. 인식의 차이에서 온 것과 인식의 부재不在에서 온 것은 다르다. 선인들은 성감지리誠感之理나 인과응보지리因果應報之理를 신앙처럼 믿었기 때문에 그 논리 또한 현실성 있게 받아들였다.

서구에서 기독교 신앙이 작품의 원천이 되었듯 우리 고소설은 성감지리誠感之理와 인과응보지리因果應報之理를 작품의 원천으로 삼고 있다. 괴테의 『파우스트』나 우리의 「흥부전興夫傳」이 비현실적이라

---

168) 錢穆, 『莊子纂箋』(香港 東南印務出版社, 中華民國 四十年二月), p.227. “筌者所以在魚, 得魚而忘筌, 蹄者所以在兎, 得兎而忘蹄, 言者所以在意, 得意而忘言.”

는 측면에서는 마찬가지이다.

김열규金烈圭는 고소설의 비현실성으로 이야기되는 것 중 하나인 우연성에 대해 긍정적으로 보아야 한다고 다음과 같이 주장하였다.

> 또 하나 중요한 것은 이조소설이 지닌 偶然性인데 이제까지는 消極的 否定的으로 보아 왔으나 이 우연성은 신화적 우연성에 비교했을 땐 그럴 수밖에 없는 必然性으로 봐야 하겠습니다. 神話의 탐색의 주인공들은 시련을 겪는 데 있어서 그가 이미 신적 영역에 있는 존재이므로 신들의 도움이나 구원을 얻었다고 하는 必然性을 느끼게 됩니다. 그런 신적 도움이 이조에 와서 世俗的 偶然的인 것으로, 消極的으로 봐서는 안 되겠습니다. 이조 소설은 강력한 유형성을 지니고 있으므로 재미있게 되려면 우연성이 개입해야 하며 이것이 적극적 긍정적인 것이 되어야 합니다. …… 그러므로 이것을 신화와 비교해 보면 이조 소설의 우연성도 좀 달리 평가될 것입니다.[169]

현실 자체가 우연으로 가득 차 있기 때문에 소설 속의 우연은 오히려 당연한 것이고, 그것이 오히려 더 리얼리티가 있는 것인지도 모른다. 황패강黃浿江도 고소설의 불합리성에 대해 다음과 같이 이야기하고 있다.

> 그들은 단순한 현실의 합리적인 재현이나 복사보다는 예술적 감동을 操作하는데 예술의 우선권을 주었던 것으로 보인다. 그것이 예술적 감동을 촉발하는 최선의 방법이라는 확신이 있을 때에는 〈현실적 타당성〉이나 〈비논리성〉을 희생하는 일도 서슴지 않는다는 태도다.

169) 金烈圭 · 조동일 · 蘇在英 · 黃浿江, 「韓國文學의 思想的 흐름」, 『古典文學을 찾아서』(文學과 知性社, 1976), p.69.

> …… 우리 왕조시대 소설의 작가는 소설의 세계가 반드시 현실과 같아야 할 이유가 없다는 확신을 가졌을 뿐더러 오히려 〈한 없는 상상의 자유를 누려 가지는 세계〉라고 믿어 의심치 않았던 것 같다.[170]

고소설은 우연성의 남발로 인해 리얼리티가 없다는 그간의 자조적인 입장이나 견해는 시정되고 극복되어야 한다. 지성이면 감응이 있어 제비가 박 씨를 가져다주고, 한양에 있던 이몽룡이 남원까지 며칠만에 올 수 있는 것이다. 복선화음의 논리적 근거를 위해 성감지리誠感之理나 인과응보지리因果應報之理를 동원한 것은 그것이 선인들에게 리얼리티로 인식되었던 까닭이라고 보아야 한다. 소설적 미숙성의 산물이라고 매도할 수만은 없다.

다) 이기론理氣論에 입각한 고소설 연구는 계속되어야 한다. 조동일趙東一[171]에 의해 제기된 문학에서의 이기론理氣論은 앞으로 깊이 연구되어야 할 것이다. 복선화음을 유가적 견지에서 풀어본 김종후金鍾厚의 이기설理氣說과 이종직李定稷의 도수설道數說은 이 방면 연구에 많은 도움을 줄 것이다. 선인들은 기氣보다는 이理, 수數보다는 도道를 추구하려고 했다. 기氣나 수數는 인도人道로서 적연適然한 것이지 상연常然한 것이 못된다. 선인들은 상연常然한 천도天道를 지향해 왔다. 그러나 여기서는 소설의 모순 양립적인 요소가 중요하게 작용하고 있음을 간과해서는 안 된다.

앞으로 '천군계 소설天君系小說과 이기론理氣論', '김시습金時習의 주

---

170) 黃泿江, 『朝鮮王朝小說硏究』(檀大出版部, 1986), p.92

171) cf., 趙東一, 「理氣哲學의 傳統과 國文學 理論의 새로운 방향」, 『韓國小說의 理論』, 知識産業社, 1977.

기론主氣論과 그의 소설', '김시습金時習의 주기론主氣論과 「남염부주지南炎浮州志」' 등과 같은 논제 아래 많은 연구가 이루어져야 할 것이다.

라) 고소설의 권선징악적인 주제는 선인들의 복선화음관에 근거를 둔 것이다. 선을 권장하고 악을 징계할 명분이 복선화음에 있었다. 따라서 권선징악이라는 교화방편教化方便·선교방편善巧方便의 이치로 복선화음지리福善禍淫之理를 폈고, 이 복선화음관의 기저에는 성감지리誠感之理와 인과응보지리因果應報之理라는 논리와 사상이 깔려있었다. '권선징악이라는 주제는 결말에 가서 성감지리誠感之理와 인과응보지리因果應報之理가 기저에 깔려있는 복선화음의 이치로 그 모습을 드러낸다'고 하겠다.

홍석주洪奭周는 "아! 권함을 기다리지 않고서 선행하기를 즐거워하는 자는 상지上知이고, 권하여도 믿기를 좋아하지 않고 징계하여도 두려워할 줄 모르는 자는 지극히 어리석어서 자포자기하는 자이다. 중인中人의 정情은 화복으로 권선징악되니, 세상에 상지上知가 되는 자는 진실로 드물고 지극히 어리석어서 자포자기하는 자 역시 중인中人보다 적다"[172]라고 하여 복선화음의 이치를 모두 믿지는 않지만, 하우下愚는 극소수이고 대부분의 중지中知와 상지上知가 믿기 때문에 권선징악이 중요하다고 말함으로써 복선화음이 권선징악할 수 있는 명분이 되고 있음을 밝혔다. 석釋 긍선亘璇도 "천당과 지옥의 설이 실제로 권선징악 할 수 있다"라고 하여 복선화음의 이

---

172) 洪奭周, 「福壽雙會序」, 前揭書, "嗚呼! 不待勸而樂於爲善者, 上知也, 勸之而不肯信, 懲之而不知懼者, 至愚而自暴者也. 若中人之情, 則鮮不以禍福爲懲勸, 世之爲上知者固鮮, 其至愚而自暴者, 亦不如中人之多也."

치를 권선징악의 장치로 사용하였음을 보여 주었다.

권선징악의 사례를 실증적으로 보여주기 위하여 그 구조로 복선화음의 이치를 들어 문제점을 해결하려고 하였다. 이는 소설의 효용론을 뒷받침하는 원론이 된다고 하겠다.

마) 고소설에 나타나는 권선징악과 복선화음의 관계는 다음과 같다. 권선징악은 주제이고 복선화음은 하나의 이치로, 권선징악이라는 주제를 위한 결말 구조로 이용된다. 권선징악이라는 목적론적인 주제를 효과적으로 살리기 위해 복선화음의 이치를 수단으로 택했으며 이것이 권선징악할 수 있는 명분이 되었다. 권선징악은 주제로 목적이고, 복선화음은 구조로 수단이 된다. 따라서 앞에서 보았듯이 권선징악이라는 주제는 결말에 가서 복선화음의 구조로 그 모습을 드러내고, 복선화음을 장치로 하여 권선징악이라는 주제를 이끌어 낸다.

모든 종교가 궁극적으로 지향하는 것이 권선징악이기 때문에 권선징악을 위한 각종 논리[도그마]가 필요했듯이, 문학도 권선징악을 위한 여러 논리가 필요했으며 나름대로 그 논리를 문학사상화 하였다. 권선징악은 '영원히 구현해야 할 주제'이고[173], 복선화음은 '영원히 지향해야 할 이치'이다. 복선화음이 현실적으로 지켜지지 않을 수도 있지만, 권선징악이라는 주제를 효과적으로 담을 수 있는 장치로 영원히 지향해야 한다. 권선징악은 당위이지 이치가 아니고, 복선화음은 이치이지 당위가 아니다. 따라서 권선징악이라는

---

173) cf., 姜在哲, 「古典小說의 主題 '勸善懲惡'의 意義」(『師大論叢』, 檀國大師範大, 1988. 및 『제31회 전국 국어국문학 연구발표대회초』, 국어국문학회, 1988. 6.)

주제의 달성을 위해 성감지리誠感之理·인과응보지리因果應報之理·복선화음지리福善禍淫之理, 비유적 논리·철학적 논리 등과 허구의 논리(소설의 논리) 등을 필요로 하게 되었다.

이상에서 살펴본 바와 같이 선대에 권선징악은 당위로서 백퍼센트 인정되었으나 복선화음은 백퍼센트 신봉되거나 인정되지는 않았다고 할 수 있다. 고소설의 리얼리즘 문제는 권선징악에 있는 것이 아니라 복선화음에 있었던 것으로, 복선화음의 논리가 오늘날 고소설 연구자들에게 폄하의 표적이 되고 있다.

권선징악은 '전근대'이건 '근대'이건 '현대'이건 어느 시대에서든 필요한 주제이다. 근대나 현대라고 하여 도외시될 주제가 아니다. 시대를 초월한 주제이다. 그러나 근대화 과정에서 잘못된 인식으로 인해 권선징악이라는 주제가 왜곡되었다. 서구에서는 자아각성 시대의 주류 주제가 'Good and Evil'이었다. 선악의 대결에 따른 선의 승리를 고취시킨 작품들이 대부분이었는데, 이러한 전통이 현재에도 계속 이어지고 있다. 권선징악에 관한 한 유자儒者들도 허탄虛誕하다고 믿었던 불교佛敎의 윤회화복지설輪廻禍福之說을 긍정적으로 수용했다.

바) 고소설은 대부분 복선화음의 지속 문제를 환하게 제시해 보여준 것들이다. 언젠가는 복선화음이 지켜진다는 점을 '친자감응설親子感應說'이나 '삼세업보설三世業報說' 등을 동원하여 분명하게 보여주려고 했다. '적선지가積善之家, 필유여경必有餘慶'을 신봉했으니 이러한 소설의 대표적인 예가 『임씨삼대록林氏三代錄』·『하진양문록河陳兩門錄』 같은 가문소설이다. 이러한 전통은 염상섭廉想涉의 『삼대三代』·채만식蔡萬植의 『태평천하太平天下』·김남천金南天의 『대하大河』·

박경리朴景利의 『토지土地』 등으로 이어지고 있다. 그리고 윤회의 삼세업보설三世業報說을 보여준 많은 소설들이 있다. 현대의 역사소설에는 당시 복선화음이 제대로 지켜지지 않았던 사실을 재조명해 보여주는 것이 많다.

사) 권선징악이나 복선화음 자체를 막연하게 부정적인 시각에서 본 기왕의 견해는 시정되어야 한다.[174] 선악의 개념은 언제나 불변적인 것이지만, 선악의 내용은 시대에 따라 가변적인 것이다. 통시적으로도 다르고 공시적으로도 다를 수 있으며, ① 종족(Race) ② 환경(Milieu) ③ 시기(Moment)에 따라 다를 수 있을 것이다. 같은 시대 · 같은 환경 · 같은 종족이라도 개인의 처지에 따라 공동선 · 공동악이 개인에게는 선악이 아닐 수도 있을 것이다. 유가의 입장에서 선은 충서忠恕 · 효제孝悌 · 삼덕三德 · 오륜五倫 등이었으나 오늘날의 선은 반드시 그런 것이 아니다. 다만, 고소설에 나타난 선악이 천편일률적인 선악, 하나의 틀에 박힌 평판적인 선악이라는 점은 어느 정도 인정해야 할 것이다.

따라서 개성적이고 입체적인 선악의 창조가 문제이다. 그러나 그럼에도 불구하고 일과성의 선악을 창조해서는 안 될 것이며, 그것보다는 차라리 시대를 초월한 구원久遠의 선악을 창조해야 할 것이다. 이 점을 고소설은 어느 정도 충족시켜 주고 있다.

고소설의 전통은 당시의 윤리적 전통에 얽매여 있기만 한 것이 아니었다. 이는 『삼국유사』의 「남백월이성南白月二聖 노힐부득努肹夫得 달달박박怛怛朴朴」 조에서도 잘 살펴볼 수 있다. 개성적인 선악의

174) 上同.

창조는 언제나 필요한 것이었다. 선악의 자의字義는 근본적으로 변하지 않는 것이지만, 선악의 기준이나 내용은 시대에 따라 변할 수 있는 것이다. 따라서 새로운 선악의 창조가 필요하고 가능하다.

이에 따라 고소설 선악 내용의 주류적 변화를 시대에 따라 대략 정리해 보면 다음과 같을 것이다.

삼국 시대와 그 이전 시대 : 諸사상의 交構에 따른 선악.

고려 시대 : 유 · 불의 交構에 따른 선악.

조선 시대(전기 · 후기) : 儒家 윤리에 입각한 선악과 그것이 붕괴되어 가는 과정 중의 선악.

현대(대한제국기 · 일제강점기 · 해방 공간기 · 남북 분단기) : 각 시대의 관념에 따른 선악.

시대에 따라 추구하는 선악의 구체적인 내용은 차이가 있었을 것이다. 고려조와 조선조의 경우에도 선악의 내용에 차이가 있었을 것이다. 이 중 특히 조선조 후기 유가 이념의 붕괴 과정 속에서 선악의 내용은 크게 달라지기 시작했고, 혼돈 속에서 새로운 선악의 창조가 가능하지 않았을까 한다. 조선조 전기에 비해 후기와 말기는 유가 윤리에 입각한 선의 기준이 점점 퇴색되어가는 시대였다. 자아각성에 따른 선善의 재해석이 시도되었던 시대이다. 선악의 내용은 각 시대마다 바뀔 수 있고 또 그 시대에 알맞은 선악이 늘 추구되었을 것이다. 인간 본연의 선도 있고 관습적인 선도 있고 도덕적인 선도 있고 집단의 공동선共同善도 있고 개인적인 선도 있었을 것이다. 악의 경우도 필요악이 있고 장발장 같은 희생양적인 악이 있었을 것이다. 사회가 산업화 · 다원화되면서 선악의 내용도 다양하게 변하게 되었고, 선악 대립의 철저한 이분법적 사고방식도 지양되었다.

이에 따라 선악의 내용 변화에 따른 소설 발달사의 서술도 가능할 것이다. 이는 우리 소설사 서술의 난제 가운데 하나를 해결해 줄 수 있는 좋은 시각이 될 것이다.

복선화음을 부정적인 시각에서 보려는 견해는 아마도 옛날의 선악이나 화복의 내용을 상기하는 데서 오는 것이 아닌가 생각된다. 오늘날의 기준에 의한 선악으로 보면 복선화음에 대한 부정적인 시각이 해소될 것이다. 선악의 내용이 가변적이듯 화복의 내용 또한 변한다. 고소설에 나타난 복은 신분상승·부의 성취·자손의 번영·극락왕생 등이다. 이는 당시 사람들이 추구했던 행복관에 따른 복으로, 현대인들이 추구하는 복과 다를 수 있다. 선악이 통시적·공시적으로, 또 종족·환경·시기에 따라 다를 수 있고 개인에 따라 다를 수 있듯이 화복도 마찬가지이다.

권선징악이라는 주제는 불변의 것이지만, 선악의 내용은 시대에 맞게 변화되어야 현실감이 있을 것이다. 그리고 권선징악을 주제로 한 소설이 일방적인 목적성을 띠어서는 안 된다. 개인의 진정한 삶이나 공동의 선善을 위한 권선징악이 되어야 하지 이해가 계산된, 목적성을 전제로 한 일방적인 통치의 수단으로 악용되어서는 안 된다.

아) 고소설의 붕괴는 복선화음에 대한 신봉의 붕괴와 맥락을 같이 한다. 성감지리誠感之理나 인과응보지리因果應報之理, 친자감응설親子感應說·삼세업보설三世業報說 등을 통한 복선화음지리福善禍淫之理의 불신과 선악·화복의 내용 변화 등이 현대 소설의 출현을 촉발시켰

다. 이 점은 복선화음 논의와 선악 논의가 실학 시대와 현대로 넘어오면서 더욱 활발해졌다는 논리와 맥락을 같이 한다. 이 사실은 앞으로 고소설을 사적으로 고찰하는 데 중요한 맥이 될 것이다. 복선화음 논의가 활발해졌다는 것은 역으로 그만큼 소설 논의가 기존의 복선화음관으로부터 자유로워졌다는 이야기이다. 방증 자료로 후기 고소설에 권계지사勸戒之辭가 적게 나타난다는 것을 들 수 있다. 정명기鄭明基는 이에 대해 다음과 같이 언급하였다.

> 「勸戒之辭」가 후기의 내용 중 가장 큰 비율을 점유하고 있다는 사실로부터 다음과 같은 설명이 가능해진다. 즉 그들이(작가든 필사자든지 간에) 소설 자체에 대해 철저할 정도로 효용성을 인정하고 있었으며, 또 그에 부수하는 교훈성이란 의미를 무척 강조해 왔다고 하겠다. 그러나 시대를 내려오면서 그 출현 빈도수가 적게 나타난다고 하는 점은 먼저 독자들의 의식 세계에 변화가 있었다는 사실과 함께 출판 과정의 변이를 겪으면서 상업성이 점차 겉으로 드러난 현상과 결부되어야 그 해답을 구할 수 있게 된다. 다시 말하면 이 문제는 문학의 효과가 무엇이냐는 질문으로 회귀할 성질의 것이다. 효용성-어느 면에서는 교훈성과 통하리라 보는-과 쾌락성이란 것이 곧 그것이다. 이조 왕조의 유교 윤리는 철저할 정도로 효용성의 입장을 띠고 전개되었다고 할 수 있다.[175)]

'복선화음 신봉의 붕괴와 소설의 발달'에 대해서는 별도의 논의가 필요할 것이다. 이는 고소설의 작품 내용을 통해 실증적으로 고찰해 볼 필요가 있다. 복선화음 신봉의 붕괴는 현대소설 출현의 촉진제가

175) 鄭明基, 「古小說 後記의 性格考(一)」, 『院友論集』 7집(延大大學院, 1979), pp.22~23.

됨과 동시에 전통의 고수 양상으로도 나타났다. 춘원이 사릉思陵에 있을 때, 과거사를 후회하면서 쓴 글인 『묵상록黙想錄』 중 「인과응보因果應報」에서 "나는 윤회전생과 인과응보를 믿습니다"[176]라고 했던 것처럼, 그의 작품 「사랑」에는 '인연' · '인과응보' · '업보' 등의 어휘가 큰 영향력을 미치고 있다. 윤홍로尹弘老는 춘원의 작품 「사랑」에 대해, "가장 많은 영향력을 주는 어휘를 찾으면 '인연' · '인과응보' · '업보'라고 할 수 있다. 빈도수도 많거니와 춘원이 현상을 사실로 승인한다는 표현이 '인연'이라는 단어일 것이다. 그것은 종교적인 어휘이지만 자연과학의 세례를 받은 자연주의자들의 인과론으로도 풀 수 있다는 것이 소설의 맥락에서 찾아진다. 그런 의미에서 「사랑」은 자연주의적인 인과론과 초자연적인 형이상학적 인연론이라는 상극적인 인식 방법이 조화를 이룬 작품이다"라고 하였다.[177]

자) '지성至誠이면 감천感天'이라는 성감지리誠感之理는 고소설을 비롯한 서사문학의 구조를 꾸준히 지배해 온 하나의 전통으로 보편적 논리였다. 이는 고전문학의 여러 가지 '정형성' 중의 한 가지로, 선인들의 상고주의尙古主義나 술이부작述而不作의 태도로 보면 이해가 된다. 통시적으로나 공시적으로나 많은 사람들에 의해 확고하게 걸러진 유형성 또는 정형성의 굳은 틀을 기반으로 삼아 그 토대 위에서 이룬 개성의 창조는 나름대로 수준 높은 예술의 창작을 가능하게 했다. 이는 마치 바둑에 정석이 있는 것처럼, 시 · 소설에도 정석이 있었다는 것과 같다. 고전문학의 정형성에 대해서는 별도의

176) 李光洙, 「因果應報」, 『黙想錄』, 『李光洙全集』 19(三中堂, 1966), p.87.
177) 尹弘老, 「〈사랑〉의 해석」, 『東洋學』 21輯(檀國大 東洋學硏究所, 1991), p.193.

논의가 필요하다고 생각되어 이 논의는 후고後稿로 미룬다.

이 절에서는 고소설의 본질에 관한 제 문제를 동양 전통의 사고와 논리로 검토하되, 그 중에서도 선인들의 '복선화음 신봉관'을 논의의 토대로 하여 검토하고자 한 것이다.

선인들의 복선화음 신봉에 관한 다양한 논의를 검토하여 선인들의 복선화음 신봉이 하나의 거대한 사상적·신앙적 기둥임을 확인하여 고소설의 제 문제, 즉 복선화음과 권선징악에 대한 긍정적인 재인식 문제·복선화음과 권선징악의 문제·복선화음과 고소설의 리얼리티 문제·복선화음과 소설의 발달 문제 등을 살펴보았다.

이 절을 통해 그 동안 학계에서 부정적으로 논의되었던 '복선화음'이나 '권선징악'에 대한 재인식이 필요하다는 사실을 밝히고자 하였다. 이 글로 인해 그동안 학계에서 모호하게 인식되어 온 '복선화음과 권선징악의 관계'가 어느 정도 규명되었으리라고 본다. 따라서 복선화음에 관한 연구는 권선징악이라는 주제 연구를 위해 중요한 과제가 된다는 것이 어느 정도 밝혀졌다고 생각한다. 문학 연구가 주제 연구로 귀착된다는 점에서 볼 때 고소설의 공통 주제인 권선징악에 관한 연구를 위해 복선화음에 관한 연구는 매우 중요한 의의를 지닌다. 이와 함께 그동안 부정적으로 보아 온 고소설의 리얼리티에 대한 문제도 '성감지리誠感之理'나 '인과응보지리因果應報之理' 등을 통한 재인식이 불가피해졌으며, 소설 발달의 동인動因이 복선화음 신봉관에 기인하고 있다는 것 등이 어느 정도 밝혀진 셈이다.

앞으로 고소설의 일반적·공통적 주제인 권선징악에 관한 연구를 위해 복선화음 신봉에 관한 연구가 중요한 단서가 됨을 인식하고 양자의 관계에 대해 더욱 더 밀도 있게 천착하여야 할 것이다. 그리고 이 절에서 비중을 두어 집중적으로 논의한 선인들의 '복선화음 신봉관'은 그 자체만으로도 종교학 · 윤리학 · 철학 등 여러 분야와 일정하게 관련되는 문제라고 생각한다.

이 절의 미진한 점은 앞에서도 이미 언급한 것과 같이 고소설의 서 · 발이나 서두 · 말미에 나타난 풍부한 복선화음 관련 기사[178]를 고소설과 연결시켜 실증적으로 검토하여 언급하지 못했다는 점과 복선화음 관계 기사를 고소설의 내용과 직접 연결시켜 입체적이고 유기적으로 서술하지 못했다는 점을 들 수 있다. 이 부분은 앞으로 본격적으로 다루어져야 할 문제라는 점에서 추후 보완해 나가도록 할 것이다.

---

178) 이 글과 관련된 고소설에 나타난 직접적인 福善禍淫 관계 기사의 일부를 보면 다음과 같은 것들이 있다.
『금무젼』, 『황운셜연젼』, 『金成運傳』, 『鄭乙善傳』, 『적셩의젼』, 『張翼星傳』, 『李御史傳』, 『셕독각시젼』, 『鄭太비傳』, 『漢文 懸吐 淑香傳』 序文, 『林氏三代錄』 39권 末尾, 『一樂亭記』 서문, 『彰善感義錄』 序頭와 말미, 『玉皇紀』 말미, 『元生夢遊錄』 말미, 『토끼전』 말미[『兎公傳』 말미], 『漢文春香傳』 말미, 『謝氏南征記』 말미, 『玉麟夢』 卷五 말미 · 五 十一回 서두 · 五十三回 서두 등등, 그리고 『玉樓夢』 十六 말미, 『大觀齋夢遊錄』 말미, 『南炎浮州志』 전편, 『九雲夢』 말미, 『安樂國傳』 말미, 『唐太宗傳』 말미, 『崔陟傳』 말미, 『南洪量傳』 말미, 『金申夫婦傳』 말미, 『鼠獄說』 말미, 『竹夫人傳』 말미, 『楮生傳』 말미, 『心史』 跋, 『漢唐遺事』 序 등 수없이 많으며, 이 중 『金鰲神話』의 한 篇인 「南炎浮州志」는 전편의 내용 자체가 직접적인 禍福 문제를 다루고 있는 점이 특색이다. 복선화음 관계 기사의 논리를 대별해 보면 유가적 논리와 불가적 논리로 대별된다. 이밖에 참고 자료로 『東野彙輯』, 『靑丘野談』, 『靑野談藪』, 『破睡錄』, 『奇聞』, 『於于野譚』 卷 1, 「人倫篇」 孝烈 條 등 각 편의 말미에 福善禍淫에 대한 기사가 보인다. 특히 『東野彙輯』은 서문과 각 편 대부분에 福善禍淫 관련 기사가 보여 이 방면 연구에 좋은 자료가 된다.

5. 고소설古小說의 징악양상懲惡樣相과 의의意義

권선징악은 그 연원이 매우 오래되었으며 서구의 문예 이론이 이 땅에 상륙하기 전에는 선대에 단 한 번도 도전받아 본 적이 없는 것이었다. 그러나 우리는 20세기에 들어와 전통적 주제의식이었던 권선징악을 혐오하고 폄하하는 오류를 범했다. 선을 추구하고 악을 징계하는 것은 만고불변의 상도이다.[179] 그러므로 우리 고전문학을 연구하면서 권선징악 이론과 같은 동양의 전통 이론을 통해 접근해 보는 것도 바람직하고 의미 있는 연구 방법이 될 것이다.

따라서 이 절에서는 이와 같은 연구의 선행 작업으로 권선징악의 지향성과 의의, 미의식에 대해 논의해 보고자 한다. 즉 이 절에서는 권선징악의 지향성을 살펴본 후 고소설의 결말에 나타나는 두 가지 패턴의 징악 양상에 주목하여 어느 양상이 권선징악의 의의에 부합하는가를 살펴본 후, 두 가지 양상의 미의식에 대해서도 간단하게 논의해 보기로 한다.

(1) 권선징악勸善懲惡의 지향성指向性

우선 권선징악의 개념에 대해 살펴보기로 한다. 권선징악이라는 말은 『춘추春秋』 경문經文의 "징악이권선懲惡而勸善이니, 비성인非聖人

---

179) 李敏弘, 「退溪詩歌의 品格硏究 - 陶山十二曲을 중심으로 -」, 『泮橋語文硏究』 4(반교어문학회, 1992), p.186.

이면, 수능수지誰能修之리오."라는 기록에 대한 좌씨左氏의 전傳에 처음 나온다.180) 여기서 '징懲'은 '징계한다'는 뜻이다. 그런데 징계한다는 것은 벌주기 위한 것이라기보다 '권선勸善'이 근본 목적이고 '징악懲惡'은 부수적인 것이며, 뒤집으면 바로 '권선'과 일치하는 개념이라는 데 주목해야 한다. '징계懲戒'는 '징창懲創'과 같은 말로 '창創'의 자의字意가 말해주듯 찔러 주어[자刺] 경계하도록 하는 것이다.

---

180) 「成公」 十四年, 『春秋左傳』, "故君子曰, 春秋之稱, 微而顯, 志而晦, 婉而成章, 盡而不汙, 懲惡而勸善, [善名必書, 惡名不滅, 所以爲懲勸] 非聖人, 誰能修之.[修史策成此五者]"(그러므로 군자는 말하였다. "춘추의 기술한 말은 은미하지만 뜻은 밝게 드러나고, 사실을 기록하였으나 함축된 의의는 깊으며, 표현이 완곡하면서도 문장을 이루고, 할 말 다하면서도 왜곡되지 않으며, 악을 징계하고 선을 권장하였으니, [선한 이름은 반드시 쓰고 악한 이름도 반드시 없애지 않는 것이 징계하고 권면하는 것이다] 성인이 아니면 누가 찬수할 수 있겠는가. [역사를 찬수함에는 이 다섯 가지로 이루는 것이다])
이 외에 관련된 용어와 출전을 살펴보면 다음과 같다.
「勸善」: 「石氏, 宣, 四」 文子無後, 何以勸善.
[漢書 武帝紀] 勸善刑暴.
[後漢書 荀悅傳] 人不樂生, 不可勸以善.
[墨子 尙同中] 賞與不足以勸善.
[管子 內業] 賞不足以勸善.
「懲惡」: [左氏, 成, 十四] 春秋之稱, 微而顯, 志而晦, 婉而成章, 盡而不汙, 懲惡而勸善, 非聖人, 誰能修之.
[漢書 張敞傳] 勸善懲惡.
[三國志 魏志 劉馥傳] 懲惡擧善.
「勸懲」: [宋史 禮志] 是非較然, 用爲勸懲.
[曾鞏 宜黃縣學記] 勸懲以勉其進.
[六部成語 吏部 勸懲 注解] 擧劾之事, 所以勸勤懲惡.
[漢書 賈誼傳] 慶賞以勸善, 刑罰以懲惡.
[漢書 張敞傳] 非賞罰, 無以勸善懲惡.
「彰善癉惡」: [書經 畢命] 彰善癉惡, 樹之風聲.
「旌善別惡」: [書經 畢命] 〈旌別淑慝의 註.〉
「旌別淑慝」: [書經 畢命] 旌別淑慝, 表厥宅里.
「陟罰藏否」: [諸葛亮, 前出師表] 陟罰藏否, 不宜異同

따라서 '징악' 자체가 목적이 아니고, '징악'하여 '권선'하는 데 의의가 있는 것이다. 다시 말해 '권선'이 본本이고 '징악'은 말末인 것이다. 도道의 실현 방법으로 '징악'하여 '권선'하고자 하는 것이다. 착한 성품을 회복시키고 밝은 세상으로 인도하자는 데 권선징악의 목적이 있다. 사람은 타고난 착한 성性을 지켜나가고자 하는 본성이 있다. 그렇기 때문에 『중용中庸』에서 "솔성지위도率性之謂道"라고 하였으니, 도道를 알아 착하게 살 수 있도록 권장하는 것이 바로 '권선징악'이다. 착한 이에게는 착한 본성을 유지 감발感發시켜 주고, 악한 이에게는 착한 본성을 회복시켜 착한 길을 갈 수 있도록 구제하자는 것에 '권선징악'의 목적이 있다. 악을 누르기 위해 선을 권하는 것이지 악을 벌주기 위해 선을 권하는 것이 아니다.

동양인의 사유 세계 속에 절대악이란 없다. 이에 대해 일본의 나카무라 하지메[중촌원中村元]는 다음과 같이 말하였다.

> 자연의 현실이 모두 그대로 긍정된다고 한다면 이제는 벌써 부정되어질 것은 아무것도 존재하지 않게 된다. 이와 같은 사유 방법은 중국에서 상당히 오랜 시대부터 있어 왔다. 중국인들에 의하면 『五經』은 최고의 道理이며, 더 나아가서는 도리 그것이기도 하였다. 그리고 다른 책들도 불완전하나마 무엇인가 도리를 표현하고 있는 것으로 생각되었다. 이미 말한 바와 같이 중국인들은 완전한 것이란 이 땅 위에 있다고 보며, 무엇인가 하나를 완전하다고 생각하고는 다른 것은 불완전하기는 하나 그렇다고 절대로 부정해 버릴 것은 없다고 생각한다. 다시 말해서 중국인들에게는 절대로 긍정할 만한 것은 있어도 절대로 부정되어져야 할 것은 존재치 않는 것이다.

따라서 중국에서는 절대악이라고 하는 것 같은 생각은 별로 없다.

> 그리고 인간의 모든 생활이 어떠한 뜻으로든 용납되어진다. 흔히 중국의 윤리 사상의 약점으로써 악의 기원에 대한 설명이 없다고 하는 말을 듣게 되지만 절대악이라는 것을 생각하기가 어려운 이상에는 그 기원에 대한 설명이 없는 것이 오히려 당연하다고 할 것이다.[181]

이와 같은 사고는 우리에게 있어서도 마찬가지여서 고소설 이해에 매우 중요한 단서가 된다. 고소설의 결말이 해피 엔드로 끝나는 이유도 이와 같은 태도에서도 찾아볼 수 있다.

더 나아가 이와 같은 사고 태도는 소설의 존재 이유까지도 말해주고 있는 것이다. 유자儒者들이 소설을 사갈시蛇蝎視했다고 하는 것은 어디까지나 부분 부정이다. 오경五經에 비해 비익裨翼됨이 적고 해가 크다는 의미이지 소설 자체를 완전히 부정한 것은 아니다. 이 말은 소설도 인간을 이롭게 하고 교화시켜 줄 수 있다는 것이고, 인간 본성의 회복에 도움을 줄 수 있다는 것이다. 인간의 본성은 착한 것이다. 그러나 감정·욕망 등으로 인해 흐려져서 악이 발생하므로 사람은 이를 억눌러야 하는 것이다. 지선至善한 본성을 회복하면 누구나 다 요순堯舜 같이 되는 것이다. 맹자孟子가 주창한 복성사상復性思想이 고소설의 주제를 결정짓는 데 중요하게 작용해 온 것이다.

유가에서는 성선설을 인성人性 논의의 정통에 두고 있다. 유가에서 인성에 선·악 두 요소가 있다고 보았든 악이란 아예 없고 선만 있다고 보았든 이상적인 인간이 되기 위한 실천 방법은 악을 누르고 선을 권하여 인仁[지선至善]으로 돌아가는 것이었다. 『대학大學』에서는 대인大人이 되기 위한 학문의 기본 과제와 방법을 제시하고 있는

---

181) 中村元 著 金知見 譯, 『中國人의 思惟方式』(東西文化社, 1971), p.287.

데, 밝은 덕을 밝히고[명명덕明明德], 백성을 내 몸 같이 친히 대하고[친민親民], 지극한 선의 경지에 머무른다[지어지선止於至善]는 것이 그것이다. 『대학』의 삼강령三綱領은 인간 완성의 근본 과제로서, 지선至善의 경지는 인격의 완성을 지시하는 이상理想인 동시에 인간 누구나가 추구해야 할 과제였다. 이러한 이상적·실천적 과제가 윤리와 도덕의 차원에서 권선징악을 행위의 기준으로 내세우게 하였다.

이것이 유가 사상의 기본 정신이었다. 권선징악의 정신은 성현들의 가르침을 따라 인간성을 회복하고자 하는 상고사상尙古思想에 접맥되어 불변의 주제가 되었다.

공자孔子가 옛 문물이 실추되는 것을 보고 슬퍼하여 『춘추春秋』를 편찬하여 동양 사서史書 서술의 귀감이 되었는데, 『춘추』는 성공과 실패의 사실을 들어서 비판하고 국가의 존망을 입증하여 선악의 규범을 분명히 한 책이다. 『춘추』의 대의大義가 난신적자亂臣賊子를 징감천선懲鑑遷善하는 데 있었던 것이다.[182] 소설도 『춘추』에 지대한 영향을 받았다는 것은 두말할 나위 없는 사실로, 권선징악하는 데 목적을 두었다는 점에서는 소설과 사서史書가 동일하였다.

---

182) 〈國立圖書館藏本〉「南征記序」, "傳曰, 春秋作而亂臣賊子惧, 亂臣賊子非惧於其時而已. 垂誡於後世, 欲爲謀亂謀賊者, 懲鑑遷善之大義. 則故筆則筆, 使爲善者, 筆(필자)彰其善, 使後世欲善者慕効也. 削則削, 使爲惡者, 刻削其惡, 使後世爲惡者懲人(필자)也."[傳에 말하였다. "춘추가 지어지자 난신적자들이 두려워하였다." 하였는데, 난신적자들이 그 때에만 두려워했을 뿐이 아니다. 후세에 경계를 전하여 반란을 도모하고 역적질을 꾀하는 자를 징계하여 善으로 나아가는 大義로 삼고자 한 것이다. 때문에 쓸 만한 일은 써서 善을 행한 사람으로 하여금 반드시 그 善을 드러나게 하여 후세의 善을 하려는 사람에게 본받도록 하였다. 삭제할 만한 일은 삭제하여 악을 행한 사람으로 하여금 그 악을 준엄하게 하여 후세의 악을 행하는 사람에게 징계하도록 한 것이다.] 柳鐸一, 『韓國古小說批評資料集成』(亞細亞文化社, 1994), p.175에서 再引用.

물론 이 권선징악의 정신은 유가에만 국한된 것이 아니다. 인류의 공통적인 생각으로 유·불·도 모두에 나타나는 현상이다.[183] 도교에서는 과거 선악의 행적이 미래 화복의 척도가 된다고 믿었으며, 불교에서도 전생에 쌓은 업에 의해 현세의 위차가 정해지고 현세 업의 평가에 의해 내세를 약속받는다고 한다.

고소설에 삼교사상三敎思想의 혼합 사상이 나타나듯 권선징악 또한 삼교사상 모두와 관련된다. 중국과 우리나라의 삼교三敎는 유기적 관련을 맺고 있었다. 그래서 유가는 도불화道佛化된 유가요, 도·불은 유가화된 도·불로서 서로 다른 인생관을 지닌 것 같으면서도 모두 공통적인 인생관을 지녔다. 대각국사大覺國師 의천義天(1055~1101)은 "인승人乘으로 말하면 주공周公·공자孔子의 도道와 함께요, 천승天乘으로 말하면 노자老子·장자莊子의 학學과 일치한다"[184]라고 하였다. 이러한 공통 기반 위에서 권선징악은 삼교三敎 모두 중시했던 개념의 하나였다. 따라서 권선징악이라는 주제는 유·불·도 사상을 나타낸 고소설 어디서나 볼 수 있는 공통적인 주제이다.

유가에서 선악의 식별과 그에 의한 결과론적 의식은 인과론적인 것이었지만, 무엇보다 인성론에 깊이 접맥되어 있었다. '영원한 인간성'이라고 파악된 것이 '영원한 주제'가 된 것이고 인간성에 뿌리박은 주제가 늘 숭상되어 면면히 내려오게 된 것이다. 인간의 본성이 착한 것이니 이 착함을 권하고 악을 누른다는 것은 너무나 당연한 귀결이었다. 세상이 변하고 시대가 아무리 바뀌어도 착한 것을

---

183) 鄭鉒東, 『古代小說論』(螢雪出版社, 1966), p.371.
184) 義天, 「與內寺文冠書」, 『大覺國師文集』 13, "以言乎人乘與周孔之道同歸, 以言乎天乘共老莊之學一致."

좋아하는 인간 본성이 바뀔 수는 없는 것이며 이것이 훼손되었다면 본성으로 되돌아가야 하는 것이다.

그러면 여기서 우리 고소설 한 두 작품을 예로 들어 권선징악의 진정한 의의를 살펴보기로 한다.

(2) 징악懲惡의 양상樣相에 따른 권선징악勸善懲惡의 진정한 의의意義

1) 「흥부전」의 예

「흥부전」에서는 놀부가 악인이다. 놀부는 착하기만 한 동생에게 갖은 냉대와 악독한 짓을 다한 악인이다. 그래서 벌을 받지만 마침내 회개하고 선한 사람으로 바뀌어 형제가 화목하게 산다는 이야기가 「흥부전」이다.

논의를 위해 놀부가 개과천선하는 결말부를 요약해 보면 다음과 같다.

> 가을이 되니 많은 박이 익었다. 놀부 내외는 下人을 시켜 박을 타게 한다. 첫째 박에서는 여러 童子가 나와서 놀부를 골리며 돈 3千兩을 빼앗아 간다. 둘째 박에서는 老僧이 여러 上座를 데리고 나와서 또 5千兩을 빼앗아 간다. 놀부는 그래도 혹시나 寶物이 나올까 하여 세 번째 박을 타게 하였더니, 喪輿群이 나와서 또 3千兩 빼앗아 간다. 네째 박에 寶物이 들었다는 말을 듣고 타게 했더니, 이번에는 巫堂들이 나와서 5千兩을 빼앗아 간다. 마지막 박을 타보니 누런 똥이 쏟아져 나와 놀부의 집을 똥바다로 만든다.

이때, 아우 興夫는 형이 敗家亡身했다는 所聞을 듣고, 형 내외를 자기 집으로 모시고 와서 至誠으로 섬기며, 자기 집과 똑같은 형의 집을 지어 주어서 살게 한다. 이에 그렇게 惡毒한 놀부도 悔改하고, 善人이 되어 兄弟가 和睦하게 살게 되었다 한다.[185)]

이미 살펴보았듯 권선징악에서 징악의 목표는 권선에 있다. 권선을 위한 징악인 것이다. 다시 말해 '징악이권선懲惡而勸善'이다. 인간의 본성은 착한 것이다. 착하기에 얼마든지 개과천선할 수 있다고 보는 긍정적인 태도에서 나온 것이 권선징악이다. 물론 '하우불이下愚不移'[186)]라고 하여 참된 도리를 알지 못해 결코 선으로 옮겨갈 수 없는 비관적인 수준을 지칭하는 말도 있지만, 인간의 본성은 착한 것이어서 얼마든지 개과천선할 수 있다는 것이 선인들의 생각이었다. 그래서 권선징악하지 않으면 안 되는 것이다. 이는 유가의 성선설, 불교의 연기론에서 나온 인과사상과도 관련이 있다. 이 때문에 영원히 징계하는 결말을 동양인은 꺼려했다.

물론 영원히 징계당하는 내용, 즉 잔혹한 징계로 끝나는 소설도 많이 있다. 「장화홍련전」에서는 흉녀凶女가 능지처참 당하고,[187)] 「콩쥐팥쥐전」에서는 팥쥐를 죽여 젓 담가 항아리 속에 넣어 팥쥐 어머니에게 보내 그것을 보고 기절하여 죽도록 하였고,[188)] 「사씨남정기」

185) 金起東, 『韓國古典小說硏究』(教學社, 1981), p.870.

186) 「陽貨」 篇, 『論語』, "子曰, 唯上知與下愚不移."

187) cf. "임금이 가로되 "흉녀의 죄상은 萬萬不測하니 흉녀는 능지처참하여 후일을 징계하며, 그 아들 장쇠는 목매어 죽이고 장화 자매의 혼백을 신원하여 비를 세워 표하여 주고 제 아비를 방송하라." … 부사는 즉시 좌기를 베풀고 흉녀를 능지처참 효시하고, 아들 장쇠는 목매어 죽였으며, 죄수를 뜰아래 꿇리고 꾸짖어 가로되… ."

188) cf. "여러 날 후에 조정에서 회답이 있으므로, 감사는 형리를 시켜 죄인

에서는 교씨喬氏가 타살되었으며,[189] 「적성의전」에서는 형인 항의抗義가 동생의 부하에게 살해당한다.[190] 그러나 어떻게 보면 이 부분도 '영원한 징계'는 아니다. 이 부분은 불교의 인과사상·윤회사상으로 극복될 수 있는 것이다. 선악善惡을 인因이라고 부르고, 그 때문에 받는 고락苦樂을 과果라고 부르며 과果의 근거를 이루는 것을 인因이라고 하고, 인因을 근거로 하여 생기生起되는 것을 과果라고 한다. 이같이 근거와 생기生起가 서로 의존해 있는 것을 한데 묶어 인과因果라고 하는 것이다.[191]

팥쥐를 수레에 매달어 찢어 죽이고, 그 송장을 젓을 담가 항아리 속에 넣고 꼭꼭 봉하여 팥쥐의 어미를 찾아 전하였다.… 큰 항아리에 가득하게 든 것이 모두 젓갈이었다. 그리고 따로 글씨를 쓴 종이가 한 장 들었으므로 집어서 펴보았더니 그 글에 쓰기를, "흉한 꾀로 사람을 속이는 자는 누구나 이와 같이 젓으로 담그고 딸을 가르쳐 흉하고 독한 일을 실행케 한 자는 그 자식의 고기를 씹어보게 하노라."한 것이 아닌가? 팥쥐의 어미는 그 글을 읽고 팥쥐의 소행이 탄로되어 결국 죽임을 당한 줄을 알고 끌렀던 항아리를 그대로 버려두고 그만 기절하여 자빠져 버렸다. 그런데 팥쥐 어미는 기절한 채로 영영 깨어나지 못하고, 풍도지옥(酆都地獄)으로 모녀가 서로 손을 이끌고 가버린 것이다."

189) cf. ""네가 나를 해하려 한 것은 죽을 죄가 아니지만, 대감께 죄진 너를 내가 어찌 구하겠느냐?" 유상서가 그녀의 비굴한 행색에 더욱 노하였다. 곧 엄명하여 교녀의 가슴을 칼로 찢어 헤치고 심장을 꺼내라고 하였다. 이 때 가서 부인이 시동을 만류시키며 말했다. "비록 죄가 중하나, 대감을 모신 지 오랜 몸이니 시체는 완전하게 처치하십시오." 유상서가 부인의 권고에 감동하고, 동편 언덕으로 끌어내다가 타살한 후에 시체를 그대로 버려두고 까막까치의 밥이 되게 하라고 명하니, 좌중의 모든 사람이 상쾌하게 여겼으나, 사씨 부인은 시녀 설매가 억울하게 참사된 것을 가엽게 여겨서 뼈를 찾아서 잘 묻어 주었다."

190) cf. "문득 뒤에서 한 사람이 칼을 들고 내달아 꾸짖어 말하기를, … 하며 말을 마치기도 전에 칼을 들어 항의의 목을 치니 머리가 땅에 뒹구는지라, 이 때 보는 자 그 누가 상쾌하게 여기지 않으리오? 보고 듣는 사람이 모두 태연을 의로운 남자라고 칭찬하더라. 그러나 태연이 말하기를, "내 이제 항의를 죽여 장부의 답답함을 덜었으나 왕자를 죽였으니 나도 죽는 것이 옳도다." 하고 자결하니 이는 뒷사람을 경계함일러라… ."

이렇게 보면 징계를 받아 명계冥界에 갔더라도 그곳에서 선한 업을 쌓으면 언젠가는 구제되는 것이다. 영원히 구제받을 수 없는 존재는 이 세상에 없는 것이다. 결국 이런 작품은 선연善緣을 쌓아 복을 받는 윤회의 다음 장이 생략된 것이라고 할 수 있다. 「콩쥐팥쥐전」이나 「장화홍련전」 등의 작품에 연작이 있다면 틀림없이 악인이 구제받을 것이다.

「흥부전」은 인간성의 선함을 여실히 보여주는 작품이다. 황패강黃浿江은 「흥부전」에 대해 다음과 같이 언급하였다.

> 과연 이 작품에서 악의 상징처럼 보인 놀부가 징계되고 말았느냐도 의문이다. 오히려 흥부전은 놀부의 징계보다는 두 형제의 화해에 초점을 맞추고 있다. 흥부도 놀부도 보다 나은 상태가 되는 것으로 끝난다. 놀부에게 당연히 찾아와야 할 결정적인 징악의 결과로서 파멸이 없다.[192]

지적한 것과 같이 「흥부전」에는 징악의 결과로 인한 '영원한 파멸'이 없다. 앞에서 언급한 것과 같이 동양인에게 절대악이란 없는 것이다. 인성은 착한 것이며 그렇기 때문에 권선징악하여 얼마든지 개과천선할 수 있다는 것이다. 따라서 이 작품이야말로 권선징악의 진정한 의의를 잘 구현한 작품이라고 할 수 있다.

2) 「옹고집전」의 예

옹고집이 주인공으로 그는 심술궂고 사나우며 인색하고 용졸庸拙

191) 韓龍雲 著 李元燮 譯, 『佛教大典』(玄岩社, 1980), p.355.
192) 黃浿江, 『朝鮮王朝小說研究』(檀大出版部, 1986), p.75.

한데다가 돈이 썩어도 남을 위해서는 한 푼도 희사하지 않는 천하에 둘도 없는 수전노이다. 고집이 세고 걸인이나 중이 와서 구걸을 하면 동냥을 주기는커녕 욕설을 하고 심지어는 후려 갈겨서 내쫓기가 일쑤였다. 그뿐만 아니라 80 당년의 노모가 병들어 누워 계셔도 방에 불을 때드리지도 않고 약 한 첩도 안 쓰는 불효자였다. 그래서 징계를 받지만 끝내는 회개한 뒤 불자佛者가 되었다는 이야기이다. 결말부를 요약하면 다음과 같다.

> 眞雍과 假雍은 官家에 가서 眞假를 가려 달라고 한다. 원님이 訊問을 하며 族譜를 따져보게 한다. 眞雍보다 假雍이 族譜에 더 밝다. 이에 원님도 假雍을 眞雍이라고 判定한다. 眞雍은 訟事에 敗訴하고, 게다가 大棍 30杖을 맞고 나와서 하는 수 없이 南北村으로 다니며 乞食하는 身勢가 된다.
>
> 假雍은 勝訴하고 집에 돌아와 眞雍의 아내와 子女와 下人들을 데리고 살아간다. 이럭저럭 夫人에게 胎氣가 있어 10朔 만에 解産하는데, 돼지 解産하듯 數名의 아들을 낳는다. 이때, 眞雍은 온갖 苦生을 다하고 乞食하며 前事의 非行을 悔改하였으나, 별 수 없고 해서 悲觀한 나머지 自殺하려고 山中으로 들어간다. 絶壁에 이르러 投身하려고 하는데, 한 道僧이 나타나서 挽留한다. 그 道僧은 翠庵寺에 있는 道僧으로서, 眞雍을 忠告하고 符籍을 주면서 집으로 돌아가게 한다. 眞雍이 집에 들어오며 符籍을 던지니, 假雍은 간 곳이 없고, 사랑에는 草人이 누워 있는데, 큰 방에는 지금까지 놀고 있던 아이들이 짚뭉치로 변한다. 이에 眞雍 夫婦는 비로소 道僧의 道術에 속은 줄 알고,. 懺悔하는 동시에 篤實한 佛敎信者가 되었다 한다.[193]

193) 金起東, 前揭書, p.881.

이 작품 역시 '권선징악'의 진정한 의의를 잘 구현한 작품이다. 권선징악을 위해 징창懲創하는 장면이나 스토리는 구체적이지만, '영원한 벌'을 주는 것에 목적을 둔 작품은 결코 아니다. 진짜 옹고집을 개과천선시키기 위해 가짜 옹고집을 등장시켜 대립시킨 이 작품은 인간성의 선함을 여실히 보여주는 가작佳作이 아닐 수 없다.

이 밖에도 「창선감의록」에서는 간악하기만 하던 심부인沈夫人이 회개하였고, 「춘향전」에서는 변학도의 포학함과 춘향의 착하고도 지순至純함이 대조를 이루어 선이 권장되고 악이 징계되지만, 변학도가 크게 징계懲戒당하는 내용이 없다. 봉고파직 정도에 그치는 것이다. 심지어 이본異本에 따라서는 이 어사李御史가 변학도卞學道에게, "우스시며 남ᄋᆞ男兒에 탐화貪花함은 영웅열ᄉᆞ英雄烈士 일반一般이라. 그러나 거현천릉擧賢薦能 ᄒᆞᆫ이 ᄒᆞ면 현릉賢能을 뉘 알며 본관이 ᄋᆞᆫ이면 춘향春香 절행節行 엇지 ᄋᆞ오리가. 본관本官이 수고함이 얼마즘 감ᄉᆞ感謝하오"라고 하여 감사의 말까지 한다.[194] 「심청전」에서도 판본에 따라 뺑덕어미에 대한 징계가 나타나지 않는 판본이 있다. 한국학중앙연구원 소장 필사본 19장본의 경우 뺑덕어미에 대해 아무런 징벌도 내리지 않을 뿐만 아니라, 심봉사가 그녀의 죄를 너그럽게 용서해 주기까지 한다. 여기서 볼 수 있는 심봉사의 태도는 너그럽고 여유가 있다. 「심청전」에 등장하는 악인은 뺑덕어미와 황봉사 두 사람 뿐인데, 심봉사가 뺑덕어미에게 황봉사를 속이지 말고 잘 살라고 한 것을 보면 황봉사의 죄까지도 용서한 것을 알 수 있다.[195] 「천군연의」는 천군이 공을 세운 자에게는 상을 주고 죄

194) 「춘향전」, 『異本類 한글필사본고소설자료총서』 99(月村文獻研究所 編, 旿晟社, 1986), p.387.

195) 鄭夏英, 「沈淸傳에 나타난 惡人像 - 뺑덕어미論 -」, 『국어국문학』 97(국

를 지은 자에게는 벌을 주려다가 악인이 새 출발을 할 수 있도록 관용을 베푸는 대목에서 끝이 난다. 그리고 결말을 징악양상이라고 하기는 어렵지만, 「전우치전」에서 전우치는 어떠한 잘못을 저지른 자라도 개과천선하면 용서해 준다. 전우치가 그와 대결했던 도적의 우두머리인 엄준을 사로잡은 후 사형에 처하려다 용서를 빌자 호생지덕好生之德을 베푼다.[196] 옛사람들은 징계하는 행위나 관용을 베푸는 행위 모두를 권선勸善의 방법으로 생각했던 것이다.[197]

이상의 몇 작품에서 살펴본 것과 같이 고소설에서 '권선징악'이란 악을 징계하고자 하는 것에 근본 목적이 있는 것이 아니다. 그것보다는 악한 자의 타고난 착한 본성을 회복시켜 구제하자는 것에 근본 목적이 있는 것이고, 착한 이는 착한 이대로 착한 본성을 흥기興

어국문학회, 1987.5), p.15.
그러나 完板本의 경우는 달라 심봉사가 뺑덕어미를 능지처참하게 한다. 한편 흥부전의 경우도 金文基本은 놀부가 마지막 박속을 끓여 먹고 미쳐서 길로 들로 산으로 뛰어 다니는 것으로 되어 있다.

196) cf. 일사본 「전우치전」, "…… 무ᄉᆞ을 명ᄒᆞ여 원문 밧긔 참ᄒᆞ라 ᄒᆞ니 염준이 슬피 비러 왈 소장의 죄상은 이 삼 죽이(미) 맛당ᄒᆞ오ᄂᆞ 장군은 호싱지덕을 내리오시면 맛당히 허물을 고쳐 장군을 죠 츨가 ᄒᆞᄂᆞ이다 운치 왈 네 진실노 ᄀᆡ과쳔선ᄒᆞᆯ진ᄃᆡ 엇지 아ᄅᆞᆷ답지 아니ᄒᆞ리오 ᄒᆞ고 무ᄉᆞ을 명ᄒᆞ여 ᄆᆡᆫ 거슬 그르고 셩현현어로 위로ᄒᆞ여 고향으로 도라보ᄂᆡ고 ……"

197) cf. 「多方」篇, 『書經』卷 9, "要囚, 殄戮多罪, 亦克用勸, 開釋無辜, 亦克用勸."[죄수를 심리하여 죄 많은 사람을 죽이는 것도 능히 권면하는 것이고, 죄 없는 사람을 석방하는 것도 능히 권면하는 것이다]의 註. "德明之而已, 罰有辟焉, 有宥焉. 故再言辟而當罪, 亦能用以勸勉, 宥而赦過, 亦能用以勸勉. 言辟與宥, 皆足以使人勉於善也."[덕을 밝힐 뿐이요, 형벌은 죽이는 경우도 있고 용서하는 경우도 있다. 때문에 다시 말하여 "죽여서 죄에 합당하게 하는 것도 능히 권면하는 것이고, 용서하여 잘못을 사면하는 것도 권면하는 것이다." 하였다. 이는 죽이는 것과 용서하는 것이 모두 사람들에게 선을 권면하게 하는 것임을 말하는 것이다.]

起하여 유지하도록 하는 것에 목적이 있다. 이러한 점이 고소설에 생명력을 부여하는 요소이다.

고소설의 권선징악 방법은 크게 두 가지 형식으로 정리할 수 있다. 일시적 징계 즉 관용을 베푸는 형과 영원한 징계 즉 죽음으로 끝나는 형이다. 예를 들면 「흥부전」·「옹고집전」·「창선감의록」·「춘향전」·「심청전」·「천군연의」 같이 악인을 용서하는 경우와 「장화홍련전」·「콩쥐팥쥐전」·「사씨남정기」·「적성의전」 같이 가혹한 형벌을 주는 경우로 나눌 수 있다. 이와 같은 경우 두 계열의 소설들이 모두 권선징악의 의의를 지니기는 하지만, 보다 진정한 의미에서 권선징악성을 지니는 소설은 전자의 경우이다. 전자나 후자 모두 권선징악이라는 목적에는 부합되지만, 성선性善의 인성관에 비추어 보아 전자가 더욱 바람직한 태도로 보인다. 악을 회개하여 개과천선하면 징악의 의의를 다한 것이다. 따라서 선인들은 '영원한 징계'를 사실상 꺼려했던 것이다. 후자의 경우도 어떻게 보면 '영원한 징계'는 아니다. '영원한 징계'가 아니면서 선한 마음으로 계도啓導시키는 것이 바람직한 것이었다. 벌을 주지 않아도 개과천선할 수만 있다면 구태여 벌을 줄 필요가 없는 것이다. 형刑이란 무형無刑을 기약하는 것이라는 말과 마찬가지로 징악懲惡도 무징악無懲惡을 기약하는 것이다.198) 형벌을 쓰지 않고도 잘 다스려지는 정치, 즉 형조

---

198) cf. 「君陳」 篇, 『書經』 卷 9, "有弗若于汝政, 弗化于汝訓, 辟以止辟 乃辟."[너의 정사에 순종치 않고 너의 교훈에 교화되지 않는 이가 있거든 형벌함으로써 형벌을 그칠 수 있게 되어서야 비로소 형벌하라]의 註. "其有不順于汝之政, 不化于汝之訓 刑之可也. 然刑期無刑, 刑而可以止刑者, 乃刑之. 此終上章之辟."[너의 정사에 순종치 않으며 너의 교훈에 교화되지 않는 이가 있으면 형벌하는 것이 옳다. 그러나 형벌은 형벌이 없어지기를 기필하여야 하니 형벌하여 형벌을 그치게 할 수 있게 되어서야 비로소 형벌하라. 이는 윗 장의 형벌에 대한 것을 끝맺은 것이다]

刑措를 바람직하게 보았듯이 징악하지 않고 권선하는 방법을 더욱 바람직하게 보았던 것이다. 설사 벌을 주더라도 벌 그 자체를 무척 삼가 하여 남벌濫罰을 경계하고 신벌愼罰을 중시했던 것이다.199)

(3) 권선징악勸善懲惡의 미의식美意識

앞서 살펴본 전자와 후자의 두 유형은 읍揖하고 사양辭讓함으로써 천하를 얻은 순舜임금의 음악인 소악韶樂과, 정벌征伐과 주살誅殺함으로써 천하를 얻은 무왕武王의 무악武樂이 기상면氣象面에서 비견될 만하다.

공자는 소악과 무악에 대해, "위소謂韶하시되 진미의盡美矣오 우진선야又盡善也라 하시고 위무謂武하시되 진미의盡美矣오 미진선야未盡善也라"200)고 평評하였다. 즉 소악韶樂은 진미진선盡美盡善하고 무악武樂은 진미미진선盡美未盡善하다는 것이다. 다시 말해 소악韶樂은 더할 나위 없이 아름다우며 더할 나위 없이 착하지만, 무악武樂은 더할

---

199) cf. 「康王之誥」 篇, 『書經』 卷 9, "昔君文武, 丕平富, 不無咎, 底至齊信. …"[옛 군주 문왕과 무왕께서는 크게 공평하고 부유하셨으며 범한 죄의 처벌을 힘쓰지 않으시어 지극한 덕을 이루시고 일제히 정성스럽게 하셨다. …]의 註. "丕平富者, 溥博均平, 薄斂富民, 言文武德之廣也. 不務咎者, 不無咎惡, 輕省刑罰, 言文武罰之謹也. 底至者, 推行而底其至也, 齊信者, 兼盡而極其誠也."[크게 공평하고 부유하게 했다는 것은 두루 널리 균평히 하고 세금을 적게 거두어 백성을 부유하게 한 것이니, 문왕과 무왕의 덕이 넓음을 말한 것이다. 범한 죄의 처벌을 일삼지 않았다는 것은 죄악의 처벌을 힘쓰지 아니 하여 형벌을 경감한 것이니 문왕과 무왕의 형벌을 삼갔음을 말한 것이다. 底至는 미루어 행하여 그 지극함에 이른 것이고, 齊信은 겸하고 다하여 그 성신을 지극히 한 것이다]

200) 「八佾」 篇, 『論語』

나위 없이 아름답기는 하나 더할 나위 없이 착하지는 못하다는 말이다. 주자朱子는 이에 대해 "미자美者는 성용지성聲容之盛이요 선자善者는 미지실야美之實也라"고 하고 순임금의 덕은 천성天性대로 한 것[성지性之]이어서 읍揖하고 사양辭讓함으로 천하를 얻은 것이고, 무왕武王의 덕은 되찾은 것[반지反之]이어서 정벌하고 주살하여 천하를 얻은 것이니 그 공功은 같으나 실제는 같지 않다[201]고 하였다.

정자程子는 무왕이 공功을 이룬 것에 참덕慙德이 있기 때문에 미진선未盡善한 것이라고 하였다.[202] 즉 덕이 미치지 못함이 있기 때문에 더할 나위 없이 착하지는 않다는 것이다. 동양에서는 예로부터 "덕을 숭상하고 공功을 낮게 여겼는데,[203] 순임금의 읍손揖遜과 무왕의 정주征誅는 자리를 얻은 공은 같으나 실제 덕량德量은 다른 것이다. 천하를 얻어 백성을 다스린 공은 같은 것이기 때문에 소악이나 무악이나 모두 아름다우나, 소악은 읍손으로 천하를 얻은 것이기 때문에 더할 나위 없이 착하고, 무악은 정주로서 천하를 얻어 선이 부족한 것이기 때문에 더할 나위 없이 착하지는 못한 것이다. 따라서 그 풍격風格이 다르다. 소악이 온화미·인자미·자연미가 있다면 무악은 상쾌미·장엄미·위의미威儀美가 있으며, 소악이 온유돈후溫柔敦厚한 중화中和의 맛이 있다면 무악은 정제엄숙整齊嚴肅한 단장端壯의 맛이 있다고 할 수 있다. 이는 소악이 춘생지기春生之

201) 「八佾」篇,『論語』, "韶, 舜樂, 武, 武王樂. 美者, 聲容之盛, 善者, 美之實也. 舜, 紹堯致治, 武王, 伐紂救民, 其功一也. 故其樂皆盡美. 然舜之德, 性之也, 又以揖遜而有天下, 武王之德, 反之也, 又以征誅而得天下. 故其實有不同者."

202) 「八佾」篇의 注,『論語』, "程子曰, 成湯放桀, 惟有慙德, 武王亦然. 故未盡善. 堯舜湯武, 其揆一也, 征伐, 非其所欲, 所遇之時, 然爾."

203) 班固 撰 陳立 疏證,「右論歌舞異處」條,『白虎通疏證』, "君子上德而下功."

氣·생육지기生育之氣가 있다면 무악은 추살지기秋殺之氣·숙살지기肅殺之氣가 있고, 소악이 화풍경운지기和風慶雲之氣가 있다면 무악은 태산암암지기泰山巖巖之氣가 있기 때문이다.[204)]

동양 예술에서 미와 선은 분수성分殊性을 지닌 것이기도 하지만 상함성相涵性을 지닌 것이기도 하다. 미가 선의 외면적 가치라고 한다면 선은 미의 내면적 가치이다. 따라서 미는 선으로 인해 숭고한 가치를 나타내고, 선은 미로 인해 무한한 힘을 갖는다.[205)] 동양 예

---

204) 이는 필자가 明道 선생이 밝힌 孔子·顔子·孟子의 道學의 연원과 평을 참고로 하여 소악과 무악에 접목시켜 본 것이다. 근사록에는 명도 선생이 공자·안자·맹자의 도학의 연원을 밝히면서 그 氣象을 말하고 있다. 안자와 맹자는 堯·舜·禹·湯·文·武·周公·孔子를 이은 道統은 같으나 안자는 문왕과 맹자는 무왕과 기상면에서 비견될 만하다고 필자는 생각한다. 명도 선생이 밝힌 바와 같이 안자는 春生之氣가 맹자는 秋殺之氣가 있기 때문이다. 『近思錄』 14, 卷首 "明道先生, 曰堯與舜, 更無優劣, 及至湯武, 便別. 孟子言性之反之. 自古無人如此說, 只孟子分別出來, 便知得堯舜, 是生而知之, 湯武是, 學而能之. 文王之德則似堯舜, 禹之德則似湯武, 要之皆是聖人. 仲尼, 元氣也, 顔子, 春生也, 孟子, 幷秋殺盡見.… 仲尼, 天地也, 顔子, 和風慶雲也, 孟子, 泰山岩岩之氣象也, 觀其言, 皆可見之矣."[明道(程顥. 호가 明道. 程頤의 형) 선생이 말하기를 堯임금과 舜임금은 다시 우열이 없고 湯임금과 武임금에 이르러서는 곧 구별된다. 孟子께서 "요임금과 순임금은 天性대로 행하였고[性之], 탕임금과 무임금은 다시 회복했다[反之]"라고 하였다. 예로부터 이와 같이 말한 사람이 없었는데 다만 맹자께서 분별해냈으니, 곧 요임금과 순임금은 生而知之[나면서부터 앎. 배우지 않고 앎]이고, 탕임금과 무임금은 學而能之[배워서 능함. cf. 學而知之]임을 알 수 있겠다. 文王의 덕은 요순과 같고 禹王[夏나라를 창업한 聖王. 왕이 되기 전에 요순 두 임금을 섬겨 홍수를 다스리는 데 큰 공을 세웠다 함]의 덕은 탕무와 같으니 요컨대 모두 성인이다. 仲尼는 元氣[하늘의 원래 기운]이고, 顔子[孔門十哲의 가운데 德行으로 꼽힘]는 春生[봄에 모든 것을 내는 기상]이고, 孟子는 秋殺[가을에 죽이는 기운]까지도 다 나타냈다. … 仲尼는 天地이고 顔子는 和風慶雲[화창한 바람과 상서로운 구름. 慶雲은 일설에는 五色의 雲氣]이고 孟子는 泰山岩岩之氣象[태산이 험준한 모양의 기상. 인품이 뛰어나고 의지가 굳음의 비유]이니 그들의 말을 관찰하면 모두 알 수가 있다.]

술에서는 이와 같은 미와 선의 해화통일諧和統一을 최고의 경지로 여긴다. 공자는 진미진선한 예술의 하나로 소악을 거론하였다.[206] 그런데 미는 '성용지성聲容之盛', 즉 소리와 모양이 성대하다는 외적 범주를 뜻한다. 미는 선의 외면적 가치이기 때문에 외면적 미의 범주로서는 소악과 무악이 우열을 가릴 수 없을 정도로 같은 것이지만, 선이 미의 내면적 가치이기 때문에 미의 실상은 다른 것이다. 소악의 온화미나 무악의 상쾌미가 다 아름다운 것이지만, 상쾌미는 미의 내면적 가치인 선을 해칠 수 있다. 그것은 상쾌미가 숙살지기에서 나온 것으로 남을 해칠 수 있기 때문이다. 이러한 기상을 키우면 욕심이 본성을 가리기 때문에 공을 세운다 하더라도 자칫 덕을 해치기 쉽다. 이 때문에 동양 예술의 관점에서 보면 미의 외면적인 차등은 없다고 할지라도 내면적 실상에는 차등이 있는 것이다. 미라고해서 모두 좋은 것은 아니다. 독버섯일수록 아름다워 보일 수 있다. 공자가 말씀하시지 않았다는 '괴력난신怪力亂神'은 우리에게 상쾌미를 줄 수 있다. 그러나 상쾌한 만큼 해악害惡이 클 수 있다. 그래서 선인들이 소설을 부정적으로 보았던 것이다. 인성을 해치지 않기 때문에 도학자들은 자극적인 상쾌미보다는 물과 같은 담박미를 상격上格의 미로 보았다.[207]

소악이 무악에 비해 상격上格이고 무악이 소악에 비해 하격下格이라면, 앞서 논의한 두 가지 유형 중 전자가 후자에 비해 상격이고 후자가 전자에 비해 하격이라고 할 수 있다. 권선징악에도 격이 있

205) cf. 鐘梅音, 「美與善的結合」, 『人生』 2期, p.5.
206) 「衛靈公」 篇, 『論語』, "顔淵問爲邦, 子曰, 行夏之時, 乘殷之輅, 服周之冕, 樂則韶舞, 放鄭聲, 遠佞人."
207) cf. 姜在哲, 「『論語』 章句와 관련한 古典小說 論議와 '勸善懲惡' 理論」, 『고전산문연구』 2(국어국문학회 편, 1998).

다. 소설에도 격이 있다는 말이다.

지금까지의 논의는 판소리계 소설의 이본일 경우 특히 잘 부합된다. 판소리계 소설 이본의 경우 갈등과 대립 구조는 거의 일치하지만 징악의 양상에 따라 앞에서 논의한 전자 후자로 나뉜다. 「심청전」·「춘향전」·「흥부전」의 경우가 그렇다.

6. 고소설古小說에 나타난 권선징악적勸善懲惡的 주제主題 표출表出의 다양성多樣性

고소설에서는 권선징악이라는 '본질적 주제'를 '본本'으로, '현상적 주제'를 '말末'로 보아야 한다. 권선징악이라는 '본질적 주제'와 '현상적 주제'의 관계를 '본말本末', 혹은 '본本 = 말末'의 관계로 파악하자는 것이 권선징악 이론이다. 따라서 고소설의 주제는 대부분 "…의 주제는 권선징악으로, ……를 보여준 것"이라고 표현된다.

이와 같은 관점에서 고소설에 나타난 주제 표출의 여러 양상을 살펴보도록 한다. 논의할 작품의 범위와 순서는 황패강黃浿江의 「조선왕조소설朝鮮王朝小說의 계통系統과 전개展開」208)의 분류 체제를 원용援用하였다. 이 분류 체계는 우리 소설을 표기 문자와 특성에 따라 한문소설과 국문소설로 구분하여 분류하는 분류 방법이다. 문선규文璇奎는 "우리 고소설古小說은 국문國文으로 된 것이나 한문漢文으

208) cf., 黃浿江, 『朝鮮王朝小說硏究』(檀大出版部, 1986), pp.20~89.

로 된 것을 막론莫論하고 작품作品 안에 잠겨진 주제主題가 권선징악적勸善懲惡的인 것이 본류本流를 이루어 악惡한 자는 망亡하고 선善한 자는 흥興한다는 거의 일률적一律的인 결말結末로 되어지고 있는데 이러한 점点은 특히 의인소설擬人小說과 임진壬辰, 병자호란丙子胡亂 후後에 속출續出된 작품作品들 가운데 더욱 현저顯著히 나타나고 있다"[209]고 하였다. 모든 고소설의 주제가 권선징악이지만, 이 글에서 논의의 대상으로 선택한 작품은 비교적 권선징악과 거리가 멀다고 생각되는 작품들이다. 흔히 권선징악적이라고 인식되는 작품은 필요할 경우 작품명을 거론하는 선에서 정리하여 이 글에서는 가능한 한 생략하도록 한다.

고소설[「구운몽」, 「금오신화」(「만복사저포기」, 「남염부주지」), 「주생전」, 「운영전」, 「서옥기」, 연암소설, 「왕랑반혼전」, 「홍길동전」 등]의 경우는 작품을 구체적으로 검증해 보았으나, 개화기소설이나 근대소설의 경우는 생략하였다. 다만 조일재趙一齋·이광수李光洙·김동인金東仁 등을 통해 고소설의 권선징악적 전통이 면면히 계승되고 있음을 살펴보았다. 이를 통해 권선징악적 주제가 개화기 소설이나 근대소설에서도 다양하게 표출될 수 있음을 간접적으로나마 예시하였다. 이는 개화기 소설이나 근대소설은 물론 현대소설에서도 권선징악이 도외시될 수 없음을 입증하기 위한 것이고, 고소설을 포함한 모든 문학 작품의 주제가 권선징악이라는 필자의 주장을 폭넓게 증명하기 위한 것이기도 하다.

---

209) 文璇奎 譯, 「序」, 『花史·外二篇』(通文館, 1961). p.14.

(1) 고소설古小說의 경우

1) 한문소설漢文小說

① 중국적中國的 한문소설漢文小說

㉠ 「구운몽九雲夢」

먼저 우리 소설사에 막대한 영향을 미친 「구운몽九雲夢」의 주제에 대해 논의해 보기로 한다.

일찍이 춘원春園 이광수李光洙는 「구운몽九雲夢」에 대해 그의 문학평론文學評論인 「조선소설사朝鮮小說史」에서

> 內容은 中國이고, 人生은 最高享樂 · 卜壽 · 健康 · 德 · 地位 같은 수많은 福을 다 타고 나서 실컷 잘 노는 겝니다. 妻妾도 한 둘이 아니고 여덟이나, 그 여덟도 이 세상에 둘도 없는 美人이고, 또 벼슬도 끝이 없이 높은 걸 하는데, 文武를 다 합니다. 여기에는 「樂而不厭(淫 - 인용자) 哀而不傷」하는 儒教的 理想과 福善禍淫하는 佛教的 宿命觀이 이 책 全部를 꿰뚫고 있습니다. 이 後에 나온 수없는 이야기책은 모두 〈九雲夢〉式입니다.[210]

라고 하였다. 이는 대부분의 고소설이 "낙이불음樂而不淫 애이불상哀而不傷"하는 유가적 이상과 "복선화음福善禍淫"하는 불교적 숙명관을 기저에 깔고 있음을 말한 것이라 생각된다. 실제로 그는 조선 사람은 이상이나 인생관을 복선화음의 숙명관에 두었다고 하면서, 우리가 지금 「춘향전」 · 「심청전」을 읽지 않더라도 벌써 우리의 뇌수에까지 깊이 젖어있다고 하였다.[211] 복선화음하는 숙명관은 우리 고

210) 李光洙, 『李光洙全集』 10(三中堂, 1971), p.469.

소설 전반에 걸쳐 나타나는 현상으로 앞의 "복선화음 신봉관과 고소설" 장에서 살펴본 것과 같다. 그런데 이 복선화음을 주제론적으로 이야기하면 권선징악이 된다.

그러면 「구운몽九雲夢」은 권선징악적 주제를 어떻게 표현하고 있는지 살펴보도록 한다. 이광수李光洙는 「구운몽」을 '복선화음福善禍淫'과 '낙이불음樂而不淫 애이불상哀而不傷'의 관점에서 보았는데, 이중 '낙이불음樂而不淫 애이불상哀而不傷'은 유가적 관점이므로 「구운몽九雲夢」을 분석하기에는 적절하지 않다고 판단되어 논외로 한다. 이 글에서는 복선화음의 측면에 중점을 두어 살펴보기로 한다. 혹 '낙이불음樂而不淫 애이불상哀而不傷'의 관점에서 「구운몽」을 볼 수 있다면 이에 대한 논의는 후술할 「주생전周生傳」 조를 참조하면 될 것이다.

성진性眞이 선녀를 보고 돌아온 후 마음이 황홀하여, "남자 세상에 남에 어려서 공맹의 글을 읽으며 자람에 손오의 병법을 배워 치세에 능신이 되고 난세에 명장이 되며 눈에 미색을 보고 재의 좋은 소리를 들어 공명이 후세에 전함이 대장부의 일이거늘, 우리 불교는 수권 경문과 백팔 염주뿐이라 심히 적막하도다"[212]하면서 잠을 이루지 못하고 앉았는데, 이를 안 대사가 "네 용궁에 음주하고 석교에서 여자와 수작하고 돌아와 은근히 세상 보기를 흠모하니 네 이 땅에는 있지 못하리라"[213]하고는 유가적인 선을 득죄得罪의 명분으로 내세워 지상계地上界로 추방한다.

그래서 팔선녀와 진세塵世의 갖은 환락, 즉 부귀영화·남녀의 정

---

211) cf., 上同.
212) cf., 丁奎福, 『九雲夢硏究』(高麗大學校出版部, 1974), p.364.
213) cf., 上揭書, p.365.

욕 등을 모두 맛보게 한다. 그러다가 승상丞相(성진性眞·양소유楊少游)은 문득 가득한 망월望月을 바라보고 "세상에 세 가지 도가 있으니 유도儒道와 불도佛道와 선도仙道라. 그 중에 불도佛道가 가장 높아 생사生死를 면하나니, 치사致仕하고 옴으로부터 밤마다 포단蒲團에서 참선參禪하니 반드시 불교에 인연이 있는지라 내 장차 관음대사와 문수보살을 찾아 진세의 생사를 면하랴 함에 군배群輩로 더불어 미구未久에 이별할 듯 하기로 비창한 마음이 통소 가운데 발發함이라"[214]하면서 불교적인 선을 의식하게 되나 진정한 깨달음은 아니었다.

이에 노승의 깨우침으로 인해 번화 부귀와 남녀 정욕이 다만 환幻임을 깨닫게 된다. 그리하여 위부인의 궁중에 가서 전일의 죄를 사죄하고 불문에 다시 들어갔기에, 대사가 칭찬하고서 팔선녀와 그를 위하여 설법하니 9인이 대도를 깨우쳐, 성진은 육관대사六觀大師처럼 공경 받는 사람이 되고 팔선녀八仙女도 보살의 대도를 얻어 극락세계로 돌아갔다는 이야기이다.

모든 종교가 복선화음을 보여주지만, 「구운몽」은 특히 불교적인 선에 입각한 복선화음 사상을 보여주는 이야기이다. 진세塵世의 부귀나 남녀 간의 환락은 공空으로 하나의 환幻이다. 따라서 환幻에 너무 집착할 것이 못 된다는 것이 불교적 인생관이다. 애착생사愛着生死, 즉 세상이 무상함을 모르고 괴로운 인간 세계에 집착하는 일이 없어야 한다는 것이 불교적 선이다. 그래서 부처님은 애착자비愛着慈悲, 즉 애착생사愛着生死로부터 구원하려는 자비심을 베푸는 것이다. 애착愛着에서 해탈解脫하는 길만이 열반涅槃에 이르는 길이라

---

214) cf., 上揭書, p.474.

는 것이다. 그렇기 때문에 육관대사도 9인을 위해 애착자비를 보인 것이다. 여기서 9인은 모든 중생을 의미한다. 9는 3의 3배수로 만수滿數이며 영수盈數이며 극수極數이다. 3이란 숫자도 '다多'의 의미로 쓰이는데, 이의 3배수인 9도 '다多'의 의미로 쓰이는 것은 당연하다.[215] 다시 말해 9인을 들어 중생들을 이야기하고 있는 것이다. 중생의 삶은 9조각의 뜬구름 같은 삶이다. 그래서 김만중金萬重은 작품명을 「구운몽九雲夢」이라고 했을 것이며, 뭇 중생의 한 사람인 어머니를 위해 이 책을 썼던 것이다. 어머니도 진정 이 세상의 애착에서 해탈하여 남은 생애를 행복하게 살아가실 수 있도록 하기 위해 이 책을 지은 것이라 생각된다.

결국 이 작품의 주제는 유가적 선을 지양止揚하고 불교적 선을 권장하여 진세塵世의 환락은 공空이고 환幻임을 보여준 권선징악이라고 할 수 있다.

「구운몽」의 사상성을 논할 때 삼교사상으로 보거나 불교사상으로 보는 두 관점이 있으나[216] 필자의 생각으로는 「구운몽」의 사상을 공사상空思想으로 규정하고 있는 정규복丁奎福의 견해와 같이 불교사상佛教思想으로 보는 것이 타당해 보인다. 「구운몽」 속에 유·도의 사상도 보이기는 하지만, 이 두 사상은 작품 전체에서 그리 중요한 위치를 차지하지 않는다. 여기에 대해서는 「고전소설古典小說에 있어서의 선善·악惡 인물人物의 성격 파악性格把握 문제問題」[217]에서 이미 언급하였기 때문에 여기서 자세한 논의는 피한다.

---

215) 姜在哲, 「'3의 法則' 研究」, 『陶谷鄭琦鎬博士華甲紀念論叢』(大提閣, 1991).
216) 丁奎福, 前揭書, p.214.
217) 姜在哲, 「古典小說에 있어서의 善·惡 人物의 性格 把握 問題」, 『古典小說研究』(一志社, 1993).

㉡ 「만복사저포기萬福寺樗蒲記」

다음으로 「금오신화金鰲新話」의 한 편인 「만복사저포기萬福寺樗蒲記」를 살펴보도록 한다. 이 작품 역시 불교적인 선을 권장한 작품이다. 이 작품의 결미結尾에서 인귀人鬼인 최씨는 양생梁生과 3일간 교환交歡을 나눈 뒤, 자신은 2년 전 왜구로 인해 수절守節·자살自殺한 귀鬼라고 고백하며 정체正體를 밝힌다. 이후 이별연을 베풀어 주고 사라졌다가 이튿날 보련사寶蓮寺에서 다시 만나 부모들이 차려주는 침식寢食을 양생과 같이하고는 갑자기 사라졌다. 최씨가 사라진 후 양생은 음식을 차려놓고 지전紙錢을 불사르며 조문을 지어 읽으면서 그의 환신幻身을 애타게 기다렸다. 그 뒤 양생은 슬픔을 이기지 못하여 집과 농토를 전부 팔아 저녁마다 재齋를 올리고 시식施食을 하였다. 이러던 어느 날 최씨가 공중에서 양생에게 말하기를 "당신의 은덕을 입어 이 몸은 이미 다른 나라에서 남자로 태어나게 되었습니다. 유명의 한계는 더욱 멀어졌으나 당신의 두터운 은정을 어찌 잊겠습니까. 당신도 다시 정업淨業을 닦아 저와 함께 윤회를 해탈합시다"218)라고 말하는 것으로 끝맺고 있다. 이 작품의 주제도 불교의 선을 권장하고 속세의 사랑을 징창하여, 인생의 애욕에 집착하지 말고 영원한 윤회에서 해탈할 것을 주장한 권선징악이다.

㉢ 「주생전周生傳」

다음으로는 염정을 다룬 한문소설 중 최초의 걸작이라고 평가 받고 있는 권필權韠의 「주생전周生傳」에 나타난 권선징악적 주제 표출에 대하여 살펴보도록 한다.

---

218) 金時習, 「萬福寺樗蒲記」, 『金鰲新話』, "蒙君薦拔, 已於他國爲男子矣. 雖隔幽冥 寔深感佩, 君當復修淨業. 同脫輪廻."

연애소설의 백미白眉인 이 작품의 주제는 권선징악으로, 즐거워하되 넘치는데로 치닫지 않고 슬퍼하되 도를 넘어 상하는데로 치닫지 않는다[낙이불음樂而不淫, 애이불상哀而不傷]는 것을 보여준 것이다. 사랑은 고귀한 것으로 인仁의 베풂이다. 공자는 「안연」 편에서 번지樊遲가 유가사상의 핵심인 인仁에 대해 묻자 "애인愛人은 인지시仁之施요"라고 대답하였다. 애愛는 인仁의 베풂이다.219) 불교에서 '자비慈悲'를 주장하고 기독교에서 '사랑'을 주장하는 것처럼, 유가에서도 '인仁'의 실천인 사랑에 대해 긍정적이었지만 정도를 넘지 않도록 하였다. 사랑하되 '예禮'와 '도道'에 맞게 하라는 것이다. 이런 점은 슬픔에 대해서도 마찬가지여서 지나친 슬픔은 바람직하지 못하다고 하였다. 태과太過가 없는 중용中庸과 같이 과불급過不及이 없는 낙樂이나 애哀를 강조하였던 것이다. 『논어論語』의 「팔일」 편에서는 『시경詩經』의 첫 편인 「관저關雎」 장을 '낙이불음樂而不淫, 애이불상哀而不傷'이라고 하여 높게 평가했다. 여기서 '음淫'이나 '상傷'은 '태과太過'를 의미한다. 이 말은 정도를 넘어서거나 지나쳐서는 안 된다는 의미이다. 주자朱子는 주注에서 "낙樂이 과過하면 정正을 잃고, 애哀가 과過하면 화和를 해친다"220)라고 하였다. 따라서 낙樂에 대해 낙극애생樂極哀生이나 낙불가극樂不可極이라고 하였다.

「주생전周生傳」에서는 사랑하되 '낙이불음樂而不淫, 애이불상哀而不傷'해야 하는 권선징악성을 어떻게 보여주었는지 살펴보기로 한다. 이 글에서는 북한본을 저본으로 하였다.

남주인공 주생周生은 방탕한 인물로 그려져 있다. 배도俳桃와 한

219) 崔漢綺, 「愛有大小」, 『明南樓叢書』 3, p.220. "夫愛者, 仁之施也."
220) 朱子, 「八佾」 篇의 注, 『論語』, "淫者, 樂之過而失其正者也, 傷者, 哀之過而害於和者也."

사랑의 언약을 저버리고, 그보다 더 예쁘다고 생각되는 선화仙花를 보자마자 사랑하여 두 여인을 사랑의 열병에 앓아눕게 하더니 끝내는 배도를 죽음에 이르도록 하였으며, 자신도 사랑 때문에 몸져눕기 일쑤였다.

이 작품에서 반反 '낙이불음樂而不淫, 애이불상哀而不傷'한 행동, 즉 '낙이음樂而淫, 애이상哀而傷'한 행동이라고 생각되는 대목을 보면 다음과 같다. "선화仙花는 주생周生과 작별한 후 또한 그리운 정을 금치 못하여 드디어 병석에 누워 일어나지 못한 지가 이미 오래 되었다", "주생周生이 선화仙花를 사랑한 이후부터 배도俳桃가 심사가 불평하여 두어 달 지난 후 마침내 병석에 눕게 되었다. 배도俳桃는 자기 병세가 회복될 수 없음을 짐작하고 임종에 다다라서 주생周生의 무릎을 베고 누워 원한의 눈물을 머금고 말았다", "주생周生은 오직 선화仙花에 대한 일념으로 하여 날마다 야위고 파리해져서 병을 핑계하고 일어나지 않은 지가 이미 수십 일이나 되었다" 등 여러 곳을 볼 수 있다.

여기서 배도와 선화 · 주생의 반反 '낙이불음樂而不淫, 애이불상哀而不傷'한 태도는 다르다. 배도는 선한 인물로 죽어가면서까지 선화와 주생이 잘 살기를 바라면서 운명한다. 반反 '낙이불음樂而不淫, 애이불상哀而不傷'한 태도이기는 하지만 이런 태도는 순애純愛이다. 사랑에는 소애小愛 · 대애大愛 · 협애狹愛 · 박애博愛 · 사애私愛 · 순애純愛 등이 있을 수 있다. 배도의 죽음은 살신성인殺身成仁의 대애大愛로 순애純愛이며 박애博愛이다. 그러나 선화와 주생의 사랑은 소애小愛 · 협애狹愛 · 사애私愛로, 육욕에 눈이 어두워 남녀 간의 윤리를 파기한 불륜이었다. 선화와의 애정행각으로 인해 첫사랑을 저버린 주생의 사랑은 배도를 죽음에 이르게 한 비윤리적 사랑이었다.

인간의 본능이라는 미명 아래 모든 사랑이 정당화될 수 없다. 작품 안에서의 주생은 배도를 위한 제문을 지으며 배도를 선한 사람이라 극찬하고 자기를 방탕한 인물이라고 평하여 반성을 잊지 않고 있다. 이것은 배도의 죽음이 모두 자신의 반反 '낙이불음樂而不淫'한 태도에서 비롯된 것임을 스스로 밝힌 것이다. 작품 말미의 "대장부로서 근심할 바는 공명을 이루지 못하는 것이라. 천하에 어찌 미인이 없으리요. 하물며 조선에서 왜적이 이미 평정되었으니 명나라 군대가 돌아간다면 길운吉運은 장차 그대의 편에 있을 것인즉 사랑하던 그 여인이 어찌 다른 곳으로 갔다고 염려하겠는가"라는 권필權韠이 가탁假托한 듯한 말 속에서도 '애이불상哀而不傷'의 정신을 찾아볼 수 있다. 주생의 애哀가 지나친 것을 보고 권필權韠이 '애이불상哀而不傷'하라고 한 말이다. 이에 대해 주생이 '가소지사可笑之事'라고 하면서 부디 세상에 전하지 말아달라고 부탁하는 말로 미루어 보아, 마지막에는 '낙이불음樂而不淫, 애이불상哀而不傷'의 정신을 깨달았을 것이라고 짐작된다. 이미 언급한 것과 같이 결론적으로 이 작품의 주제는 남녀간의 애틋한 사랑을 그려보이되 '낙이불음樂而不淫, 애이불상哀而不傷'하라는 권선징악이다.

㉣ 「운영전雲英傳」

다음으로는 「운영전雲英傳」의 권선징악적 주제를 살펴보기로 한다. 연애지상주의 문학의 대표적인 작품으로, 「춘향전春香傳」보다 우수하다고 평가받는[221] 「운영전雲英傳」의 주제는 권선징악이다. 성정性情의 자연스러운 발로인 남녀 간의 성性은 개방되어야 하고, 성

---

221) 金起東, 『韓國古典小說硏究』(教學社, 1981), p.96.

性에 대한 사회적 · 인습적 · 도덕적 · 폐쇄적인 당시의 관습은 타파되어야 한다는 것을 보여준 것이다.

작자는 시詩가 성정性情의 발로로 숨길 수 없는 것처럼 남녀 간의 정욕도 성정性情의 발로라고 하였고, 남녀의 정욕은 음양陰陽의 이치에서 받은 것이기 때문에 귀천을 막론하고 사람은 누구나 다 가지고 있어서 억압될 수 없다는 것을 보여주었다.

선은 여러 가지가 있을 수 있다. 시대선時代善도 있고 작가가 추구하는 작가선作家善도 있을 것인데, 이 작품에서는 작가선이 시대선을 깨뜨려버리고 있다. 시대선이 악이고 작가선이 진정한 선이 되었다. 궁녀인 운영雲英과 김진사金進士의 사랑은 자연스런 본능으로 선이라는 점을 주장하여 이를 권장하고, 시대선의 하나로 궁녀에 대한 성性의 폐쇄성은 타파되어야 한다고 당시의 윤리적 · 제도적 선을 통박하고 있다. 결국 이 작품의 주제도 권선징악을 기저로 하고 있다.

남녀 간의 정당한 사랑은 고귀한 것이다. 선인들도 이 점에 대해서는 자연스러운 성정性情의 발로로 보아 결코 부정하지 않았다. 그러나 그것이 윤리적으로 정당해야 하고, 정당하더라도 '낙이불음樂而不淫, 애이불상哀而不傷'하여야 한다는 것을 강조하였다. 사랑하되 음탕한 데 이르지 말아야 하며, 슬퍼하되 화和를 해치는 데 이르러서는 안 된다. 이런 관점에서 볼 때 남녀 간의 사랑을 이기지 못하여 죽음에 이르는 모습을 그려내는 현대소설이 과연 좋은 소설인지 반성해 보아야 할 것이다.

㉤ 「남염부주지南炎浮洲志」

다음으로 『금오신화金鰲新話』 중 「남염부주지南炎浮洲志」를 살펴보도록 한다. 이 이야기는 소재 자체가 복선화음에 관한 것으로 권선징악과 매우 깊은 관계가 있는 작품이다. 여기서는 이 작품이 권선징악을 적극적으로 논의하기에 좋은 작품이 된다는 점만을 지적하고 넘어가도록 한다.

ⓑ 「서옥기鼠獄記」

「서옥기鼠獄記」는 자기의 죄를 타인에게 전가시키려는 비굴한 행동을 풍자222)한 작품이다.

② **한국적韓國的 한문소설漢文小說**

㉠ 연암소설燕巖小說

이 부분에서는 사회소설이라고 이야기되는 연암소설燕巖小說을 논해보기로 한다.

연암은 초기 9전에 대해 「방경각외전」 자서自序에서 작품을 쓰는 의도를 직접 밝혔다. 이 의도가 작자의 '입언본지立言本旨'로 주제가 된다. 이 입언본지를 바탕으로 몇 작품의 주제가 어떻게 나타나는지를 살펴보기로 한다. 물론 표출된 주제의 이면에는 권선징악이 내포되어 있다.

자서에 의하면, 「마장전」은 신信의 중요성을 강조한 것이다. 「마장전」은 당시의 군자지교君子之交가 부패하여 말 거간꾼만도 못함을 통탄한 것이다. 즉, 「마장전」의 주제는 붕우유신朋友有信으로 당시 친구간의 부패한 사귐을 통탄한 권선징악적인 것이다. 「예덕선생전」에 대해서는 "선비가 구복口腹에 칩칩하게 되면 온갖 행실이 결단나고 마는 것이라. 칠첩반상을 받고 팔첩반상을 받으면서도 탐욕을

222) 上揭書, p.148.

억제할 줄 모르건만 엄씨는 제 손으로 똥을 쳐서 먹고 사니 보기에는 더러우나 입에 들어가는 것은 깨끗하다"[223]라고 하여 이 때문에 본 전傳을 지었다고 입언본지立言本旨를 밝히고 있다. 작품의 주제 파악은 작자의 입언본지를 중시하여야 한다.[224] 「예덕선생전」은 선비가 구복口腹에 칩칩하여 행실의 바른 도道를 버려서는 안 된다는 것을 역설한 것으로 도의지교道義之交의 모색을 주장한 것이다. 주제는 도의道義의 교交를 모색할 것을 주장한 권선징악이다. 자서에 의하면 「민옹전」은 게으름뱅이를 경계할 만하여 지었다 하였으니[225] 이 또한 주제가 권선징악이다.

「양반전」도 자서에서 "권세와 잇속을 꾀하지 말고 현달해도 선비의 도리를 떠나지 않고 곤궁해도 선비의 도리를 잃지 않아야 한다"[226]라고 하였으니 이 역시 주제는 권선징악이다. 즉 「양반전」의 주제는 권선징악으로, 진정한 선비의 도리를 잃지 않아야 함을 보여주려고 한 것이다. 연암燕巖은 이 전傳을 통해 인성人性에 뿌리박은 참된 선비정신의 회복을 꾀했던 것이다.

이 외의 「김신선전」·「광문자전」·「우상전」 등과 실전失傳인 「역학대도전」·「봉산학자전」 등도 자서에 의하면 모두 권선징악이 주제의 기저에 깔려 있고, 이 밖에 연암 소설인 「호질」·「허생」·「열녀함양박씨전」도 모두 권선징악이 주제가 되고 있음을 알 수 있다.

이와 같은 연암 소설을 연구하면서 다음과 같은 사항에 유의하여야 한다. 유가의 궁극적인 목표는 현실 광정匡正에 있다. 따라서 군

---

223) 朴趾源, 「放璚閣外傳」 自序, 『燕巖集』 卷 8.

224) cf., 姜在哲, 「作品 硏究 方法論」, 『韓國文學史 敍述의 諸問題』(檀國大學校出版部, 1993).

225) cf., 朴趾源, 前揭書 같은 곳.

226) 上揭書 같은 곳.

자의 행동은 현실을 떠나서는 있을 수 없다. 은둔해 있을 때라도 늘 현실을 걱정하고 가슴 아파해야 하는 것이다. 그렇기 때문에 현실을 떠난 일체의 논의는 유가의 견지에서 보면 공허할 수밖에 없다. 그만큼 유가는 현실과 밀착되어 있고, 유가의 글 또한 현실 문제를 주지主旨로 다루고 있다. 그렇지만 연암 소설을 연구하면서 현실 문제에 지나치게 집착해서는 안 된다. 고소설을 오늘날 우리들이 생각하고 있는 현실인식 문제와 너무 깊이 연결하여 천착해서는 안 된다. 고소설의 현실 인식 문제는 성격상 오늘날 우리들이 생각하고 있는 현실 인식 문제와는 다른 점이 있다. 고소설의 현실 인식 문제는 선·악을 출발점으로 하며, 귀결점도 선·악에 있다. 타고난 본성本性 즉 선의 회복이 모든 현실적 문제를 해결해 준다고 보는 것이 선인들의 생각이었다. 본성이 회복되면 현실 문제는 저절로 해결되리라고 본 것이 선대 작가들의 정신이다.

따라서 오늘날 우리들이 생각하고 있는 현실 인식 문제를 소설의 중심에 두지 않고 인성人性의 교화敎化를 소설의 중심에 둔 것이 대부분이다. 이런 점을 감안할 때 현실 인식 문제를 중심으로 고소설을 파악하려 하는 것은 잘못이다. 표면적으로 현실 인식 문제를 강하게 다룬 작품도 양파의 껍질처럼 벗겨내고 보면 그 핵심에는 권선징악이 자리잡고 있다. 문사文辭를 통해 현실 인식의 문제를 복잡하게 표현한 고소설도 그 입언본지는 역시 선의 회복이요 권선징악에 있다. 그러므로 오늘날 현실인식의 문제를 본지로 다룬 현대소설과는 다른 점이 있다. 따라서 고소설을 연구하면서 본성의 선을 회복하고자 하는 문제를 도외시한 일체의 현실인식 논의는 뿌리 없는 논의가 될 것이고 양파의 껍질만 가지고 논의하는 것이 될 것이다.

2) 국문소설國文小說

① 번역체飜譯體 국문소설國文小說

㉠ 「왕랑반혼전王郎返魂傳」

나암懶庵 보우普雨가 찬撰한 『관념요록勸念要錄』 소재 「왕랑반혼전王郎返魂傳」을 권선징악의 측면에서 살펴보기로 한다. 내용을 정리하면 다음과 같다.

왕사궤王思机라는 사람은 철저한 배불론자였다. 일찍이 아내 송씨宋氏를 잃고 외롭게 살고 있었는데, 11년 전에 죽은 송씨가 현몽現夢하여 "당신이 부처님을 비방한 죄로 명부冥府의 미움을 받아 내일 잡아갈 것이니, 내일 아침 불경을 독송讀誦하고 있으소서"하고는 사라졌다. 이튿날 아침에 사자使者가 와서 왕랑王郎을 잡아가지만, 왕랑이 열심히 불경을 외고 있었다는 사자의 보고로 인해 도리어 염라대왕의 환영을 받게 되었으며 먼저 죽은 송씨와 함께 환생하게 된다. 그 후 그들은 이승에서 미진했던 부부의 인연을 다시 맺고 독실한 불교신자가 되었으며, 사후에 극락세계로 왕생한다.

「왕랑반혼전」은 불교적 선에 의한 복선화음관에 철저한 작품으로, 불교적 인과응보의 이치를 잘 드러낸 작품이다. 생전의 선업善業에 의해 다시 인간으로 태어난다는 생각은 불교적 인생관에 기인한 것이다. 작품 속의 왕랑과 송씨는 모두 불교적 악업惡業과 선업善業에 의해 죽고 환생한 윤회적 인물이다. 이 작품은 염불공덕念佛功德을 주제[227]로 하여 불교적인 선을 권장한 권선징악적인 작품이다.

이 외의 번역체 국문소설로 「구운몽」·「창선감의록」 등이 있으나, 「구운몽」은 앞 절에서 살펴본 것과 같고, 「창선감의록」은 권선

227) 黃浿江, 『韓國敍事文學研究』(檀大出版部, 1972), p.267.

징악성이 너무나 분명한 작품이기 때문에 이 글에서는 생략하기로 한다.

② **본격적本格的 국문소설國文小說**

㉠ 「홍길동전洪吉童傳」 등

「홍길동전洪吉童傳」에 나타난 권선징악성을 주제면에서 살펴보기로 한다.

선에는 시대선이 있고, 작가선이 있다. 작가선은 작가의 판단에 따른 선악으로, 당대의 시대선과 일치할 수도 있고 일치하지 않을 수도 있다. 이것은 모두 작가정신의 결과이다. 전자가 무의식적으로 관습을 받아들여 형성한 선악이라고 한다면, 후자는 작가 고유의 의식적이고 창조적인 선악이다.

「홍길동전」에 나타난 선은 작가가 창조한 선으로, 당대 시대선의 관점에서 보면 용납하기 어려운 것이었다고 할 수 있다. 「흥관군원興觀群怨」 조[228]에서 살펴본 것과 같이 홍길동은 '원이불노怨而不怒' 해야 하는데 '원이노怨以怒'하여 난亂까지 일으켰다는 점에서, 지배자의 관점에 따른 시대선의 입장에서는 용납하기 어려운 것이다. '원이노怨以怒'하는 것은 난세지음亂世之音이다.[229] 그래서 「홍길동전」에 대해 택당澤堂이 혹독한 비평을 가했다고 생각한다.

노怒하되 '덕德'과 '예禮'에 맞추어야 하고 '온유돈후溫柔敦厚'하여야 한다. 동양의 윤리로 보아 군君과 신臣은 의義로 맺어진 관계이기 때문에, '유범무은有犯無隱'한 것이다. 얼마든지 범犯할 스 있고 또 임

---

228) 姜在哲, 「『論語』 章句와 관련한 古典小說 論議와 勸善懲惡 理論」, 『韓國敍事文學史의 硏究』(中央文化社, 1995), pp.294~299.

229) 「樂記」, 『禮記』, "亂世之音, 怨以怒."

금에게 잘못이 있을 때는 숨겨서도 안 된다. 간諫해야 하는 것이다. 사부師父와 제자弟子는 도道로 맺어진 관계이기 때문에 '무범무은無犯無隱'해야 하고, 부父와 자子는 인仁으로 맺어진 관계이기 때문에 '무범유은無犯有隱'해야 한다. '군사부일체君師父一體'라고 하지만 임금과의 관계에서 다른 점이 있다면 '범犯'할 수 있다는 점이다. 그러나 전통적 선악의 기준에 따르면, 도道와 예禮에 맞게 간諫하고 범犯해야 하는 것이다. 주자朱子가 『시경』의 사무사思無邪를 설명하면서 그 말이 '미완微婉'하다고 하였는데, 이는 『시경詩經』 정신의 전범典範으로 주자가 풍간諷諫을 중요하게 여겼음을 보여주는 것이다.

「홍길동전」의 작자는 이러한 시대선에 대해 어느 정도 도전하는 모습을 보였지만, 그 시대선의 문제를 끝까지 파헤치고 일관성 있게 도전해 나가지는 못했다. 논자에 따라 작가선이 시대선과 일치되어 나타난다고도 볼 수 있다. 그러나 「홍길동전」은 다른 작품과 달리 창작자의 선이 어느 정도 강하게 나타난다는 점에서, 고소설의 권선징악적 주제 연구의 영역을 확대하는 좋은 자료가 된다.

「홍길동전」은 사회제도의 개혁・서얼제도의 철폐・탐관오리의 규탄・해외진출의 종용 등을 통해 당시선에 대한 작가선의 도전을 어느 정도 보여주는 권선징악적인 작품이라고 평가할 수 있다. 그러나 「홍길동전」이 작가선을 얼마나 잘 그렸는지에 대해서는 좀 더 신중히 검토해 볼 필요가 있다.

다음으로 「유충렬전」과 「전우치전」의 권선징악적 주제 표출 양상을 살펴보고자 하는데, 「유충렬전」에 관한 논의는 윤성근尹星根의 선행 연구업적[230]에 미루기로 한다. 그는 고소설에 나타난 선・악

230) 尹星根, 「유충렬전 연구 – 대립과 갈등의 측면에서 본 선악관」, 『常山 李在秀博士還曆紀念論文集』, 1972, pp.363~391.

문제를 진지하게 언급한 최초의 학자로 평가되어야 마땅할 것이다. 「전우치전」의 권선징악성은 「홍길동전」과 비슷한 것이 있고, 또 「전우치전」은 권선징악적인 작품으로 인식하기 어렵지 않으므로 이 글에서는 생략하기로 한다.

③ **판소리계系 국문소설國文小說**

㉠ 「흥부전興夫傳」 등

「흥부전」·「옹고집전」·「심청전」·「춘향전」·「토끼전」·「변강쇠전」 등 판소리계 소설은 모두 권선징악을 주제로 하고 있지만, 이와 동시에 작품마다 '현상적 주제'를 지니고 있다. 그러나 판소리계 소설은 다른 어느 계통의 소설보다 '본질적 주제'와 밀착되어 있는 소설이다. 따라서 권선징악과 결코 떼어놓을 수 없는 소설이 판소리계 소설이라고 생각된다.

판소리계 소설에 대한 자세한 논의는 「고전소설古典小說에 있어서의 선善·악惡 인물人物의 성격파악性格把握 문제問題」[231]에서 「흥부전」을 중심으로 다루었기 때문에, 이 글에서는 생략하기로 한다.

(2) 기타其他 소설小說의 경우

1) 개화기소설開化期小說

① **조일재趙一齋 등의 경우**

잘 알려진 것과 같이 개화기소설에 대해 논하는 사람들은 모두

231) Ⅱ장의 각주 62번 참조.

개화기소설의 주제로 권선징악을 들고 있다. 조연현趙演鉉은 『한국현대문학사』에서 개화기소설의 성격을 8가지로 분석하고 있는데, "④ 주제의 성질이 권선징악성이거나, 그렇지 않으면 인격수련에 관한 것이었다"232)라고 하였다.

정치 · 경제 · 사회 · 문화적 측면에서 개화기를 이전 시대와 현대를 잇는 과도기적 전환기로 보는 견해가 지배적이다. 문학도 예외가 아니어서 개화기소설의 경우 고소설과 현대소설의 교량 역할을 하는 전환기적 소설로 보는 견해가 일반적이다.

그러나 주제의 권선징악성이라는 점에서 보면 개화기소설은 전대前代의 고소설을 그대로 계승하고 있다. 작품의 '현상적 주제'가 다소 바뀌고는 있지만, 그 기저에는 여전히 권선징악성이 강하게 흐르고 있다. 특히 일본의 오자키 고요[미기홍엽尾崎紅葉]가 지은 「금색야차金色夜叉」를 조일재趙一齋가 「장한몽長恨夢」이라는 이름으로 번안飜案하면서 원작原作인 「금색야차」보다 훨씬 더 강한 권선징악성을 부여했다는 점이 흥미롭다.

조일재의 「장한몽」을 통해 소설은 권선징악성을 담고 있어야 한다는 선인先人들의 전통적인 소설관을 개화기의 소설 작가들이 얼마나 중요하게 여겼는가를 알 수 있고, 정서적으로나 관습적으로 그 당시 우리 선인들이 권선징악을 얼마나 좋아했는가를 알 수 있다. 소설에서 권선징악성은 중국이나 일본보다 우리나라에서 두드러지게 나타난다. 입비立碑의 기본 정신이 권선징악에 있었다는 것233)도 우리 선인들이 다른 민족보다 권선징악을 더 강조했었다는 것을 보여주는 것이라 생각된다. 세계에서 유래를 찾아볼 수 없

---

232) 趙演鉉, 「韓國新文學攷」, 『韓國現代文學史』(文化堂, 1966), pp.51~55.
233) cf., 朴宜仲 撰, 「大智國師碑銘」.

을 정도로 존비법尊卑法이 발달한 우리말의 경우처럼 권선징악성도 우리 민족의 한 특성으로 지적될 수 있을 것이다.

권선징악을 강조하는 고소설의 전통은 근대소설로 이어졌다고 보인다. 다음 항에서 이광수李光洙와 김동인金東仁을 통해 근대소설의 권선징악성을 살펴보기로 한다.

2) 근대소설近代小說

① 이광수李光洙의 경우

춘원春園은 문학이 '인생을 위한 예술'이 되어야 한다고 강조하여, 문학의 도덕성·교훈성을 중시하였다. 그는 전통적인 재도적載道的 문학관의 신봉자였으며, 배도적背道的인 유해有害한 문학을 배척한 문인이었다. 이러한 사실은 그의 작품들이 잘 말해주고 있지만, 그의 논문이나 평론에서도 잘 나타나 있다. 그의 언급을 통해 소설의 권선징악성에 대한 그의 의식을 살펴보기로 한다.

그는 「우리 예술文藝의 향방方向」이라는 글에서 문예文藝의 존재 이유와 가치에 대해 다음과 같이 말하였다.

> 우리 師父가 만일 文藝의 存在 理由를 肯定한다 하면, 그것은 勸善懲惡의 效果를 가진 것이라는 範圍에 限할 것이다. 우리는 흔히 이렇게 하는 말을 듣는다. 「그 小說의 뜻은 무엇이냐?」고, 또 「그 詩의 主旨가 무엇이냐?」고 묻는 것을 듣는다. 그 묻는 이는 勿論 「勸善懲惡的인 뜻」을 묻는 것이다. 或 시앗 샘을 訓戒하는 것이라든지 或 英雄·烈士의 事蹟을 傳하는 것이라든지, 무슨 實用的·道德的인 教訓이 包含되기를 詩와 小說, 卽 文藝를 바라는 것이다. 그러나 오늘날 우리가 新文藝라고 일컫는 文藝는 그들에게 失望을 주는 것이다.[234]

예술지상주의 문학 즉 '예술을 위한 예술'이라는 문학관을 반박하고 있다. 아무리 미美라고 하여도 인생을 독해毒害하는 것을 허許할 수는 없다는 입장이다. 예술도 인생의 한 부분이고 인생의 한 방면이라고 한다면, 인생에 모순되기를 허許하지 않는다[235]고 하였다. 그는 문학이 미美를 추구한다고 하여 배도적背道的인 문학까지 용납하지 않았다. 이는 철저하게 선인들의 문학관을 계승한 것이었다. 선인들은 문예미文藝美만 있고 실實이 없는 문학을 배격하였다. 그 예를 『고문진보古文眞寶』의 「족유공권연구足柳公權聯句」라는 시의 설명을 통해 잘 알 수 있다. 공권公權과 당문종唐文宗이 사구四句의 연구聯句를 지었는데 "모두 아름다우나 잠계箴戒가 없다[개유미이무잠계皆有美而無箴戒]"고 하여 소동파蘇東坡가 그 뒤에 잠계箴戒의 뜻을 담아 사구四句를 붙여 팔구八句의 시로 만들었다. 이 글을 보면 선인들이 글의 실實, 즉 도덕성과 권선징악성을 얼마나 숭상했는지를 알 수 있다.

춘원의 문학관이 가장 잘 나타나 있다고 생각되는 「중용中庸과 철저徹底」라는 글과 「양주동씨梁柱東氏의 〈철저徹底와 중용中庸〉을 읽고」라는 글에서도 도덕에 입각한 선善한 문학을 써야 한다는 주장은 일관되고 있다.

춘원은 「문예쇄담文藝瑣談」에서도,

> 조선에서도 昔日에 國論을 沸騰시킨 것이 文筆의 힘인 것은 역사가 말한다. 그러나 그것은 소수 지식 계급, 정치 계급의 일로 치더라도 昔日의 조선에서 忠孝烈의 논리적 사상과 福善禍淫의 종교적 사

---

234) 李光洙, 『李光洙全集』 10(三中堂, 1971), p.429.
235) cf., 上揭書, pp.430~431.

> 상을 일반인민에게 浸潤시키는 데 큰 세력을 가진 것이 「이야기책」 들인 것을 간과하여서는 아니 된다. 이야기책은 실로 昔日 조선 민중에 큰 교과서였다.236)

라고 하여, 소설이 교과서 역할을 해야 한다는 것을 강조하였다. 이는 소설이 권선징악적인 교훈을 주어야 한다는 말로도 해석할 수 있다. 「문학文學과 문장文章」에서는 좋은 글을 써야 한다는 것을 다음과 같이 이야기 하였다.

> 글을 쓰는 사람은 萬世萬人의 心魂에 대하여 칼을 든 것이다. 마땅히 沐浴齋戒하고 焚書跪坐 하여서 神에게 祈禱를 하는 心境으로 붓을 잡을 것이다. 저도 모르는 소리를, 저도 모르는 글을 끄적여 버린다는 것은 큰 罪惡이다. 남을 해치는 말을 한 사람은 萬劫에 벙어리의 報를 받는다 하거니와, 無誠意한 惡文을 쓴 사람은 萬劫에 끝없는 報를 받을 것이다.237)

그러나 춘원도 권선징악에 대한 약간의 동요나 으해가 있었던 듯하다.

「문예쇄담文藝瑣談」의 「문학文學과 진실성眞實性」 조에서 문학의 윤리성·도덕성만을 강조하지 않았다.

> 勸善懲惡을 目標로 삼은 文學이라면, 그것은 淺薄한 이데올르기 文學이 되기 쉬울 것이다. 도리어 道德보다는 한層 더 높은 境界 道德이 有하여 發하는 바 根源에 關한 것이라고 할 수 있다.238)

---

236) cf., 上揭書, pp.409~410.
237) 上揭書, p.487.

「현상소설고선여언懸賞小說考選餘言」에서도

> 나는 猥濫되게 考選者라는 重任·難任을 맡아 가지고 꽤 걱정이 많았었소. 어떠한 소설이 들어 올는고. 들어온다 하면 몇 편이나 들어 올는고. 아마 小說이라 하면 依例이 奇怪한 이야기나, 그렇지 아니하면 淺薄한 勸善懲惡的 敎訓·譬喩談이겠지. 그것도 많아야 三,四篇에 不過하겠지, 하고 걱정하였었소.[239]

라고 하였는데, 이 말을 보면 권선징악에 대한 춘원의 인식에 약간의 변화가 있음을 알 수 있다. 그러나 이 말이 권선징악 자체를 부정적으로 본 것은 아니라고 생각된다. 다만 문학적으로 형상화되지 않고 윤리성이나 도덕성을 선전하는 천박한 이데올로기로 전락한 권선징악을 부정한 것이라 생각된다. 이상에서 살펴본 것과 같이 춘원은 선인들의 권선징악적 문학관의 전통을 충실히 계승한 문인이었다.

문화의 발달로 인해 야기된 세분화 현상으로 인해, 문학이 순수미純粹美의 표현을 존재 의의로 하면서부터 전통적으로 문학이 추구해 오던 도덕이나 권선징악성은 현저하게 약화되었는데 이 시기가 서구에서는 19세기 말, 우리나라에서는 20세기 초에 해당한다.[240] 그러나 일부 선각자들은 이러한 서구 지향적 문학관을 신랄하게 비판하였다. 만해萬海는 「문예소언文藝小言」에서 문학을 좁은 의미의 '문예文藝'로 보거나 '예술藝術'로만 보는 당시의 서구 지향적 문학관

---

238) 上揭書, p.498.

239) 上揭書, p.569.

240) cf.,尹星根, 「훈민 시조 연구」, 『한메 金永驥先生古稀記念論文集』(螢雪出版社, 1971), p.313.

을 비판하였고,[241] 단재丹齋도 당대의 절실한 현실 문제를 외면한 채 '장음문자奬淫文字'의 문예미文藝美만 강조하는 것을 문단의 수치라고 하였다.[242] 이러한 문학 이해 태도로 인해 1930년경 경성제대京城帝大 조선문학과朝鮮文學科 주임교수가 조선문학 연습용 교과서로 『격몽요결擊蒙要訣』을 쓸 수 있었던 것이 아닌가 한다. 이와 같은 상황 속에서 당대 문단의 선두 주자였던 춘원은 문예의 독립적인 가치와 전통적인 문학관을 잘 조화하여 수용한 성공적인 문인이라고 생각된다.

그의 많은 작품들은 권선징악을 중심으로 하는 전통적인 문학관을 토대로 하여 갖가지 주제, 즉 '현상적 주제' 표출의 다양성을 보여주고 있다. 그 다양성을 찾아보는 작업은 후고로 미루도록 한다.

② 김동인金東仁의 경우

다음으로 김동인金東仁의 경우를 살펴보기로 한다. 우리 근대문학사에서 춘원과 동인이 차지하는 비중은 크다. 그들은 문학관에서 큰 차이를 지니고 있는데, 흔히 춘원은 사회적 윤리와 도덕을 다루었고, 이에 반하여 동인은 반윤리적·비도덕적인 행위를 미화하였다고 평가받는다. 특히 동인은 '미美'를 '미美' 그 자체로 제시하지 못하고 미美의 우월성을 설득하려고 하였다고 평가받는다. 따라서 미를 창조하기에 앞서 미의 우월성을 설득하고 있는 그의 작품을 유미주의唯美主義와 예술지상주의藝術至上主義로 해석하려는 것은 우스운 일이라고 평가하는 이도 있다.[243]

---

241) cf., 韓龍雲, 「文藝小言」, 『韓龍雲全集』 1(新丘文化社, 1973), pp.192~6.
242) 申采浩, 「浪客의 新年漫筆」, 『丹齋申采浩全集』 下卷(螢雪出版社, 1982), p.34.

동인은 춘원의 도덕적 문학관에 반기를 든 반춘원문학反春園文學의 영역을 크게 벗어나지 못했다고 생각된다. 반춘원문학이라고 한 것은 "진정한 아름다움이란 참 자기를 인식하는 일이며 참 자기란 도덕과 윤리적 위선僞善을 불허不許하는 자기自己 본능本能에 맡겨 행동하는 데서 찾을 수 있다고 믿었다"[244]는 것을 말한다. 동인은 문학 속에서 도덕적인 교훈성을 배제하려고 애썼던 작가로, 그의 이러한 노력은 유구한 우리 문학의 전통을 일시에 비판하고 나선 시대사조적인 운동이었다.

동인은 이러한 인식을 바탕으로 춘원의 권선징악적 문학관을 의식적으로 애써 부정하였다. 그는 「한국근대소설고韓國近代小說考」에서

> 종래의 권선징악(勸善懲惡)과 춘원(春園)의 권선징악(당시의 도덕안에 비추어)의 사이에는 오십 보 백 보의 차밖에는 없다는 점이다. 종래의 습관이며 풍속의 불비된 점을 독자에게 보여주는 것은 옳은 일이로되, 개선방책을 지시하는 것은 소설의 타락을 뜻함이다. 소설은 인생의 회화(繪畫)는 될지언정 그 범위를 넘어서서 사회교화기관(직접적인 의미의)이 되어서는 안 되는 것이며 될 수도 없는 것이다.[245]

라고 하여, 춘원의 문학에서 나타난 '종래 습관과 풍속의 개선 방책 지시'가 지니는 권선징악적 요소를 부정하고 있다. 그렇다면 동인의 문학에서는 권선징악적인 요소가 나타나지 않다고 볼 수 있는 것인지에 대해서는 생각해 볼 문제이다.

---

243) cf., 鄭漢淑, 『現代韓國文學史』(高大出版部, 1982), p.32.
244) cf., 上揭書, p.34.
245) 金東仁, 『東仁全集』 8(弘字出版社, 1968), p.590.

동인의 「김연실전金姸實傳」을 살펴보도록 한다. 개화기 신여성의 한 전형으로 그려진 김연실은 구습舊習을 타파하고 새로운 한국 여성의 선구자가 되기 위해 우선 자유연애의 실천자가 된다. 정조 관념이나 일부종사一夫從事와 같은 묵은 생각을 일소하고 신여성의 선구자가 되기 위해 그녀는 용감하게 여러 남성들을 겪어 나가지만 그것이 불륜이라든가 방탕이라는 생각을 조금도 하지 않는다. 오히려 끝까지 광명을 보여 준다고 믿는다.

여기서 우리는 동인의 선善에 대한 인식의 오류를 볼 수 있다. 성적性的으로 발가벗긴 것이 미美이며 그것이 선이라고 생각하는 작가선은 잘못된 선이라고 생각된다. 그러나 이것도 역시 자기가 생각하고 또 주장하고 싶은 선을 권장한 권선징악적인 소설이라 말할 수 있다. 비록 가치가 전도된 작가선을 그렸다고 할지라도 권선징악은 역시 권선징악이다.

「감자」의 경우는 조금 다르다. 성적性的 문란으로 인한 복녀의 파국은 당대선을 무시한 결과이며, 이것을 작가가 어느 정도 동조한 것이다. 「감자」에서는 작가선과 당대선이 일치되는 면을 보여주고 있다. 이 역시 권선징악적인 요소를 지닌 작품이라고 생각된다. 동인은 자기가 판단한 작가선으로 당대선에 강력하게 도전하여 이를 작품화시킨 문인이라 생각된다.

권선징악적인 차원에서 보면, 권선징악을 부정했음에도 불구하고 그 자신이 권선징악에서 자유롭지 못했음을 알 수 있다. 선의 종류나 내용이 어떻든 간에 작가가 선·악을 의식하지 않고 작품을 쓸 수는 없기 때문이다. "직접적이건 간접적이건 또는 작가 자신이 의식하든 않든 간에, 모든 소설은 반드시 어떤 인생관과 인생에 대한 문제에 견해를 제시하는 것이다"246) 그렇기 때문에 작가는 선·악을 다루지 않을 수 없다. 인생관이나 인생에 관한 문제에 대한 견해에는 선·악이 기준이 되지 않으면 안 되기 때문이다.

이상에서 살펴본 것과 같이 춘원은 의식적으로나 현상적으로 권선징악의 전통을 충실히 계승한 작가이고, 동인은 의식적으로 부정했으며 선악의 판단에는 문제가 있었다고 할지라도 무의식적으로는 권선징악을 계승할 수밖에 없었던 작가라고 할 수 있다.

이렇게 극단적으로 구분되는 문학관을 지녔던 두 근대 문인을 살펴봄으로서 근대 문인의 경우에도 의식적이든 무의식적이든, 명시적이든 묵시적이든, 다多·과寡나 경輕·중重의 차이는 있겠지만 그들의 문학에 권선징악성이 내재하고 있음을 알 수 있다.

이렇게 여러 작품을 통해 권선징악적인 주제 표출의 다양한 방법을 살펴보았다. 이와 같은 다양성은 권선징악과 밀접한 관계에 놓여있는 것이다. 얼핏 보기에 '본질적 주제'인 권선징악과 관계없이 형상화된 '현상적 주제'라고 할지라도 권선징악을 떠난 논의는 공허하거나 그릇된 논의가 될 수 있다. 흔히 주제라고 하면 진주제眞主題(real subject)로 '현상적 주제'를 말한다. 고소설의 경우도 예외는 아니다. 그러나 고소설의 경우 '현상적 주제'는 가주제假主題(pseudo-subject)인 '본질적 주제'와 일치하는 경우가 많고, 일치하지 않더라도 권선징악을 기저에 깔아둔 주제임을 알아야 한다. 필자가 서두에서 주장한 '파동론'·'양파론'·'빙산론'을 다시 한 번 상기할 필요가 있다.

주제 표출의 다양성에 대한 논의를 통해 모든 고소설의 주제가

---

246) W.H.Hudson ; "*An Introduction to the study of Literature*", first edition 1910, reset and reprinted 1958, George G Harrap & Co. Ltd., London, p.131.

결국은 권선징악임을 살펴보았다. 가주제로서 '본질적 주제'인 권선징악과 진주제로서 '현상적 주제'인 각 작품의 개별 주제는 그 표출 양상이 서로 밀착되어 있든 떨어져 있든 관계없이 결국 권선징악이다. 특히 고소설의 경우, 그것도 협의의 권선징악 소설의 경우 '본질적 주제'와 '현상적 주제'가 밀착되어 분리가 곤란한 경우가 많다. 일반 고소설의 경우도 여기에서 크게 벗어나지 않는다. 이와 같은 논의는 바람직한 문학 작품의 창작을 위해서나 전통 단절 논의의 극복을 위해서도 적극적이고 심도 있게 논의되고 받아들여져야 할 것이라고 생각된다.

제2부
고소설의 쟁점과 지평의 확대

Ⅰ. 고소설古小說의 작자作者 문제問題

1. 「천군연의天君衍義」의 작자作者

우리 소설사에서 천군계 소설이 차지하는 비중은 자못 크다. 이 비중에 주목하여 김광순金光淳은 『천군소설연구天君小說硏究』[1]를 단행본으로 내기도 했다. 그는 천군계 소설의 작자 문제를 고증하여 바로잡는가 하면 작품도 새로 발굴하여 연구·소개하였다. 그러나 아직도 이 계통의 작품이 새로 발굴되고 있는 실정이며, 작자 문제도 의견의 일치를 보지 못하고 있는 작품이 있다. 그 한 예로 1981년 7월에 김동협金東協이 경북 울진군蔚珍郡 기성면箕城面 사동리沙銅里 433번지 해월海月 황여일黃汝一(1556~1622), 동명東溟 황중윤黃中允(1577~1648) 부자父子의 고가古家에서 발굴한 「천군기天君紀」가 있으며, 「천군연의天君衍義」의 작자로 정태제설鄭泰齊說에 대한 의견의 통일을 보지 못하고[2] 있는 것을 들 수 있다.

따라서 이 글에서는 「천군연의」의 작자가 정태제임을 다시 한 번 확인·확증해 봄과 동시에 「천군연의」를 포함한 천군계 소설의

1) 金光淳, 『天君小說硏究』, 螢雪出版社, 1980.
2) 黃中允, 『黃東溟小說集』(발행 : 黃義錫, 해제 : 金東協, 1984. 대구).

성격을 파악해 보고, 새로 발굴된 「천군기」와의 관계도 규명해 보고자 한다. 이 글을 통해 끊임없이 계속되고 있는 「천군연의」의 작자 문제가 확정되기를 기대해 본다.

(1) 「천군연의天君衍義」 작자作者에 대한 기존旣存의 논의論議

「천군연의」의 작자 문제에 대해서는 여러 논의가 있으나, 아직도 학계의 의견이 모아지지 않고 있다. 기존의 논의는 대체로 「천군연의」의 작자가 정태제라는 의견에 대해 긍정적으로 단정하거나 추정하는 견해와 부정적으로 단정하거나 추정하는 견해로 나눌 수 있다. 이 외에 작품만을 언급하고 작자 문제를 피해나간 경우도 있다. 이를 연구사적으로 검토하기 위해 연대별로 살펴보기로 한다. 작자 문제의 종적 흐름을 충실히 파악하기 위해 본격적 논의가 아닌 단순한 언급도 때로는 제시하기로 한다.

첫째 개화기 이후 「천군연의」의 작자 문제에 대해 최초로 언급한 사람은 장지연張志淵일 것이다. 그는 1917년 한남서림翰南書林에서 간행한 「천군연의」에 서문을 썼는데 "내취정국당소저乃取鄭菊堂所著 천군연의일서天君演義一書"라고 하여, 아무런 의심 없이 「천군연의」의 작자가 정태제임을 단정하고 있다.[3] 그 이유는 구체적으로 밝혀져 있지 않으나 대본이 된 어느 저본의 필사본을 보고 단정했을 것으로 추측된다.

다음으로 최초의 소설사인 김태준金台俊의 『조선소설사朝鮮小說史』(1993. 2)를 보자.

---

3) 『懸吐 天君演義』(白斗鏞 發行, 翰南書林, 1917), p.1.

…… 元來著作年代와 作家를 숨겨온 조선小說인지라 이곧에 硏究에서 陳述할 수가 없다. 肅宗朝에 비로소 大作家 金萬重을 마지하야 黃金期의 成況을 일우고 그 보담 조금 前에는 天君衍義의 作者 鄭泰齊가 있으며 그 보담 後輩로는 九雲夢과 南征記를 漢譯한 金春澤이가 있다. …… 天君衍義는 菊堂鄭泰齊(光海四年生, 顯宗十年歿)의 作이니 …… 이 模倣作으로 純祖朝에 鄭琦和가 지은 바 天君衍義(一名心史)가 있으니 그 構想과 筆致가 天君衍義와 恰似하다.[4)]

이와 같이 김태준도 「천군연의」가 정태제의 작이라고 단정하고 있다.

다음으로 최남선崔南善의 『조선상식문답(속편)朝鮮常識問答(續編)』(1947. 12)의 "조선朝鮮의 소설小說은 어떻게 발달發達하였습니까?" 조의 언급을 보기로 한다.

…… 宣祖朝를 지내고 光海朝에 이르러 許筠(蛟山)의 『洪吉童傳』, 鄭泰齊(菊堂)의 『天君衍義』가 나오니 前者는 被壓迫者의 反撥思想을 具象化한 一種의 社會小說이요, 後者는 心性情의 作用을 譬喩的으로 表示한 一種의 心理小說로서 실로 朝鮮文學史上 비로소 보게 된 小說다운 小說들입니다.[5)]

최남선은 이와 같이 「천군연의」를 높이 평가하면서 작자를 정태제로 단정하고 있다.

다음으로는 1949년 조윤제趙潤濟의 『국문학사國文學史』를 들 수 있다. 이 글은 앞의 언급들과 달리 「천군연의」가 정태제의 작이라는

4) 金台俊, 『朝鮮小說史』(清進書館, 1933), pp.76~77.
5) 崔南善, 『朝鮮常識問答(續編)』(東明社, 1947), p.251.

것에 대해 반신반의하고 있다. 작자 문제에 대해 최초로 '미상未詳'이라고 하면서 회의를 품고 있는데, 이후의 작자 문제에 대한 언급에 많은 영향을 준 논의라 생각된다. 중요성을 감안하여 상당 부분을 직접 보면 다음과 같다.

> 그런데 本書의 作者에 對하여는 未詳하다. 卷頭에 菊堂居士의 序文이 있고, 卷末의 朴義會의 跋文이 있는데, 序文에 依하면 「不知何人所作也」라 하여 失名氏로 되어있다. 그러나 跋文에는 도리어 鄭敎義가 「此吾五世祖諱泰齊之所作 而但序文中不知何所作者 盖自韜也」라 한 말을 끌어 序文을 쓴 菊堂自身의 著作이라고 하였다. 菊堂은 姓名을 鄭泰齊(1612~1669)라 하야 仁祖朝에 文科하여 官이 承旨에 이르렀다가 姜碩期의 女婿로써 丙戌獄事에 連坐되어 六年의 遠謫을 當하고, 그 後로는 鄕里에 隱居한 인데, 本人의 著述이면서도 本人이 隱諱한다는 것도 조곰 理解키 困難하고, 또 그 五代孫이 이것은 自己의 五代祖가 지은 것이라 한다 하여 急작히는 信用하기 어려운 點이 있다. 그러나 或은 그 當時 一般이 小說에 對한 理解가 不足하였기 때문에 비록 그 內客이 心學에 關한 것이었지마는 이것을 小說이라 하면 다른 學者들이 誹謗도 할지 모르니, 故意로 自作이면서 不知何人所作이라 自韜하였는지도 모른다. 그리고 그 序文에 「嘗見史家諸書衍義 其主言遣辭 皆是淨誇 實虛而修之 有無而張之 分其事而別其題 未結於前尾 而更起於下回 盖欲利於引用 而務於悅人也」라 한 것이라던지, 또 「近來小說雜記行於世者固多 而以其中表著者言之 來自中國者 剪燈新話 紀異篇 出於我東者鍾離葫蘆 禦眠盾等書 非鬼神怪誕之說則 皆男女期會之事 其不及諸史遠矣」라 한 것으로 보면 菊堂自身이 벌써 內外 各種小說을 讀破하고, 小說에 對한 造詣가 相當히 깊었는 듯도 하다. 이런 點으로 보아서는 도리어 菊堂自身이 아니고는 쓸 수 없는 것이 아닐까 하는 疑心도 있고, 또 菊堂이 仁祖때 사람인 것으

로 보아 그때 벌서 이 作品이 누구의 作인지 알지 못할 만큼 오래 되었으리라고도 생각할 수 없으니 더욱이 菊堂이 말한 「不知何人所作也」는 信用하기가 困難하다. 그러나 이것은 그렇게 말한 何等의 確證도 없는 것이니까 菊堂의 말을 그대로 信用한다 하드래도 이 作品은 仁祖때 或은 그 前의 作品인 것만은 一點 疑心이 없다.[6]

이와 달리 주왕산周王山은 그의 『조선고대소설사朝鮮古代小說史』(1950. 2)에서, "가전체假傳體로 된 소설小說로는 국당菊堂 정태제鄭泰齊(서기西紀 1612~1674)가 지은 '천군연의天君衍義'와 순조조純祖朝에 된 정기화鄭琦和의 '천군본기天君本紀'(일명一名, 심사心史)가 있다[7]"라고 하여 정태제의 작임을 단언하고 있다.

1958년 박성의朴晟義는 『한국고대소설사韓國古代小說史』에서 다음과 같이 언급하였다.

그리고 이외에 假傳體로 된 小說로는 菊堂 鄭泰齊(一六一二(光海四年)~一六六九(顯宗十年))가 지은 「天君衍義」가 있고, 이것을 模倣하여 構想과 筆致가 恰似한 純祖朝에 된 鄭琦和의 '天君本紀'(一名, 心史)가 있다. 여기서 「天君衍義」를 살펴 보고자 한다. ……(中略)…….

그런데, 衍義의 作者를 鄭泰齊(一六一二~一六六九)로 보았거니와 事實은 未詳한 것으로, 다만 本書 卷頭에 菊堂居士의 序文이 있고 卷末에 朴義會의 跋文이 있는데, 序文에는 「不知何人所作也」라 하여 失名氏로 되어 있으나, 跋文에는 도리어 鄭教義가 「此吾五世祖諱泰齊之所作 而但序文中不知何人所作者盖自韜也」라 한 말을 引用하여 序文을 쓴 菊堂 鄭泰齊 自身의 著作이라고 하였다. 그러나, 이 點에

6) 趙潤濟, 『國文學史』(東邦文化社, 1949), pp.252~254.
7) 周王山, 『朝鮮古代小說史』(正音社, 1950), p.132.

> 있어서 생각할 바는 作者 本人이 自己의 著述을 숨긴다는 것도 좀 異常하거니와, 또 그의 五代孫의 말이라고 하여 우리가 꼭 믿기는 困難하기에 이 作品이 菊堂의 所作이라고 斷定하기는 困難하다. 그러기에 한 말로 말하면 作者 未詳이라고 할 것이다. 그러나, 지난 날의 儒學者들이 小說을 蛇蝎視한 傾向이있기에 이 作品도 心學에 關한 內容이지만 小說이라면 다른 學者들이 誹謗할지도 모르므로, 일부러 「不知何人所作」이라 하여 自己이름을 밝히지 않았는지도 모를 일이다.[8)]

이 글을 보면 박성의朴晟義가 대체로 조윤제의 설을 그대로 추종하고 있음을 알 수 있다. 1960년 신기형申基亨도 『한국소설발달사韓國小說發達史』에서 대체로 조윤제의 설에 동의하면서, 「천군연의」의 작자와 저작 연대를 추고推考할 수밖에 없다고 했다.

> 肅宗 때 西浦 金萬重보다 앞서는 사람으로 俗稱 菊堂 鄭泰齊(1612~1669 A.D.)의 作이라는 天君衍義 있다. …… 그러면 果然 天君衍義의 作者를 五代孫인 鄭敎義가 말한 菊堂으로 보아야 옳은 것인지 그리 連(sic)斷하기는 어렵다. …… 天君衍義의 作者와 著作年代를 推考하는 수밖에 없는 노릇이다.[9)]

1964년 김광순金光淳도 『의인소설연구疑人小說研究』(경북대 대학원 논집, 油印, p.32)에서 정태제 저작설에 대해 반신반의하였다. 그리고 1966년 「한국의 인문학의 사적 계보와 성격」(『語文學』16, p.147)에서도 같은 견해를 폈다.

---

8) 朴晟義, 『韓國古代小說史』(日新社, 1958), pp.198~200.
9) 申基亨, 『韓國小說發說史』(彰文社, 1960), pp.152~156.

이에 대해 1964년경에 손낙범孫洛範은 『한국고대소설론韓國古代小說論』에서 "이 외外에 가전체假傳體로 된 소설小說로는 국당菊堂 정태제鄭泰齊(1612~1669)가 지은 「천군연의天君衍義」와 이것을 고방模倣한 정기화鄭琦和의 「천군본기天君本紀」(심사心史)가 있다"[10]고 하여 정태제의 작이라고 하였다.

1966년에 정주동鄭鉒東은 그의 『고대소설론古代小說論』에서, "「천군연의天君演義」는 「수성지愁城誌」의 모방작模倣作으로 인조仁祖때 국당거사菊堂居士 정태제鄭泰齊 작作이며 삼십일회三十一回로 된 장회체소설章回體小說……"[11]이라고 하여 정태제의 작이라고 하였다.

이들의 주장에 대해 1975년 김기동金起東은 그의 『이조시대소설론李朝時代小說論』에서 조윤제설을 뒤이어 정태제의 작임을 의심하고 있다. 이와 같은 논조는 그의 『한국고대소설개론韓國古代小說槪論』(1956)과도 다르지 않다.

> 「天君演義」의 作者는 仁祖朝人 鄭泰齊라고 하나, 이것은 推定에 不過하다. 왜냐 하면, 作者名이 記入되어 있지 않기 때문이다. 이 作品이 鄭泰齊의 所作이라고 推定하는 理由는 序文을 檢討한 데서 나온 結論이다. 곧, 이 作品의 序文에 「菊堂居士鄭泰齊書」라고 記錄되어 있으나, 「天君演義一書 不知何人所作也」라 한 것을 보면, 自己가 序文을 쓰지마는 그 作者에 대해서는 누구인지 알지 못한다고 하였는데, 이것이 疑問이나 鄭泰義가 쓴 跋文에서는, 「此吾五世祖諱泰齊之所作 而但序文中 不知何人所作盖自韜也」라 한 것을 보면, 鄭泰齊의 五世孫인 鄭泰義는 自己의 五世祖인 鄭泰齊가 썼다고 하였으니, 序文과 跋文만을 가지고는 作者에 대한 斷定을 내릴 수 없다. 이에

---

10) 孫洛範, 『韓國古代小說論』(東華文化社, 油印本), p.187.
11) 鄭鉒東, 『古代小說論』(螢雪出版社, 1984), p.316.

> 대하여 趙潤濟博士는 '國文學史'에서, 序文을 檢討하고 나서 菊堂이 말한 「不知何人所作」은 信用하기 困難하다고 한 것을 보면, 이 作品의 作者를 鄭泰齊로 推定한 것 같다. 우선 序文과 跋文을 根據로 삼아 「天君演義」의 作者를 仁祖朝人 鄭泰齊로 推定하고자 하는 바이다.[12)]

1975년에 간행된 서울대 동아문화 연구소 편(신구문화사간) 『국어국문학사전國語國文學事典』에서도 "작자 · 창작연대 미상의 한문소설 …… 작자는 인조 때 정태제鄭泰齊라는 설도 있으나 확실하지 않다"라고 하여 미상으로 처리하고 있다.

장지연과 김태준의 작자 확정 이후 조윤제의 미상설未詳說이 대두되다가 김광선金光淳(1977)에 이르러 작자 시비에 대한 최초의 본격적 논문이 나왔다. 「천군연의」의 작자가 정태제임을 입증立證하고자 한 논문으로, 결론에서 "「천군연의天君演義」의 작자作者를 작금昨今까지 정태제鄭泰齊라고 유추類推해 왔으나 전술前述한 바와 같은 신빙성 있는 사료史料와 자세仔細한 고증考證으로써 정태제鄭泰齊의 소작所作임을 확인確認하였다"[13)]라고 하여, 정태제의 작임을 확증하는 매우 중요한 논문을 발표하였다.

다음으로 중요한 논의가 1978년에 안병설安秉卨에 의해 제기되었다.

> 鄭泰齊(1612~1669)의 序文이 있어 그의 저작으로 보고 있으나 本人은 「天君演義一書 不知何人所作也」라 하고 있어 作者문제는 단정하

---

12) 金起東, 『李朝時代小說論』(宣明文化社, 1975), pp.173~174.
13) 金光淳, 「天君演義의 作者是非와 創刊意圖」, 『淵民 李家源 博士 六秩頌壽紀念論叢』(汎學圖書, 1977), pp.169~189.

기 어렵다. …… 이전에 나온 「天君傳」, 「睡鄕記」, 「愁城誌」 등의 내용이 모두 등장하니 이들의 내용을 참고하여 「天君演義」가 씌어진 것 같다.

「愁城誌」의 내용과 유사한 부분이 第一回 天君即位分封官, 第二回 都督戰覇荊圍中, 第三回 五利將軍薦慾生, 第四回 惺惺翁來諫天君, 第七回 目官奔告妖賊來, 第十七回 惺惺翁薦大元帥, 第二十二回 主一翁先檄諸賊 등에 두드러지고, 第八回 妖兵乘虛入關門은 「天君傳」, 第十五回 黑甛導入酣眠國은 「睡鄕記」와 비슷하여 기왕의 모든 天君系 假傳類의 내용을 모아 演義로 再構한 인상이다. 따라서 菊堂이 序文에서 「不知何許(sic)人作也」라 한 것도 이를 가리켜 한 말이 아닌가 여겨진다. 이렇게 流傳되던 이야기를 再構하던 手法은 中國에도 흔하여 「三國志演義」의 내용이 그 以前에 流行하던 이야기를 모아 再構한 것이란 說은 널리 알려진 사실에 속한다.[14)]

이 글에서 그는 기왕의 것을 모아 재구再構한 것이 「천군연의」라는 설을 펴고 있는데 이는 이전의 논의에서 진일보한 탁견이라고 생각된다.

1982년 박용숙朴容淑은 그의 석사논문(「천군소설天君小說과 녹도籙圖의 비교론고比較論考」, 연세대)에서, "왜냐하면 천군소설天君小說의 양식樣式이 전반적으로 공통되는 이상, 그것이 어떤 특정한 작자作者의 창작創作이기 보다는 소설小說 이전以前의 어떤 전승적傳承的인 것, 이를테면 "신명사도神明舍圖"와 같은 도상圖像(녹도籙圖)을 문자文字로 설명說明하려는 과정에서 나타난 작품作品이라 볼 수 있기 때문이다"[15)]라고 하여 「천군연의」가 독창적인 작품이 아니라고 하였다.

---

14) 安秉卨, 「李朝心性假傳의 展開와 그 性格」, 『韓國學論叢』 제1집(國民大學韓國學研究所, 1978), pp.107~110.

이에 대해 1986년 안병열安秉烈은 김광순·안병설의 논의를 소개하면서 "저간這間의 사정으로 보아 아직 정태제鄭泰齊의 저작설著作說을 단정 지을 단계는 아니지만 뚜렷한 반증이 없는 이상以上 정태제설鄭泰齊說을 인정하는 수밖에 없을 것 같다"[16]라고 하여 정태제로 단정하지 않고 추정하는 수준에서 그치고 있다.

1987년 김광순은 『한국의인소설연구韓國擬人小說硏究』에서 다시,

> 이상의 論證으로 보아 「天君演義」는 鄭泰齊가 쓴 소설임을 단언할 수 있다.
>
> 그런데 최근 경북 울진군 기성면 사동리 433번지 黃海明과 黃中允 父子의 古家에서 「天君紀」두 편이 발견되었다. 이중에 한편은 「天君演義」의 전반부 내용과 유사한 句節들이 발견되고 있는 점 등으로 보아 「天君紀」와 「天君演義」의 상호관계에 대해서는 좀더 검토되어야 할 문제점을 안고 있다. 그러나 지금까지의 논의로 보아서는 「天君演義」의 작자는 菊堂 鄭泰齊라고 할 수 밖에 없다.[17]

라고 하여 「천군기」와 검토가 끝나보아야 알겠으나 아직까지는 종전대로 작자를 정태제라고 할 수밖에 없다고 하였다.

이후 1989년 차용주車溶柱에 의해 또 하나의 연구사적 전환점이 일어났다.

> 天君演義의 작자에 대해 鄭泰齊는 누구의 저작인지 모른다고 했기 때문에 후손들이 그의 소작이라 해도 오늘날 懷疑를 가지게 되었고,

15) 朴容淑, 「天君小說과 籙圖의 比較論考」(延大教育大學院碩論, 1982), p.2.
16) 安秉烈, 『韓國假傳硏究』(二友出版社, 1986), p.196.
17) 金光淳, 『韓國擬人小說硏究』(새문社, 1987), p.174.

> 다른 한편으로는 그것이 저작을 인정받게 되는 근거가 되었다고 할 수 있다. 이와 같이 鄭泰齊를 天君演義의 작자로 단정하기에는 明證할 만한 근거가 없기 때문에 작자로 추정을 받는 데 그치고 있다.

라고 말한 후 「천군기」와 「천군연의」를 비교 · 논의하면서,

> 黃中允과 鄭泰齊의 연령차는 黃中允이 35세나 앞섰는데, 만일 天君紀가 天君演義의 영향을 받은 것이 확실하다면 두 사람의 연령차의 공산으로 天君演義의 작자로서 鄭泰齊는 거론이 되기 어려울 것이며, 天君紀가 영향을 받은 것이 아니고 天君演義가 받은 것이 분명하다면 天君演義의 저작연대는 天君紀에 앞설 수 없는 것은 자명한 것이다.

라고 하여, 일단은 작자를 정태제로 추정하지만, 영향관계에 따라서는 정태제를 작자로 거론하기는 어려울 수도 있다고 하였다. 그리고 이어서

> 앞서 고찰한 바에 따라 天君紀가 天君演義보다 먼저 저작된 것이 분명하다고 보았는데, 이러한 추정이 사실이라면 兩篇 내용을 비교해 볼 때 앞으로 天君演義에 대한 연구는 별 의미가 없을 것으로 생각되며, 다만 天君演義는 31회로 回題가 있는 최초의 壯回小說이라는 점이 주목될 따름이다.[18]

라고 하여, 「천군연의」는 「천군기」보다 후의 작품으로 닮은 점이 많아 이에 대한 연구는 별 의미가 없다고 했다.

---

18) 車溶柱, 『韓國漢文小說史』(亞細亞文化社, 1989), pp.261~263.

이상에서 살펴본 것처럼 연구사적으로 보아 작자 문제에 대한 중요한 논의는 장지연張志淵·김태준金台俊, 조윤제趙潤濟, 김광순金光淳, 안병설安秉卨, 차용주車溶柱 등에 의해 제기된 주장들이라 할 수 있다. 장지연·김태준이 구체적 언급 없이 정태제작이라고 단정한 후 정태제 소작설이 하나의 학설을 이루게 되었고, 조윤제는 최초로 미상설未詳說을 주장하여 후일 정태제 소작설에 대해 반신반의하는 또 다른 연구 경향을 형성하였다. 김광순은 이 계통의 연구자 최초로 구체적 논문을 통해 작자를 정태제로 단정을 하여 큰 업적을 남겼고, 안병설은 「천군연의」를 유전되던 이야기를 재구再構한 것으로 보아 작자를 단정하기 어렵다고 부정적으로 보았다. 그리고 차용주는 「천군기」의 발견으로 인한 문제를 비교적 소상하게 다루어 연구사적으로 큰 의미를 남겨주었다. 이처럼 「천군연의」의 작자 문제에 대해 아직까지도 학계의 의견이 모아지지 않고 있다.

(2) 작자作者의 확정確定

1) 「채정하발본蔡呈夏跋本」의 발굴發掘과 「천군연의天君衍義」의 작자作者

① 발굴 경위發掘經緯[19]

1986년 8월 5일 경기도 성남시 신흥 2동 야산에 있는 동래정씨東萊鄭氏 사암공파思菴公派 분묘 이장시 발굴된 다량의 복식과 유물이 단국대학교 석주선기념 민속박물관에 기증되었다. 피장자는 정휴복

19) cf. 『韓國服飾』 7號(檀國大石宙善紀念民俗博物館, 1989), pp.123~124.

鄭休復(1529~1604)과 그의 아들 호灝 등이었다. 그 후에도 당시 종친 회장이었던 정창현鄭昌鉉씨의 호의로 익년인 1987년 3월 16일 경기도 여주군 점동면占東面 소재 동래정씨 묘군墓群 천묘 시에 발굴된 유물이 모두 동 대학 박물관으로 이관移管되었다. 이 당시 피장자의 한 사람으로 국당공菊堂公 정태제鄭泰齊가 있었다. 정태제의 시신은 300여 년이 지난 오늘날 미라로 발견되었는데, 각종 복식과 3권의 책이 부장되어 있었다. 사진으로 미라를 보면 수염까지 나부끼어 살아있는 듯한 인상을 주며, 책은 『사초史草』 상·하권과 『중기重記』였다.[20] 그 후 1988년 6월경 동 대학 박물관에서 정태제의 분묘 출토 자료를 정리할 때 정창현씨로부터 그가 소장하고 있던 「천군연의」를 제공받아, 황패강黃浿江 교수를 통해 『사초』·『중기』와 함께 필자에게 연락하였다. 「천군연의」는 정태제의 묘소가 있던 여주군 점동면 장안리 안평에 살았던 종손 정연수鄭淵壽씨가 소장하고 있던 것이라고 한다.

결국 채정하발본 「천군연의」는 정태제의 묘소 천묘 때문에 알려진 것이라 할 수 있는데, 이 책을 검토한 결과 「천군연의」의 새로운 이본異本임을 확인할 수 있었다. 이 글에서는 먼저 「천군연의」의 이본에 대해 알아보도록 한다. 이본의 명칭은 필자가 명명命名한 것이다.

㉠ 한남서림본翰南書林本

1917년 한남서림翰南書林에서 백두용白斗鏞이 간행한 신활자 현토본이다. 정태제의 작이라는 장지연의 서문序文이 있고, 3페이지에

---

20) 鄭昌鉉 談.

발문跋文으로 보이는 글이 있다. 발문을 쓴 사람이 명기되어 있지 않아 이 글을 누가 쓴 것인지 정확히 알 수 없고, 끝부분으로 보아 미완未完인 듯한 인상을 준다. 4페이지에 정태제의 「천군연의서天君演義序」가 있다. 여기에 "천군연의일서天君演義一書 부지하인소작야不知何人所作也"라는 내용이 있다. 본문 1페이지에 "동래蓬(sic-東)萊 정태제鄭泰齊 동망 저東望著, 후학後學 가림嘉林 백두용白斗鏞 열閱"이라고 되어 있어 편집겸 발행인이 이 책의 교열자임을 알 수가 있다. 64페이지까지가 「천군연의」이고, 그 뒤에 「심사心史」[천군본기天君本紀]가 부합附合되어 있다.

이 본은 대부분의 연구자가 대본으로 삼은 책이라고 생각된다. 그래서 김기동金起東은 그의 『이조시대소설론李朝時代小說論』에서 "이 작품作品은 한문소설漢文小說로서 활자본活字本으로만 전해올 뿐 필사본筆寫本은 보지 못했다. 활자본活字本으로는 1917년年에 발행發行한 한남서림판翰南書林版(p.90)이 있다"[21]라고 하였다.

㉡ 박의회발문朴義會跋文

박의회朴義會의 발문跋文이 있는 본本으로 이 책의 현존現存여부는 알 수 없으나[22] 전해졌던 것만은 확실하다. 조윤제趙潤濟의 『한문학사漢文學史』에 "권말卷末에 박의회朴義會의 발문跋文이 있는데, 서문序文에 의依하면 '부지하인소작야不知何人所作也'라 하여 실명씨失名氏로 되어 있다. 그러나 발문跋文에는 도리어 정교의鄭敎義가 '차오오세조

21) 金起東, 前揭書, p.173.

22) 그의 장서가 영남대에 기증되어 「陶南文庫」로 정리되었는데, 여기에는 「천군연의」가 들어 있지 않다.(『藏書目錄』- 嶺南大 嶺西目錄 第 4輯, 嶺南大 中央圖書館, 1980).

휘태제지소작此吾五世祖諱泰齊之所作 이단서문중부지하인소작자而但序文中不知何人所作者 개자도盖自韜'라 한 말을 끌어 서문序文을 쓴 국당菊堂 자신自身의 저작著作이라고 하였다"23)라고 한 것을 보면 박의회朴義會가 발문을 쓴 「천군연의」가 전해졌던 것임을 알 수 있다. 조윤제 자신은 이것을 직접 보고 연구하였을 것이고, 그 후 연구자들은 아마도 이 본을 보지 못한 듯하다. 김기동도 「한남서림본」 외에는 다른 이본을 보지 못했다고 했다는 점에서 작자 문제를 언급할 때는 조윤제의 『국문학사』를 참고한 듯하다. 그나마도 그는 문맥을 잘못 보아 정교의鄭教義(정태제의 현손玄孫)가 발문을 쓴 것으로 보았다. 이 같은 오독誤讀 현상은 김광순金光淳의 경우도 마찬가지였다. 문맥을 자세히 보면 정교의가 발문을 쓴 것이 아니라 박의회가 정교의의 말을 일부 인용하여 쓴 것임을 알 수 있다.

ⓒ 채정하발본蔡呈夏跋本

앞의 발굴 경위에서 밝혔듯이 필자가 발굴한 정창현鄭昌鉉씨 소장 필사본으로 여기에는 채정하蔡呈夏(정태제의 생질, 1637~1712)의 발문이 있다. 이본 중 제일 연대가 앞선 것으로 필자는 이 본을 원본으로 확정하고자 한다.

가로 19.2cm × 세로 30cm의 크기에 5침의 선장본으로, 분량은 총 41장 82페이지로 8mm 두께의 필사본이다. 이 본에서 주목되는 것은 발문跋文이다. 자료를 제공한다는 의미에서 이 발문의 전문全文을 모두 소개하고 이어 작자 문제에 대해 논하기로 한다.

---

23) 趙潤濟, 前揭書, pp.252~253.

② 「천군연의天君衍義」의 작자作者

「天君衍義跋」

鄭公諱泰齊 字東望 號菊堂 東萊人 議政府左替成 忠貞公諱大年之玄孫 工曹佐郎諱良佑之子也 生而有奇質 三四歲 能識字 詳審字義 長者難於答問 六歲 始學曾史 且解作句 佐郎公以炙魚爲題 命作聯 則應曰 剖而觀其心 加之炭火上 七歲 咏白鷺曰 禾靑遠易見 沙白近難分 佐郎公甚奇愛 益勉敎 十歲前 己通通史 小學等書 十五六 盡讀經書及雜家書 十七八 文詞大闡 赴試累魁 仁祖朝 二十二 中癸酉司馬兩試 二十四 登乙亥謁聖科 初選槐院 旋移翰林 陞六歷禮・兵郎・兩司・玉堂・天曹郎 甲申 以應敎超通政 拜承旨・兵・禮・吏曹議 仍兼知製敎 官序淸顯 且容姿明粹 氣度雄渾 夙著忠厚之風 人皆以遠到爲期 不幸以姜相碩基女壻 坐丙戌獄事 遠謫六年而放 仍以沈滯孰不爲之嗟惜乎 生于萬曆壬子 卒于己酉 享年五十八 無子以從子度均爲後 閒居著是書 行于世一時文士 皆傳誦歎美之曰 眞奇文也 序文中 不知何人所作云者 盖自韜也 又有詩集二卷而藏于家甥侄廣平蔡呈夏謹跋

이 발문에서 채정하蔡呈夏는 "서문중序文中 부지하인소작운자不知何人所作云者 개자도야盖自韜也"라고 하여 「천군연의」의 작자가 정태제라고 하였다. 채정하는 정태제의 생질로 거의 동시대의 인물이다. 이런 관계로 보아 외삼촌의 저작물에 대해서 잘 알고 있었을 것이므로 「천군연의」의 작자가 누구인지 확실히 알고 있었을 것이다.

논의를 더욱 확실하게 하기 위해 『동래정씨사암공파보東萊鄭氏思菴公派譜』와 『평강채씨족보平康蔡氏族譜』를 토대로 가계家系에 대해 자세히 살펴보면 다음과 같다.

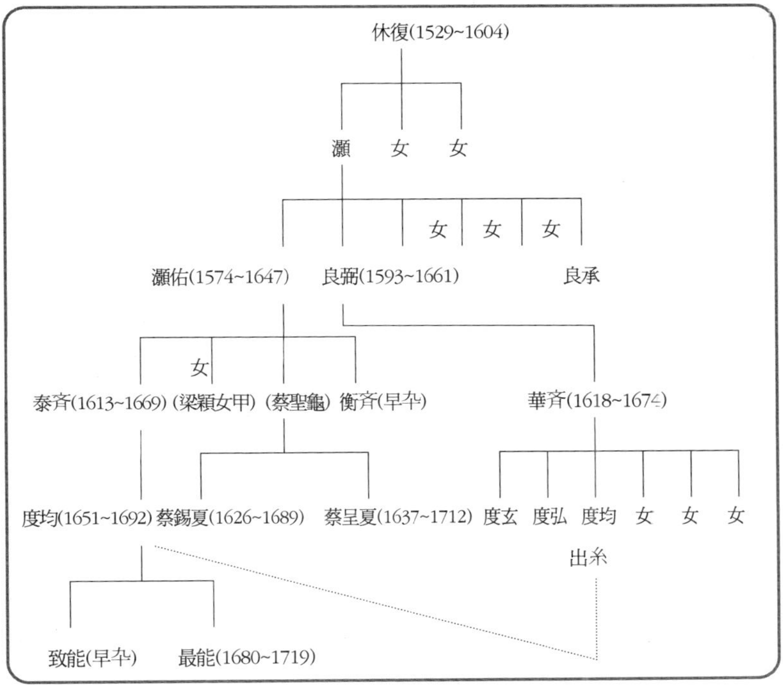

〈家系圖〉

○ 鄭泰齊

字東望 號菊堂 萬曆壬子(1612) 六月十九日生 崇禎癸酉司馬兩試 乙亥謁聖文科 丙子難 以天官郎 陪從入江都 歷翰林·兩司·知製教·直應教·右承旨·兵·禮·吏三曹參議 密陽 東萊府使顯宗己酉(1669)正月十一日卒 享年五十八 墓驪州安平陵村竹松洞子坐……(『東萊鄭氏 思菴派譜〈甲辰派譜〉』, 光武八年甲辰)

○ 鄭度均

(系子)生父華齊 字正平 號枕肘齋 孝宗辛卯(1651)七月六日生 戊午中司馬 辛未陰補洗馬不仕肅宗壬申(1692)十月十六日卒 壽四十二 己巳

仁顯王妃出宮時 率多士 爲首抗疏(上同)

○ 鄭最能

字汝欽 肅宗庚申(1680)生 有學行 執贄李畏菴門人 己亥(1719)二月九日卒 享年四十 墓廣州鶴灘壬子……(上同)

○ 蔡呈夏

(系子)字公瑞 號卧遊堂 崇禎(1637)丁丑生 顯廟己酉(1669)司馬兩試一等 辛未章陵參奉 歷監察 加平·昌寧縣監 肅廟壬辰(1712)卒 享年七十六……(『平康蔡氏族譜』卷之四)

이상의 자료에 의하면, 정태제의 생몰 연대는 1612~1669년이고, 채정하는 1637~1712년이다. 정태제가 서문을 쓴 해가 1664년이니, 이 해에 「천군연의」를 지었다고 한다면 이 시기 채정하는 27세이다. 이 정도의 나이라면 외삼촌이 썼다는 사실을 잘 알았을 것이라 생각된다. 채정하는 평소 외삼촌댁에 자주 왕래한 것으로 보인다. 외삼촌인 정태제는 강석기姜碩期의 사위로 인조仁祖의 세자世子와 동서간이었으며, 한때는 왕실과 관계가 깊어 당시 관직에서 물러나 있었지만 적지 않은 영향력이 있었던 인물이라고 생각된다. 외삼촌 정태제는 학식과 덕망이 있었던 인물로 종척의 어른이었기 때문에 채정하가 자주 왕래하였을 것이다. 채정하가 사마양시司馬兩試에 1등으로 합격하던 해 외삼촌이 타계했다. 왕래가 잦았으니 여러 가지 사정을 알고 있었을 것이고, 이 책에 대해 채정하는 발문에서 "일시문사一時文士 개전송탄미지왈皆傳誦歎美之曰 진기문야眞奇文也"라고 하여 그 당시 세상에 널리 전송傳誦되었다고 하였는데, 이 말을 믿는다면 채정하만 이 책에 대해 몰랐을 리가 없었다고 본다. 그리고 그는 "무자이종자도균위후無子以從子度均爲後 한거저시서閒居著是書"라고 하여, 만년에 정태제가 도균度均을 양자로 맞이하고 나서 한가로

이 지낼 때 이 책을 지었다고 구체적으로 언급하였다. 서문을 쓴 연대를 창작 연대로 잡는다면 1664년의 일로, 죽기 5년 전에 지은 것이다. 이때는 벼슬을 그만두고 한가히 지낼 만한 시기였고, 도균度均을 양자로 맞이한 것은 저술 당년當年이거나 그 이전이 될 것이다. 그렇다면 도균은 이 당시 13세 무렵이 되는데, 이 시기는 그가 정태제의 저술 여부를 알 만한 나이가 아니었다고 생각된다. 따라서 채정하가 확실한 증인이 되는 셈이다.

채정하가 발문을 쓴 것은 그 나름의 이유가 있었을 것이라 생각된다. 정태제가 사마양시에 합격하여 벼슬을 한 인물이었으니 채정하는 평소 외삼촌 정태제의 그의 도움을 많이 받았을 것이라 생각되는데, 그가 발문을 쓴 것은 외삼촌의 후사가 어렸고 또 일찍 죽었기 때문이었을 것이다. 자손이 번창한 집안이었다면 양상은 달라졌을 것이다.

정태제는 후손이 없어 도균을 양자로 맞이하였으나 채정하(1712년 졸)보다 먼저 42세로 타계(1692)하였으며, 도균의 큰 아들 즉 큰손자도 일찍 죽었고, 둘째 손자인 최능最能은 채정하가 타계할 때 32살이었는데 그도 8년 뒤 40세로 몰歿하였다.

그 동안 정태제의 5대손 정교의鄭教義가 "차오오세조此吾五世祖 휘태제지소작諱泰齊之所作 이단서문중而但序文中 부지하인소작운자不知何人所作云者 개자도야盖自韜也"라고 한 기록과 『동래정씨가록東萊鄭氏家錄』 권지칠卷之七 「국당공태제행적菊堂公泰齊行蹟」(수암睡菴 정윤용鄭允容 편집編輯)에서 "공한거다유저술公閑居多有著述 우천군연의有天君演義 배어등서俳語等書 우유시집이권又有詩集二卷"이라고 한 기록이 「천군연의」가 정태제 작임을 입증해 주는 좋은 자료가 되었었다. 그런데 이번 「채정하발본」의 출현으로 이제 「천군연의」의 작자는 정태제

5대손의 언급을 토대로 한 「박의회발본」의 발문 기록 외에도 생질 채정하의 발문에 의하여 정태제작이 더욱 확실해졌다.

이런 기록으로 보면 「천군연의」가 동래정씨, 특히 사암공파 사이에는 널리 읽혀졌으며 여러 본이 필사되어 유포된 듯하다. 1961년 5월 정연학鄭淵鶴이 간행한 『동래정씨세보東萊鄭氏世譜』에도 "공한거다유저술公閑居多有著述 유천군연의有天君演義 배어등서俳語等書 우유시집이권又有詩集二卷 이시집즉지금무전而詩集則至今無傳 기종손불능근수豈宗孫不能謹守 이치풍우충서지소괴여以致風雨虫鼠之所壞歟 불승통한不勝痛恨"이라 하여 「천군연의」·『배어』 등과 『시집』 2권을 지었다고 하면서 『시집』이 없어진 것을 통한해 하고 있다. 그리고 이 기록으로 미루어 보아 「채정하발본」이 아마 이 세보에서 말하는 바로 그 책이 아닌가 생각된다. 1989년 9월 현재 종손댁에는 그나마 『배어』마저 없어지고, 지손인 정창현鄭昌鉉씨 댁에 정태제의 저술로 보이는 『남한일기南漢日記』와 그의 아들 도균度均의 행장인 「침주재공휘도균행장枕肘齋公諱度均行狀」이 전해질 뿐이다.

2) 천군계天君系 소설小說의 성격性格과 「천군연의天君衍義」의 작자作者

앞에서 「채정하발본」의 발굴을 통해 「천군연의」의 작자가 정태제임을 밝혔다. 그 근거는 발문에 나타난 기록이다. 기록은 일단 기록 그대로 읽혀져야 한다. 정태제와 동시대인이라고 볼 수 있는 생질의 발문에 나타난 언급은 액면 그대로 받아들여져야 할 것이다. 발문의 기록을 액면 그대로 받아들여야 한다면, 서문의 경우도 마찬가지로 액면 그대로 받아들여야 할 것이다. 즉, 정태제가 서문에서 말한 "천군연의일서天君衍義一書 부지하인소작야不知何人所作也"라고 한 것도 액면 그대로 받아들여야 할 것이다. 그렇다면 「천군연의」는 정태제의 작이 아니라는 결론에 도달한다. 그렇다면 「천군연의」는 엄밀히 따져보면 정태제의 작이라고 말할 수 없을지도 모른다. 왜냐하면 논자에 따라서는 「천군연의」를 순수한 창작이라고 보기가 어렵기 때문이다.

여기서 「천군연의」의 성격과 문제가 되는 "부지하인소작야不知何人所作也"라는 구절의 상관관계를 집중적으로 고찰하여 「천군연의」의 진정한 성격과 작자 문제를 다시 한 번 재확인 해보는 논의가 필요할 것 같다. 정태제 자신이 "부지하인소작야不知何人所作也"라고 한 것은 그 나름대로 이유와 의미가 있을 것이다. 이는 막연히 선인들의 소설 폄시관에서 나온 것만은 아니라고 본다. 위에서 본 정태제의 기록은 까닭이 있어 그렇게 쓴 것이지 막연한 자도自韜에 기인한 것은 아닌 것 같다. 다시 말해서 정태제 자신이 이미 있어온 어떤 이름 모를 천군계 소설을 보고 연의演義한 것을 겸사로 "부지하인소작야不知何人所作也"라고 한 것이라 생각된다.

필자의 견해를 뒷받침해 주는 논의로 안병설은

> 이전에 나온 「天君傳」, 「睡鄕記」, 「愁城誌」 등의 내용이 모두 등장하니 이들의 내용을 참고하여 「天君衍義」가 씌어진 것 같다.…… 기왕의 모든 天君系 假傳類의 내용을 모아 演義로 再構한 인상이다. 따라서 菊堂에서 "不知何許(sic)人所作也"라 한것도 이를 가리켜 한 말이 아닌가 여겨진다. 이렇게 流傳되던 이야기를 再構하던 手法은 中國에도 흔하여 「三國志演義」의 내용이 그 以前에 流行하던 이야기를 모아 再構한 것이란 說은 널리 사실에 속한다.[24]

라고 하였다. 박용숙朴容淑도 그의 논문에서 천군계 소설들이 개인 창작이 아니라고 하였고, 그 내용에 있어서도 도가적 · 불교적인 비유가성이 내포되어 있다는 것을 주장하였는데,[25] 「천군연의」의 이러한 성격 때문에 정태제가 유학자로서의 분수를 의식하여 자도自韜했을 가능성이 있고,[26] 완전한 창작이 아니라 기왕의 것을 토대로 하여 연의 · 개작했기 때문에 "부지하인소작야不知何人所作也"라고 했을 가능성이 있다. 그의 기록 태도는 정확한 것이었다. 그는 『사초史草』를 쓸 정도의 인물로, 많은 사람에 의해 덧붙여지고 지어진 작품을 어느 한 사람의 작이라 하기는 곤란했던 것이다.

「천군기天君紀」를 보면 그 이유가 분명하게 드러난다. 「천군기」는 전기한 것과 같이 1981년 7월 김동협金東協에 의해 경북 울진군 기성면 사동리에서 발굴된 작품으로 「천군연의」와 내용이 흡사한데 제작 연대를 상고해 보면 「천군연의」보다 31년이 앞서는 작품으로 추정된다.[27] 후반부는 크게 다르나 전반부는 일치하는 점이 너무 많다. 그 점은 이미 김광순金光淳과 차용주車溶柱에 의해 지적

---

24) 安秉禼, 前揭論文, pp.109~110.

25) 朴容淑, 前揭論文, p.12.

26) 새로 발견된 「天君紀」 표지에 「四代紀」, 「玉皇紀」, 「三皇演義」 등의 기록이 보이고, 그것과 合綴되어 있는 것이 이러한 설을 뒷받침하고 있다. 「옥황기」 등은 도가류의 글로 이와 함께 합철되어 있다면 「천군기」의 성격 파악에 어떤 시사점을 주는 것이라 생각된다.

27) 「천군기」와 「천군연의」의 서문을 쓴 연대(「천군기」; 1633, 「천군연의」; 1664)를 대조하여, 일단 그 연대를 창작 연대로 보면 「천군기」가 31년이 앞서는 작품이다. 상식적으로 보아도 회장체가 회장체 아닌 것 보다는 후대에 저작된 것으로 추정된다. 그리고 생몰 연대가 뒤인 정태제가 밀양 · 동래 · 영해 부사로 간 시기가 실록에 기재되어 있음을 보면 그때에 본 것이 아닌가 한다. 물론 「천군기」의 작자가 명기되어 있지 않은 것을 보았을 것이다.

된 사실이다. 앞부분을 대조해 보면 다음과 같다.

〈回題 없음〉

天君姓朱 名明 字明之 鬲縣人也 其先與天皇氏並生 而鴻荒朴略 無所知識 降及陶唐氏 有道心者 始顯於世 而以其本微 帝曰舜嘗譏之曰 道心惟微 道心之後 歷禹·湯·文·武三代之間 子孫相繼 最爲周公·孔子所尊 戰國之時 鄒人孟軻 求得道心 直孫赤子心者 與之相應 造次不離 而赤子心者 嘗自放浪 不住一處 故孟軻曰 操則存 捨則亡 出入無時 莫知其鄕者 惟心之謂歟(「天君紀」)

〈天君即位分封官〉

天君姓朱 名明 字明之 鬲縣人也 其先與人皇氏並生 而鴻荒朴略 在書契以前 不可考 降及陶唐氏 有道心者 始顯於世 其本微 帝舜嘗謂曰 道心惟微 道心子曰 大人心 大人心之裔 歷禹·湯·文·武三代之間 最爲周公·孔子所尊尙 戰國之時 鄒人孟軻 求得大人之直孫赤子心者 與之相熟 造次不離 而赤子心常好出入 不住一處 故孟子曰 操則存 舍則亡 出入無時 莫知其鄕者 惟心之謂歟(「天君衍義」)

이와 같은 이유로 정태제는 "부지하인소작야不知何人所作也"라고 했을 것이다. 그러나 두 작품의 전반부 내용이 거의 같다고 하여 「천군연의」가 정태제의 작이 될 수 없다고 하거나, 작품의 가치가 반감된다고 하여서는 안 된다. 새로운 뜻을 날조해서 창작해내는 것보다 이왕에 있었던 뜻을 부정하거나 크게 해치지 않는 범위 안에서 같은 생각을 글로 지어내는 것이 '술이부작述而不作'이라는 성인聖人의 교훈에 부합되는 것이라는 데에 '연의衍義' 저술의 본래 의도가 있었으리라고 생각된다. '연의'라는 명칭이 본래의 뜻이나 사실史實

을 크게 왜곡시키지 않는 범위 내에서 덧붙여 쓴다는 의미를 지닌 이상, 상당한 부분의 내용이 일치한다고 해서 '연의' 본래의 의도에 배치되는 것은 아니기 때문에 그것은 그것대로 의의가 있는 것이며, 초습勦襲·표절剽竊일 수 없는 것이다. 「삼국지연의」가 기왕의 작품이 있었다 하여 그 가치가 떨어지는 것이 아닌 것처럼 「천군연의」도 마찬가지이며, 이와 같은 논리는 여타의 천군계 소설에도 성립할 것이다. 천군계 소설은 어느 일개인의 순수 창작이 아님을 알아야 한다.

동강東岡이 쓴 「천군전天君傳」도 그 저술 동기는 동강東岡이 찬撰한 '신명사도神明舍圖'에 있었던 것으로, 이것의 소설화小說化를 권했던 것이다.[28] 그렇다면 동강東岡(김우옹金宇顒)이 쓴 「천군전」도 완전한 창작이 아니니 동강의 작이 아니며, 가치 또한 반감된다고 할 수 있겠는가. 이와 같은 논리로 본다면 새로 발견된 「천군기」도 황중윤黃中允의 작이 아니고, 정도의 차이는 있으나 가치 또한 반감되는 것은 여타 천군계 소설의 경우와 마찬가지이다. 그것은 그 이전의 작품으로 「화왕계花王戒」·「화사花史」·「천군전天君傳」·「수성지愁城誌」 등이 있기 때문이다. 물론 「천군전」과 '신명사도'의 관계가 천군계 소설의 상호 관계와는 판이하게 달라 비교하기는 어렵겠지만, 선행 전승에 영향 받았다는 점에서는 일치한다.

황패강黃浿江은 「수성지」를 설명하면서,

> 그 뒤에 오는 동계(同系)의 소설에 대하여도 추종(追從)을 허락하지 않은 이색적(異色的) 전범(典範)이 되었다. 「천군연의(天君衍義)」, 「천군본기(天君本紀)」 등 아류작품(亞流作品)이 나왔으나, 이들은 한

---

28) 金光淳, 前揭書, p.105.

> 결같이 조선왕조의 지배 이념인 성리학의 규범에서 자유롭지 못했다는 점에서 임제에게 멀리 미치지 못하고 있다.[29]

라고 하였다. 「천군연의」가 아류라면 「천군기」도 아류이다.

천군계 소설은 우리 소설사에서 특수한 위상을 지닌다. 엄밀히 따지면 온전한 창작이 없는 것이지만, 이것을 표절이라고 하기는 곤란하다. 천군계 소설의 전통이 옛날부터 쭉 있어왔다는 점을 고려해야 할 것이다. 유사 작품은 유사 작품대로 그 작가를 인정해주어야 하며, 개별 작품은 그 작품 나름의 가치와 특질을 지녔다고 보아야 할 것이다. 「천군연의」 이후에 나타난 천군계 소설이 「천군연의」의 영향을 많이 받았다고 하여 그 작자를 부정하거나 작품의 가치를 폄하할 수 있겠는가. 천군계 소설의 상호관계는 일반 작품과는 사정이 다르다. 비슷하다하여 독자성을 무시해서는 안 되는 것이 이 계통 소설의 특성이다. 천군계 소설 사이의 영향관계는 흔히 있는 것으로서 이 관계를 바탕으로 「천군연의」의 가치를 폄하한다면 천군계 소설 대부분이 폄하되어야 한다.

「천군연의」는 우리 소설사 최초의 회장체 소설이며 연의체 소설이다. 문체론적으로 진일보한 작품이었다. 정태제는 앞에서 언급한 '연의'라는 의식을 지니고 있어 기왕의 작품들을 보고 개작・분장分章을 했던 것이다. 당시의 관점에서 보면 그는 진일보한 소설관 내지 소설 인식을 지녔던 사람이다.

수용미학적인 측면에서 보더라도 「천군연의」는 널리 유포되어 많은 사람들에게 읽혔고, 후대 작품에 많은 영향을 주었다고 생각된다. 여러 이본이 널리 유포되었기 때문에 「한남서림본」처럼 활자

29) 黃浿江, 『朝鮮王朝小說硏究』(檀國大學校出版社, 1986), p.42.

본으로까지 인간印刊되었던 것이다. 「천군기」와 같은 작품이 협사篋笥에서 잠자고 있었던 반면, 이 작품은 널리 유포되어 읽혀졌으며 중인衆人에게 전송傳誦·탄미歎美되었다. 따라서 후대의 「의승기義勝記」·「남령전南靈傳」·「천군본기天君本紀」·「천군실록天君實錄」 등에 영향을 주었으니 그 의의가 자못 크다고 하겠다. 「천군연의」의 작자는 정태제가 틀림없으며, 기왕의 것을 모방 내지는 개작하였다고 하여 그 가치가 떨어지는 것이 아니다. 신작본으로 완전한 별본으로 간주해야 할 것이다. 특히 새로 발굴된 「천군기」와의 관계도 이렇게 보아야 할 것이다.

이상과 같은 필자의 논의는 「호질虎叱」의 작자 문제를 논할 때에도 적용되는 것이다. 「호질」은 연암의 순수 창작이 아니라 개작이라고 보아야 한다. 심유붕沈有朋의 점포에 걸려 있는 격자格子에서 「호질」을 베낄 때, 전반부는 연암이 후반부는 정군鄭君이 맡았는데, 숙소에 돌아와 보니 정군이 베낀 부분에 무수한 오서誤書와 자구字句의 누락이 있어 문리가 통하지 않아 자기 생각대로 점찬點竄 보철補綴했다는 연암의 기록을 액면 그대로 받아들여야 한다. 「호질」의 전식前識와 후식後識은 기록된 그대로 읽어야 한다. 이 문제에 대해서는 이우성李佑成과 성현경成賢慶의 논의가 있다.[30)]

이 글에서는 기존의 작자 논의를 연구사적으로 검토한 다음 새로 발굴한 「채정하발본」을 통해 「천군연의」의 작자가 정태제임을 확인하고, 「천군연의」의 성격이 기존에 있었던 작품을 연의한 것으로 기존 작품의 개작·모방작임을 살펴보았다. 이는 일반적인 작품과 달리

---

30) 李佑成, 「虎叱의 作者와 主題」, 『創作과 批評』 11(創作과 批評社, 1968 가을).
成賢慶, 「虎叱研究」, 『韓國古典小說研究』(새문社, 1983).

천군계 소설의 특징으로 많은 부분이 서로 흡사하더라도 표습 혹은 표절이라고 할 수 없다는 것도 살펴보았다. 천군계 소설은 개작의 성격이 짙기 때문에 비슷한 점이 많은 것이 특징이지만, 이 계통의 소설은 이러한 각각의 저본을 신작본新作本이라고 하여야 할 것이다.

이 글의 논의는 기록의 중요성을 인식한 것이다. 서·발에 기록된 내용을 그대로 인정해야 한다는 것을 강조하면서 논지를 전개시켜 나가는 과정에서, 정태제의 서문에 "부지하인소작야不知何人所作也"라고 기록된 것과 채정하의 발문에 "서문중序文中 부지하인소작운자不知何人所作云者 개자도야盖自韜也"라고 기록된 것의 의미를 밝혀보았고, 그것이 「천군연의」의 작자와 성격을 정확하게 규정해 준다고 보았다. 연구사를 검토한 부분에서 보았듯이 작자를 정태제라고 확정한 논의나 의심한 논의 모두 당시의 자료만을 보고 판단한 것이라고 보았을 때 일리 있는 논의였다. 그러나 새롭게 발굴된 「채정하발본」을 통한 이 글의 논의에 따라 이제 「천군연의」의 성격이 규명되었으며 작자 문제 또한 확정되었다고 생각된다.

2. 「춘향신설春香新說」과 「현토한문춘향전懸吐漢文春香傳」의 작자作者와 창작연대創作年代

「춘향전」이 우리 소설사와 문학사에서 차지하는 비중은 300여 편이 넘는 연구 논문의 편수가 잘 말해 준다. 이 연구 논문의 양은 단일 작품에 대한 하나의 학문[춘향학春香學 또는 춘향전학春香傳學]이 성립될 수 있을 정도의 양이다. 그럼에도 불구하고 우리가 아직도 중국의 '홍학紅學'처럼 '춘향학春香學'이 성립되었다고 선뜻 말하지 못하는 이유는 연구 논문의 편수에 비해 다각적이고도 총체적인 연구가 부진했기 때문이다.

그간의 「춘향전」 연구는 대부분 국문본 「춘향전」을 중심으로 한 것으로, 한문본 「춘향전」에 대한 연구는 상대적으로 소외되었다. 따라서 많은 양의 논문 편수에도 불구하고 아직까지 「춘향전」에 관한 총체적인 연구가 이루어졌다고 말할 수 없다. 이는 「춘향전」의 전모를 밝히고 춘향학을 성립하기 위해 극복해야 할 주요 과제이다. 앞으로 한문본 「춘향전」에 대한 집중적인 연구가 지속적으로 이루어져야 할 것이다.

한문본 「춘향전」의 종류는 1) 시문본詩文本,[31] 2) 소설본, 3) 연희본演戲本으로 크게 나눌 수 있는데, 시문본으로는 유만화柳晩華의 「춘향가春香歌」(1754), 양주익梁周翊의 「춘몽연春夢緣」(1756, 실전失傳〈?〉), 윤달선尹達善의 「광한루악부廣寒樓樂府(호남악부湖南樂府)」(1852), 현대의 작품으로 이가원李家源의 「춘향가春香歌」(1979)가 있고, 소설본으로는 유탁일柳鐸一 소장 만와晩窩의 「(신산이新刪李)익부전益夫傳」[32](〈?〉), 수산자水山子의 「광한루기廣寒樓記」(1845〈?〉)[33], 기산岐山 박헌봉본朴憲鳳本 「춘향신설春香新說」(1864〈?〉), 유철진兪喆鎭의 「현토한문춘향전

31) 여기서의 '詩文'은 '詩'와 '文'의 두 가지 개념으로 쓴 것이 아니라 '詩'의 개념으로만 쓴 용어이다. 文選 가운데 劉楨의 「贈五官中郎將詩」에 보면 '詩文'을 '詩'의 뜻으로만 쓴 예가 보인다.

32) 柳鐸一 교수는 1993년 6월 6일 제36회 전국국어국문학 연구발표대회(충남대)에서 「미발표 春香傳 益夫傳에 대하여」를 발표하였다.

33) cf. 金東旭, 『增補 春香傳硏究』(延世大出版部, 1976), pp.83~4.

懸吐漢文春香傳」(1917)이 있고, 연희본으로는 여규형呂圭亨의 「춘향전春香傳」(1915, 프린트본)[34], 이능화李能和의 「춘몽연春夢緣(한시춘향가漢詩春香歌)」(1929)이 있어 약 10여 종으로 추정된다.

이 글은 한문본 춘향전 중 「춘향신설春香新說」과 「현토한문춘향전懸吐漢文春香傳」의 작자와 창작 연대 문제를 집중적으로 논의하고자 하는 것이다. 한 작품의 정확한 이해를 위해서는 그 작품의 작자와 창작 연대를 확정하는 것이 중요한 의미를 지닌다. 특히 고소설의 경우 작자와 창작 연대의 확정은 매우 중요하다. 고소설 대부분의 작자와 창작 연대를 정확히 알 수 없는 현재, 고소설의 작자와 창작 연대를 확정하는 것은 그 작품의 이해를 위해서나 고소설의 사적 전개를 이해하기 위해 매우 중요하다. 특히 춘향전의 경우 그 생성과 변모의 역사를 총체적으로 파악하고자 할 때 한문본의 작자와 창작 연대의 확정이 매우 중요한 의미를 지닌다.

---

34) 檀國大學校 소장 羅孫本은 표지 우측 상단에는 '春香傳', 좌측 상단에는 '帶方花史'라 되어 있으나, 呂圭亨의 「春香傳」과 같은 것이다. 羅孫 金東旭이 上揭書(p.72.)에서 언급한 이른바 羅孫本 「프린트版 帶方花史 春香傳」은 呂圭亨의 「春香傳」을 말하는 것이 틀림없다.
羅孫本은 鄭夏英 교수가 「漢文演本 春香傳」 곧 呂圭亨의 「春香傳」 해제(韓國古典小說硏究會 編, 春香傳의 綜合的 考察, 亞細亞文化社, 1991)에 소개한 규장각본과 함께 謄寫本이나 이와 똑같지는 않다. 필체가 같은 것으로 보아 동일인이 일차로 謄寫紙에 鐵筆로 써서 프린트로 간행한 후 재차 다시 謄寫紙에 써서 프린트로 간행한 것이 틀림없으나, 양본의 선후 관계는 자세히 알 수 없다. 1915년이라는 간행 연대는 羅孫의 前揭書(p.72.)와 申基亨의 『韓國小說發達史』(彰文社, 1960, p.292.)를 참고한 것이다. 그러나 鄭夏英 교수는 1917년경으로 보고 있으며(한국고전연구학회 편, 韓國古典硏究 2, 계명문화사, 1996, p.349.), 金鍾澈 교수는 1908년이 가장 유력하다고 보고 있다(인문논총 6집, 아주대 인문과학연구소, 1995, p.133.). 그리고 申基亨이 소장하고 있던 「春香傳」이 있는데, 이것도 呂圭亨의 「春香傳」이 틀림없는 듯하다.(申基亨, 前揭書, pp.292~3.)

(1) 작자作者와 창작연대創作年代 논의論議

1) 「춘향신설春香新說」

「춘향신설春香新說」은 1966년 정병욱鄭炳昱·강한영姜漢永 교수의 권고에 의해 기산岐山 박헌봉朴憲鳳(1906~1977, 현 한국방송대학교 국어국문학과 박태상 교수의 조부)이 공개한 한문본 춘향전의 하나로 소설본 계통의 작품이다. 이 작품은 국악예술학교 출판부 편 박헌봉朴憲鳳 저 『창악대강唱樂大綱』(1966. 12)의 부록으로 공개되었는데, 원본 상태 탓인지 영인 상태가 좋지 않아 읽기에 곤란한 면이 있다. 이를 의식한 듯 뒷부분에 전편全篇을 활자로 이정釐正하여 첨부하였으나, 그 또한 약간의 오탈자가 있는 편이다. 이 작품은 공개 이듬해인 1967년 김동욱金東旭 교수에 의해 연구되었으나 그동안 학계에서 크게 주목받지 못하다가 1994년 김종철金鍾澈 교수에 의해 본격적인 연구가 행해졌다.[35] 그는 김동욱 교수가 밝힌 "여러 춘향전이 나돌게 된 후 …… 19세기말 고종대"[36]라고 한 이 작품의

---

35) 金鍾澈, 「春香新說攷」, 『茶谷李樹鳳博士停年紀念 古小說研究論叢』, 景仁文化社, 1994.

36) 金東旭, 前揭書, pp.424~5. "이 「香娘新說」은 朴憲鳳氏의 先大人 誠庵公이 지금으로부터 約 七○餘年前에 李香草라는 사람으로부터 구했다는 것이다. 필자가 별견한 바에도 菊版 정도의 韓裝本으로 지질은 그리 오래된 것은 아닌 것 같다.…… 「新說」 序에 "然而數世之後 傳之者不詳 歌之者未精 其流也樂而或近於淫 其失也哀而或近於傷 亂雜而無章 壞漏而難記 ……" 라고 한 것으로, 이것은 중요한 內的 證據로서 본서가 판소리 생성 후에 이루어진 것을 알 수 있다. 그러니 本書는 여러 香春(sic-春香)傳이 나돌게 된 후, 다시 申在孝의 제자 採仙이 晋州의 李善裕에 귀부한 후의 일이 아닐까 한다. 즉 朴鳳憲(sic-憲鳳)씨의 先大人이 山淸 태생이면 晋州 相距가 멀지 않고, 本書의 次序가 通行本과 멀지 않음을 보면 十九世紀末 高宗代에 이루어진 것이 아닌가 추측하고자 한다."

창작 시기에 반론을 제기하며 창작 연대를 1804년으로 확증하였다. 이 작품을 현전하는 춘향전 가운데 두 번째 오래 된 작품으로, 만화晩華 유진한柳振漢(1711~1791)의 「춘향가春香歌」인 「가사춘향가이백구歌詞春香歌二百句」(1754년 작) 다음 작품이라고 주장하면서 18세기 말에서 19세기 초 「춘향가(전)」의 모습을 그려볼 수 있는 중요한 자료라고 하였다. 작자도 「종옥전鍾玉傳」의 작자인 목태림睦台林(1782~1840, 자字 응일膺一, 호號 운와雲窩)이라고 확증하였다.

작자와 창작 연대의 확증은 「종옥전鍾玉傳」 서문과 「춘향신설春香新說」 서문을 비교 검토하여 이루어졌는데, 논증이 정밀하여 반론의 여지가 없을 듯하나, 의문이 전혀 없는 것도 아니다.

여기서는 김종철 교수의 주장을 그대로 전재轉載(다만 각주脚註는 필자가 본문내本文內로 옮김)해 보고, 작자와 창작 연대의 확증에 대한 여러 의문점 중 두세 가지만을 제시하여 그의 소론에 대한 반론을 삼고자 한다.

> 「春香新說」은 朴憲鳳(1906~1977)이 그 부친 朴星浩로부터 물려받은 작품인데, 그 부친은 소년시절 李春草란 인물에게서 구한 것이라고 한다.[37] 박헌봉의 출생 연도를 기준으로 추정하면 그 부친이 대략 1890년대에 구입한 것으로 볼 수 있다. 이 작품의 성립 연대는 보다 소급될 수 있다. 그러니까 이 작품의 겉장을 새로 입히면서 그 날짜를 기록해 두었는데, "歲德次舍辛巳振羽節扐月吉旦遞衣"라고 하여 申巳년 윤6월에 새로 장정했음을 알 수 있다. 이 신사년은 1821년, 1881년, 1941년에 해당되는데, 박헌봉의 부친이 구입한 때를 기준으로 한다면 1881년이 근사하다.[38] 그렇다면 1881년에 겉장을 새로

37) 朴憲鳳, 前揭書, p.626. 참조.

입힐 정도라면 이 작품의 처음 필사 시기는 상당히 소급될 소지가 있다.

이 글과 관련해서 이 작품의 머리말 격인 '신설서新說序'를 주목할 필요가 있다. '신설서'는 다음과 같이 시작된다.

> 신설을 지은 사람은 누구인가? 나 홀로 그 사람을 알고 있다. 어떤 사람이 "신설은 무엇 때문에 지었는가?"하고 내게 물어 왔다. 내가 대답하기를 "香娘의 節行事跡이 사라져 後世에 전해지지 않을까 걱정되어 지은 것"이라고 했다.[39]

서문의 '나'는 스스로를 「신설」의 작자가 누구인지 알고 있는 유일한 사람이라고 했다. 이 발언을 액면 그대로 받아들이면 「신설」의 작자가 따로 있는 것이 된다. 그러나 이 서문을 끝까지 읽어보면 「신설」의 작자가 바로 이 서문의 '나'임이 드러난다. '나'는 이 인용문의 뒤에 이도령 증조曾祖의 행적을 가지고 '혹或'(문장 속에 가상으로 설정한 인물)과 논란을 벌인 내용과 그를 물리친 다음 이도령 가계家系의 설명과 춘향의 절행에 대한 내용을 서술하였다. 그리고 이 춘향의 절행이 대대로 민간의 풍류스러운 이야기의 바탕이 되어 영원히 지속되고 있다고 했다. 그런데 몇 세대가 지난 후 「춘향가」를 부르는 사람과 그 이야기를 전하는 사람이 자세하고 정밀

---

38) 박헌봉 집안에서 이 작품의 표지를 새로 입혔을 가능성도 배제할 수는 없으나, 박헌봉이 이 작품을 공개하면서 그 점을 언급하지 않은 것으로 보아 그 가능성은 없다고 볼 수 있다.

39) 朴憲鳳, 前揭書, p.654. "新說作之者其誰, 余獨知其人焉. 或問於余曰, 新說何爲以作也. 曰懼其香娘之節行事跡壞爛泯滅, 而不得於後世故作也."

하게 전하지 못하여 여러 가지 문제가 생겼고, 후세 사람들이 그 이야기를 듣고자 하지만 누구에게 들어야 할지 모르게 되었다고 하고는 다음과 같이 말하였다.

> 나는 내 재주가 어리석고 누추함을 망각하고는 舊聞陳篇을 수정하거나 따와서 몇 달 동안 구상한 끝에 대충 한 편을 만들어서 그 이름을 新說이라 했다.[40)]

춘향의 절행 사적이 후세에 정확히 전해지지 않는 것을 안타깝게 여긴 나머지 구문진편舊聞陳篇, 곧 당시 전승되던 「춘향가」와 유통되던 「춘향전」을 바탕으로 직접 새로운 「춘향전」을 지은 것이다. 그러니까 서문 속의 '나'는 곧 이 신설의 작가인 셈이다. 그는 몇 달 동안의 구상 끝에 이 작품을 지은 만큼 후세의 군자들이 비루하게 여기지 말기를 바라고 있다. 그러면 이 「신설新說」의 작자는 누구인가. 그 단서는 이 서문의 끝에 있다.

> 그리고 근래 지은 바 「鍾玉傳」 한 편을 살펴본다면 그것 또한 비록 세상에 전해지 않고 있지만 그러나 어찌 세상 사람들이 알아주지 않음을 근심하여 작품을 짓지 않겠는가. 그 말이 쓸 만한지의 여부는 後世 君子의 마음에 달렸으니 내게 무슨 관계가 있으리오. 靑鼠 仲秋 旣望에 序하노라.[41)]

---

40) 朴憲鳳, 前揭書, p.654. "余忘其愚陋, 點竄舊聞, 盜竊陳篇, 數月構思, 一篇粗成, 其名曰新說."

41) 朴憲鳳, 前揭書, p.654. "而察之近所爲鍾玉傳一編, 雖亦未傳於世, 然豈憂世人之不知而不爲也. 若夫其言之可用也與否者, 後君子之心也, 於我何有哉. 靑鼠 仲秋 旣望 序."

여기서 이 「신설」의 작자가 그 전에 「종옥전鍾玉傳」을 지은 적이 있음을 알 수 있다. 「종옥전」의 작자인 목태림睦台林이 어떤 인물인지는 이미 김종철 교수가 밝힌 바 있다.[42] 그는 경남慶南 사천泗川에 살았던 문인文人으로 관직에 나간 적은 없는 향반鄕班이었다. 문집文集으로 필사본 1책의 「운와집雲窩集」이 전하는데, 문집을 살펴보면 특히 부賦에 능했던 것 같다. 그런데 「종옥전」의 서문과 이 글에서 인용한 「신설」의 내용에 일치하는 부분이 있다.

> 내가 嘉慶 癸亥年 가을에 臥龍山 山菴에서 독서를 하고 있었는데, 어떤 사람이 와서 鍾玉 이야기를 했었다. 그 이야기가 荒雜하고 虛誕해서 기록하여 전할 만한 것은 못 되었으나 鑑戒하는 데에는 혹시 도움이 되지 않을까 하여 기록해 두어 나 자신과 後人의 鑑戒로 삼았다.
>
> 내가 이 傳을 지은 후 그 원고를 잃어버려 늘 마음에 안타까웠는데, 마침 松川士人이 필사한 것을 내게 가져와 보여주었다. 내가 보니 轉寫하는 과정에 잘못된 부분이 있어 바로 잡고 또 보충해서는 제목을 붙이고 첨삭을 했다. 뒷날 보는 사람을 기다린다. 道光戊戌 늦겨울 雲窩居士 睦台林은 쓰다.[43]

---

42) 金鐘澈, 「「배비장전」 유형의 소설 연구」, 『관악어문연구』 10(서울대 국문과, 1985). pp.213~214.

43) 「鍾玉傳」, 『필사본고소설전집』 3(아세아문화사, 1980), pp.343~344. “余於嘉慶癸亥秋, 讀書於臥龍山山菴, 客有來言鍾玉說者, 其說荒而雜, 其事虛而誕, 不足以傳之於記, 而其在鑑戒之道, 或不無一助, 故爲之記, 因以爲自戒亦以爲後人之鑑云爾. 余作此傳後失其本藁, 常以爲概然於懷, 適有松川士人謄之於短簡, 來示於余. 余見之, 字或有傳書者訛, 語或有排布者錯, 故訛者正之. 錯者補之, 立題目而加筆削, 以待後之覽者焉. 道光戊戌季冬, 雲窩居士睦台林記.”

그가 「종옥전」의 이야기를 처음 듣고 기록한 때가 가경嘉慶 계해癸亥 곧 1803년이었고, 그 원고를 잃어버린 다음 다시 구해서 가필·첨삭한 것이 도광道光 무술戊戌 즉 1838년이었다. 목태림이 「종옥전」의 원고를 잃어버린 적이 있다는 기록은 앞의 인용에서 근래에 지은 「종옥전」이 전해지지 않는다는 발언과 일치한다. 이러한 일치는 「신설」의 작자가 목태림이라는 것을 보다 분명히 해준다. 이와 더불어 목태림이 「신설」을 지은 시기도 확정할 수 있게 한다. '신설서'에는 그 때가 청서靑鼠 중추仲秋 기망旣望이라고 했는데, 「종옥전」을 기록했다가 잃어버린 후로부터 다시 찾을 때까지의 사이, 즉 1803년에서부터 1838년 사이의 청서靑鼠는 1804년 갑자년甲子年에 해당한다. 그러니까 목태림이 1804년 음력 8월 15일에 이 작품을 완성했다고 볼 수 있다.

「신설」이 1804년에 이루어진 것으로 본다면 이 작품은 현재 전하는 「춘향전」으로는 만화晩華 유진한柳振漢(1711~1791)의 「가사춘향가이백구歌詞春香歌二百句」(1754년 작) 이래 두 번째로 오래 된 「춘향전」이라고 할 수 있다. 따라서 이 작품은 18세기 말에서 19세기 초 「춘향가(전)」의 모습을 그려볼 수 있는 중요한 자료라고 할 수 있다.

그러나 이상과 같은 김종철金鍾澈 교수의 상세한 논의에도 불구하고 두 서문을 재검토해 보면, 「종옥전鍾玉傳」의 서문에서 '실기본고失其本藁'라고 한 것과 「춘향신설春香新說」의 서문에서 '미전어세未傳於世'라고 한 부분의 일치 여부가 문제된다.

김종철 교수는 두 서문의 일부 발언, 즉 '실기본고失其本藁'와 '미전어세未傳於世'를 전적으로 일치하는 것으로 받아들였는데, 작자와 창작 연대 확증에 관건이 되는 이러한 일부 조사措辭의 일치 여부를 논하기 위해서는 무엇보다도 「종옥전」의 '실기본고失其本藁'라는 부분의 '실失'과 「춘향신설春香新說」의 '미전어세未傳於世'라는 부분의 '전傳'의 의미에 주목할 필요가 있다. 다시 말해 '실失'과 '전傳'의 해석이 관건이 된다. 필자는 일차적으로 '전傳'에 초점을 맞추어 일치 여부 문제를 논한 다음 '실失'의 의미에 주목하여 김종철 교수가 밝힌 일치 주장의 결정적인 문제점을 제기하고자 한다.

'전傳'에는 '유류遺留'와 '전파傳播'의 뜻이 있으므로, '미전未傳'을 '완전한 실전失傳'으로 보느냐 아니면 '유통流通이나 전파傳播가 잘 안 된다는 뜻'으로 보느냐에 따라 나누어 파악할 필요가 있다. 그러면 두 경우를 모두 상정하여 두 서문의 일치 여부를 살펴보기로 한다.

먼저 '미전未傳'을 '완전한 실전失傳'으로 보고 「춘향신설」 서문의 "근소위종옥전일편近所爲鍾玉傳一編, 수역미전어세雖亦未傳於世, 연기우세인지부지이불위야然豈憂世人之不知而不爲也[근래에 만들어진 「종옥전」 일편이 비록 세상에 전하지는 않으나 어찌 세상 사람들이 알아주지 않음을 염려하여 이 책을 쓰지 않겠는가]"라는 내용과 「종옥전」 서문의 "여작차전후실기본고余作此傳後失其本藁, 상이위개연어회常以爲概然於懷[내가 이 전傳을 지은 후 그 본고本藁를 잃어버려 늘 마음에 안타까워했다]"라는 내용을 일치하는 것으로 파악하면 내용상 논리적 모순점이 발견된다. "근소위종옥전일편近所爲鍾玉傳一編 수역雖亦(실기본고失其本藁) 미전未傳[완전한 실전失傳]어세於世 연기우세인지부지이불위야然豈憂世人之不知而不爲也"라는 뜻이 되기 때문이다. 이 내용을 살펴보면 앞뒤가 맞지 않는데 '연然'자字 앞의 내용과 뒤의 내용이 서로 괴리·배치됨을 알 수 있다. (자기가 쓴) '본고本藁'를 잃어버려[실기본고失其本藁] 세상에서 실전된[실전어세失傳於世] 마당에 어찌 세상 사람이 알아주지 못함을 염려[연기우세인지부지이불위야然豈憂世人之不知而不爲也]하고 아니 하겠는가. 작품이 존재한 다음에야 사람들이 알아주든지 알아주지 않든지를 염려하게 될 것이 아닌가. 작품이 실전된 마당에 '우세인지부지憂世人之不知' 한다는 말은 성립되기 어려운 말로 '연然'자字의 앞뒤 내용이 서로 맞지 않는다. 혹 그 이야기가 성립된다고 할지라도 자기가 쓴 「종옥전」 '본고本藁'를 잃어버리고 늘 마음에 안타까워했을[상이위개연어회常以爲慨然於懷] 정도의 인물이라면, 「춘향신설」에 대해서도 세상 사람이 알아주지 못함을 염려[우세인지부지憂世人之不知]하였을 것이므로, "어찌 세상 사람이 알아주지 못함을 염려하겠는가[연기우세인지부지然豈憂世人之不知]"와 같은 말을 하지는 않았을 것이다.

이 외에도 결정적인 문제점은 다음과 같은 사실에서 찾을 수 있다. 송천사인松川士人이 후에 '본고本藁'를 단간短簡에 베껴 가지고 왔다는 것을 보면 문맥상 '실기본고失其本藁'는 '본고本藁를 분실紛失하였다'는 의미로 쓴 것이 확실한데, 여기서 '분실紛失'이란 자기에게 없다는 뜻이지 세상에서 완전히 없어져 실전失傳되었다는 의미는 아니다. 그렇다면 '실기본고失其本藁'와 '미전어세未傳於世'라는 서문 구절의 연결에 무리가 따른다. 작자가 '본고本藁'를 분실紛失하여 행방을 모르는 책이지만, 이 세상 어딘가에 있을지도 모를 책에 대해 실전失傳되었다고 단정적으로 말하지는 않았을 것이기 때문이다.

그럼에도 불구하고 김종철 교수는 두 서문의 구절을 일치하는 것으로 파악하였는데, '미전未傳'을 '완전한 실전失傳'으로 본 듯하다. 그래서 "이처럼 목태림이 「종옥전」의 원고를 잃어버린 적이 있다는 기록은 앞의 인용에서 근래에 지은 「종옥전」이 전해지지 않는다는 발언과 일치한다"라고 하였다.

'미전未傳'을 '유통流通이나 전파傳播가 잘 안 된다는 뜻'으로 보아도, "근소위종옥전일편近所爲鍾玉傳一編, 수역미전어세雖亦未傳於世, 연기우세인지부지이불위야然豈憂世人之不知而不爲也"라는 부분과 "여작차전후실기본고余作此傳後失其本藁, 상이위개연어회常以爲槪然於懷"라는 부분을 일치하는 것으로 파악하는 것은 상식적으로나 논리적으로 문제점이 있다.

결국 "근소위종옥전일편近所爲鍾玉傳一編, 수역雖亦(실기본고失其本藁) 미전未傳[유통流通이나 전파傳播가 잘 안 된다는 뜻]어세於世 연기우세인지부지이불위야然豈憂世人之不知而不爲也"라는 뜻이 되는데, 이것은 자기가 쓴 '본고本藁'를 잃어버리고[또는 '본고本藁'를 잃어버려; 실기본고失其本藁] 세상에 잘 유통되지(읽혀지지) 않으나[미유통어세未流通於世] 어찌 세상 사람이 알아주지 못함을 염려하여 이 책을 쓰지 않겠는가[연기우세인지부지이불위야然豈憂世人之不知而不爲也]로 해석할 수 있을 것이다.

여기서 문제가 되는 것은 김종철 교수가 주장한 것처럼 「춘향신설」의 창작 시기가 1804년이라면, 「종옥전」을 짓고 '잃어버린 시기'와 「춘향신설」을 '지은 시기'가 거의 일치하여 불과 수개월의 간격밖에 나지 않는다는 것이다. 「종옥전」은 가경嘉慶 계해癸亥 추秋에 지은 것이니 1803년 7 · 8 · 9월에 해당하고, 「춘향신설」은 청서靑鼠 중춘仲春[44] 기망旣望에 지은 것이니 1804년 2월 16일에 해당한다. 「종옥전」을 작전作傳한 후 바로 「춘향신설」을 짓기 시작하여 수월구사數月搆思하여 완성하였으며, 이 수개월 사이 어느 때에 「종옥전」 '본고本藁'를 잃어버린 셈이 되는 것이다.[45]

「종옥전」을 작전作傳한 후 「춘향신설」을 짓고 있던 수개월 사이에 자기 작품인 잃어버린 '본고本藁'가 세상에 잘 유통되지 않는다는

44) 金鍾澈 교수는 '仲秋'로 보았는데, '秋'는 誤讀이다.
45) '常以槪然於懷'한 것으로 보아 仲春 바로 전에 잃은 것은 아니라 보인다.

식의 이야기를 했다는 것은 기간으로 보나 논리로 보아 무리가 다르다. 또 수개월 만에 자기 작품을 세상 사람들이 알아주느니 알아주지 않느니 하고 평가한다고 보는 것도 무리가 따르는 해석이라고 생각된다. 요즘의 서적 유통구조라면 몰라도, 옛날의 전적典籍 유통 양상을 감안해 보면 수개월이란 기간 만에 이러한 이야기를 하거나 평가를 내리기는 곤란하다고 생각된다.

실제로 '실기본고失其本藁'와 「종옥전」의 유통 사이에는 아무 관계가 없음을 알 수 있다. 후에 송천사인松川士人이 잃어버렸던 '본고本藁'인 「종옥전」을 단간短簡에 베껴 온 것을 보면 '실기본고失其本藁'와는 관계없이 「종옥전」이 유통되었음을 알 수 있다. 이는 김종철 교수도 그의 논문 「〈배비장전裵裨將傳〉 유형의 소설 연구」에서 인정한 것이다.[46] 「종옥전」은 '본고本藁'를 잃어버렸든 잃어버리지 않았든 간에 유통되었음을 알 수 있다.

그러나 보다 결정적인 문제점은 '미전未傳'을 '유통流通'이나 전파傳播가 잘 안 된다는 뜻'으로 파악하면, "실기본고失其本藁 미전어세未傳於世"라는 말이 성립되지 않는다는 것에서 찾을 수 있다. "본고本藁를 분실紛失하여 세상에 잘 유통流通되지 않는다"는 말은 논리적으로 있을 수 없기 때문이다. 물론 여기서 '분실紛失'은 이미 언급한 것과 같이 자기에게 없다는 뜻이지 세상에서 완전히 실전失傳되었

46) cf. 金鍾澈 교수는 "睦台林이 바로 鍾玉이야기의 傳承者이자 작가이며 잃어버렸던 원고를 베껴가지고 온 사람 또한 松川士人으로 지방의 양반이었다는 점에서 근거하는 것이다. 즉 口傳되던 鍾玉의 이야기가 어떤 客에게서 睦台林에게 傳承되면서 기록문학으로 전환되었고 이것이 泗川 주변의 識者層에게 轉寫되면서 읽혀졌고 다시 作者의 손에 돌아와 改作된 것이다."라고 하여, 「鍾玉傳」이 作傳 후 傳承되었음을 인정하고 있다. 金鍾澈, 「〈裵裨將傳〉 類型의 小說硏究」, 『冠嶽語文硏究』 10(서울대 국문과, 1985), p.215.

다는 의미가 아니다. 따라서 두 서문의 구절을 연결하는 것에 무리가 따른다.

「춘향신설」을 1864년 작으로 보면, 「종옥전」의 개작改作 해인 1838년(도광道光 무술戊戌)과의 거리[47]는 26년이 된다. 이 정도의 세월이라면 「춘향신설」의 서문에서 "근소위종옥전일편近所爲鍾玉傳一編, 수역미전어세雖亦未傳於世, 연기우세인지부지이불위야然豈憂世人之不知而不爲也"라고 한 것이 별 무리가 없는 것으로 보인다. 이 정도의 시간차가 있다면 '미전未傳'의 의미를 완전한 실전失傳으로 보든 아니면 다소 유통되었던 것으로 보든 간에 별 무리가 없는 해석이라고 생각된다.

그러나 이상과 같은 논의는 한갓 논리 위주의 해석에 불과하다고도 할 수 있다. 그것은 「춘향신설」에서 "근소위종옥전일편近所爲鍾玉傳一編, 수역미전어세雖亦未傳於世, 연기우세인지부지이불위야然豈憂世人之不知而不爲也"라고 한 것은 「종옥전」의 존存·부존不存과 관계없이 할 수 있는 말이기 때문이다. 존存·부존不存과 관계없이 할 수 있는 말에 대해, '실기본고失其本藁'라는 「종옥전」 서문의 조사措辭 때문에 「춘향신설」에서 '미전未傳'이라고 하였다고 주장할 수는 없다. 이 말은 「춘향신설」의 "근소위종옥전일편近所爲鍾玉傳一編, 수역미전어세雖亦未傳於世, 연기우세인지부지이불위야然豈憂世人之不知而不爲也"가 '실기본고失其本藁'와 관계있을 수도, 없을 수도 있다는 말이다. 필자는 이상과 같은 해석과 후술하게 될 의문점 등을 근거로 「종옥전」과 「춘향신설」의 서문은 서로 관계없이 해석해야 한다고 생각한다.

---

47) 「鍾玉傳」을 1차로 作傳한 해는 1803년(嘉慶癸亥)인데 「春香新說」의 창작 연대를 1864년으로 보면, 작자의 생몰 연대를 추정해 보아 1차 作傳本을 말한 것으로는 생각되지 않는다.

이상과 같이 「종옥전」과 「춘향신설」의 서문에 나타난 일부 조사措辭의 일치 여부를 검토한 결과 확인된 문제점은 김종철 교수가 주장한 「춘향신설」의 작자와 창작 연대 확증에 의문점을 야기한다.

「춘향신설」이 1804년 목태림睦台林의 작이라고 가정한다면, 그는 1838년 개작 「종옥전」의 서문에 자기의 호號와 실명實名을 당당하게 밝힌, 소설을 지극히 긍정한 인물이었다. 그는 1803년에 지은 「종옥전」의 '본고本藁(1차 작전본作傳本)'를 잃은 것에 대해, 타계 2년 전인 57세 때까지 36년간이나 '상이위개연어회常以爲慨然於懷'라고 하여 안타까움을 표현하였으니 자기 소설 작품에 대해 상당한 애착을 가진 인물이다. 1804년 작인 「춘향신설」에서 같은 소설류의 자기 작품인 「종옥전(1차 작전본作傳本)」을 언급한 인물이라면, 개작 「종옥전」의 서문에서 개작 「종옥전」 저술보다 34년 전 22세의 젊은 나이에 창작한 자기 작품 「춘향신설」에 대해 어떤 식으로든 언급하였을 것이다. '본고本藁'인 「종옥전(1차 작전본作傳本)」보다 불과 수개월 뒤에 지어진 작품이라는 점에서, 작자가 35~6년이 지난 뒤 과거를 회상해 보면 거의 동시에 지은 작품인데 이 작품에 대해 일언반구一言半句의 언급이 없을 리가 없지 않을까 생각된다.

「배비장전」과 같은 계통의 작품으로, 양반들의 호색好色한 생활을 폭로하는 「종옥전」에 '운와거사雲窩居士 목태림睦台林'이라고 자기 이름을 분명히 밝힌 문사라면, 개작 「종옥전」 서문에서 이 작품과 같은 계통이지만 춘향의 '열烈'에 비중을 둔 윤리적인 「춘향신설」을 자기가 지었다고 언급하지 않았을까 생각된다. 그는 「종옥전」에 대해 '기설황이잡其說荒而雜, 기사허이탄其事虛而誕[그 이야기가 황잡荒雜하고 그 사실이 허탄虛誕]'하다고 스스로 밝혔다. 이와 같은 작품에서도 당당하게 이름을 밝혔는데, 「춘향전」 같이 '열'을 다룬 작품에서 왜 구태여 자도自韜하여 언급하지 않았겠는가? 그렇다면 「춘향신설」의 서문에서 자기가 짓지도 않은 「종옥전」을 언급한 것인가? 여기에 대해서는 다음과 같이 생각해 볼 수 있다.

「종옥전」이나 「춘향신설」 모두 남녀 간의 애정을 다룬 애정소설이라는 점에서 공통점을 지닌다. 「춘향신설」의 서문에는 남녀 간의 사랑 이야기인 「종옥전」이 '미전어세未傳於世'하나, 그래도 나는 남녀 간의 사랑이야기인 이 작품을 짓겠다는 뜻이 들어 있다. 「춘향신설」의 작자는 「종옥전」의 주제가 「춘향신설」과 근접한다고 보았기 때문에 이렇게 말한 것이 아닌가 한다. 「종옥전」은 주제가 '피색避色'인데, 변학도의 관점에서 보면 「춘향신설」의 주제도 '피색避色'이다. 이와 함께 「춘향신설」의 작자는 서문에서 색色과 관官을 동일시하여 피색避色과 피관避官(위位)을 동일선상에 두어 말했다. 따라서 「종옥전」의 피색避色과 「춘향신설」 서문의 피위避位가 맞아 떨어졌기 때문에 「종옥전」을 언급했을 것이다.[48)]

이와 같은 이유로 보아 「춘향신설」의 작자는 「종옥전」을 읽어본 독자의 한 사람으로, 단순히 「종옥전」을 인용한 것에 불과하다고 생각된다. 목태림의 작인 「종옥전」은 목태림 생존 당시나 그 후에도 잘 전해지지 않았던 작품이라 보인다. 1차 작전作傳 후 「종옥전」의 유통 상황은 개작改作 「종옥전」의 서문을 통해 짐작할 수 있고, 개작 「종옥전」의 유통 상황은 「춘향신설」의 서문을 통해 유추할 수 있다. 실제로 「종옥전」은 일본의 동양문고에 필사본으로 소장되어 있는 것을 김기동 교수가 발굴·소개하여 국내 학계에 널리

---

48) cf. 金起東은 「鍾玉傳」의 주제를 「春香傳」, 「裵裨將傳」 등과 같이 상류층 귀족계급의 好色的인 생활을 풍자하려는 데에 두었다고 생각한다고 하였다. 金起東, 『韓國古典小說硏究』(敎學社, 1981), p.689.

알려진 작품이다.[49] 「춘향신설」의 작자는 남달리 소설에 관심이 많았던 사람이었기 때문에 잘 전해지지 않았던 작품이지만 이를 접해 보았고, 그래서 「춘향신설」 서문에 「종옥전」을 언급할 수 있었던 것이라 생각된다. 그렇다면 '근소위종옥전일편近所爲鍾玉傳一編'의 주체는 '여余'가 아니라 '누구'일 것이다. '소위所爲'는 '소작所作'과 '소위所謂'로 구분할 수 있는데, 이 글에서는 소위所謂 즉 '이른바', '세상에서 말하는 것'으로 보아도 무리가 없다고 생각된다.

「춘향신설」의 번역을 통해 확인할 수 있는 「춘향신설」의 특징 중 하나는 춘향전 이본들 중 가장 많은 고사의 사용이다. 그런데 이 고사들이 판소리 창사본唱詞本이나 판각본 소설에 나타난 고사들과는 대부분 중첩되지 않는다. 판소리 창사본이나 판각본 소설과 「춘향신설」의 비교를 통해 어느 한 쪽이 다른 한 쪽을 의식하여 고사들을 바꾸어 쓴 듯한 인상을 받게 된다. 이 특징은 판소리 창사본이나 판각본 소설과 「춘향신설」의 선후 관계를 암시하고 있는 것이라고 생각되는데, 「춘향신설」이 판소리 창사본이나 판각본 소설을 의식하고 개작한 듯하다.

그것은 「춘향신설」이 당시 일반적으로 통행되던 판소리 창사들을 유식한 한문학자가 의식적으로 그것들과 중첩을 피하도록 개작한 것이라 생각되기 때문이다. 광대나 광대의 후원자(Patron)가 굳이 한문본인 「춘향신설」을 읽고 이를 피하도록 의식적으로 판소리 창사唱詞를 적층·변모·성장시킬 이유가 없기 때문이다. 아마도 「춘향신설」의 서문 중 "연이수세지후然而數世之後에 전지자불상傳之者不詳하고 가지자미정歌之者未精하면 기류야其流也 낙이혹근어음樂而或近於淫

49) cf. 金起東, 「양반들의 위선을 풍자한 說話小說」, 『文學思想』 81(文學思想社, 1979.8), p.368.

하고 기실야其失也 애이혹근어상哀而或近於傷하여 난잡이무장亂雜而無章하고 괴이난기壞而難記하리라 우吁라 기후지인其後之人이 수욕문기설雖欲聞其說이나 기숙종이구지其孰從以求之리오 여망기우루余忘其愚陋하고 점찬點竄(회야會也)구문舊聞하여 도절진편盜竊陳篇하여 수월구사數月構思에 일편조성一篇粗成하고 기명왈신설其名曰新說이라 하다[그러나 수 세대 뒤에 전하는 사람이 자세히 하지 못하고 노래하는 사람이 정밀하지 않으면 그 말류末流에 즐거워함이 혹 지나친 것에 가깝고, 그 바름을 잃어 슬퍼함이 혹 화和를 해치는 데 가까워져, 난잡하여 문채가 없으며 흩어지고 없어져서 기록하기 어렵게 되리라. 아! 후세 사람이 비록 그 이야기를 듣고자 하나 그 누구를 좇아 듣기를 구하리오? 내가 어리석고 비루함을 망각하고 예전부터 전해 내려오는 이야기를 고쳐 모으고[찬竄은 '모으다'의 뜻이다] 옛 책을 도둑질하여 수개월 구상하여 한 편을 대강 완성하고 그 이름을 '신설'이라 하였다]"라는 대목을 김동욱 교수가 연대 확정의 중요한 내적 증거로 제시하고, 이 대목을 통해 「춘향신설」이 판소리 생성 이후에 이루어진 것을 알 수 있다[50]고 한 것처럼, 이와 같은 맥락에서 이해하여야 할 것이다. 「춘향신설」의 '신설新說'이라는 명칭은 '새로운 이야기'라는 뜻으로, 기존의 여러 유통본을 전제로 한 명칭이라고 생각된다. 그렇다면 「춘향신설」은 「춘향전」의 필사본과 판각본 소설의 성립 연대로 추정되는 '1850년(철종 1) 전후'[51] 이후에 창작된 것이 아닌가 한다.

이상의 논의가 성립된다면, 김종철 교수는 각각 다른 작가에 의해 기록된 별개의 서문 두 개를 연결하여 논의한 것이라고 판단된

---

50) 金東旭, 前揭書, p.425.
51) 金一烈, 『古典小說新論』(새문社, 1991), p.309.

다. 그렇다면 「춘향신설」은 목태림의 작도 아니고, 1804년 작도 아니다. 오히려 김동욱 교수가 주장한 것처럼 19세기 말 고종대의 작이 옳다고 생각된다. 필자의 견해로 「춘향신설」은 관직을 그만두고 지방으로 낙향한 선비가 1864년 무렵에 지은 것으로 추정된다.

이상과 같이 우선 「춘향신설」의 작자와 창작연대에 대한 의문을 제기해 두고자 한다. 그러나 이 의문 역시 한갓 논리적 추론에 의한 의문에 불과한 것이기 때문에 앞으로 결정적인 자료가 출현한다면 언제든지 허물어질 수 있는 것이다.

마지막으로 책의 겉표지를 새로 입힌 시기와 「춘향신설」의 창작연대 추정에 단서가 될 만한 한 마디를 하고 끝을 맺도록 한다. 김종철 교수는 겉장을 새로 입힌 시기 즉 신사년申巳年을 1821년 · 1881년 · 1941년 중 1881년으로 보고 이 작품이 처음 필사된 시기가 상당히 소급될 여지가 있다고 하였다. 그러나 겉표지를 새로 입힌 시기는 1941년이 확실하다. 증보개정增補改正 남산 만세력南山萬歲曆에 의하면 신사년申巳年 윤6월은 1941년에만 있었고, 1821년에는 윤달이 아예 없었으며, 1881년에는 윤7월이 있었다.[52] 그렇다면 「춘향신설」을 1864년 작이라고 추정하는 데 큰 무리가 없다고 본다.

2) 「현토한문춘향전懸吐漢文春香傳」

「현토한문춘향전」은 동창서옥東昌書屋에서 간행한 활판본으로 대

---

52) 大韓曆法硏究所 編, 『增補改正 南山萬歲曆』(大地文化社, 1996), p.29, p.61, p.91.
한편 金東旭은 註 37)에서 본 것과 같이 "필자가 별견한 바에도 菊版정도의 韓裝本으로 지질은 그리 오래된 것은 아닌 것 같다."라고 하였다. 金東旭, 前揭書, p.424.

정大正 6년 즉 1917년 11월 20일 초판이 간행되었고, 대정大正 12년 즉 1923년 12월 15일 재판이 간행되었다. 초판은 88면이고 재판은 40면인데, 활자의 크기만 줄여 축소 간행한 것일 뿐 내용은 동일하다. '저작 겸 발행인'은 유철진兪喆鎭으로 되어 있는데, 명의名義와 달리 유철진은 작자가 아니라 '출판업자'[53]나 '출판사의 대표로서, 편집상의 손질을 가한 인물'[54]로 보는 것이 타당하다.

이 사실은 「춘향신설」이라는 선행 모본母本이 있었다는 점과 개화기 당시의 출판 관행을 감안해 보면 알 수 있다. 오늘날과 달리 당시에는 '저작 겸 발행인'이라면 신작자일 수도 있고 개작자일 수도 있으며, 단순한 출판 책임자로서 발행자일 수도 있다. 원고를 출판업자에게 팔아 판권이 완전히 넘어갔을 경우 출판업자가 '저작 겸 발행인'이 되는 예는 흔히 있는 일이었다. 이광수 · 이무영의 작품도 출판업자의 저작으로 되어 있는 경우가 있다고 한다. 이 경우는 '저작'이 오늘날의 '저술' 개념이 아니라 단순히 책을 제작하였다는 의미일 것이다. 실제로 저작이 제작 개념으로 쓰인 예로는 「장화홍년전」(1915, 저작 겸 발행자 강의영姜義永), 「현토주해懸吐註解 서상기西廂記」(1922, 저작 겸 발행자 남궁설南宮楔), 「현토懸吐 사씨남정기謝氏南征記」(1927, 저작 겸 발행자 홍순필洪淳泌), 「무쌍명심보감無雙明心寶鑑」(1935, 저작 겸 발행자 신태삼申泰三) 등을 들 수 있다.

유철진兪喆鎭은 「현토한문춘향전懸吐漢文春香傳」 외에도 1919년 2월 10일 「이린전李麟傳」(동창서옥東昌書屋, 2권 1책, 상권 64면 하권 68면 총 132면의 장편 영웅소설)을 간행하기도 하였다. 이 책 역시

---

53) 金鍾澈, 前揭論文(1994), p.861.
54) 鄭夏英, 「〈春香傳〉 漢文本 解題」, 『韓國古典研究』 2(계명문화사, 1996), p.348.

판권에 유철진이 '저작 겸 발행자'로, 표지에 '유철진兪喆鎭 저著'르 되어 있는데 이 경우도 위의 예와 같은 경우라 생각된다.

이와 같은 점으로 보아 유철진은 출판업자로서 고소설에 관심이 많은 후원자(Patron)라고 할 수는 있지만, 직접 고소설을 신작 王는 개작했던 인물로는 보이지 않는다.[55] 표지나 판권에 보이는 '저著'나 '저작著作'의 이면에는 대작자代作者(Ghost writer)가 있었다고 보아야 할 것이다. 「춘향신설」의 개작본인 「현토한문춘향전」도 유철진의 개작이 아니라 대작자로 익명의 한문학자가 있었을 것이다.

「현토한문춘향전」은 「춘향신설」류의 동종 본을 저본으로 개작한 작품[56]으로 보인다. 두 본을 대조해 보면 상당한 이동異同이 보이는데, 대체로 「현토한문춘향전」이 「춘향신설」에 비해 축소·생략된 부분이 있다. 그러나 개작자는 춘향전에 대한 자신의 작품 인식에 따라 일관성 있게 첨삭·가감하여 「춘향신설」과는 또 다른 작품 세계를 구축하였다.[57]

「춘향신설」의 결락된 끝 부분은 「현토한문춘향전」을 참고하여야 할 것이고, 「현토한문춘향전」에 누락된 서문은 「춘향신설」의 서문을 참고해야 한다. 두 본이 상호 보완 관계에 있기 때문에 두 본의

---

55) cf. 그러나 權純肯은 필사본이나 방각본이 없으면서 저작자가 밝혀진 경우는 거의 신작이라 생각해도 틀림이 없다고 하면서, 李海朝가 지었다고 하는 「洪將軍傳」이나 「韓氏報應錄」, 朴建會가 지었다고 하는 여터 작품들이 여기에 해당한다고 하고, 兪喆鎭의 「李麟傳」을 이런 경우의 예로 들고 있다. 權純肯, 「1910년대 活字本 古小說 硏究」(성균관대 박사학위 논문, 1990), pp.39~40.

56) 물론 「懸吐漢文春香傳」의 저본을 岐山本 「春香新說」과 동종본이 아닌 「懸吐漢文春香傳」의 내용과 똑같은 白文本으로 했을 경우도 상정해 볼 수 있겠으나, 이러할 가능성은 매우 희박하다.

57) 「懸吐漢文春香傳」에는 「春香新說」의 난해한 대목이 많이 생략되어 있다.

가치를 서로 인정해야 한다.

지금까지 한문 「춘향전」 중 판각본 「춘향전」과 가장 가까운 「춘향신설」과 「현토한문춘향전」의 작자와 창작 연대를 살펴보았다. 논리적 추론에 불과한 결론이라고 할 수 있지만, 「춘향신설」의 창작 연대는 1864년이며 작자는 목태림이 아니라 미상이라고 생각된다. 「현토한문춘향전」의 초판 연대는 판권과 같이 1917년 11월 20일이지만, 저자로 되어 있는 유철진은 저작자라는 명의名義와 달리 단순한 출판업자로 보인다.

이 외에 「춘향신설」의 창작 의도나 특징, 「춘향신설」과 「현토한문춘향전」과의 관계 등은 김종철 교수의 논의가 있어 여기서는 생략한다. 아울러 「춘향신설」에 관해서는 김동욱 · 정하영 교수의 논의도 참고 바란다.

Ⅱ. 고소설古小說 지평地平의 확대擴大

1. 성종조成宗朝 패관소설稗官小說의 융성동인隆盛動因

(1) 서론序論

고소설사의 전개 과정에서 패관소설이 차지하는 비중은 적지 않다. 황패강黃浿江은 조선왕조소설의 전개 과정을 밀도 있게 서술하면서, "요컨대 조선왕조의 소설 문학은 내면적으로 서사 문학의 역사적 전개 과정의 당위當爲로서, 외면적으로는 중국[명]소설의 충격에 의하여 새로운 차원에 들어서게 되었다"[1]라고 하였다.

이는 우리 소설사의 전개 과정에서 패관소설이 중요한 역사적 당위로 인정된다는 것을 밝힌 것이라고 할 수 있다. 그러나 그 당위성은 인정하면서, '왜 그것이 당시에 출현할 수 있었는가' 하는 출현 동인動因은 아직 밝혀지지 않고 있다. 이 글은 15세기 성종조 패관소설의 융성[2]이 우리 소설사에서 중요한 의미를 지닌다고 보고

---

1) 黃浿江, 『朝鮮王朝小說研究』(檀國大學校出版部, 1981), p.46.

2) 성종조에 패관소설이 융성했음을 魚叔權의 「稗官雜記」 4의 다음과 같은 記事로 알 수 있다.
東國少小說, 唯高麗李大諫仁老破閑集·崔拙翁滋補閑集·李益齋齊賢櫟翁稗

說·本朝姜仁齋希顔養花小錄·徐四佳居正太平閑話筆苑雜記東人詩話　姜晉希孟村談解頤·金東峯時習金鰲新話·李靑坡陸劇談·成虛白堂俔慵齋叢話·南秋江孝溫六臣傳秋江冷語·曹梅溪偉悔溪叢話·崔校理溥漂海記·鄭海平眉壽閑中啓齒·金冲庵淨濟州風土記·曹適庵伸謏聞鎖錄, 行于世.

작가의 생몰 연대와 작품을 보면 다음과 같다.

李仁老(1152~1220) : 『破閑集』
崔　滋(1186~1260) : 『補閑集』
李齊賢(1287~1367) : 『櫟翁稗說』
姜希顔(1419~1464 〈세종 1~세조 10〉) : 『養花小錄』
徐居正(1420~1488 〈세종 2~성종 19〉) : 『太平閑話滑稽傳』, 『筆苑雜記』, 『東人詩話』
姜希孟(1424~1483 〈세종 6~성종 14〉) : 『村談解頤』
金時習(1435~1493 〈세종 17~성종 24〉) : 『金鰲新話』
李　陸(1438~1498 〈세종 20~연산군 4〉) : 『靑坡劇談』
成　俔(1439~1504 〈세종 21~연산군 10〉) : 『慵齋叢話』
南孝溫(1444~1492 〈단종 1~성종 23〉) : 『六臣傳』, 『秋江冷語(話)』
曹　偉(1454~1503 〈단종 2~연산군 9〉) : 『梅溪叢話』
崔　溥(1454~1504 〈단종 2~연산군 10〉) : 『漂海記』
鄭眉壽(? ~1512 〈 ? ~중종 7〉) : 『閑中啓齒』
金　淨(1486~1520 〈성종 17~중종15〉) : 『濟州風土記』
曹　伸(1479〈성종 10〉년 이전 출생) : 『謏聞鎖錄』

이들의 생몰 연대를 성종(1459~1494 〈세조 5~성종 25〉)의 在世期間과 비교해 보면, 강희안을 제외하고는 성종조를 전후하여 살다간 인물임을 알 수 있다. 이로써 패관소설의 작자가 성종조에 몰려 있음을 알 수 있다. 그리고 上記書에는 열거하지 않았지만 성종조의 저작으로 볼 수 있는 것으로 申叔舟(1417~1475 〈태종 17~성종 6〉)의 『海東諸國記』, 宋世琳(1479 〈성종 10〉~ ?)의 『禦眠楯』, 成任(1421~1484 〈세종 3~성종 15〉)의 『太平通載』, 『太平廣記詳節』 등이 있다. 또한 위에 열거된 사람의 작품으로 姜希顔의 『衿陽雜錄』, 徐居正의 『東人詩文』, 『東國輿地勝覽』, 南孝溫의 『師友名行錄』 등이 더 있다. 李仁老, 崔滋가 13세기, 李齊賢이 14세기 인물로, 李齊賢(『櫟翁稗說』의 저작 연대는 그의 나이 56세 때인 1342년이다)과 姜希顔(沒年을 『養花小錄』의 저작 연대로 잡는다면 1464년)을 기준으로 하면 약 1세기, 李仁老·崔滋를 기준으로 하면 약 2세기에 걸쳐 패관소설이 등장하지 않았다. 李仁老·崔滋와 같은 시대인 13세기 作品群으로는 覺訓(1215년作)의 『海東高僧傳』, 李奎報(1168~1241)의 『白雲小說』, 一然(1206~1289)의 『三國遺事』, 官選이기는 하지만 李承休(1224~1301)의 『帝王韻紀』의 「本朝記」

그 동인을 살펴보고자 하는 것이다.

이 시기 패관소설의 융성 분위기가 후대 소설 창작에 직·간접적으로 영향을 미쳤다고 보인다. 비록 공백기는 있었다고 할지라도 고려 초를 계승하여 우리 소설문학을 성숙시키는 지평을 열어준 시기가 이 시기라고 생각된다.

이 글에서 말하는 패관소설이란 어숙권魚叔權이 「패관잡기稗官雜記」에서 나열한 작품군[3]에서 연역된 개념이다. 어숙권은 "우리나라에는 소설이 적다[동국소소설東國少小說]"고 하면서 서목書目 열여덟 가지를 나열하였는데, 이 '소설'에 패관稗官이란 말을 씌워 '패관소설稗官小說'이라고 명명하고자 한다. 어숙권이 제시한 '소설'이라는 용어를 축소나 확대하지 않고 그대로 패관소설로 옮겨 사용하고자 하는 것은 '어숙권이 제시한 소설=패관소설'이라는 등식을 성립시켜 보고자 해서이다.

어숙권이 제시한 '소설'은 '패관소설'에서 '패관'을 생략한 것이라 생각된다. 그가 제시한 소설류 가운데 한 가지인 『소문쇄록謏聞鎖錄』의 저자 조신曹伸은 자기 작품인 『소문쇄록』 안에서 자기 작품을 패관소설이라고 하였다.[4] 그리고 「태평한화골계전 후서太平閑話滑稽傳後序」에서도 이를 패관소설이라 못 박고 있다.[5] 이것도 어숙권이 말한 '소설'이 '패관소설'임을 증명해주는 근거가 될 것이다.

따라서 이 글에서 말하는 패관소설이란 그가 제시한 것처럼 무한

가 있다. 이로 보아 성종조에 패관소설이 융성했다고 보인다.

3) 주 2) 참조.

4) 『稗林』 5(探求堂, 1969), p.1, "高麗盛時, 文士彬彬, 宜有雜著稗官小說, 足以傍見旼證."

5) 徐居正, 『徐四生全集』(影印本, 旿晟社, 1980), p.814. "曰經曰史, 固聖君賢相所以治國治天下之道也. 至於稗官小說, 亦儒者以文章爲劇."

한 개연성을 가진 개념으로, 작게는 소설의 기본 개념을 충족시키는 모든 이야기(story line), 크게는 『금오신화金鰲新話』에서 볼 수 있듯이 오늘날 소설의 개념으로 보아도 소설적 구성을 갖추었다고 할 수 있는 고소설까지 여기에 포함된다.

이와 같은 개념은 종래 학계에서 사용해 온 패설稗說, 패사소설稗史小說, 패관소설, 패관잡기, 패관문학 등을 모두 수렴하는 확대된 개념이다. 역사류歷史類, 시화류詩話類, 소화류笑話類를 비롯하여, 한문단편은 물론 야사까지도 포함된다.

현재 학계에서 사용하고 있는 패관소설이라는 용어는 어숙권이 제시한 소설류에서 비롯된 개념이지만, 이 용어의 중요성을 인정한 연구자는 없는 것 같다. 따라서 패관소설의 개념은 그가 제시한 소설류에 근거하여 규정하는 것이 바람직하다고 본다.

성종조라는 개념도 어숙권이 제시한 작품군[여조麗朝의 작품인 『파한집』·『보한집』·『역옹패설』은 제외] 작자들의 생몰 연대에 근거한 개념이다. 강희안姜希顔을 제외하고는 이들 대부분이 성종조 당대에 적극적인 삶을 영위했거나 성종조 전후를 살다간 인물들이므로 이들 모두를 성종조라고 하여 포괄적으로 다루어도 무리가 없을 것이다. 작품도 성종조가 아니면 그 후 얼마 안 되는 시점에 출간된 것들이기 때문에 이를 통칭하여 성종조라고 한 것이다.

어숙권이 제시한 작품들을 보면, 『파한집』(1220)·『보한집』(1260)이 13세기, 『역옹패설』(1342)이 14세기에 나타난 것이고, 나머지 작품들은 모두 15세기에 나타난 것이다. 따라서 『역옹패설』을 제외하면 200여 년, 아니면 100여 년의 공백기가 있다. 주 2)에서 상세하게 밝힌 것과 같이 13세기에 나타난 작품군과 15세기에 나타난 작품군이 있는데, 14세기의 작품으로는 이제현李齊賢의 『역옹패설』이 있을 뿐이다.

조신은 『소문쇄록』에서 "고려조가 성할 때 문사文士가 빈빈彬彬하였으니 잡저雜著 · 패관소설이 있어서 방견고증傍見攷證할 수 있다"[6] 라고 했다. 고려가 성할 때라는 말은 『파한집』 · 『보한집』이 나왔을 당시를 말하는 것으로 13세기 고종 때가 된다. 강희안의 『양화소록養花小錄』을 비롯하여 어숙권이 제시한 소설류와는 200여 년간의 공백기가 있다. 강희맹도 어숙권이 소설로 제시한 『동인시화』의 서에서 "『역옹패설』 · 『파한집』 이후 100여 년간의 공백기가 있다"[7]라고 하였다. 이들의 말로 미루어보아도 적어도 1~2백년간의 공백기가 있었던 것만은 사실이다. 그러나 이에 대해 김태준金台俊은 최초의 소설사인 『조선소설사朝鮮小說史』에서,

> 그러므로 여조(麗朝)로부터 전(傳)하여오는 패관문학(稗官文學)의 유풍(遺風)은 아즉도 끊치지 아니하야 돌이여 이조(李朝)의 초창기(草創期)에 있어서 패관문학(稗官文學)의 융성(隆盛)함을 본 것 같다. 태조(太祖)에서 선조(宣祖) 때까지의 수필(隨筆)은 어숙권(魚叔權)의 패관잡기(稗官雜記)에 나타난 문구(文句)를 인용(引用)하야보면 ……[8]

라고 하여 1~200년간의 공백기가 있었음에도 불구하고 고려조와 조선조가 바로 이어지는 연속적인 것으로 보았다.

---

6) 주 4) 참조.
7) 徐居正, 「東人詩話」, 『徐四佳全集』(影印本, 旿晟社, 1980), p.645. "及益齋先生櫟翁稗說李大諫破破閑等編作, 而東方詩學精粹, 得有所考, 厥後百餘年間, 莫有繼者, 豈非詩學之一大慨也?"
8) 金台俊, 『增補 朝鮮小說史』(學藝社, 1939), p.51.

어숙권이 『패관잡기』에서 열거한 책들은 모두 성종조를 중심으로 하여 기술된 책이고 그 이전은 공백기였다는 점에서 김태준이 '초창기草創期'와 '태조太祖에서 선조宣祖 때'까지란 말을 쓴 것은 옳지 않으며, 고려와 조선을 연속적으로 파악한 것 역시 오류이다.

우리 학계의 소설 연구와 소설사 기술은 이러한 오류를 별달리 문제 삼지 않고 있다. 이 글에서는 이와 같은 분위기와 오류에 문제를 제기하면서, 1~2백 년간의 공백기 이후 성종조 때 패관소설이 융성하게 된 이유를 살펴보고자 한다.

융성 동인은 다각도로 검토되어야 한다. 우리 소설 문학의 특수한 상황에 따라 설화류가 들어 있는 중국 서적의 유입과 여말선초麗末鮮初 이전 서적의 유통과 간행 양상, 내면적 서사문학의 전개 양상이 논의되어야 한다. 이와 함께 중국의 영향, 특히 당나라 퇴거문인退居文人들의 영향과 성종조라는 시대에 미친 나려羅麗·선초鮮初의 영향이 고찰되어야 하고, 그 당대의 문학 외적 상황인 사회적 상황과 문학 내적 상황인 작자의 소설관 등이 종합적으로 고찰되어야 한다. 문학 외적 상황이란 작품을 있게 한 정치·경제·사회·문화 등 제반 상황을, 문학 내적 상황이란 작가의 문학적 행위가 있게 한 작가의 문학관 등을 말한다.

이를 요약하여 동인을 들어보면 다음과 같다.

1) 在來的 동인 … ① 中國의 영향
② 羅麗의 영향
③ 鮮初의 영향

2) 當代的 동인 … ① 외적 동인(사회적 동인)
② 내적 동인(소설관적 동인)

그러나 이와 같은 동인은 상호 유기적 관계에 놓여 있는 것이다. 이 동인들을 논의의 편의상 '사회적 동인'과 '성종의 소설관', '서序·발跋 등에 나타난 동인'의 순으로 항목을 설정하여 기술해보기로 한다.

여기서 1) 재래적 동인의 ①·②는 선행 연구 업적에 미루어 생략하기로 하고,[9] ③ '선초의 영향'은 선행 연구 업적이 별로 없으므로 서사물敍事物의 유통과 간행 양상을 중심으로 하여 서술하기로 한다.

(2) 융성隆盛 동인動因에 대한 논의論議

1) 사회적社會的 동인動因

성종조 패관소설의 융성 동인을 사회적 측면에서 살펴보기 전에 성종조 이전의 상황을 간단하게 정리해 보기로 한다.

성종조 패관소설의 융성은 비록 1~200여 년간의 공백기가 있었다고 할지라도 고려조의 분위기를 밑거름으로 한 것이라고 생각된다. 고려조는 육조六朝의 청담淸談(향락享樂)사상과 당대 중국에서 간행된 『수신기搜神記』·『문원영화文苑英華』·『책부원귀冊府元龜』·『태평어람太平御覽』·『태평광기太平廣記』·『대장경大藏經』 등의 서적과 당송

---

9) 金台俊, 『增補 朝鮮小說史』(學藝社, 1939), pp.28~46.
金光淳, 「高麗後期 擬人文學의 形成과 文學史的 意義」 『漢文學研究』(국어국문학회편, 정음사, 1981), pp.186~194.
金基卓, 「稗官文學과 志向性의 問題」, 『國語國文學研究』 14집(嶺南大 國語國文學會, 1972), pp.118~132.
金鉉龍, 『韓國小說說話比較研究』(一志社, 1976), pp.39~67 등 참조.

퇴거문인들의 시화류詩話類에 영향을 받아 패관소설이 성행했다. 13세기에 간행된 『파한집』·『보한집』·『백운소설』·『삼국유사』·『제왕운기』·『해동고승전』과 패관소설이 수록되어있는 『서하집西河集』·『동국이상국집東國李相國集』·『동안거사집動安居士集』·『익재집益齋集』 등이 그 대표적 작품이고, 14세기에는 이제현의 『역옹패설』이 간행되었다.

성종조는 신라와 고려조·선초와 중국의 영향을 재래적 원천으로 하여 내면적으로 일어난 서사 문학 창작의 당위성으로 인해 패관소설이 융성하게 되었다. 이제 그 융성의 사회적 동인을 알아보기로 한다. 여러 가지 이유가 있겠지만, 중요한 동인을 다섯 가지로 나누어 살펴보고자 한다.

① 국가와 사대부의 안정, 퇴거문인의 한거閑居에서 패관소설 융성의 동인을 찾을 수 있다. 성종 시대는 정치적 안정기였다. 여말선초의 정치적 변혁이 사라지고 태평성대를 구가하던 시대이다. 수많은 역사적 사실을 예시하지 않더라도 '성종成宗'이라는 시호에서 쉽게 알 수 있다. 시법諡法에 '성成'자는 '안거입정왈성安居立政曰成', 즉 '정이안정政以安定'[10]을 꾀한 임금에게만 붙일 수 있는 자字이다. 이를 더 구체적으로 말하면, '백성을 편안하게 정치를 하였고, 예와 악을 모두 밝혔으며, …… 가득 찬 것을 가지고서 넘치지 않게 지켜서, 만물의 아름다움을 이루고, 먼 것을 통하여 굳게 몸을 세웠다[안거입정安居立政 예악구명禮樂具明 …… 지영수만持盈守滿 수물지미遂物之美 통원강입通遠强立][11]고 할 수 있는 임금에게 붙일 수 있는 자

10) 瀧川龜太郎, 「諡法解」, 『史記會注考證』(宏業書局, 中華民國 63年 9月), p.13b.

字이다. '종宗'자는 덕치德治를 행한 임금에게 붙일 수 있는 자로, '덕왈종德曰宗 공왈조功曰祖'이다.

『경국대전』을 비롯하여 제도와 문물이 완비된 것이 성종 때이다. 여말의 혼란과 선초의 격변을 거치고 세종을 지나 성종 때가 되자 조선은 정치·경제·사회·문화적으로 군건한 반석 위에 놓이게 된다. 이러한 안정기에 패관소설이 등장하게 된 것이다. 패관소설은 정치적 혼란기에 위축되고 안정기에 융성하는 것인지도 모른다.

이는 고려조도 마찬가지였다. 최씨 정권의 강력한 힘에 의해 정치적 안정기와 문화적 황금기를 맞이한 시기가 패관소설이 창작된 13세기 고종 때였다. 이러한 이유는 혼란기에는 패관소설을 지을 심리적 여유가 없기 때문이다. 패관소설의 창작은 국가의 안정은 물론 개인적인 여유가 있어야 했다. 그래서 정치 일선에서 물러난 사대부들에 의해 많이 창작되었다. 패관소설은 개인과 국가의 안정을 기반으로 출현하는 문학이다.

성종조의 정치·경제·사회·문화적 안정이 그 이전 시기와 당대에 쌓아놓은 자료를 패관소설로 만들었다. 정치 일선에서 주고받은 이야기나 견문 등을 자료로 하여 퇴거退居한 후 한가할 때 기술하거나, 관직 생활 중 여유가 있을 때 기술했다. 그래서 이를 통해 소한消閑하거나 설분泄憤했다.

② 유학儒學의 점성漸盛을 패관소설 융성의 동인으로 들 수 있다. 조선조는 불교를 배척하고 유학을 지도 이념으로 하여 강력하게 유학을 추구해 나갔다. 불교는 쇠퇴해가고 유학이 점점 성해나간 유

11) 金舜東, 『韓國故事大典』(回想社, 1969), p.276.

학의 점성기였다.

이와 같은 시대적 조류가 패관소설의 융성과 관계있다. 유학에는 사장파詞章派와 이학파理學派가 있으나, 여말선초는 문장文章과 사진仕進을 중시하는 사장파 경향이 풍미했던 시대였다. 당시는 사장파라고 하여 이학理學을 완전히 도외시한 것이 아니었기 때문에 이 글에서 말하는 유학은 사장파에 중심을 두지만 당시의 전반적 경향을 통칭한 개념이다. 이에 대해 김태준은

> 원래(元來) 여인(麗人)의 문학적(文學的) 저술(著述)이 고려(高麗)의 전반(前半)에 있어서는 주자학(朱子學)의 방성(方盛)하야 짐으로 인(因)하야 극(極)히 적으며 약간(若干)의 패관문학(稗官文學)도 고려(高麗)의 중화(中華)에 있어서 고려문화(高麗文化)의 황금기(黃金期)를 일러 놓은 고종시대(高宗時代)를 중심(中心)으로 하야 발단(發端)되었다.12)

라고 하였고, 김현룡은

> 이 시기(時期) 즉 13C에 들어와 크게 번성하였던 패관문학(稗官文學)에 대한 관심은 일단 14세기를 넘어서면서 약화되는 현상을 보였다. 이것은 성리학(性理學)이 본격적으로 연구되면서 여기에 관한 인식이 약화된 것이 아닌가 생각된다.13)

라고 하였다. 그러나 이러한 견해에 필자는 수긍할 수 없다. 위에

---

12) 金台俊, 『增補 朝鮮小說史』(學藝社, 1939), p.39.
13) 金鉉龍, 「麗末 稗官文學에 대하여」, 『국어국문학』 84(국어국문학회, 1980), p.198.

서 김태준은 주자학이 고려 전반前半에 방성方盛한 것이라고 하였지만, 이는 실상과 거리가 멀고, 김현룡이 성리학이 14세기를 넘어서면서 본격적으로 연구되었기 때문에 패관소설이 약화되었다고 한 것은 온당치 않다고 본다. 이때의 성리학은 크게 풍미한 것이 아니라 점차 흥기興起하는 시기여서 조광조趙光祖 대에 가야 융성하여 풍미하게 된다. 이 이후로 성리학이 패관소설과 관계있을지는 몰라도 성종 당대나 고려조와는 별 관계가 없다.

소설을 폄시했다는 소설관과 작품의 성행은 별개의 문제인데, 패관소설의 경우는 더욱 그렇다. 비도덕적 · 비역사적이라고 하여 폄시한 작품도 유학자들의 이념에 맞는 내용이 있으면 성행하였다. 오히려 유학의 발달이 패관소설을 성행하게 한 것이라고 보인다. 이는 현존하고 있는 수많은 패관소설이 증명해 준다.

유학은 도덕적 덕목으로 수기치인修己治人을 강조한다. 수기修己란 인간의 감정을 억제한다. 감정은 억제될수록 표출하고자 하는 욕망을 가진다. 인간 본연의 모습과 성정이 도덕적 덕목에 의해 억눌렸지만, 억제되기보다는 한문이라는 문자를 통해 표출됐던 것이다. 패관소설은 철저하게 식자의 문학이었다. 일반인이 알기 어려운 한문을 사용하였으며, 전고典故를 섞어 현학적으로 썼다.

고려조의 경우 광종光宗 · 성종成宗 이후 유학이 수입되어 체질화되기까지는 많은 시간이 필요했다. 그래서 수입 당대에 바로 패관소설이 융성할 수 없었고 13세기에나 가야 성행하게 되었다. 이후 패관소설은 정치적 변혁기를 지나 불교가 배척되고 유학이 점성漸盛되는 시기인 성종 때에 이르러 다시 융성하게 되었다. 작품 출현의 역사적 상황으로 보아 유학이 패관소설의 밑거름이 되었지 저해했다고 보기는 어렵다. 부정적 견해는 막연한 추상적 결론에 불과하다. 이는 일반적으로 유학자들이 소설을 폄시했다고 하는 소설관의 함정에 말려든 오해이다.

③ 지식인들 교우관계交友關係의 신장伸張이 패관소설의 융성 동인이 되었다. 패관소설은 지식인들의 이야기를 내용으로 한 것이 많다. 이들은 패관소설에서 서로의 관심사를 적어놓았는데 이는 교유관계가 활발해야만 가능한 것이다. 당시 교유관계를 신장시켜 주었던 중요한 매개체는 홍문관弘文館이었다. 성종 9년에 홍문관이 확립되었다. 호학好學 군주였던 성종은 홍문관에 많은 학자들을 모으고 이들의 말을 정책에 반영하는 등 비호를 아끼지 않았다. 이 홍문관은 세종 때의 집현전과 달리 '연구 기관이 아니라 이미 익힌 글재주를 자랑하는 곳이었다.'[14]

성종의 각별한 비호를 받는 홍문관에서 글재주를 자랑하려면 시화나 잡다한 이야기를 많이 알아야 했을 것이라는 점에서 홍문관에서는 때때로 음담이나 패설이 무수히 오고갔을 것이다. 실제로 홍문관에는 『설원說苑』·『산해경山海經』·『계원필경桂苑筆耕』·『책부원귀冊府元龜』·『유양잡조酉陽雜俎』·『당송시화唐宋詩話』·『유산악부遺山樂府』·『파한집』·『보한집』·『태평통재』 등의 설화류 책이 많이 비치되어 있었다.[15]

성종의 홍문관 설치와 비호로 인해 홍문관은 사대부들의 만남의 장소가 되었으며, 이 만남의 장소가 교우관계를 신장시켜 주었고, 이 교우관계의 신장이 패관소설을 융성하게 한 것이라 생각된다.

---

14) 조동일, 『한국문학통사』 2(知識產業社, 1983), p.356.
15) 주 22), 59) 참조.

④ 당시 문인들의 자아 각성과 자주정신의 발현을 패관소설의 융성 동인으로 들 수 있다. 유학의 점성기에 처해 있었던 당시의 문인들은 겉으로는 유학을 강력히 표방하여 인륜을 강조하고 인간의 감정을 억제하려고 했지만 내면 깊숙이 깔려있는 자아를 숨길 수 없었다. 표면적으로는 『맹자』의 '알인욕遏人欲 존천리存天理'나 『논어』의 구절을 실천하려 하였으나, 내면세계의 자아를 추구하고 싶었던 것이다. 유학의 추구가 오히려 자아가 무엇인지를 각성하게 하는 활력소가 되었던 것이고, 이것이 패관소설 융성의 한 동인이 되는 것이다.

이들에게는 자아 각성뿐만 아니라, 우리의 것을 추구하고 싶었던 자주 의식이 있었다. 유학의 점성으로 사대풍조事大風潮가 크게 일어났으나, 내면으로는 우리의 것을 표현하고 싶었던 것이다. 『태평광기太平廣記』류類나 읽던 문인들은 중국의 것이 아니라 우리의 문물과 풍속을 제재題材로 한 독자적이고 자주적인 민족정신을 추구하고 싶었던 것이다. 패관소설은 이와 같은 의식의 표현이다. 자국의 일을 기록하여 독자적인 국가 인식과 자주정신을 발현하고 싶었던 것이다. 표연말表沿沫은 「필원잡기 서筆苑雜記序」에서,

> 그 저술한 바가 모두 본국의 일을 널리 캐내어 위로는 祖宗의 神思睿智와 創垂의 大德을 기술하였고, 아래로는 공경대부들의 도덕·언행·문장·정사의 모범될 만한 것을 기술하였다.[16]

라고 하여 우리나라의 것을 기술하였다고 했다. 세종 당시 자주 정

---

16) 徐居正, 「筆苑雜記」 前揭書, p.718. "其所著述, 皆博採吾東之事, 上述祖宗神思睿智創垂之大德, 下及公卿賢大夫道德言行文章政事之可爲模範者."

신의 기운에 대해 강신항姜信沆은

> 그런데 당시는 모든 분야(分野)에 걸쳐서 '우리 것'을 중시(重視)하는 기풍(氣風)이 가득 차 있는 시기였다.[17)]

라고 했다.

예문의 당시는 세종대를 일컫는 말인데, 성종대는 이러한 기풍이 더욱 성행하였다. 그래서 이병도李丙燾는

> 근조선 전기(前期)의 세종(世宗) - 세조(世祖) - 성종(成宗), 이 역세(歷世) 동안은 말하자면 자기 비판, 자아 번성에 의하여 민족 문화를 재정리하고, 재수립한 - 동방의 문예 부흥기였던 것이다.[18)]

라고 했다. 성종 당시는 자주정신이 팽배했던 시대였다. 자주정신의 기운이 왕성했던 성종대에 개인적인 자아각성의 작용을 바탕으로 한 패관소설의 등장은 우연이 아니었다.

⑤ 패관소설류의 유통과 간행사업의 성행이 패관소설의 융성 동인이 되었다. 태종太宗 4년에 한漢나라 유향劉向의 『열녀전列女傳』이 수입되었다. 김태준은

> 열녀전(列女傳)이 조선에 들어오기는 이조태조4년[(李朝太宗四年 : 명영락2년(明永樂二年)]이다. 대명회전(大明會典)에는 '영락간(永

---

17) 姜信沆, 「世宗代 言語觀의 成立」, 『東洋學』 10(檀國大東洋學研究所, 1980), p.387.
18) 李丙燾, 해설 『신증동국여지승람』(민족문화추진회, 1969).

> 樂間), 사조선국왕열녀전(賜朝鮮國王列女傳)'이라고 하였고 청장관전서(青莊舘全書)에는 '중국서입본조자태종사년유열녀전(中國書入本朝者太宗四年有列女傳)'이라고 하였다.[19)]

라고 했다.

『조선왕조실록』에 의하면, 태종 4년 3월에 『고금열녀전古今烈女傳』 110부를 수입했고,[20)] 동년 11월에 『열녀전』을 내린 기사가 있다.[21)] 이로 보아 조선 초에 이미 『열녀전』이 성행하였음을 알 수 있다. 그리고 태종 12년 8월 초에 김상직金尙直에게 충주사고忠州史庫에 있는 유향劉向의 『설원說苑』·『산해경』·『계원필경』·『신비집神祕集』·『책부원귀』 등의 서책을 올리게 했다. 이 중 『신비집』을 읽고는 '괴탄불경지설恠誕不經之說'이라 하여 유사눌柳思訥로 하여금 불사르게 하고 나머지는 춘추관春秋館에 비치하도록 하였다.[22)] 여기에 등장하는 유향의 『설원』·『산해경』·『계원필경』·『책부원귀』 등은 성종조에 직접 영향을 미쳤을 것으로 추정된다. 춘추관에 비치하도록 하였는데, 이 춘추관이 성종 때 홍문관이 되는 것이다. 앞의 ③에서 문인들 사이 교우관계의 신장을 꾀해준 것이 홍문관이라 하였는데, 여기에 모인 홍문관 학자들은 모두 이 책들을 읽었을 것이다.

세종 23년 10월에는 이선李宣, 박팽년朴彭年, 이개李塏 등이 당명황

---

19) 金台俊, 『增補 朝鮮小說史』(學藝社, 1939), p.64.
20) 「太宗實錄」 卷 7, 太宗 4年 3月, 『朝鮮王朝實錄』 1冊, p.292c.
21) 「太宗實錄」 卷 8, 太宗 4年 11月, 『朝鮮王朝實錄』 1冊, p.314a.
22) 「太宗實錄」 24卷, 12年 8月, 『朝鮮王朝實錄』 1冊, p.643b. "命史官金尙直, 取忠州史庫書冊以進 … 劉向說苑·山海經 … 桂苑筆經 … 神祕集·冊府元龜 … 等書冊也. 且命曰 神祕集 毋得披閱 而別封以達 上覽其集曰 此書所載 皆恠誕不經之說 命代言柳思訥焚之 其餘下春秋館藏之."

唐明皇의 고사故事를 책으로 엮은 것을 세종이 『명황계감明皇誡鑑』이라 명명한 기사가 있다.[23] 이 책은 당명황이 여색女色(양귀비楊貴妃)에 빠져 실정失政한다는 탄망誕妄한 이야기가 많이 나오는 책이라는 점에서 소설적으로 서술한 책이라고 생각된다. 이러한 책 역시 성종 때 패관소설 융성의 간접적 동인이 되었을 것이다. 세조 때도 『명황계감』에 관한 기사가 7군데 보이는데, 세조 7년 9월에는 이 책을 번역하도록 명하는 기사가 있다.[24]

세조 9년 5월에는 영응대군永膺大君 염琰과 도승지 홍응洪應·상주목사 김수온金守溫 등에게 『명황계감가사明皇誡鑑歌詞』를 역하도록 하고, 또다시 최항崔恒·이승소李承召·이영은李永垠·박시형朴始亨 등에게 역하도록 하였다.[25]

세종 26년 6월에는 『태평광기』에 관한 기사가 나오며,[26] 세조 8년 정월에는 양성지梁誠之에게 『태평광기』에 나오는 이야기를 묻고 긍정적으로 받아들이는 기사가 있다.[27] 『태평광기』가 이 당시 상당히 성행하고 있었음을 알 수 있다.

세조 14년 6월에는 『동파대전문집東坡大全文集』을 간행했다는 기

---

23) 「世宗實錄」 卷 93, 世宗 23年 10月, 『朝鮮王朝實錄』 4冊, p.364a~b. "上命戶曹參判李宣·集賢殿副修撰朴彭年·著作郎李塏等曰, 古人圖唐明皇楊妃之事者頗多, 然不過以爲戱玩之資耳 … 然朱子於綱目, 亦書帝聞空中神語, 以見明皇好怪之實. 凡此等語, 亦有國家者之所宜深戒也. 爾等其纂之. 宣等承命撰集, 先圖其形, 後紀其實, 或附以先儒之論, 或係以古今之詩. 書旣成, 賜名曰, 明皇誡鑑."

24) 「世宗實錄」 卷 25, 世祖 7年 9月, 『朝鮮王朝實錄』 7冊, p.482b.

25) 「世宗實錄」 卷 30, 世祖 9年 5月, 『朝鮮王朝實錄』 7冊, p.574b.

26) 「世宗實錄」 卷 104, 世宗 26年 6月, 『朝鮮王朝實錄』 4冊, p.564b.

27) 「世祖實錄」 卷 27, 世祖 8年 正月, 『朝鮮王朝實錄』 7冊, p.504c. "上與中宮御仁政殿, 王世子與宗親·宰樞進豊呈. 上謂梁誠之曰, 卿知太平廣記? 其語廣記中之言. 誠之啓 … 上笑曰, 卿可謂因事勸戒者也."

사가 있는데,[28] 이 동파전집東坡全集에도 패관소설류가 산재해 있어 동파문집의 영향도 입었을 것이다. 우리 문인은 동파를 상당히 숭상하여 '삼십삼동파출三十三東坡出'이란 말이 생겨났을 정도이니 동파의 영향도 적지 않다 하겠다.

『태평광기』가 고려조에 수입되어 조선조에서 성임成任(1421~1484)·성간成侃(1427~1456)에 의해 『태평광기상절太平廣記詳節』로 편찬되었음은 김일근金一根에 의해 이미 알려진 사실이다. 그는 이 책이 1462년에 간행된 것으로 추정하였으니, 이 책은 성종 즉위 10여 년 전에 간행된 것으로 추정된다.[29] 그러면 여기서 성종 당시 패관소설류의 유통과 간행 사업에 대해 알아보기로 한다.

호학好學의 임금이었던 성종 시기에 많은 서적이 간행되어, 이 시기는 문운文運이 융성하던 시기였다. 성종은 흉년이 들어 백성이 도탄에 빠져있는데도 서적을 간행하려고 했을 정도였다.[30]

서사류敍事類의 간행을 살펴보면 다음과 같다. 성종 2년(1471)에 신숙주申叔舟가 일본 유구琉球의 역사와 지리를 기록한 『해동제국기海東諸國記』를 간행하였다.[31] 6년에는 성종의 생모인 덕종비德宗妃, 곧 인수대비가 부녀 훈육을 위해 『소학小學』·『열녀列女』·『여교女敎』·『명감明鑑』 네 책에서 기사를 뽑아 『내훈內訓』을 간행하였다.[32] 8년에는 『명황계감언해明皇誡鑑諺解』가 완성되었고,[33] 6년 6월에는 한명

28) 「世祖實錄」 卷 46, 世祖 14年 6月, 『朝鮮王朝實錄』 8冊, p.199a.

29) cf. 金一根, 「『太平廣記詳節』에 대하여」, 『한메김영기선생고희기념논문집』(螢雪出版社, 1971), p.130.

30) 「成宗實錄」 143卷, 成宗 13年 7月, 『朝鮮王朝實錄』 10冊, p.351b.

31) 高柄翊, 「成宗朝 崔溥의 漂流와 漂海錄」, 『李相百博士回甲紀念論叢』(1964), p.285.

32) 서울大 東亞文化硏究所, 『國語國文事典』(新丘文化社刊, 1975), p.176.

33) 서울大 東亞文化硏究所, 上揭書, p.216.

회韓明澮가 성종에게 『명신언행록名臣言行錄』·『설원說苑』·구양수歐陽修의 『문충공집文忠公集』 등의 책을 올렸다.[34] 12년에는 삼강三綱에 뛰어난 사람의 행적을 서술한 『삼강행실도三綱行實圖』를 간행하였다.[35] 12년 12월에는 수많은 패관소설류가 들어 있는 『사문유취事文類聚』와 『진서산집眞西山集』·『송조문감宋朝文鑑』 등을 중국에서 하사下賜받았다.[36] 24년 12월 기사를 보면 이 중 『사문유취』는 간행하여 반포까지 했다.[37]

13년 3월에는 한성부 우윤漢城府右尹 이극기李克基와 부사대호군副使大護軍 한충인韓忠仁이 『유향신어劉向新語』와 『유향설원劉向說苑』·『분류두시分類杜詩』와 『청화집淸華集』을 진상하였다.[38] 15년 8월에는 성임이 졸하였는데, 일찍이 『태평광기』를 본떠 고금의 기이한 소문을 편집한 『태평통재太平通載』라는 책을 세상에 내놓았다는 기사가 있다.[39] 17년 12월에는 성절사 질정관聖節使質正官 이창신李昌臣에게 『소문충공집蘇文忠公集[소동파문집蘇東坡文集]』을 사 오도록 명하였다.[40] 18년 2월에는 김종직金宗直 등이 『동국여지승람東國輿地勝覽』의 교정을 마쳐 성종에게 바쳤다는 기사가 있다. 이 책은 묘호廟號 문제로 설왕설래하였는데 결국 인쇄하도록 명하였다.[41] 여기에도 효자·열녀·명현의 이야기가 많이 들어 있다.

19년 정월에 무령군武靈君 유자광柳子光이 북경에 갔을 때 구매한

---

34) 「成宗實錄」 卷 56, 成宗 6年 6月, 『朝鮮王朝實錄』 9冊, p.232c.
35) 서울大 東亞文化硏究所, 前揭書, p.309.
36) 「成宗實錄」 卷 136, 成宗 12年 12月, 『朝鮮王朝實錄』 10冊, p.285d.
37) 「成宗實錄」 卷 285, 成宗 24年 12月, 『朝鮮王朝實錄』 12冊, p.458a.
38) 「成宗實錄」 卷 139, 成宗 13年 3月, 『朝鮮王朝實錄』 10冊, p.307a.
39) 「成宗實錄」 卷 169, 成宗 15年 8月, 『朝鮮王朝實錄』 10冊, p.618d.
40) 「成宗實錄」 卷 198, 成宗 17年 12月, 『朝鮮王朝實錄』 11冊, p.172a.
41) 「成宗實錄」 卷 200, 成宗 18年 2月, 『朝鮮王朝實錄』 11冊, p.187d.

『역대명신법첩歷代名臣法帖』을 성종께 올렸다.[42] 동년 6월 병오丙午에 최부崔溥의 『표해록漂海錄』을 찬진撰進토록 명했다.[43] 그러나 간행은 선조 6년(1573)에 그의 외손 유희춘柳希春에 의해 이루어졌고, 숙종 2년(1676)에 중간되었다.[44] 이 책은 어숙권의 『패관잡기』에 소설로 분류되어 있는 책으로, 제주도에서 분상奔喪을 위해 전라도로 오다가 중국 강남지방에 표류하여 갖은 고생 끝에 조선으로 되돌아오는 이야기를 소설적으로 쓴 책이다. 우리나라에는 중국 연경燕京을 다녀와 쓴 연행록류燕行錄類와 일본통신사들이 남긴 동사록류東槎錄類가 많이 있는데, 최부崔溥의 『표해록』은 이 기록들과는 달리 중국 강남지방에 표류해서 육로로 돌아오는 기구한 경험을 기록한 독특한 작품이다.

19년 12월에는 서거정이 졸하였다. 그가 편찬한 책으로 『태평한화』·『필원잡기』·『동인시문』이 있다는 기사가 나온다.[45] 24년 12월에는 이극돈이 『유양잡조』·『당송시화』·『유산악부』·『파한집』·『보한집』·『태평통재』 등을 내부內府에 바쳤다는 기사가 있다.[46] 그리고 성종이 동년에 『당송시화』·『파한집』·『보한집』의 역대 연호와 인물의 출처 등을 주석하도록 명하였음을 알 수 있다.[47]

이상 주로 실록을 중심으로 성종대 서적의 유통과 간행 상황을 살펴보았다. 이와 같은 성종 연간의 상황이 패관소설을 융성하게 한 하나의 이유라 생각된다.

---

42) 「成宗實錄」 卷 212, 成宗 19年 正月, 『朝鮮王朝實錄』 11冊, p.305d.
43) 「成宗實錄」 卷 217, 成宗 19年 6月, 『朝鮮王朝實錄』 11冊, p.349a.
44) 高柄翊, 前揭論文, p.286.
45) 「成宗實錄」 卷 223, 成宗 19년 12月, 『朝鮮王朝實錄』 11冊, p.425b.
46) 「成宗實錄」 卷 285, 成宗 24년 12月, 『朝鮮王朝實錄』 12冊, p.457b.
47) 「成宗實錄」 卷 285, 成宗 24年 12月, 『朝鮮王朝實錄』 12冊, p.458a.

2) 성종成宗의 소설관小說觀

성종의 긍정적 소설관은 사회적 동인으로 크게 작용했을 것이다. 당시 패관소설의 작자는 거의 대부분 성종조를 거쳐 살았으며, 그를 모시던 신하였다. 홍문관을 중심으로 뭉친 이들 관료형 문인들은 성종의 긍정적 소설관에 힘입어 패관소설을 많이 썼다.

성종은 시문을 무척 좋아했던 임금으로 패관소설을 긍정적으로 받아들였다. 당시 성종의 긍정적 소설관은 그를 모시고 있던 신하들에게는 물론 일반 문인에게까지 영향을 미쳤을 것이고, 이들의 패관소설 간행과 유포 또한 억제하지 않았을 것이 당연하다. 성종조에 패관소설이 융성하게 된 것에는 성조의 긍정적 소설관이 큰 동인으로 작용하였을 것이다.

성종의 긍정적 소설관을 『실록實錄』을 중심으로 살펴보기로 한다. 성종실록 15년 8월의 기사를 보면 시강관侍講官 정성근鄭誠謹이 성종에게

> 글씨나 그림이 비록 해가 되지는 않으나 줄곧 마음을 두고 좋아하면 도덕을 이지러지게 하는데 더구나 임금의 정무에 어찌 방해가 되지 않겠습니까?[48]

하고 아뢨다. 이에 성종은

> 내가 늘 글을 읽다가 지루하면 글씨를 쓰고, 글씨를 쓰다가 지루하면 글을 읽는데, 어찌 줄곧 거기에 생각을 두어서 그러는 것이겠는

48) 「成宗實錄」 卷 169, 成宗 15年 8月, 『朝鮮王朝實錄』 10冊, p.614d. “書畫雖若無害, 然一向好着, 虧損道德, 況於萬機 豈無妨乎?”

> 가? 또 시문을 짓거나 서화를 그리는 일을 일삼지 않으면 다시 무엇을 일삼겠는가?[49]

라고, 정성근의 말에 강변하였다. 물론 임금의 권위 때문에 그릇된 면을 인식하고서도 굽히지 않았는지는 모르지만, 일단 시문詩文을 싫어하지 않았음을 엿볼 수 있다. 다시 임금의 말을 이어받아 허종許琮은

> 一張一弛는 文王·武王의 도리이니, 때때로 글씨를 쓰는 것은 무방합니다만, 시문을 짓거나 서화를 그리는 일에 뜻을 향하게 하면 안 될 것입니다. 옛 임금 중에는 賦詩를 좋아하다가 나라를 망친 이가 있으니, 정성근이 말한 것은 대개 조짐을 막으려는 것이었을 것입니다.[50]

라고 하였다. 이에 성종은 "이 조짐을 기를 수 없으니, 막는 것이 참으로 마땅하다"[51]고 일보 후퇴했다. 그러나 이로 미루어 보아 성종은 그림은 물론 시문을 상당히 좋아했던 임금임에 틀림없다. 앞에서 살펴본 각종 서적의 간행이 우연이 아니었음을 알 수 있다. 그러면 다음으로 성종이 직접적으로 패관소설에 대해 어떻게 생각하고 있었나를 보기로 한다.

어숙권이 『패관잡기』에서 이야기한 최부의 『표해록』은 성종의

---

49) 「成宗實錄」 p.615a, "予常讀書倦便書字, 書字倦又讀書. 豈一向着意而然乎? 且不事文墨, 更爲何事?"

50) 上同, "許琮啓曰, 一張一弛, 文武之道, 有時書字無妨, 但於文墨向意, 則不可. 古之人君, 有好賦詩, 而亡國者焉. 誠謹所言, 盖欲防之於漸也."

51) 上同, "上曰, 此漸不可長也, 防之固宜."

명에 의해서 찬진撰進된 것으로 이에 대한 시비가 실록에 나온다. 최부는 서거정을 도와 『동국통감東國通鑑』을 수찬修撰했고, 김종직 아래에서 『동국여지승람』을 편찬한 문인이었다.[52] 그는 성종 18년(1489) 9월 제주濟州 등삼읍等三邑 추쇄경차관推刷敬差官으로 임명을 받아 2개월여를 근무하다 19년 정월 30일 나주羅州 향가鄕家로부터 부상父喪의 부고訃告를 받고 분상奔喪하게 되었는데, 마침 풍랑을 만나 동지나해상東支那海上을 14일간 표류하다 중국 강남지방에 도착, 왜구로 몰려 곤욕을 치르다 겨우 조선인으로 인정받아 송환된 인물이다. 그는 사경을 헤맸던 표류 생활을 유려한 필치로 서사敍事하였는데 이것이 바로 『표해록』이다. 모험담 · 연애담 등이 들어 있는 이 『표해록』은 성종이 찬진을 명하였는데 이에 대해 대신들의 반대 상소가 심했다. 그러나 성종은 이를 묵살하고 강력히 비호하였다. 『실록』의 성종 19년 6월조에 다음과 같은 기사가 있다.

> 전 교리 최부가 북경으로부터 돌아와서 청파역에 묵으니, 명하여 일기를 찬진하도록 하고, 전교하기를, "이섬(李暹)이 표류했다가 생환하였으므로, 특별히 超資하도록 명하였었다. 최부는 쓸만한 사람인데, 이제 또 萬里를 표박하였다가 아무 탈 없이 생환하였으며, 그를 敍用하는 명은 마땅히 상을 마친 뒤에 할 것이고, 우선 쌀, 콩 약간과 賻物을 내려 주도록 하라." 하였다.
>
> 史臣이 논평하기를 崔溥가 만약 이때에 사례하고, 상을 당하여 어미를 보고 난 후에 일기를 찬집하겠다고 하였다면, 임금이 반드시 따르셨을 것이고, 사람들도 끼어들어 말하지 못하였을 것인데, 지금 그렇게 하지 않았으므로 훗날의 의논을 초래한 것이다. 그러나 이로써

---

52) 成大 大東文化研究院, 『燕行錄選集』 下(1962), pp.95~98.

자신에게 누를 끼친 것은 지나친 것이다.[53]

성종 22년 11월 최부는 탈상 후 사헌부司憲府 지평持平으로 임명되었다. 이에 찬진 시비가 대두되었다. 조형趙珩이 다음과 같이 규탄하면서 임명에 대한 서경署經을 하지 않았다.

최부는 일찍이 부상을 당하여 上國에 표박하였는데 詩章을 많이 지었다. 그가 시를 지은 것은 아마 살 길을 찾아서일 것이니 그래도 가하다. 그러나 본국으로 돌아와서는 비록 일기를 찬진하라는 上命이 있다 하더라도 마땅히 상소하여 哀喪을 말하고는 즉시로 빈소로 돌아가야 할 것이거늘 여러 날을 머무르면서 한가하게 일기를 찬술하여 哀痛하는 마음이 없었으니 名教에 어긋난다. 이런 이유로써 서경을 하지 않았다.[54]

이리하여 성종 23년 사임할 것을 결정하였으나 성종이 두둔해주었다.[55] 그리고 같은 달 무인조戊寅條를 보면 상중喪中이라 할지라도 군명君命이니 죄가 없다고 다음과 같이 비호해주었다.

司憲府掌令 楊沔이 와서 아뢰기를, "사간원에서 持平 최부의 告身을 署經하지 않았는데, 臺諫은 한 몸입니다. 최부는 그 직위에 나가

---

53) 「成宗實錄」 卷 217, 成宗 19年 6月, 『朝鮮王朝實錄』 11冊, p.349a. "前校理崔溥還自京師, 寓青坡驛, 命撰進日記, 傳曰, "李暹漂流生還, 特命超資. 溥可用人, 今又漂泊萬里, 無恙生還, 其叙用之命, 當在喪畢之後, 姑賜米豆若干及賻物. 史臣曰, 溥若於此時辭謝, 請奔喪觀母, 然後撰集日記, 則上必從之, 人無間言矣. 今不能, 所以招後日之議也. 然以是爲身累則過矣."

54) 高柄翊, 前揭書, pp.19~20.

55) 「成宗實錄」 卷 261, 成宗 23年 正月, 『朝鮮王朝實錄』 12冊, p.129c.

기 어렵습니다." 하니, 전교하여 이르기를 "憲府의 말이 옳다. 그런데 최부는 楊州에서 이르렀기에 내가 일기를 찬진하도록 명한 것인데, 사간원에서 말하기를, '비록 임금의 명이 있더라도 당연히 다음에 찬진하겠다고 사양하고, 급히 아비의 초상에 달려갔어야 했다.'하였다. 그러나 이는 크게 옳지 않다. 비록 상중에 있더라도 임금의 명을 어떻게 감히 어기겠는가?" 하였다.[56)]

이후에도 찬진 시비 기사는 계속되었다. 상중 애통지심이 전혀 없이 일기나 썼다는 것이다. 상중에 유심필치留心筆致하고 치의어문학致意於文學한 것은 용서받을 일이 못 된다고 하여 비난의 화살이 끊이지 않았다.[57)] 최부보다 5년 앞서 이섬李暹이 중국의 양주楊州 장사진長沙鎭에 표도漂到했다가 돌아와 「행록行錄」을 썼는데, 이에 대해서도 대간들이 반대를 하였는데 성종은 오히려 비호하여 가加 오자五資해서 영접도감迎接都監 낭청郎廳으로 승직시켰던 일이 있다.[58)]

이렇게 성종은 서사물敍事物에 대한 인식이 남달라 갖은 고초를 겪고 나서 지칠 대로 지친, 그것도 상중인 최부에게 일기를 찬진하도록 명한 것이다. 그리고는 신하들의 반대 상소에도 불구하고 벼슬까지 내려주며 끝까지 비호하였다. 이섬의 경우에도 마찬가지였다.

---

56) 「成宗實錄」 卷 261, 成宗 23年 正月, 『朝鮮王朝實錄』 12冊, p.130d. "司憲府掌令楊洒來啓曰, '司諫院不署持平崔溥告身, 臺諫一體, 溥難就職'傳曰, '憲府之言是矣,, 崔溥漂泊至楊州, 而予命撰進日記, 諫院以爲雖有君命, 當辭以追撰, 急奔父喪, 此大不然, 雖在喪中, 君命豈敢違乎?'"

57) 「成宗實錄」 卷 276, 成宗 24年 4月 乙巳~丁巳 各條에 상세히 나온다. 『朝鮮王朝實錄』 12冊, pp.296~197, pp.289~302.

58) 「成宗實錄」 卷 158, 成宗 14年 9月, 『朝鮮王朝實錄』 10冊, p.510c. "李從允來啓 李暹 但漂流生還耳 非爲國動勞之功 特超五資 甚未便."

성종은 소설을 긍정적으로 인식하였다. 그것은 다음 기사를 통해 더욱 확실하게 알 수 있다. 이 기사는 경상감사 이극돈이 『유양잡조』·『당송시화』·『유산악부』·『파한집』·『보한집』·『태평통재』 등의 책을 바쳤는데, 이에 대해 홍문관 부제학 김심金諶 등이 차자를 올려 탄핵하면서, 패관소설류를 대하지 말 것을 아뢴 것이다.

삼가 들으니, 지난번 이극돈이 경상감사가 되고 李宗準이 都事가 되었을 때에, 간행된 유양잡조와 당송시화와 유산악부 및 파한·보한집과 태평통재 등의 서적을 바쳤는데, 이미 內府에 비치토록 명하였습니다. 그리고 『당송시화』·『파한집』·『보한집』 등을 내려주시어 신들에게 역대의 연호와 인물의 출처를 대략 주석하여 바치게 하였습니다. 신들이 생각하건대 제왕의 학문은 마땅히 經書와 史書에 잠심하여 수신제가치국태평하의 요점과 치란과 득실의 자취를 강구하여야 합니다. 이밖에는 모두 치도에 유익함이 없고 聖學에 방해가 되는 것입니다. 이극돈 등이 어찌 유양잡조와 시화 등의 책이 괴탄하고 허무맹랑한 설과 浮華하고 戱劇의 文詞인 줄을 알지 못했겠습니까마는 반드시 전하에게 바친 것은 전하께서 詩學에 뜻을 둠을 알고 그 마음을 맞춘 것입니다. 임금이 숭상하는 바에는 이를 따르는 자가 많은 것이니, 극돈도 그러한데 더구나 매개에 연을 주고 벼슬에 진출하려는 사람에게 있어서는 말할 것도 없습니다. 이런 괴탄하고 희극적인 책을 전하께서 음탕한 음악과 아름다운 여색과 같이 여겨 멀리하는 것이 당연하니, 내부에 비장하여 乙夜에 보는 자료로 삼는 것도 마땅하지 않습니다. 위의 여러 책들을 밖으로 내어 보관하여 상감의 마음을 기르는 공을 더하고 신하로써 아첨을 드리는 길을 막기 바랍니다.[59]

59) 「成宗實錄」 卷 285, 成宗 24年 12月, 『朝鮮王朝實』 12冊, p.457b~c. "伏聞頃

이와 같은 상소에 대해 성종의 태도는 강경하였다. 패관소설류에 대한 긍정론을 강력하게 펼쳤다.

너희들의 말과 같이 『유양잡조』 등의 책을 괴탄하고 허무맹랑한 것이라고 한다면 國風과 左傳에 실려 있는 것은 모두 다 순정한 것인가? 근래에 간행하여 반포한 『사문유취』도 이러한 일을 기재하지 않은가? 만일 '인군은 이런 책들을 보는 것이 마땅치 않다'고 한다면 단지 경서만을 읽어야 마땅하다는 것인가? 이극돈은 사리를 아는 대신이다. 어찌 불가함을 알면서도 그렇게 하였겠는가? 지난번에 柳輊가 경상감사로 있을 때, 十漸疏를 병풍에 써서 올리자, 의논하는 자들은 그것을 아첨하는 짓이라 하였는데, 지금 말하는 것도 이와 같다. 내가 전일에 너희들에게 명하여 이 책[『당송시화』·『파한집』·『보한집』]을 대강 주석하도록 하였더니 너희들이 반드시 주석하는 것을 꺼려서 이러한 말을 하는 것이다. 이미 그 불가함을 알았다면 애초에 어찌 말하지 아니하였는가?[60]

者李克墩爲慶尙監司·李宗準爲都事時, 將所刊酉陽雜俎·唐宋詩話·遺山樂府·及破閑補閑集·太平通載等書以獻, 旣命藏之內府, 施下唐宋詩話·破閑補閑等集, 令臣等略註歷代年號人物出處以進. 臣等竊惟, 帝王之學, 當潛心經史, 以講究修齊治平之要, 治亂得失之跡耳. 外此皆無益於治道, 而有妨於聖學. 克墩等豈不知雜俎詩話等書, 爲恠誕不經之說, 浮華戲劇之詞, 而必進於上者, 知殿下留意詩學而中之也. 人主所尙, 趍之者衆, 克墩尙爾, 況媒進者乎? 若此怪誕戲劇之書, 殿下當如淫聲美色而遠之, 不宜爲內府祕藏, 以資乙夜之覽. 請將前項諸書, 出付外藏, 以益聖上養心之功, 以杜人臣獻諛之路."

60) 「成宗實錄」 卷 285, 成宗 24年 12月, 『成宗實錄』 12冊, p.457c. "如爾等之言, 以酉陽雜俎等書, 爲怪誕不經, 則國風左傳所載, 盡皆純正歟, 近來印頒事文類聚, 亦不載如此事乎? 若曰人君不宜觀此等書, 則當只讀經書乎? 克墩識理大臣, 豈知其不可而爲之哉? 前者柳輊爲慶尙監司時, 書十漸疏于屛進之, 議者以爲阿諛, 今所言亦如此也. 予前日命汝等略註此書, 必汝等憚於註解, 而有是言也, 旣知其不可, 則其初何不云爾."

다음날 기축일己丑日에 성종은 어제 홍문관에서 계啓한 것이 옳은가 그른가 하고 승정원에 전교를 내렸다.

> 앞서 金永濡가 경상감사가 되어 『隆宣公奏議』를 바쳤는데, 이 책은 규간하는 正大한 책이니 바치는 것이 가합니다만 雜書 같은 것은 단지 간행할 따름이요, 바치는 것은 마땅하지 않습니다. 홍문관에서 아뢴 것은 이 때문입니다.[61]

라고 하였다. 이에 성종은 이극돈이 자신의 뜻에 맞추기 위해 한 행동이 아니라는 것과 『당송시화』·『파한집』·『보한집』의 주해가 늦어지는 것이 죄가 된다고 하면서 패관소설 긍정론을 펼쳤다.

> 사람은 각기 부류가 있어서, 어진 사람은 비록 법도에 맞지 않는 책을 보더라도 어찌 변하여 악한 일을 하겠는가? 어질지 못한 사람은 비록 정대한 책을 보더라도 어찌 선함을 행하겠는가? 선함을 하고 악함을 하는 것은 그 사람에게 달려 있는 것이니, 선과 악을 모두 당연히 관찰하여 勸戒하여야 한다.[62]

이극돈은 이 말을 받아 상계上啓하여 패관소설 긍정론을 펼쳤다.

> 『태평통재』·『보한집』 등은 전에 감사를 지낼 때에 이미 처음 간행하였고, 劉向의 『설원』과 『신서』는 단지 문예에만 관계되는 것이

61) 上同, "先是金永濡爲慶尙道監司, 進陸宣公奏議, 此書則規諫正大之書, 進之可也. 如雜書, 但當開刊而已, 不宜進也. 弘文館所啓, 以此也."

62) 「成宗實錄」 p.457c~d. "人各有類, 賢者雖見不經之書, 豈可變而爲惡? 不賢者雖見正大之書, 何能爲善? 爲善爲惡, 在人耳. 善惡皆當觀之, 以爲勸戒."

아니라 제왕의 치도에도 관계되는 것이며, 『유양잡조』는 비록 법도에 맞지 않는 것이 섞여 있으나 박람하는 사람은 당연히 섭렵해야 될 바입니다.[63)]

라고 성종의 의견과 일치하는 말을 하였다. 다시 김심 등이 『당송시화』·『파한집』·『보한집』 등의 주해가 늦어지는 이유와 임금이 시학에 유의할까보아 내계來啓하니, 성종은 다음과 같은 전교를 내려 패관소설 긍정론을 계속 펼쳤다.

내가 너희들의 말하는 뜻을 알지 못하겠다. 『유양잡조』 등의 책은 비록 법도에 맞지 않는 말이 섞여 있으나 國風도 음란한 말이 실려 있다 하여 경연에서 진강하지 말자고 청한 사람이 있었는데, 후인이 그 잘못됨을 많이 의논할 것이다. 임금은 당연히 선악을 관찰하여 권계를 삼아야 되는데 만일 너희들의 말과 같이 한다면 요사이 간행한 『사문유취』에는 법도에 맞지 않는 말이 없는가? 그렇다면 내부에 간직해 둔 여러 서적을 앞으로 모두 찾아내어 버리고 임금은 단지 사서오경만을 읽어야 할 뿐인가. 이 책을 주해하라고 명한 것이 8월이었는데 지금껏 써서 올리지 않으니, 책임이 돌아갈 것인데 지금 도리어 이런 말을 하는 것은 어째서인가? 너희들이 반드시 考閱하기를 꺼려 변명할 말을 찾는 것이다. 그러나 待罪하지는 말라.[64)]

---

63) 「成宗實錄」 p.457d. "太平通載補閑等集, 前監司時, 已始開刊, 劉向說苑新序, 非徒有關於文藝, 亦帝王治道之所係, 酉陽雖雜以不經, 亦博覽者所宜涉獵."

64) 「成宗實錄」 p.458a. "予未知爾等所言之意. 酉陽雜俎等書, 雖雜以不經之說. 然國風亦載淫亂之辭, 而有請於經筵不以進講者, 後人多議其非, 人主當觀善惡, 以爲勸戒, 若如爾等之言, 則近印事文類聚? 其無不經之說乎? 然則內藏諸書將盡搜出, 而人君只讀四書五經而已耶? 命註此集, 在於八月, 而迄不書進, 責有所歸, 而今反有是言, 何耶? 爾等必憚於考閱, 而求其說也. 然勿待罪."

끝까지 성종은 패관소설류를 긍정하고 옹호했다. 이로 브아 성종은 긍정적 소설관을 지녔던 임금이다. 성종의 이러한 태도는 그 당시를 살던 관인형 문인은 물론 처사형 문인에게까지 영향을 미쳐 성종조에 패관소설이 융성하게 된 중요한 이유가 되었다고 생각된다. 성종의 소설긍정론은 다음 임금인 연산군에게도 이어진다. 연산군 12년 4월에는 『전등신화剪燈新話』·『전등여화剪燈餘話』·『효빈집效顰集』·『교홍기嬌紅記』·『서상기西廂記』 등을 사은사로 하여금 사오도록 전교를 내리고, 『전등신화』·『전등여화』 등을 인출하여 바치도록 한 기사가 있다.65)

3) 서序 · 발跋 등에 나타난 동인動因

서序·발跋에 나타난 저작 동기나 명분, 작자의 의식 등이 바로 패관소설을 낳게 한 내적 동인이 된다. 비록 사회적 동인이 있었다고 할지라도 명분 없는 작자의 창작 행위는 상상하기 어렵다. 그들이 서·발에서 말하고 있는 것이 그들의 명분이며 작자 의식이다. 이 의식이 작품을 낳게 한 직접적인 이유가 된다는 것은 자명한 일이다.

서·발 등을 통해 여러 가지 동인을 유추할 수 있는데, ① 박학다식을 위해 필요하거나 박학다식의 표현을 위한 것, ② 파한과 지수止睡를 위한 것, ③ 풍교적 교화 수단으로 패관소설을 인식한 것, ④ 패관소설을 역사로 인식한 것, ⑤ 패관소설이 독자에게 미치는 선악의 영향은 독자의 탓으로 돌린 것 등을 들 수 있겠다. 이상의

65) 「燕山君日記」 卷 62, 燕山君 12년 4月, 『朝鮮王朝實錄』 14冊, p.48b. "傳曰剪燈新話·剪燈餘話·效顰集·嬌紅記·西廂記等, 令謝恩使貿來. ○傳曰, 剪燈新神·餘話等書, 印進."

다섯 가지 요인이 패관소설을 융성하게 한 동인이 될 것이다. 성종조 패관소설의 서·발을 살펴보면 그 동인은 다음과 같다.

① 박학다식을 갖추기 위해서거나 박학다식을 표현하기 위해 패관소설을 썼다. 패관소설은 주로 과거 급제자들이 쓴 문학이다. 창작의 주체자로 보아 평민 문학은 아니다. 관인이었든 재야에 묻혀 있었든, 어디까지나 식자들의 문학이었다. 따라서 그들은 자기의 박학다식을 과시하려고 하였으며, 박학다식을 과시하기 위한 자료로 패관소설을 썼다. 특히 소화笑話 같은 것은 내용은 저속하지만 표현은 박학주의를 표방하여 현학적으로 쓴 것이 많다. 이는 한문소설에도 영향을 미쳐 한문소설은 그 표현이 현학적인 것이 많다.

나아가 야사野史라는 저술들은 더욱 박학다식을 위해 필요하다고 역설했다. 박학을 위해 이러한 저술들을 읽어야 한다고 했다. 『맹자』「이루 하離婁下」, 박학장博學章에

> 학자가 글을 널리 배워 상세하게 설명하는 까닭은, 장차 요약한 도를 설명하는 데 돌아가기 위해서이다.[66]

라는 말이 있다. 넓게 배우고 상세하게 설명하는 것은 나중에 요약된 경지로 돌아가기 위해 그렇게 한다는 것이다. 박학하여 상설詳說한 뒤에야 요약이 될 수 있는 것이다. 다시 말해 요약은 상설을 전제한 개념이다. 도를 말하려면 넓게 배워 상설할 수 있는 그런 뒤에 가능한 것이다. 이와 같은 능박능약能博能約의 정신은 유가의 기본입장이다. 선왕先王의 예악문물을 조술祖述하려면 박학해야 했던

66) 「離婁下」, 『孟子』, 博學章, "孟子曰, 博學而詳說之, 將以反說約也."

것이다. 따라서 유자들은 박학주의를 추구해야만 한다.

가담항설街談巷說이나 도청도설道聽塗說이라도 박학을 위해 필요했던 것이다. 그것이 속되고 속되지 않고는 문제가 아니었고, 오히려 그들이 추구했던 도를 설명하기 위해 필요했던 것이다. 따라서 공맹 같은 성현들도 속언이나 속담을 즐겨 썼다. 그것은 설령 그것이 속되다고 하더라도 결코 사실을 떠나 있는 것이 아니기 때문이다. 진과 속은 상대적 개념일 뿐 별개로 존재하는 것이 아니다.[67]

이러한 능박능약의 정신에 대해 절학切學을 주장하는 노장老莊이나 묵자墨子는 반박했다. 장황하게 현학적으로 학설을 펼치는 것이 그들의 생리에 맞지 않았기 때문이다. 이러한 반박이 있었기 때문에 맹자는 위와 같은 말을 했다. 패관소설도 유자들의 능박능약 정신에 부응하는 것이다. 그러면 여기서 예를 들어 논지를 확고히 펴보기로 한다.

성간에 의해 편찬된 『태평광기상절』에 서거정의 서가 있는데, 여기서 그는 이런 책을 보지 말아야 한다고 이야기하고 있지만 전후 문맥을 보면 성간의 말을 통해 옹호하고 있음을 알 수 있다.

> 서거정 : 그대가 문장에 뜻을 두었으니 마땅히 六經에 침잠하여 聖賢을 법도로 삼아야 하는데, 성현의 책이 아니면 읽지 달아야 할 것이다.
>
> 성 간 : 그대의 말이 진실로 확실한 말이다. 그러나 군자는 옛 말과 옛사람의 행위를 널리 알아야 하고, 유자는 박학하여 막힘이 없어야 하고, 박학하면서 요약해야 하는 것이니, 이것이 어찌 나쁘겠는가?[68]

---

67) cf. 姜在哲, 『韓國俗談의 根源說話』(白鹿出版社, 1980), p.23.

『태평한화골계전』이나 『필원잡기』 등을 지었던 서거정에게는 당연한 입장이었다. 능박능약의 정신이 발현된 것이다. 서거정은 『태평한화골계전』 후서에서도

> 經과 史는 진정 聖君과 賢相이 국가와 천하를 다스리는 방법인 것이요, 패관소설에 있어서도 유자가 문장이나 농담으로써, 혹 博聞을 바탕으로 하기도 하고 혹 破閑을 인하여 하는 것이니, 모두 없어서는 안 될 것이다.[69)]

라고 하여, 박문을 바탕으로 지은 것이니 읽을 필요가 있다고 하였다. 이극돈도 성종에게

> 『태평통재』·『보한집』·『파한집』·유향의 『설원』·『신서』·『유양잡조』 등은 …… 박람하는 사람은 당연히 섭렵해야 될 바입니다.[70)]

라고 패관소설이 박학다식을 위해 필요하다고 성종의 소설옹호론에 찬동 발언을 하였다. 서발에는 패관소설 작자의 박학다식을 이야기한 대목이 많이 있다. 「필원잡기 서」에서 표연말은

---

68) 徐居正, 「詳節太平廣記序」, 『徐四佳全集』(旿晟社, 1980), p.566, cd. "子方有志於文章, 宜沈潛六經, 規矱聖賢. 非聖賢之書, 不讀可也. 和仲笑曰, 子誠確論也, 然君子多識前言往行, 儒有博學而不窮, 能博而能約之, 庸何傷乎?"

69) 上揭書, p.814. "曰經曰史, 固聖君賢相所以治國治天下之道也, 至於稗官小說, 亦儒者以文章以劇, 或資博聞, 或因破閑, 皆不可無者也."

70) 「成宗實錄」 卷 285, 成宗 24年 12月, 『朝鮮王朝實錄』 12冊, p.457, d. "太平通載·補閑等集·劉向說苑新序·酉陽雜俎……亦博覽者所宜涉獵."

> 筆談이란 林下의 聞見을 이야기한 것이고, 언행록은 名臣의 자취를 기록한 것인데 이 책이 겸하였으니 어찌 『수신기』와 『유양잡조』 등의 책과 같겠는가. 기괴한 것을 뽑아내어 아주 넓게 섭렵한 것을 뽐내고 이야기꾼의 희극을 제공하는 데 그치겠는가.[71]

라고 하여, 서거정의 『필원잡기』가 『수신기』나 『유양잡조』와는 달리 광박함을 자랑하기 위한 것이 아니라고 했다. 그러나 이는 역설적으로 『필원잡기』가 광박함을 표현한 것이며, 『수신기』와 『유양잡조』는 더욱더 광박함을 표현한 것이라고 말하고 있는 것이다. 조위도 「필원잡기 서」에서

> 공[서거정]의 博聞强記는 천성에서 나온 것으로, 한가로운 때에 장난스럽게 글을 이용하여 평소에 보고 들은 것을 쓴 것이다.[72]

라고 하여, 서거정의 박문을 이야기 하였다. 김수온金守溫은 「동인시화 서」에서

> 공의 박문강기는 보통 사람보다 훨씬 뛰어나 선현의 본집뿐만 아니라 傳記에 실린 것이나, 보고 들은 것이 있으면 속되거나 우아하거나를 묻지 않고 이내 붓을 들었다.[73]

---

71) 徐居正, 前揭書, p.718. "盖筆談談林下之聞見, 言行錄錄名臣之實跡, 而是篇殆兼之 豈若搜神雜俎等篇 摘奇抉怪 誇涉獵之廣博 供談者之獻劇而止耶."
72) 上揭書, p.721. "公之博聞强記, 出於天性, 時於讌閑, 戱用翰墨, 書其平日所見聞者耳."
73) 上揭書, p.647. "公之博聞强記, 過人遠甚, 不唯先賢本集, 與夫傳記所載, 而見聞可及, 無問俚雅, 隨即擧筆."

라고 하였다. 일본인 의전백천依田百川도 「금오신화 서」에서

> 赴宴錄은 문장이 雄峻하고 시는 雅麗해서 그의 해박한 학문과 아주 뛰어난 재주를 볼 수 있다.[74)]

라고 하여, 김시습의 해박한 학문을 이야기하였다. 김동욱金東旭은 그의 『국문학사』 패관소설조에서

> 국내(國內)의 명사(名士) 시인(詩人)에 대해서는, 그들의 인간적(人間的) 측면(側面)에 붙어 다니는 일화(逸話)를 「만록(漫錄)」이라는 형태로 일상시(日常時)에 메모하여 사랑방의 화제(話題)에 올렸던 것이다. 그것을 모르는 사람은 전고(典故)에 어둡고 풍류(風流)를 모르는 이로 업신여겼다.[75)]

라고 하였는데, 이는 박학이 사교상 필요했던 것임을 이야기 한 것이다.

당시 패관소설을 쓴 문인들 대부분이 국정에 참여한 관인형 문인이었으므로 전적이 귀하던 당시에도 홍문관에서 수많은 책을 마음껏 보았을 것이고, 이를 바탕으로 하여 각종 문헌의 편찬 사업에 종사하였으니 자연히 이들은 문화와 역사 등에 해박한 지식을 갖게 되었을 것이다.

해박한 지식을 동원하여 패관소설을 썼고, 해박하기 위해서는 패관소설을 읽어야만 했다. 나아가 이들은 박학다식을 표현하는 수단

---

74) 金時習, 『金鰲新話』(亞細亞文化社, 1973). "赴宴錄, 則文章雄峻, 詩則雅麗, 可以見其該博之學與俊拔之才矣."

75) 金東旭, 『國文學史』(日新社, 1978), p.156.

으로 이를 이용하였으니 이것이 패관소설 융성 동인의 중요한 한 가지 이유가 된다.

② 다음으로 파한지수破閑止睡를 위해 필요하다는 점을 들 수 있다. 패관소설은 한가한 시간에 나올 수 있었기 때문에, 서·발을 보면 '평거平居'니 '퇴거退居'니 '한거閑居'니 '거한居閑'이니 하는 말들이 많이 있다. 정치 일선에서 물러나 한가로이 있거나, 감가불우坎軻不遇하여 은둔 생활을 하는 사람이거나 간에 시간적 여유가 있을 때 저작되었던 것이다.

이들은 한가하다 하여도 한가함을 한가로 끝내지 않았다. 저작을 통해 파한을 삼았으며, 이를 읽으면서 지수를 했던 것이다. 이것도 유가儒家의 정신에 기인한 것이라 생각된다. 『예기』「잡기雜記 하下」에

> 활을 당기기만 하고 풀지 않는 것[張而不弛]은 문왕·무왕도 능히 하지 못할 것이요, 풀기만 하고 당기지 않는 것[弛而不張]은 문왕·무왕도 하지 않는 일이니 한 번 당기고 한 번 푸는 것[一張一弛]이야 말로 문왕·무왕의 도인 것이다.[76)]

라는 말이 있다. 이를 '이장지도弛張之道'라고 하는데, 장이張弛는 '엄완嚴緩'·'흥폐興廢'·'성쇠盛衰'·'예禮, 비례非禮'·'문무文武' 등에 비유되는 말로, 여러 가지로 풀이할 수 있는 말이다.

사람은 항상 긴장만 하고 살 수 없으며, 또 한가하게만 살 수도

---

76) 「雜記 下」, 『禮記』, "張而不弛, 文武弗能也. 弛而不張, 文武弗爲也. 一張一弛 文武之道也."

없다. 문왕 · 무왕과 같은 성인도 긴장만 하고 살 수는 없으며, 아무것도 하지 않고 한가하게 있는 일은 문왕 · 무왕도 피했다는 말이다. 한가하게 살 수 없으며 한가하게 지내려고 하지도 않았다. 무엇인가 하여 파한破閑을 해야 한다는 것이다.

이 이장지도가 패관소설과 관계 깊다. 서거정의 「태평한화골계전 자서自序」에, "그대는 '희학戲謔을 잘 한다'와 '문왕 · 무왕의 이장지도'를 듣지 못했는가?"[77]하고 객에게 묻는 말이 나온다. '선희학善戲謔'은 『시경』에서 나오는 말이고, 이장지도는 『예기』에서 따온 말이다.

양성지梁誠之도 「태평한화골계전 서太平閑話滑稽傳序」에서

> 詩에 말하기를 '戲謔을 잘 한다' 했고, 禮記에 말하기를 '한번 당기고 한번 푼다[一張一弛]'고 했으니 지금 전하려는 글이 어찌 益齋의 稗說(역옹패설)과 더불어 우리나라에 만세토록 영구히 流傳되지 않겠는가?[78]

라고 하였다. 긴장 뒤에 한가함이 있어야 한다. 그러나 한가함을 그대로 지내지 않는 것이 군자가 할 일이다. 무엇을 하든지 파한을 하는 것이 도리였다.

그래서 서거정은 「태평한화골계전 자서」에서

> 애초에 후세에 전하기를 뜻하지 않고 다만 세상일을 잊어버리고 …… 더구나 공자 같은 성인도 장기나 바둑을 두는 것이 마음을 쓰

77) 『古今笑叢』(全)(影印本, 旿晟社), p.13. "子不聞善戲謔, 文武弛張之道乎?"
78) 上揭書, p.15. "詩曰, '善戲謔兮.'記曰, '一張一弛.' 今傳文, 豈不與益齋稗說永流傳於海東萬世也哉?"

> 는 곳이 없는 것[無所用心]보다는 낫다고 하였으니, 이 역시 내[서거정]가 마음을 쓰는 곳이 없는 것[無所用心]을 스스로 경계한 것이라고 하니 객이 웃으면서 갔다.79)

라고 하였다. 장기나 바둑을 두는 일까지도 마음을 쓰는 곳이 없는 것 즉 무소용심無所用心보다는 낫다고 하였는데, 하물며 이와 같은 책을 쓰는 것이 장기·바둑 두는 것보다는 훨씬 나은 것이 아니냐는 논리이다. 한가한 생활을 그대로 보냄을 경계하여 파한의 일거리로 골계전을 저작하였던 것이다. 허종許琮은 성종의 말을 이어받아

> 一張一弛는 문왕·무왕의 도리이니 때때로 글씨를 쓰는 것은 무방합니다만, 시문을 짓거나 서화를 그리는 일에 뜻을 향하게 되면 안 될 것입니다.80)

라고 하여, 성종의 소설옹호론에 반대하는 상소이기는 하지만 이장지도를 언급하였다. 강희맹은 「촌담해이 자서村談解頤 自序」에서

> 『촌담해이』는 無爲子(강희맹)의 저서다. 居士(서거정의 自稱)가 한가히 지내며 촌 늙은이와 농담했었는데, 그 말 가운데 껄껄거리며 웃을 만한 것을 채집하여 책으로 썼다.81)

라고 하여, 한가히 지낼 때 썼음을 밝히고 있다.

---

79) 『古今笑叢』(全)(影印本, 旿晟社), pp.13~14. "初非有意於傳後, 只欲消遣世慮 … 況孔聖以博奕爲賢於無所用心者, 此亦居正無所用心之自戒. 客笑而去."

80) 주 50) 참조.

81) 『古今笑叢』(全)(影印本, 旿晟社), p.201. "村談解頤者, 無爲子自著也. 居士居閑, 與村翁劇談, 採其言而可解頤者, 筆之於書."

「어면순 서禦眠楯序」에 '마을에 떠도는 이야기 가운데 잠을 쫓을 수 있을 만한 것들을 채록하였다[채척촌화지가이파면자採摭村話之可以破眠者]'[82]라는 구절이 있는데, '어면순'이란 서명 자체가 '잠을 막는 방패'란 뜻으로 파면破眠과 지수止睡를 위해 책으로 썼다고 한 것이다. 조위曹偉도 「필원잡기 서」에서 '시어연한時於讌閑'[83]이란 말을 했고, 강희맹도 같은 책의 서에서

> 나와 같이 급제한 서거정이 여러 달 동안 한가히 지냄에 여러 손님이 와서 이야기를 하였다. 그 이야기 가운데 웃기기는 하나 사람을 경계시킬 만한 것을 취하여 '골계전' 두 권을 지었다.[84]

라고 했다.

황패강도 『조선왕조소설연구』에서 "이 종류의 잡기문학은 흔히 양반 문인들의 파한破閑의 거리로 지어지는 것이 태반이었다"[85]라고 하여 파한의 자資로 지어졌음을 말하였다.

이렇듯 패관소설은 한가한 가운데 '무소용심'을 경계하는 자세로 지어졌으며 그것으로 인해 파한을 했다. 한가하게 있으면서 아무것도 하지 않는 것은 '이장지도'에 어긋나는 것으로 유자들은 이런 일을 꺼렸다. 이것은 호이징거가 말하는 '놀이하는 인간(Homo Ludens)'의 정의에 맞는 것이기도 하다. 이상과 같은 점이 패관소설 융성의 한 동인이라고 하겠다.

---

82) 上揭書, p.87.

83) 주 72) 참조.

84) 徐居正, 前揭書, p.813. "吾同年達城徐候剛中氏, 居閑數月, 因衆賓來話, 取其言可以解頤而驚人者, 作滑稽傳貳卷."

85) 黃浿江, 前揭書, p.43.

③ 풍교적諷教的 교화 수단으로 패관소설을 인식했다. 유자들의 소설배척론은 소설이 비도덕적이어서 교화 수단이 못 된다는 것과 비역사적이어서 역사를 왜곡시킨다는 것에 기인했다. 그러나 모든 소설이 교화의 수단이 못된다고 생각하였던 것은 아니다. 패관소설의 경우에는 더욱 그렇다. 표연말은 「필원잡기 서」에서

> 국가의 典故와 風俗에 이르러서는 世教에 관계있는 것으로 國史에 실려 있지 않는 것을 기록하여 빠뜨린 것이 없다. …… (서거정이) 지은 『동국통감』·『여지승람』·『역대연표』·『동인시화』 및 이 책은 世道를 유지하고 名教를 전하는 것을 중하게 여기지 아니한 것이 없으니, 작품 하나하나가 후세에 행해질 것이다. 옛사람이 말하기를, "上德之人(도덕이 가장 높은 사람)은 덕을 세우고, 中德之人(그 다음 사람)은 공을 세우고, 下德之人(제일 낮은 사람)은 말을 세운다"고 하였으니, 이것은 썩지 않음을 이른 것으로 공을 이름이 아닌가?[86)]

라고 하여, 교화의 수단과 관계가 있다고 했다. 조위도 같은 책의 서문에서

> 공(서거정)이 지은 것은 모두 후세에 교훈이 되나 한두 가지 기록은 稗說의 滑稽를 蹈襲함을 어찌 면하랴?[87)]

---

86) 徐居正, 前揭書, pp.718~719. "國家之典故閭巷風俗, 有關於世教者, 國乘所不載者, 備錄無遺 … 所著若通鑑·勝覽·年表·詩話及是篇, 無非扶世道垂名教爲重, 一一可以行乎後. 古人云, 太上立德, 其次立功, 其次立言, 此之謂不朽, 非公之謂乎?"

87) 上揭書, p.721. "公之所錄, 皆可爲訓於後世, 而一二事未免襲稗說之滑稽何耶?"

라고 하였다. 한두 가지만 제외하면 모두 교화 수단이 된다고 하였다. 부분 부정을 하고 있으나 나머지에 대해서는 후세에 교훈을 준다고 주장했다.

강희맹은 골계도 풍교적 교화 수단이 된다고 보았다. 그는 서거정의 『골계전』에서 "이야기 가운데 웃기기는 하나 사람을 경계시킬 만한 것을 취하여 지었다"[88]라고 하여, 사람을 경계하여 교화시키는 수단으로 지었음을 밝혔다. 그는 『동인시화』에서도

> 文詞의 아름다움을 취할 뿐만 아니라, 드러나지 않게 世教의 근본을 유지하여 마음 쓴 노력이 아주 대단하다.[89]

라고 하여, 세교에 노력하였다고 했다. 「어면순 서」에

> 서명을 '어면순'이라 하였다. 그 사이사이의 史臣의 의론은 태양처럼 빛나기도 하고 서릿발처럼 凜然하며 衰世의 인심을 경계하였으니, 선생이 여기에 寓意한 것은 골계에 있음이 아니고 실은 名教의 한 단서를 잡으려한 것이니 그 뜻이 미묘하다.[90]

라는 말이 있다. 이는 골계를 통해 세상 사람을 경계하고자 썼다는 것이다. 『어면순』은 한 편이 끝난 다음에 반드시 '사신왈史臣曰'이라는 작자의 평이 들어가는데 작자의 의도는 바로 '사신왈'에 있는 것

---

88) 주 72) 참조.

89) 徐居正, 前揭書, p.645. "不徒取其文詞之美, 隱然以維持世教爲本, 吁盛矣, 用心之勤也."

90) 『古今笑叢』(全),(旿晟社), p.87. "名之曰, 禦眠楯. 其間史臣之論, 陽華秋凜, 戒衰世人心, 先生之寓意於斯者, 不在滑稽而實欲扶名教一端, 其志微矣."

이다. 이것을 쓰기 위해 골계담을 예시한 것이다. 『어면순』이 풍속과 인심의 교화 수단으로 저작되었음을 알 수 있다. 이것은 맹자가 말한 "학자가 글을 널리 배워 상세하게 설명하는 까닭은, 장차 요약한 도를 설명하는 데 돌아가기 위해서이다[박학이상설지博學而詳說之, 장이반설약야將以反說約也]"와 통하는 이야기이다. '상설詳說'은 이야기 자체인 골계에 해당하고, '사신왈'은 '설약說約'에 해당한다.

김시습은 『전등신화』를 읽고 다음과 같은 시를 썼다.

> 용이 싸우고 귀신이 수레 몰고 장끼 울음 같은 것을,
> 孔夫子가 删定 아니한 것은 진실로 까닭이 있네.
> 말이 世敎에 관계된다면 괴이해도 무방하고,
> 이야기가 사람을 감동시키면 허탈해도 기쁘다.91)

라고 하여 『전등신화』가 괴이하고 허탈한 이야기이지만, 『주역周易』에 나오는 '용전龍戰'이나 『상서尙書』에 나오는 '구치雊雉', 그리고 출전 미상의 '귀거鬼車' 같은 이야기를 공자가 산정하지 않은 것처럼 『전등신화』도 세교에 도움이 된다고 보았다. 이러한 소설관이 『금오신화』를 짓도록 하였던 것이다. 따라서 『금오신화』도 세상을 풍교 할 수 있다고 보고 지은 것이라 짐작할 수 있다. 이와 같은 패관소설관은 유협劉勰의 『문심조룡文心雕龍』에서도 찾아볼 수 있다.

> 司馬遷은 史記를 편찬함에 滑稽傳 한 장을 설정했으니, 그 해학이 비록 언사로서는 엉터리이나 그 귀착점은 바른 주장을 하고 있다.92)

---

91) 金時習, 『梅月堂集』 I (세종대왕기념사업회, 1977), p.83. "龍戰鬼車與雊雉, 夫子不删良有以. 語關世敎怪不妨, 事涉感人誕可喜."
92) 劉勰, 「諧隱」 第15, 『文心雕龍』, 卷 3. "是以子長編史, 列傳滑稽, 以其辭

이상으로 보아 패관소설을 풍교적 교화의 수단으로 생각하였음을 알 수 있다. 이러한 소설관이 패관소설의 융성 동인이 되었다.

④ 다음으로 패관소설을 역사로 인식했다는 점을 들 수 있다. 유자들이 소설의 비역사성 때문에 소설을 폄시했다고 앞에서 언급하였다. 선인先人들은 문학과 역사를 엄격하게 구별하지 않았다. 역사가 문학이며 문학이 역사라고 인식했던 것이다. 따라서 문학이 역사처럼 기술될 것을 요구했고, 소설이 사실과 다를 때 비난했던 것이다.

패관소설은 이들의 생리에 부합하는 것이 많았다. 아울러 패관소설을 기술할 때 문학의 역사성을 강조하였고, 기술물 또한 역사로 인식하는 경향이 짙었다. 이러한 인식 태도 때문에 조선 초의 혼란기가 지나고 안정기가 되면서 이전의 역사를 기술한다는 생각으로 패관소설을 썼다. 성종조의 패관소설도 여기에서 예외가 아니다. 여조의 일들과 선초의 일들을 기술하였던 것이다. 서거정의 조카인 서팽소徐彭召는 「필원잡기 서」에서

> 『五行摠括』·『歷代年表』·『東人詩話』·『勝覽續集』·『滑稽傳』은 모두 한가하게 지낼 때 지은 것으로 『筆苑雜記』도 그 중의 하나다. 모두 歐陽修의 『歸田錄』을 본받고, 國老들의 閑語와 東軒의 雜錄을 취하여 지은 것으로 史官이 기록하지 않은 것과 朝野에서 閑語한 것을 기록하여 보게 한 것이니 來世에 도움 됨이 어찌 적겠는가?[93)]

雖傾回, 意歸義正也."

93) 徐居正, op. cit., p.717. "五行摠括·歷代年表·東人詩話·勝覽續集·滑稽傳, 皆平居所著, 而筆苑雜記, 亦其一也. 盖法歐陽文忠公歸田錄, 又取國老閑談東軒雜錄而爲之, 欲記史官之所不錄, 朝野之所閑談以備觀覽, 其有補

라고 하여, 사관이 기록하지 않은 것을 기록하여 후인들이 보게 한다는 것으로, 그가 패관소설을 역사서로 인식했음을 알 수 있다.

옛날의 역사 특히 정사正史는 정해진 사관에 의해서만 기술될 수 있었다. 그래서 정사에서 누락된 것을 사관이 아닌 사람이 기술하곤 했다. 『삼국사기』가 정사이고 『삼국유사』는 야사이다. 김부식金富軾은 사관의 자격으로 정사를 쓸 수 있었고, 일연一然은 사관이 아니기 때문에 야사를 쓴 것이다. 그러나 야사를 쓰는 사람일지라도 역사를 서술한다는 인식은 정사를 쓰는 사람 못지않았다. 틀린 점을 바로 잡고, 빠진 점을 기술하고자 노력했다. 정사는 왕조가 끝난 다음에야 서술할 수 있었다. 『조선왕조실록』은 정사이지만, 정사체 기록이 아니고 사고史庫에 비장되어 있어 특정인을 제외하고는 볼 수 없었다. 만약 조선왕조 이후에도 계속 옛날과 같은 유가적 봉건주의 국가가 있었다면, 『조선왕조실록』에 패관소설류가 더하여져 정사가 꾸며졌을 것이다.[94] 당시의 문인들에게 역사의 기술은 야사를 참고할 수밖에 없었다. 이에 부응하기 위해 패관소설이 조선시대에 많이 등장하였다. 수사자修史者의 입장에서 패관소설을 지었던 것이다.

고려조에서는 야사를 쓰는 제도가 있었는데 조선조에는 야사를 쓰는 제도가 없었다. 연산군조에 이관李寬이

> 고려 때에는 야사가 있었는데 我朝에 와서 폐지되었습니다. 지금

於來世, 夫豈小哉?"

94) 易代修史의 원칙이 있었다. 즉 왕조가 바뀌면 새로 들어선 왕조가 전 왕조의 역사를 편찬하여 이어갔다. 盛世修史라는 말도 있다. 성세에 역사를 편찬한다는 말이다.

> 春秋館이 있지만 조정의 정사만을 기록하니, 草野에 있는 선악의 사적은 사라져서 전해지지 않습니다. 신의 생각으로서는, 都事나 文臣·守令·教授를 택하여 춘추관의 소임을 겸직시켜서 보내는 것이 어떠할까 합니다.[95]

라고 하였다. 이로 미루어보아 성종조에는 초야의 일을 서술하는 야사 제도가 없었음을 알 수 있다. 이런 제도가 없었기 때문에 자연스럽게 패관소설은 역사를 수렴하게 되었고, 역사를 알고자 하는 사람의 욕구 충족을 위해 패관소설이 씌어졌던 것이다.

성종조 패관소설이 융성하게 된 것은 이러한 동인이 있었기 때문이다. 표연말도 「필원잡기 서」에서, "국승國乘에 기재되어 있지 않는 것을 빠짐없이 모두 수록했다"[96]고 했는데, 국승은 정사인 『삼국사기』와 『고려사』, 그리고 실록을 말하는 것이며, 어숙권이 제시한 소설 『필원잡기』를 역사로 인식했다는 이야기가 된다. 이러한 사고방식은 일찍이 중국의 사마천에게도 있어서 그의 『사기』에 「골계전」을 열전의 하나로 설정하였다. 이는 패관소설류가 역사로 편입될 수 있음을 말한다.

선인들은 역사 쓰기를 중시했던 것 같다. 개인의 일기는 개인의 역사이며, 시대를 대상으로 한 것은 시대의 역사였다. 그래서 패관소설 속에서 역사의 편린을 무수히 대할 수 있게 되었고 어떤 것은 오늘날 보아도 완전한 역사서로 인정할 수 있는 것이었다. 이러한 선인들의 역사 서술 태도가 우리에게 패관소설의 자산을 풍부하게

---

95) 「燕山君日記」 卷 10, 燕山君 元年 11月 『朝鮮王朝實錄』 13冊, p.45c. "檢討官李寬曰, 高麗有野史, 至我朝始廢. 今有春秋館, 但記朝政, 若草野善惡之迹, 泯滅無傳. 臣意以爲擇都事及文臣守令教授兼帶春秋以遺何如?"

96) 주 86) 참조.

물려주고 있다.

⑤ 이상의 네 가지 이유야 어찌되었든 간에 패관소설의 영향은 독자 자신이 취할 것에 달려 있다는 관점이다. 패관소설을 읽고 그 선악의 영향을 독자 탓으로 돌렸다는 점을 융성 동인의 하나로 들 수 있다. 이는 어찌 보면 무책임한 작자의 변명 같지만 동인이 된다. 패관소설을 써서 세상을 교화시키지는 못할망정 큰 해가 된다면 그것을 쓰는 명분이 없어진다. 명분이 없다면 쓰기를 꺼렸을 것이고, 썼다 해도 익명으로 저술했을 것이나 패관소설의 작자는 그렇지 않았다. 그러면 그들의 명분이 어떠한 것이었는지 보기로 한다.

강희맹은 「태평한화골계전 서」에서

> 일은 美惡을 막론하고 풍속을 깨우치는 것이 중하고, 말은 精粗를 막론하고 이치에 맞는 것이 귀한 것이다. 이러므로 수레바퀴를 깎는 것[착륜斲輪]을 보면 自得할 妙를 알게 되고, 滄浪之歌를 들으면 自取할 기미를 알게 되는 것이니, 어찌 鄙諺이나 巷論이라 하여 精美한 것이 (그 속에) 붙여져 있음을 찾아보지 않겠는가?[97)]

여기서 '착륜斲輪'은 『장자莊子』의 「천도天道」 편에 나오는 이야기로, '수레바퀴를 깎는 일은 말로 가르쳐 주어서 되는 것이 아니라 자득해야 한다'는 내용이다. 패관소설도 그 내용이 어떻든 간에 스스로 보고 선악을 찾아 스스로 깨달아야 한다는 말이다. 선악을 직

97) 徐居正, 前揭書, p.813. "事無美惡, 警俗者爲重, 言無精粗, 詣理者爲貴. 是以觀斲輪, 則知其自得之妙, 聽滄浪, 則審其自取之機, 庸可以鄙諺巷論, 而不究夫精美之所寓耶?"

접 보여줌으로써 스스로 깨닫게 한다는 것이다. 수레바퀴를 어떻게 깎아야 한다고 말로만 설명하면 배울 수 없다는 것이 장자의 말이다. 선악을 이야기만 하는 것이 아니라 직접 제시해줌으로써 자득하게 한다는 것이 패관소설 작자들의 생각이었다. 물론 자득이라고 하는 것은 풍속을 깨우치고, 이치에 맞는 것을 스스로 깨닫게 된다는 것이다.

맹자가 인仁을 설명하면서 인은 자기가 행할 탓이라고 하였다. 창랑자취滄浪自取가 그것이다. 이는 공자가 어린이의 창랑지가滄浪之歌를 듣고 스스로 얻을 점을 찾아내었다는 이야기를 맹자가 다시 인용하여 한 말이다. 남에게 잘잘못을 듣는 것은 모두 자기가 할 탓이라는 것이다. 공자는 하찮은 어린 아이가 부른 노래에서도 취할 점을 찾아내었는데, 패관소설도 그와 같다는 것으로 여기서 선악을 찾아내는 것은 독자 자신이라는 것이다. 강희맹도 「촌담해이자서」에서

> 창랑지가를 공자가 자취한 것이라 찬탄하였고, 陽貨之言을 맹자가 취하여 仁을 논하였다. 일은 비록 비리하다 할지라도 燕나라의 편지를 郢에서 나름대로 해설(燕書而郢說 : 이는 원래 郢書燕說을 거꾸로 쓴 것으로 견강부회를 말함)한다 하여 어찌 불가함이 있겠는가?[98)]

라고 하였다. 창랑지가도 공자가 자취한 것이고, 맹자가 양화지언을 자취하여 훌륭히 썼듯이 패관소설도 내용이 어떠하든 간에 좋은 방향으로 자취하면 된다는 것이다. 연서이영설燕書而郢說도 마찬가

98) 『古今笑叢』(全)(影印本, 旿晟社), p.201. "滄浪之歌, 孔子嘆其自取, 陽貨之言, 孟子取以論仁, 事雖鄙俚, 燕書而郢說之, 何有於不可?"

지 의미로 나쁜 것은 좋게 해석하여 스스로 취하면 된다는 논리다.

이러한 명분이 패관소설을 정당화시켰으며, 쓸 수 있게 했던 것이다. 물론 이상 다섯 가지의 논의가 모든 사람 모든 작품에 해당되는 것은 아니다. 그러나 최소한 이 가운데 어느 한 가지에는 들 것이며, 패관소설을 긍정적으로 보아왔음을 알 수 있다. 그리고 이는 패관소설의 범위가 상당히 넓음을 반증해주는 것이기도 하다.

(3) 결론結論

지금까지 성종조의 패관소설을 부각시켜 그 융성 동인을 살펴보았다. 패관소설이 우리 소설사에 차지하는 큰 비중처럼 융성 동인에 관한 연구도 우리 고소설 연구에 중요한 몫을 담당한다. 본고의 논의를 요약하면 다음과 같다.

패관소설의 개념을 어숙권이 『패관잡기』에서 제시한 소설小說에 근거하여 논의하였으며, 성종조라는 개념도 그가 제시한 작품군 작자의 생몰 연대를 근거로 설정하여 논하였다. 고려조와 성종조 사이에 있는 1~2백년간의 공백기를 중시하여, 성종조에 왜 패관소설이 융성하게 되었는가를 집중적으로 논의하였다.

융성 동인은 크게 재래적 동인(① 중국 영향 ② 신라·고려 영향 ③ 조선초 영향)과 당대적 동인(① 외적 동인 〈사회적 동인〉 ② 내적 동인 〈소설관적 동인〉)을 설정하고, 논의의 편의와 동인의 통체적 파악을 위해 '사회적 동인', '성종의 소설관', '서·발 등에 나타난 동인'으로 나누어 논의하였다. 여기서 재래적 동인은 '선초의 영향'만 살펴보았고, 나머지는 선행 연구 업적에 미루었다.

사회적 동인으로, ① 국가와 사대부의 안정과 퇴거문인의 한거, ② 유학의 점성, ③ 교우 관계의 신장, ④ 자아 각성과 자주 정신의 발현, ⑤ 패관소설류의 유통과 간행 사업의 성행을 동인으로 들어 살펴보았다. 그 중 당대 사회에 미친 성종의 비중을 고려하여 별항으로 잡아 성종의 소설관을 동인으로 살펴보았다.

성종의 긍정적 소설관을 실록에 나타난 최부의 『표해록』 찬진 시비와 김심·이극돈 등을 중심으로 한 소설 논쟁으로 살펴보았다. 성종의 긍정적인 소설관이 사회적으로 영향을 미쳐 사회적 요인과 함께 패관소설을 융성하게 하였으며, 이로 인해 성종조에 많은 패관소설 작품이 출현하게 되었다.

소설관적 동인을 살펴보기 위해 실제 작품의 서·발을 중심으로 어떠한 내적 동인이 있어 패관소설이 융성하였는가를 확인해보았다. 이에 나타난 동인으로 ① 박학다식을 갖추기 위해서거나 박학다식을 표현하기 위해 패관소설을 창작하는 것, ② 파한과 지수를 위해 창작하는 것, ③ 풍교적 교화의 수단으로 패관소설을 인식했다는 것, ④ 패관소설을 역사로 인식했다는 것, ⑤ 패관소설을 읽은 뒤 독자에게 미치는 선악의 영향을 독자의 탓으로 돌렸다는 것을 들어 살펴보았다.

이 글은 패관소설에 대한 분석을 통해 우리 소설사를 새롭게 보고자 하는 것으로, 이 글을 통해 패관소설 연구에 적지 않은 보탬이 되었다고 생각한다. 그러나 이 글에서 서·발을 중심으로 소설관적 동인을 살펴본 부분에 있어서 아쉬운 점은 성종 당시의 작품이거나 그 이후의 작품이라도 성종 당시의 작품에 대한 소설관을 언급한 것이라면 다루었어야 했는데 이를 밀도 있게 취급하지 못했다는 사실이다.

이 글을 통해 우리 소설사의 여러 가지 오류 중 몇 가지에 대한 시정의 단서를 제시하였다. 이를 구체적으로 정리해보면 첫째 패관소설이 여말에서 선초로 그대로 이어지는 것이 아니라 1~2백년간의 공백기가 있었다는 것, 둘째 패관소설의 개념은 어숙권이 제시한 '소설'을 바탕으로 현재보다 확대하여 한문단편과 야사까지도 포함해야 한다는 것, 셋째 고소설 전반을 유학자들이 폄시했다는 견해는 좀 더 구체적 논의가 이루어져야 한다는 것 등이다.

패관소설에 대한 연구는 소설사의 전개를 위해 더욱 활발하게 이루어져야 하겠다. 성종 이후의 패관소설에 대한 전반적인 연구가 있어야 하겠고, 이에 앞서 패관소설 전반에 대한 개별 작품 연구와 개별 작가론 등의 연구가 이루어져야 하겠다.

2. 「하서선생전河西先生傳」

하서河西 김인후金麟厚(1510~1560)는 도학道學·절의節義·문장文章 세 가지를 치우침 없이 겸비한 조선시대의 저명한 도학자이다. 우암尤庵 송시열宋時烈은 "국조國朝 인물人物이 도학道學·절의節義·문장文章에 있어서 대개 품목品目의 차이가 있으며, 그 세 가지를 겸하여 어느 한 쪽에 치우치지 않은 분은 몇 분 없었는데, 하늘이 우리 동방을 도우셔서 하서 김선생金先生을 태어나게 하시어 거의 구비하게 하였다"[99]라고 하였으며, 하서를 문묘文廟에 배향配享하게 한 정조正

祖도 "내가 김하서에 대해서는 특별히 사모하는 정情이 있으니, 도학道學·절의節義·문장文章이 전체의 큰 쓰임에서 하나라도 갖추어지지 않음이 없는 자는 유독 하서 한 사람뿐이다"[100]라고 하였다. 율곡栗谷은 "누런 안개 가득 찬 20년 사이에 오직 김후지金厚之만 출처가 매우 높았다 하겠습니다"[101]라고 하여 하서의 분명한 출처지분出處之分을 칭송하였다. 하서는 관직에 나아가서는 위언위행危言危行하여 우뚝한 말과 우뚝한 행실에 과감하였으며, 인종仁宗 승하 후 임지任地에서 귀향한 뒤에는 충신불사이군忠臣不事二君의 자세를 잃지 않았을 뿐만 아니라 일관되게 안빈낙도의 자세로 학문에 정진하면서 입언수후立言垂後하였다.

하서의 면모를 보여주는 전기물傳記物은 여러 종류가 있는데, 「연보年譜」류[102]·「야담野談」[103]·「구비설화口傳說話」류[104] 그리고 「김

99) 宋時烈, 「神道碑銘幷序」, 『河西先生全集』 '附錄' 卷 1, "國朝人物, 道學節義文章, 忒有品差, 其兼有而不偏者無幾矣, 天祐我東, 鍾生河西金先生, 則殆庶幾焉."

100) 『承政院日記』, 正祖, 丙辰, 六月二十四日 戊戌條, "予於金河西, 別有起慕焉, 其道學也節義也文章也, 全體大用, 無一不備者, 獨河西一人矣."

101) 「敍述, 李文成栗谷集」, 『河西先生全集』 '附錄' 卷 2, "覺得黃霧二十年間, 唯金厚之出處甚高."

102) 현대인들이 읽기 쉽게 엮은 연보로는 정재도 엮음, 『산 절로 수 절로－河西 金麟厚 略傳』(하서출판사, 1981)이 있다. 이 책에 의하면 순한문이거나 한문투로 된 연보로는 기미년(1979)에 울김 병항 친목회(蔚金炳行親睦會)에서 발행한 『문정공 하서 김선생 연보』가 있고, 경신년(1980)에 하서선생기념사업회에서 발행한 『하서전집』이 있다

103) 「野談」類로는 「金麟厚」(李肯翊, 「仁宗朝 故事本末」 條, 『燃藜室記述』), 「感恩遇竟夕哭泣」(李源命, 『東野彙輯』; 『韓國文獻說話全集』 3권, 동국대 한국문학연구소(태학사, 1981), pp.162~167.), 「金麟厚…經以哭之」(『靑野壹輯』; 『韓國文獻說話全集』 9권, 동국대 한국문학연구소(태학사, 1981), pp.255~6.), 「河西金麟厚…終日而歸」(朴亮漢, 『梅翁閒錄』; 鄭明基 編, 『韓國 野談資料集成』 7권(고문헌연구회, 1987), p.302.)과 『大東奇聞』

하서전金河西傳」·「청은전淸隱傳」·「하서선생전河西先生傳」이 있다. 박희병朴熙秉에 의하면 『잡기류초雜記類抄』 수재收載 「김하서전」은 야담소설인데, 이는 도학자인 하서가 민간에서 어떻게 받아들여졌는가 하는 점을 살필 수 있는 자료로서, 작품의 구성이나 전개 등을 고려할 때 조선 전기에 창작된 것일 수는 없고 올려 잡더라도 본격적 야담이 등장한 17세기 중·후반을 상회하지는 않을 것이라고 하였다.[105] 필자가 처음 학계에 소개하는 「청은전」은 한말의 문장 영재寧齋 이건창李建昌의 작으로 하서의 절의를 김시습金時習과 견주어 입전立傳한 것이다. 앞으로 하서의 절의를 연구하기 위해 주목받아야 할 자료가 될 것이다.[106] 벽초碧初 홍명희洪命憙의 걸작 「임거[꺽]정전林巨正傳」에도 하서선생에 관한 전기물傳記物이 있다. 가사歌辭로 된 것으로는 「하서도통가河西道統歌」가 있다.[107]

이 중 이 글에서 다루고자 하는 것은 「하서선생전」이다. 필자는 「하서선생전」이 실기實記이며 전기傳記이자 광의廣義의 문학文學이라는 점에 초점을 맞추어 논의를 전개할 것이다.

문학에는 '광의의 문학'과 '협의의 문학'이 있다. 동양의 전통적인

卷 2, 仁宗朝에 「金麟厚墨竹」이 있으며, 한국자유교육협회에서 1973년 2월에 펴낸 윤재영 역 『해동명신전』Ⅰ(金堉의 『海東名臣傳』 1549, 1914년 조선고서간행회에서 간행)에 실려 있는 「김인후(金麟厚)」가 있고, 동 협회에서 펴낸 『韓國歷代敎育名家列傳』(朴尙萬 著, 1971)에도 있다. 그리고 安錫儆의 『雪橋別集』 卷一 「漫錄」에도 보인다

104) 「口傳說話」類로는 「하서선생의 선심」(『韓國口碑文學大系』 7-2(韓國精神文化硏究院, 1980), pp.261~5.), 「하서대감과 일제선생」(『韓國口碑文學大系』 5-7(韓國精神文化硏究院, 1987), pp.699~700) 등이 있다.

105) 박희병, 「민간의 상상력과 道學者의 소설적 형상화」, 『冠嶽語文硏究』 20(서울대 국문과, 1995), pp.86~88

106) 李建昌, 「傳」條, 『明美堂集』 卷 16(保景文化社, 1997).

107) 李相寶, 「河西 金麟厚의 國文學 硏究」, 『語文學論叢』 3(國民大, 1983).

문학 개념을 광의의 문학이라고 한다면, 오늘날 서구의 문학 개념을 협의의 문학이라고 할 수 있다. 그래서 고전문학과 신문학의 완충기에는 서로 오해도 있었다고 생각된다. 경성제대 조선문학과 조선문학 연습용 교과서로 율곡栗谷의 「격몽요결擊蒙要訣」이 쓰인 적이 있다. 이에 대해 이광수李光洙는 조선문학의 대가大家인 조선문학과 모 주임 교수가 교재로 「격몽요결」을 선택한 것에 대해 기상천외한 일이라고 하면서 그의 선택을 우매하다고 반박하였다.[108]

그러나 이런 일은 고전문학기와 신문학기 문학의 개념 차이에서 빚어진 결과이다. 조선문학의 대가였던 모 주임 교수의 선택은 동양 전래의 개념으로 보면 기상천외한 일이 아니었다. 전통적 의미의 문학은 오늘날 말하는 상상적 문학, 미적 쾌감의 문예라는 의미만을 지녔던 것이 아니다. 문자로 기록된 글을 통칭하는 매우 포괄적인 개념이기는 하지만, 종류에 따라 어느 정도 제한된 개념이었다. 고전문학에서 흔히 '문이재도론文以載道論'이라 할 때의 문文도 역시 이런 개념으로 사용된 것이었다. 이런 전통은 신문학기 이후에도 한동안 계속 되어왔다.[109]

오늘날 한국문학의 범위와 문학사의 기술을 어떻게 할 것인가가 문제되고 있다. 이병기李秉岐는 일기日記 · 기행紀行은 물론 잡문雜文까지도 문학의 영역에 포괄시켰으며,[110] 조동일은 "오늘날에 와서도 수필 · 기행 · 전기 · 평론 등은 문학이라고 하는데, 이런 것들도 본격적인 논의의 대상이 되어야 한다[111]"고 하면서, "그 밖에 각종

---

108) cf, 李光洙, 「朝鮮文學의 概念」, 『李光洙全集』(三中堂, 1971), pp.449~451.

109) cf, 朴殷植, 「學校之制」, 『朴殷植全書』 下(檀國大 東洋學硏究所, 1975), pp.117~119. 李秉岐, 『國文學概論』(一志社, 1973), p.174.

110) 李秉岐, 上同.

실기 · 신문 칼럼 · 구전되는 것으로는 정치적인 유언비어 등이 문학으로 인정되지 않는 가운데 문학의 구실을 수행하고 있는 데 대해서도 관심을 가질 필요가 있다"고 주장하였다.112) 유기룡柳基龍은 실용문서實用文書까지도 문학으로 수용하였다.113)

오늘날은 '광의의 문학'이라고 하여 '기록記錄'된 모든 것을 문학으로 규정할 수 없을 것이다. '협의의 문학'이라는 문학 개념에 어느 정도는 의존하여야 할 것이다.

(1) 이본異本과 편자編者

1) 이본異本 및 관계關係

「하서선생전」은 현재 3종이 전하고 있다.

① 「하서선생전河西先生傳」 : 경진세정월庚辰歲正月에 원진당元眞堂 편술編述

② 「하서선생전河西先生傳」 : 경진세정월庚辰歲正月에 후손後孫 길증佶中 편술編述

③ 「국문하서선생전國文河西先生傳」 : 경진庚辰해에 후손 길중佶中 노수魯洙 편술編述

111) 조동일, 「국문학의 개념과 범위」, 『韓國文學史의 爭點(城山張德順先生停年退任紀念論叢)』(集文堂, 1986), p.22.

112) 上同.

113) 柳基龍, 「記錄文學(넌픽션)의 韓國文學的 位相」, 『韓國文學研究方法論』(民族文化社, 1983), p.136.

편술編述 후손後孫 김길중金佶中
편술編述 후손後孫 김노수金魯洙
동역董役 후손後孫 김병채金炳采

이 세 본을 각각 「원진당본元眞堂本」, 「김길중본金佶中本」, 「김병채본金炳采本」이라고 명명하고 이본 검토와 함께 편자를 변증하고자 한다.

* 「원진당본」은 현재 단국대학교 율곡기념도서관에 소장되어 있다. 현존 유일 필사본으로 추정되는 이 책은 전주시 서완산동의 어느 서사書肆에서 발견되었다고 한다.[114] 이 책의 크기는 26.6×21.5cm이며 분량은 41장(82항頁 - 서序 : 1장張, 서序(?) : 1장張, 본문本文 : 37$\frac{1}{2}$장張, 부附 : 1$\frac{1}{2}$장張〈술담그는 법 : 송순주법, 빅화주방문, 엿방문, 기경방문〉)인데, '경진세(1940~연구자) 정월에 원진당 편술'이라고 되어 있다. 사년寫年은 미상이고, 5침針 선장線裝에 무계無界, 11행이며 자수는 일정하지 않다. 이 책은 하서의 진면목을 총체적으로 살펴볼 수 있는 소중한 자료로 평가된다. 비록 1940년도의 작품이기는 하나 '·'의 사용 등 이른바 '표기의 보수성'이 그대로 지켜지고 있으며, 글씨체나 어투 등 외형상으로는 여타의 고소설과 다른 것이 없다.
* 「김길중본」은 순한글본인 「원진당본」 계통의 「하서선생전」을 저본底本으로 한 것이라 보인다. 현대철자법의 띄어쓰기와 한

114) 1993년에 당시 단국대학교 율곡기념도서관 관장으로 재직했던 국문과 洪允杓 교수가 구입한 것인데, 필자가 본 자료를 공개하면서 해제한 바 있다. 姜在哲, 「河西先生傳原本影印·解題」, 『退溪學硏究』 11(檀國大 退溪學 硏究所, 1997).

자로 주註를 단 선한쌍문鮮漢雙文의 석판본石版本이다. 이 책의 크기는 25×17cm이며, 분량은 45장(89항頁 - 서序 : 1장張, 본문本文 : 43½장張)인데 간년刊年은 미상이나 인기印記에 "고창반암高敞盤巖 김길중金佶中 정呈"이라 되어 있어 어느 정도 시기를 짐작할 수 있다. 유계有界, 8행이며 1행의 자수는 24자이다.

* 「김병채본」은 김병채(자字는 회중晦中, 호號는 맥당麥堂, 전북全北 부안군扶安郡 부안읍扶安邑 동중리東中里 39)가 「김길중본」을 저본으로 현대인이 읽기 편하도록 사투리를 표준어로 바꾸고 표기법을 현대식으로 바꾼 다음, 한자를 ( )안에 첩기疊記한 활판본活版本이다. 이 책의 크기는 29×19.2cm이며 분량은 24장(46항頁 - 서序 : ½장張, 본문本文 : 22½장張)으로, 간년은 1995년 11월 20일이다. 5침 선장에 무계, 15행이며 1행의 자수는 38~40자 정도이다. 이 본은 김병채가 조부 김노수金魯洙의 문집文集인 『경암집敬菴集』을 편찬하면서 『국문하서선생전國文河西先生傳 - 부후세여사촬록附後世餘事撮錄』이라고 하여 간행한 책인데, 「김길중본」을 앞에 싣고 뒤에 합철合綴한 것이다. 그리고 「김길중본」 앞에는 「하서선생영정河西先生影幀」도 싣고 있다.

이상에서 살펴본 것과 같이 세 본의 편자는 각각 ① 서序에 '경진세 정월에 원진당 편술', 본문에 '원진당元眞堂 편술編述' ② 서序에 '후손 길중後孫 佶中 편집編輯 · 경진세 정월庚辰歲正月에 후손 길중後孫 佶中 편술編述', 본문에 '후손 길중後孫 佶中 편술編述' ③ 서序에 '경진庚辰해 정월에 후손 길중佶中 노수魯洙 편술編述', 말미에 '편술編述 후손後孫 김길중金佶中 편술編述 후손後孫 김노수金魯洙 동역董役 후손後孫 김병채金炳采'로 되어 있다.

2) 편자編者의 확정確定

세 이본 가운데 선행본은 「원진당본」으로 추정된다. 원진당은 하서선생이 문인들에게 지어보인 시구詩句 "천지중간유이인天地中間有二人, 중니원기자양진仲尼元氣紫陽眞[천지라 그 중간에 두 사람이 계시니 / 중니仲尼가 원기元氣라면 자양紫陽은 참이라네]"에서 따온 당호堂號로서 당시 재력가였던 김길중이 하서선생의 영정을 모시기 위해 전북 고창군 아산면 반암리에 당堂을 짓고 붙인 이름이다. 산암汕岩 변시연邊時淵(1922년 8월 10일생, 전남全南 장성군長城郡 북하면北下面 단전리丹田里 용귀동龍龜洞 324-3, 손룡정사巽龍精舍)과 문중 후손들에 따르면, 「하서선생전」의 원래 작자는 김노수(1878~1956)로, 김길중(1882~1949)이 안동에 가서 국문 「퇴계선생전退溪先生傳」을 보고 느낀 것이 있어 마침 함께 원진당에 거처하고 있던 김노수에게 짓도록 했다는 것이다.[115] 이로 보면 김길중은 당시의 일반적인 풍조로 보아 Patron(후원자後援者)이었고, 김노수는 Ghost writer(대작자代作者 : 남을 대신하여 글을 짓는 사람)였다고 판단된다. 따라서 김노수의 손자인 김병채가 1995년 『경암집』을 간행刊行하면서 후손인 길중과 노수가 편술했다고 밝힌 것이다. 김병채는 『국문하서선생전』 「후기」 2에서 " …… 하서선생전河西先生傳은 …… 저의 조고祖考이신 경암敬菴 노자수자魯字洙字께서 전북全北 고창군高敞郡 아산면雅山面 반암盤岩 원진당元眞堂에 약 구년七年 동안 계시면서 편저

115) 국문 「퇴계선생전」은 언역 「퇴계선생연보」를 가리킨 것이 틀림없는데, 언역 「퇴계선생연보」에 관한 연구는 金光淳의 「國譯本 退溪年譜와 文獻學的 考察」(『樂隱姜銓燮敎授華甲紀念論叢』, 創學社, 1992)이 있다. 이 연구에 따르면 언역 「퇴계선생연보」는 퇴계선생의 8세손인 李世澤(1716~1777)이 한문 「퇴계선생연보」를 국문으로 번역한 것이다.

編著하신 것이다. 그러나 그때 숙식을 비롯하여 여러 가지 뒷바라지를 해주신 족장族長 김길중金佶中님 명의로 출간되었다"라고 하였다.

3) 편자編者의 생애生涯

김노수(1878. 11. 26~1956. 6. 14)의 생애에 대해 그의 행장行狀(『경암집敬菴集』 권卷 6)을 통해 알아보기로 한다.

김노수는 한학자漢學者로 자字는 광언光彦 호號는 경암敬菴이다. 울산 김씨 하서 김인후의 13대손으로 전남 장성군 황룡면 필암에서 태어났다. 13세 때 외가(전북全北 고창군高敞郡 고수면古水面 황산리黃山里 죽산안씨가竹山安氏家)가 있는 황산리 평촌으로 이거하여 그곳에서 자랐다. 14세부터 25세까지 연재淵齋 송병선宋秉璿의 문하門下에서 수학하였고, 26세 때부터 65세까지 성균관과 경성제국대학 도서관에서 성리학과 사학 공부에 전념하였다.

편서 및 저서로는 『조선사朝鮮史』 17권 17책, 『한감강목韓鑑綱目』 상·하 2책, 『하서선생속집河西先生續集』 상·하 2책, 『담옹풍아湛翁風雅』 1책, 『삼선생요어三先生要語』 1책, 『학성세적鶴城世蹟』 1책, 그리고 『하서선생언행록河西先生言行錄』 1책과 『하서선생전』 1책 등이 공저 또는 타인의 명의로 출간되었다고 한다. 그리고 『경암사고敬菴私稿』 4책, 『신천자문新千字文』, 『평산정사지平山精舍誌』, 『귀강정사지龜岡精舍誌』, 『금강산탐승기金剛山探勝記』, 『야언록野言錄』 5책, 『자학고字學考』, 『운휘촬요韻彙撮要』, 『한소학韓小學』, 『낙민언경록洛閩言敬錄』 상·하 2책 등의 저술을 남겼는데 근래에 손자인 병채가 전체를 묶어 『경암집』 13권 13책을 출간하였는데, 근세에 보기 드문 호한한 저작물을 남겼다.

그는 78세 불병시不病時에 난명亂命을 막기 위해, 미리 「오대한五大恨」이라는 치명治命을 『잡고雜稿』에 적어 후손에게 남겼다.[116]

① 먼저도 아니고 뒤도 아닌 하필이면 이러한 어지러운 세상에 태어나 평생을 마친 것이 첫째의 큰 한恨이요(불선불후필정차시일대한야不先不後必丁此時一大恨也)

② 비바람 휘몰아친 78년의 기나긴 세월 동안 밝은 빛을 못 보게 된 것이 두 번째 큰 한恨이고(풍우장야미견서광이대한야風雨長夜未見曙光二大恨也)

③ 내 친손자가 여럿이지만 한 아이도 구학문을 계승할 자가 없으니 세 번째 큰 한恨이며(제손지중무구학문삼대한야諸孫之中無舊學問三大恨也)

④ 조상님을 위해서 할 일이 여러 가지이지만 가계가 빈곤한 탓에 이루지 못한 것이 넷째 큰 한恨이요(선영제사빈미근기사대한야先塋諸事貧未僅紀四大恨也)

⑤ 평생 온 힘을 쏟아 편집한 여러 가지 책자들을 출간하지 못한 것이 다섯째 큰 한恨이다(소편책자미능인행오대한야所編冊子未能印行五大恨也).

다섯 가지 한恨 가운데 생전의 많은 저작을 인행印行하지 못한 것을 크게 한스러워하고 있다. 그리고 그의 저작물이지만 가난하여 타인의 명의로 출간한 것이 많은 듯하니, 「하서선생전」이 그 한 예가 될 것이다.

---

116) 「附錄」 15 a, 『敬庵集』 卷 6, "常抱五大恨, 欲於屬燈時, 書示兒輩, 而那時或氣昏神眩. 故不病時, 預識于雜稿, 以爲治命五大恨則, …… (下略)."

그는 비운의 시대인 한말韓末에 태어나 대과大科 한 번 보지 못하였으나, 단발령斷髮令·창씨개명創氏改名 등 일제의 학정과 탄압에 대해 항거抗拒하였다. 특히 김경중金暻中의 『조선사朝鮮史』 편찬에 참여하여서는 고종高宗과 순종純宗 때의 일제 침략사를 적나라하게 노정露呈시켰다 하여 왜경倭警의 고문에 심히 시달려 8개월여 동안 입원치료까지 받았으며 끝내는 고종·순종 연대분年代分을 완전 삭고削稿하여 출간하였다.

그는 『조선사』의 편찬에 참여한 후 귀향을 하는데, 당시의 혼란과 질서를 개탄하면서도 산림처사山林處士로 오직 학문과 문중 일에만 전념하였다고 한다. 「하서선생전」을 편술한 것도 이 시기로 원진당에서 강학講學할 당시였다. 말년에는 6·25동란으로 고창을 떠나 이웃 고을인 부안군 부안읍 동중리 39번지 구영마을 백인당百忍堂에서 필생의 자취를 정리하다가 1956년 중하仲夏에 타계他界하였다. 구묘丘墓는 고창군 고수면 상평리 송정 후록後麓에 있다.

이와 같은 인생 역정이 그에게 「오대한」을 남기게 하였으니, 근세近世의 뜻있는 큰 한학자로서는 당연한 일이라고 하겠다.

(2) 편술編述 동기動機와 성격性格

「하서선생전」의 편술編述 동기와 성격을 살펴보기 위하여 우선 세 편의 서문을 보면 다음과 같다.

〈「元眞堂本」 序文〉

河西先生傳序

하셔선ᄉᆡᆼ전서

夫 閭巷童稚 閨門婦女 國文小說 非 漢文 記載 故事 何

ᄃᆡ범려항동치와규문부녀가국문소셜이아니면한문의로기ᄌᆡ한엣일을 엇지

以知之 此

알니오이국문소셜의지은바니근ᄂᆡ소셜가가만호ᄃᆡ거ᄀᆡ굉고한말과 고은말노잘장식ᄒᆞ야허실이상반ᄒᆞ면진위가ᄉᆞᆼ잡ᄒᆞ야징신ᄒᆞ기어려운 지라오직이ᄒᆞ셔선ᄉᆡᆼ전은국ᄉᆞ에근본ᄒᆞ고문집에참고ᄒᆞ야이편을ᄆᆡᆼ그 오니일언반사라도다이확징이오실기라보는이세속유ᄒᆡᆼᄒᆞ는소셜의쥴례 로보지마시고자ᄉᆞᆼ이맛드려집히미드실진져

경진세졍월에원진당편술

〈「金佶中本」 序文〉

河西先生傳序　　　　後孫佶中編輯

하셔션생젼셔　　　　후손길중편집

夫 閭巷童稚 閨門婦女 諺文小說 非 眞書 記載 故事 何

대범려항동치와규문부녀가언문소설이아니면진서로긔재한엣일을엇지

以知之 此諺文小說 作所 近來小說家 多矣 皆以巧言 麗

써알니오이언문소설의지은바니근내소셜가가만호대거개굉교한말과고은

辭 善粧飾爲 虛實 相半 眞僞 相雜 證信 難矣 惟

말로잘장식하야허실이상반하며진위가상잡하야징신하기어려운지라오직

玆 河西先生傳 國史 本 文集 參攷 此編 成 一言半辭

이하셔션생전은국사에근본하고문집에참고하야이편을맹그오니일언반사

皆是確證 實記 嗟乎 覽者世俗流行 小說 例 視之勿
라도다이확징이오실긔라슬푸다보는이세속류행하는소셜의쥴례로보지마
詳味 深信
시고자상히맛드려깁피미드실진져
庚辰歲正月　後孫佶中編述
경진세정월에후손길중편슐

〈「金炳采本」 序文〉

하서선생전(河西先生傳) 서(序)

대저 시골 아이들이나 안방 부녀들이 언문소설(諺文小說)이 아니면 진서(眞書)로 기록된 옛일을 어떻게 알 것인가? 이 언문소설을 지은 바는 근래 소설가가 많으나 거개 공교로운 말과 고운 언사로써 잘 장식하여 허실(虛實)이 상반되고 진위(眞僞)가 상잡(相雜)하여 증신하기 어려운 고로 오직 이 하서선생전은 국사(國史)에 근본하고 문집(文集)에 참고(涂攷)하여 만들었으니 일언반사(一言半辭)라드 다 확증(確證)이요 실기(實記)인지라, 슬프다! 보는 자 세속 유행하는 소설의 예로 보지 마시고 자상히 맛들여 깊이 믿으실진저.

경진(庚辰)해 정월에
후손 길중(佶中) 노수(魯洙) 편술(編述)

1) 국문소설國文小說과 편술동기編述動機

〈서문〉의 첫 문장에서 볼 수 있듯 「하서선생전」은 한문을 모르는 아녀자들이 국문소설처럼 쉽게 읽도록 하기 위해 편술한 것이다. 현달顯達한 조상, 즉 두겁조상祖上을 대중에게 널리 현창顯彰하려는 숭문상조崇門尙祖·숭조돈중崇祖惇中 의식에서 나온 것임을 알 수

있다. 이와 같은 경우로는 언역 「퇴계선생연보退溪先生年譜」가 있는데, 후손이 한문 「퇴계선생연보」를 국역한 것으로 당시 양반 계층에 널리 퍼져 있었던 퇴계사상을 한글 해독자 계층인 양반 부녀자들과 서민들에게 전파시키려는 의도에서 나온 것이다.117) 「하서선생전」이나 언역 「퇴계선생연보」는 언문 해독 계층에게 훌륭한 조상의 일을 널리 알리려는 목적으로 쓰였다는 공통점이 있다.

그러나 이 글들은 일반 국문소설과는 다르다. 언역 「퇴계선생연보」는 연보이고, 「하서선생전」은 전기문자傳記文字의 집성集成이다. 「하서선생전」의 〈서문〉에 의하면, 국사國史를 근본으로 하고 문집文集을 참고하여 만든 확증確證이요 실기實記이다. 〈서문〉의 '○○○ 편집編輯', '○○○ 편술編述'은 「하서선생전」을 지은 태도와 책의 성격을 말해 주는 것이다. 편집은 여러 가지 재료를 수집하여 엮는다는 의미이고, 편술은 재료를 모아 자기의 의견을 보태 엮는다는 의미이다. 편집 · 편술이라는 말은 편자의 겸사謙辭이기도 하지만 조상의 사적事蹟에 허구가 없음을 말하려고 한 것으로, 「하서선생전」의 실기적 성격을 보여주는 용어이다. 「하서선생전」은 국문소설이 아니나 국문소설의 파급 효과를 의식하고 편술한 것이다. 「하서선생전」의 성격에 대해 자세히 살펴보기로 한다.

2) 전기문자傳記文字의 집성集成

김병채는 「원진당본」이나 「김길중본」 〈서문〉의 "이 국문소셜(언문소설)을 지은 바니"를 "이 언문소설을 지은 바는"으로 바꾸어 출

117) 金光淳, 「國譯本 退溪年譜와 文獻學的 考察」, 『樂隱姜銓燮教授華甲紀念論叢』(創學社, 1992).

간하였는데, 이는 문맥상으로 보아 「하서선생전」을 국문소설로 본 것이다. 그러나 "이 국문소셜(언문소설)의 지은 바니"는 국문소설(언문소설)을 지은 까닭이라는 뜻으로 보아 앞 문장에 접속되는 것이다. 편자가 「하서선생전」을 유행하는 국문소설이 아니라고 주장하고 있다는 점에서 이 말을 어느 정도 그대로 받아들여야 할 것이다. 〈서문〉의 말처럼, '굉고한 말과 고은 말노 잘 장식ᄒᆞ야 허실이 상반ᄒᆞ면(sic-며) 진위가 ᄉᆞᆼ잡ᄒᆞ야 징ᄒᆞ기 어려운' 글이 아니고, '오직 …… 국ᄉᆞ에 근본ᄒᆞ고 문집에 참고ᄒᆞ야 …… 일언반사라도 다 이 확징이오 실기'인 글이다. 따라서 「하서선생전」은 철저한 '확증確證'과 '술이부작述而不作'의 기술 태도에 따라 기술된 것이다.

일찍이 공자께서 "하夏나라의 예禮를 내가 말할 수 있으나 (그 후손인) 기杞나라에서 충분히 증거를 대주지 못하며, 은殷나라의 예禮를 내가 말할 수 있으나 (그 후손인) 송宋나라에서 충분히 증거를 대주지 못함은 문헌文獻이 부족하기 때문이다. (문헌文獻이) 충분하다면 내가 (내 말에) 증거를 댈 수 있을 것이다"라고 하였다. 이에 대해 후인後人은 "증거가 없으면 믿지 못하고, 믿지 못하면 사람들이 좇지 않는 법이다. 따라서 성인께서 말씀은 하였으나 끝내 책에 써서 후세에 보이지 않으셨다"[118]라고 주석註釋하고 있다. 증거를 댈 수 없는 말은 억설臆說이다. 「하서선생전」은 기술물記述物이 가지는 증거의 중요성을 인식하여 '일언반사라도 다 이 확증確證'이라고 하였다.

118) cf, 「八佾」篇의 大文, 『論語』, "子曰, 夏禮, 吾能言之, 杞不足徵也, 殷禮, 吾能言之, 宋不足徵也, 文獻不足故也. 足則, 吾能徵之矣."와 「註記」"雙峯饒氏曰 …… 無徵不信, 不信則民不從. 故聖人雖能言之, 而終不敢筆之於書, 以示後世."

「하서선생전」은 원형原形의 충실充實한 재현再現을 의미하는 '술이부작述而不作'의 정신에 입각하여 기술하고 있어, 고인古人의 말을 전술傳述할 뿐이지 창작創作하지 않는다는 태도를 보이고 있다. 그렇기 때문에 역으로 사실로 믿기 어려운 기이한 내용이라고 하더라도 사실로 전하기 때문에 기록했다. 이것이 유학자들의 '기실記實'의 태도이고, 이로 인해 실기實記도 문학성을 지니게 되었다. 이와 같은 전술傳述은 창작創作 이상의 공功을 지닌다.

「하서선생전」은 실록 등 정사는 물론이고 『연려실기술』과 같은 야사류와 제현諸賢의 집록集錄이나 사림문자士林文字에 이르기까지 제서諸書에 빙거憑據하여 자기 나름대로 안배포치安配布置한 서사양식敍事樣式으로 하서사적河西事蹟을 집성한 하서 전기문자傳記文字의 집성集成이다.

'술이부작述而不作'의 정신에 입각한 기술 방식은 '전기적傳記的 신뢰성信賴性'을 한층 더 높여준다. 편자는 일반 국문소설이 지닌 '허구의 진실'보다는 실기實記가 지닌 '사실의 진실'에 호소하고 있다. 따라서 「하서선생전」은 실사實事의 기재記載로 실기實記이며, 연보年譜 · 전傳 · 유사遺事의 성격이 강한 실기형 전기이다.

여기서 전기의 전통적 개념에 대해 알아보기로 한다. 전기傳記라는 말은 예부터 여러 가지 용어用語로 칭稱하여졌다. 기紀나 지志로 칭稱하기도 하고, 전傳이라고만 칭稱한 것도 있고, 기記라고만 칭稱한 것도 있으며, 전기傳記라고 합칭合稱한 것도 있었다. 반고班固가 『한서漢書』를 저술한 이후 전傳은 한 인물의 일생을 묘사하는 것이고, 기記는 사건의 전말을 서술하는 것으로 규정되어 전傳과 기記가 차츰 구분되기도 하였지만, 전기傳記라는 말로 여전히 두루 쓰여 왔다. 청나라의 장학성章學誠은 『문사통의文史通義』 「전기傳記」편에서

"인물人物을 기록하는 것을 전傳이라고 하고 사적事跡을 서술하는 것을 기記라고 한다"라고 하였다.119)

『사고전서四庫全書』 「사부史部」에 「전기류傳記類」가 있는데, 전기류에 대해 다음과 같은 설명이 있다.

> 紀事의 시작으로는 傳記를 일컬으니, 黃帝로부터 비롯되었다는 것은 道家의 野言이다. 그 근원을 찾아보면 『晏子春秋』인데 이는 家傳이고, 『孔子三朝記』가 記의 시초이다. 裵松之 註의 『三國志』와 劉孝標 註의 『世說新語』에서 인용한 것은 지극히 번잡하다. 대체로 魏晉 이후의 작자는 더욱 많은데, 諸家의 기록이 체재가 서로 같고, 뒤섞이고 혼잡한 것도 동일한 수법으로 되어 있다.
>
> 이제 대략 구별하면, 첫째 聖賢인데 孔子 · 孟子의 年譜類 같은 것, 둘째 名人인데 魏徵의 諫錄類 같은 것, 셋째 總錄인데 列女傳類 같은 것, 넷째 雜錄인데 驂鸞錄類 같은 것이다.
>
> 杜大圭의 『碑傳』 · 『琬琰集』과 蘇天爵의 『名臣事略』 등 諸書는 傳記라는 명칭은 없으나 또한 각기 그 사실이 명확하기에 類에 따라 편입시켰다. 安祿山 · 黃巢 · 劉豫 諸書는 즉시 그 이름을 산삭하지 못하였고, 또 향기와 악취나는 것을 한 그릇에 담을 수가 없으므로 叛臣諸傳을 史의 끝에 붙이는 예에 따라 한 類를 만들어 「別錄」이라 하였다.120)

---

119) cf, 李慶善 『韓國의 傳記文學』(民族文化社, 1988), p.284.

120) 「史部」 13, 傳記類 1, 『欽定四庫全書總目』 卷 57, "紀事始者, 稱傳記, 始黃帝, 此道家野言也. 究厥本源, 則晏子春秋, 是卽家傳, 孔子三朝記, 其記之權輿乎. 裵松之註三國志, 劉孝標註世說新語, 所引至繁. 蓋魏晉以來, 作者彌夥, 諸家著錄, 體例相同, 其參錯混淆, 亦如一軌. 今略爲區別, 一曰聖賢, 如孔孟年譜之類, 二曰名人, 如魏鄭公諫錄類, 三曰總錄, 如列女傳之類, 四曰雜錄, 如驂鸞錄之類, 其杜大圭碑傳, 琬琰集, 蘇天爵名臣事略諸書, 雖無傳記之名, 亦各核其實, 依類編入. 至安祿山黃巢劉豫諸書, 旣不能

「전기류」에 수록되어 있는 서목書目을 대략 보면 일기 · 유사 · 연보 · 세보 · 연표 · 전(소전) · 사략 · 실록 · 지誌[지志] · 기사 · 실기實記[기紀] · 행실行實 · 기(소기) · 인품기人品記 · 피난록避亂錄 · 사적류事蹟類 등이[121] 있다. 이렇게 보면 전기는 매우 포괄적으로 쓸 수 있는 용어로 요전堯典 · 순전舜典과 같은 경류經類, 본기本紀 · 세가世家 · 열전列傳 같은 공적公的인 사류史類, 묘표墓表 · 묘지명墓誌銘 · 행장行狀 · 가전家傳 · 신도비神道碑 · 사략事略 · 연보年譜 같은 사적私的인 비지류碑誌類까지 모두 포함된다. 여기에 '일인지시종一人之始終'이 아닌, 즉 한 사람의 일생사적을 전부 기록하지 않고 일사逸事만을 단술單述한 것까지도 포함된다.

요즈음 전기라고 하면 서구의 Biography의 개념으로 주로 사용하고 있으며, 자전自傳과 타전他傳이 있는데 자전自傳은 자기의 생평生平을 자술自述하는 것이고, 타전他傳은 타인他人이 대신하여 기술記述하는 것이다.

3) 전기傳記의 속성屬性과 「하서선생전河西先生傳」

전기가 갖고 있는 서사물론서의 몇 가지 특성을 「하서선생전」과 함께 살펴보아 「하서선생전」의 성격 이해를 돕고자 한다. 전기는

遽削其名, 亦未可薰蕕同器, 則從叛臣諸傳, 附載史末之例, 自爲一類, 謂之曰別錄."

121) 구체적인 서목을 보면 다음과 같은 것들이다. 『淮封日記』 · 『南遷日記』 · 『海岱日記』 · 『滇行日記』 · 『王文公正公遺事』 · 『韓忠獻遺事』 · 『杜工部年譜』 · 『閔子世譜』 · 『三蘇年表』 · 『列女傳』 · 『春秋列傳』 · 『逸氏傳』 · 『明十六種小傳』 · 『元朝名臣事略』 · 『孔氏實錄』 · 『孔顏孟三氏誌』 · 『仲志』 · 『夷齊志』 · 『義烏人物志』 · 『素王記事』 · 『朱子實紀』 · 『商文毅公行實』 · 『內閣行實』 · 『漢末英雄記』 · 『昆陵人品記』 · 『西征記』 · 『姑蘇名賢小記』 · 『乙酉避亂錄』 · 『安祿山事蹟』 · 『元祐党人碑考』.

창조적 문학인 경우도 있지만 기록문학의 속성이 강하다. 기록문학은 Non-fiction Literature로서, 일상에서 상용되는 문학 즉 창조적 문학 Creative Literature과 대응하는 문학이다. 일반적으로 '문학'이란 용어가 상상적 · 창조적 · 예술적인데 비해, 이와 대응하는 기록문학은 일회적 사실의 실제적 · 체험적 · 현실적 소재를 바탕으로 한 산문문학이다.[122] 유기룡柳基龍은 기록문학이 문학 연구의 망각지대로 있었다고 하면서 기록문학을 제도권으로 인정해야 한다고 주장하였다. 이와 같은 주장은 동양의 문학관으로 보면 당연한 것이다.

그는 기록문학을 ① 서사적敍事的 기록문학 ② 교의적交誼的 기록문학 ③ 체험적體驗的 기록문학 ④ 실기적實記的 기록문학 ⑤ 공식적公式的 기록문학으로 구분하고, 실기적 기록문학의 하위 갈래로 전기 · 자서전 · 회고록 · 수기 · 일기 · 자성록을 들었다.[123] 「하서선생전」은 실기적 기록문학의 하위 갈래인 전기이다.

그는 "창조적 문학에 대한 불만이 상승하면 할수록 기록문학에 대한 갈망 또한 비례하게 된다"[124]고 하였는데, 「하서선생전」의 편자가 '근ᄂᆡ 소셜가가 만호ᄃᆡ 거ᄌᆡ 굉고한 말과 고은 말노 잘 장식ᄒᆞ야 허실이 상반ᄒᆞ면(sic-며) 진위가 ᄉᆞᆼ잡ᄒᆞ야 징신ᄒᆞ기 어려운지라'라고 하면서, '세속 유ᄒᆡᆼᄒᆞ는 소셜의 쥴례로 보지' 말라고 한 언급이 바로 창조적 문학에 대한 불만을 토로한 것이라 판단된다.

전기는 원천적으로 객관적이며 일회적인 실존實存의 사실성事實性

122) 柳基龍, 「國文學硏究에서 망각 지대로 남은 記錄文學」, 『국어국문학』 100(국어국문학회, 1988), p.181.

123) 上揭書, p.182.

124) 上揭書, p.183.

에 근거를 둔다. 소재를 우선하는 전기의 구성 형태는 일기·자서전·기행문·논픽션·수필 등 여러 하위 형태들과 혼효되는 경우가 많다.[125] 한 작품의 형태가 여러 하위 장, 여러 하위 장르의 형태를 혼효한 채 성립하는 것은 기록문학이 지니는 약점이기도 하다. 창조적 문학 작품처럼 선명한 형태나 구조가 갖추어지지 못한 반면, 사건 자체의 의미가 선행되면서 그 창작 의도를 자극하기 때문에 자연 작품의 완벽한 형태미나 기교적 구성은 부차적으로 넘겨지게 마련이다.[126]

「하서선생전」도 예외가 아니어서 여러 장르가 혼효되어 나타난다. 그러나 사건 자체의 의미가 선행된다고 하여서 무조건 모든 사건을 다 기술하는 것은 아니다. 「하서선생전」도 마찬가지다. 도학자로서 품위를 손상시킬 만하다고 생각되는 것은 생략하였다. 박동량朴東亮의 『기재잡기寄齋雜記』·안석경安錫儆의 『삽교만록雪橋漫錄』·이건창李建昌의 「청은집淸隱傳」·홍명희洪命憙의 「임거[걱]정전林巨正傳」에 기재되어 있는 하서선생과 술에 관한 이야기나, 「김하서전」의 하서선생과 색色에 관한 이야기는 배제되어 있다. 이 내용들을 편자가 목도目睹하지 못했을 수도 있겠지만, 박동량의 『기재잡기』를 이긍익李肯翊이 『연려실기술』 「김인후金麟厚」조에서 인용하였다는 것으로 보아 의도적으로 배제한 듯하다. 편자가 『조선사』 17권의 편찬에 관여하면서 『연려실기술』을 참고하지 않았을 리가 없는데, 이때 「김인후」조 기사를 보지 않았을 리 없기 때문이다.

「김하서전」도 편자의 독서량으로 짐작해보면 보았을 가능성이 높다. 박희병朴熙秉에 의하면 「김하서전」이 실려 있는 "『잡기유초』

125) 上同.
126) cf, 上揭書, p.184.

는 편찬자가 직접 창작한 작품들의 모음집이라기보다는 다른 사람들의 글을 여기저기서 옮겨놓은 것으로 짐작된다"[127]고 하였는데, 『잡기유초』 외의 전적에도 「김하서전」이 실려 유통되었던 것으로 보이며, 이를 편자가 읽었을 가능성이 높다. 전기 작가는 그가 수집한 이질적인 다량의 사실들에 논리와 조리를 부여할 것을 촉구받는다(「Literary Biography」, 런던, 1957, p.45).[128] 그래서 A. J. A. Symons는 "생략하는 것은 언급하는 것만큼 중요하다"[129]고 하였다.

「하서선생전」의 위와 같은 생략은 저명한 도학자들은 일반인과 달리 특수한 삶을 살다간 분들이기 때문에 존경의 삶 그 자체를 소재로 하는 것과 함께 반대로 해학과 비속, 외설과 음담의 내용을 소재로 하여 민중의 입에 자꾸 등장하기도 한다는 구비전승의 특성으로 이해해야 할 것이다. 조선조에 근엄한 양반·훈장·스님 등이 해학과 비속, 외설과 음담의 주인공으로 자주 등장하는 구비전승의 특성으로 파악하여야지 하서선생을 폄하하기 위한 이야기는 결코 아니다.

전기는 실기實記이다. 실기를 하나로 규정할 수는 없겠지만, 정사正史와는 달리 작자 자신의 주변적 사실과 개인적인 생활현실을 다루기 마련이다. 그러나 이와 달리 정사와 같은 공식적公式的인 서술만으로 시종한 실기류도 적지 않다. 그러나 이것들은 대부분 후인이나 후손들이 선인이나 선조를 현양顯揚하려는 목적에서 전기를 제작했기 때문이니, 당자의 생생한 체험과는 거리가 없을 수 없고

127) 박희병, 前揭論文, p.86. 註 3)
128) Alan Shelston 著, 李京植 譯, 『傳記文學』(서울大出版部, 1984), p.95.
129) 上同.

자신의 체험을 서술한 실기와도 구별하지 않을 수 없다.[130] 「하서선생전」은 후손의 기술로서 「한중록」·「인현왕후전」·「계축일기」 등과는 이런 점에서 다르다.

전기가 기록문학이고 사실성에 근거를 두며 실기라고 하여 사실만을 기술하는 것은 아니다. 때로는 초인적이고 비사실적인 이야기도 삽입될 수 있다. A. 모루아는 「알랑과 소설적인 것」에서 "전기는 단연코 소설화되어 있어서는 안 되지만, 항상 소설적이어야 한다"라고 말하였는데, 이 말은 전기의 이와 같은 속성을 말하는 것이 아닌가 한다. 「하서선생전」의 경우도 「오세억이야기」와 같은 비사실적인 이야기가 삽입되어 있다. 앞에서 '술이부작述而不作'을 설명하면서 말한 것처럼, 이러한 내용은 전기의 오랜 전통이기도 하다. 오늘날 전기에 초인적인 비현실적 내용이 가미되는 것도 이러한 전기의 오랜 전통에 기인한 것으로 보아야 할 것이다.

『삼국유사』는 인용 서목만 보더라도 일종의 전기집으로 볼 수 있는데, 여기에 수록되어 있는 고승들의 일화는 신이하거나 비현실적인 것들로 가득 차 있다. 이러한 점으로 미루어 보아 전기는 괴력난신怪力亂神으로도 꾸며질 수 있다. 이는 중국도 예외가 아니다. 앞에서 인용한 『사고전서四庫全書』「사부」「전기류」에서 전기는 황제黃帝에서 비롯되었다고 했는데[131] 황제의 전기는 신이한 이야기이다.

전기는 교훈성이 강하다. Plutarch의 영웅전을 논평한 17세기 말 영국 시인 Dryden은 "'역사와 연보들'과 비교할 때 '전기는 기쁨과 교훈을 주는 데 있어서 이들과 같거나 이들을 능가한다'는 사실을

130) 黃浿江, 『壬辰倭亂과 實記文學』(一志社, 1992), p.11.
131) 주) 119) 참조.

우리에게 확신시켜 주고 있다. 가장 간단한 형태의 교훈은 물론 전기의 대상들 자신들이 티 없이 깨끗한 인물들일 때 생긴다"라고 하였다.[132] 따라서 전기는 권선징악적이다. 「하서선생전」도 물론 권선징악적이다. 문정왕후文定王后를 위시한 윤원형尹元衡 일파와 성군聖君인 인종, 현신賢臣인 하서를 조응시켜 선악의 대립 구도를 보여줌으로써 하서의 절의를 돋보이게 하고 있다. 권선징악은 선만 보여주는 것 · 악만을 보여주는 것 · 선악 모두를 보여주는 것이 있는데,[133] 「하서선생전」의 경우는 선악 모두를 보여주는 예이다. 『사고전서』 「사부」 「전기류」에서는 반신전叛臣傳도 한 류類를 만들어 별록別錄으로 잡았다고 했는데,[134] 이는 악만을 보여 주는 예이다. "선즉종지善則從之하고 악즉개지惡則改之니 선악善惡이 개오사皆吾師"라는 논법論法으로, 악을 거울삼아 자계自戒하라는 뜻으로 입전立傳하는 것이다.

(3) 편서編書의 체재體裁 및 내용內容

앞 절을 토대로 하여 「하서선생전」의 체제와 내용상 주요하다고 생각되는 점을 중심으로 살펴보고자 한다.

---

132) Alan Shelston 著 李京植 譯, 前揭書, p.14

133) 姜在哲, 「中國과 韓國의 勸善懲惡 理論의 傳統」, 『東洋學』 24(檀國大 東洋學硏究所, 1994), p.71.

134) 주) 119) 참조.

1) '연보年譜'와 '전傳' 양식樣式의 혼효混淆

전기는 흔히 내용이나 양식이 혼효되어 나타난다. 「하서선생전」의 양식은 '연보'와 '전'이 근간이 되어 결합된 양식이라고 할 수 있다. 그러나 전반적으로 '전' 쪽으로 무게가 기울고 있다.

연보란 일반적으로 제자나 후손, 친우 등이 쓰는 것인데, 한 개인의 인생 역정歷程을 출생에서부터 사망 때까지 연월年月 순順으로 기록해 놓은 것이다. 송대宋代 조자력趙子櫟의 「두공부연보杜工部年譜」, 홍흥조洪興祖의 「한창려연보韓昌黎年譜」 등이 대표적이다. 연보는 작자의 개인적인 감정의 개입을 배제하고, 사실에 입각하여 사실을 그대로 전달한다는 특징이 있다. 연보에는 서술 대상의 생몰·수학·관력·저술 등이 주로 기재된다.

연보의 형식은 정해져 있지 않지만 크게 서두부序頭部, 전개부展開部, 결말부結末部로 나눌 수 있다. 연보의 서두부에는 주로 서술 대상자의 성姓과 이름, 자字와 본관本貫이 제시된다. 전개부에는 서술 대상의 출생에서부터 사망에 이르기까지 일어난 행적·사건·학문적 성취·관력官歷·교우관계·문학적 업적(시詩 창작創作) 등이 연월의 차서次序대로 기술된다. 결말부에는 서술 대상의 몰후歿後가 상세하게 제시된다. 장례장소葬禮場所·관작官爵의 추증追贈·시호諡號·문묘文廟의 배향여부配享與否·문집文集이나 유집遺集의 간행·자손내력 등이 주된 내용을 이룬다. 여기에는 그의 행적·사상 등이 열거되어 있어 한 인물 연구에 중요한 자료가 된다. 통상 연보는 연표年表라고도 하는데, 연보는 시문詩文을 인용한다든가 고증을 덧붙인다든가 하는 것이 통례가 된다는 점에서 연표와 구분되기도 한다.

전傳은 그 기원起源을 사마천司馬遷의 『사기史記』 「열전列傳」에 두고 있다. 열전은 대신大臣이나 장군將軍·기인奇人·이인異人 등 인물의 생애를 드러내기 위한 문학적 형상화를 뜻한다. 전은 개인의 중요한 사건에 대한 경과를 기술할 뿐만 아니라 일이 발생하기 이전으로 거슬러 올라가 그 유래를 설명하여 수미首尾·시종始終을 분명하게 한다. 그러므로 연월일마다 발생한 사건의 관련성이 명시되어 사건이 연속적으로 발생하였음을 알게 한다. 전이 간단한 연표가 아니라 이야기와 같은 서술 형태를 취한다는 것을 말한다. 이야기의 형태를 갖기 때문에 흥미를 최대화하기 위해 형식상의 긴밀성이 요구된다.

전은 일반적으로 도입부導入部·서두부序頭部·전개부展開部·결말부結末部·논찬부論贊部로 이루어져 있다. 도입부에는 입전동기立傳動機·입전의도立傳意圖·내용에 대한 간략한 소개가 제시된다. 서두부는 피전자被傳者인 서술대상의 출생과정·성명·조상에 대한 소개·벼슬 등에 관한 기술이 주를 이룬다. 전개부는 서술 대상의 출세과정과 성공·업적·송덕·일화 등 행적이 전개된다. 결말부에는 서술 대상의 죽음·처자의 행적·사후의 평가 등이 제시된다. 마지막으로 논찬부는 유가 윤리적 포폄褒貶만이 아니라 인과 관계를 논하고, 득실을 평하며 빠뜨린 역사적 사건을 보충하거나 성패와 출처를 밝히기도 한다.

연보와 전의 형식적 특성은 서술 내용이 계년하繫年下에 따른 단순한 사실의 직서直敍에 있는지, 이야기식의 전개에 있는지에 다라 다르게 나타난다. 연보는 사실적인 기록을 전달하는 데에 주된 목적이 있기 때문에 서두·전개·결말 세 부분으르 이루어져 있다. 그러나 전은 사실적인 기록을 주로 하되 약간은 흥미 위주의 이야기적인 성격을 띠므로 도입부가 있고, 이야기 식으로 구성되어 있어 이야기에 대한 작전자作傳者의 의견을 개진하기 위해 논찬부가 따로 설정되어 있다는 특징이 있다.

「하서선생전」의 성격은 전에 가깝다. 「하서선생전」은 일반 전과 달리 도입부가 없지만, 〈하서선생전서〉가 도입부의 역할을 대신하고 있다.135) 다음에는 바로 서두부가 시작되는데 사건의 배경이 되는 장소를 제시하고 있을 뿐만 아니라, 장소의 특이성이 '비룡농주형飛龍弄珠形'으로 묘사되어 있다. 이것은 이야기를 시작할 때 흔히 사용하는 전형적인 수법으로, 독자나 청자들의 관심을 집중시키는데 가장 효과적인 수단이기도 하다. 그 뒤를 이어 바로 하서선생의 부친에 대한 서사敍事가 진행된다. 하서선생의 부친은 김령金齡이라는 사람으로 효우孝友가 돈독敦篤하고 덕행이 순실純實하여 군자다운 풍도風度가 있다고 기술되어 있다. 하서선생의 모친은 조씨趙氏로 시부모에게 효도하고 친척 간에 돈목하며 아랫사람에게는 인자하여 주변 사람들로부터 칭송을 받았다고 기술하였다.

하서의 부모에 대한 서사가 끝나자 하서선생의 출생에 대한 서사가 시작된다. 하서선생의 명자名字가 인후麟厚인 이유를 제시한다. 전개부에서는 2세 · 3세 · 4세 · 5세 등으로 문단을 나누어 하서선생

---

135) 그러나 「元眞堂本」에는 大略을 밝히는 總敍가 있는데, 이것이 도입부 구실을 하고 있다. 大略 總敍의 내용은 다음과 같다. "션ᄉᆡᆼ은 ᄉᆡᆼ지의 자품과 숨ᄃᆡᄒᆞᆼ 인물노 근어진 도학을 슈창ᄒᆞ시며, ᄉᆡᆼ이를 박히시며 홍범 점ᄒᆞ는 법을 쥬희ᄒᆞ시며, 쥬자로 공자와 동ᄇᆡ하시며, 부모을 셤긔에 효도을 다ᄒᆞ시며, 부부간에 셔로 ᄃᆡ졉함을 손님가치 ᄒᆞ시며, 스승을 위하야 복을 닙으시며, 아더을 소학 글로 십연을 가라치시며, 종신 귀양 가는 친고을 위ᄒᆞ야 그 의지 업는 쳐ᄌᆞ을 슈양하야 그 약한 아덜을 사위 삼어 써 그 뒤를 잇게 ᄒᆞ시며, 셤긔든 님군이 인윤의 변을 만나시ᄆᆡ 후조에 벼슬치 아니 ᄒᆞ시니 도덕과 절의가 만고에 비할 ᄃᆡ 업는 일이라 세상이 경복ᄒᆞ고 후학의 ᄀᆡ유할 바라 약간 사시을 기록ᄒᆞ니 아ᄅᆡ와 갓노라."(띄어쓰기 필자)

의 독특한 행적을 이야기 식으로 재미있게 서술하였다. 전개부는 51세까지 계속되는데 51세에 그가 사망하여 결말부로 접어든다. 결말부에서는 하서선생이 임종을 맞는 의연한 모습을 기술하고 선생의 수신제가의 절차를 칭송하였다. 아울러 선생의 학문공부와 경의經義, 예절禮節을 추앙하였다. 그리고 「오세억吳世億의 이야기」가 결말부에 들어가 있어 하서선생이 사후에 천상선관天上仙官이 되었다고 하였다. 이것은 하서선생의 신이성神異性을 알게 해주는 좋은 자료이기도 하다. 마지막 논찬부論贊部에서는 하서선생에 대한 가장·행장·신도비 등과 여러 사실을 묶어서 논평을 가한 뒤, 하서선생의 관상觀相에 대한 화인華人의 논평을 실어 끝을 맺고 있다.

대체로 보면 전반부는 연보적 성격이 짙다. 계년하繫年下에 그 해에 있었던 특징적 사건들을 기술하는 기년체紀年體의 방식을 취하고 있다. 따라서 「하서선생전」은 '연보'와 '전'의 혼효체混淆體라고 할 수 있다.

2) 인종仁宗의 독살毒殺 기록記錄

인종仁宗이 독살되지 않고 병사하였다면 하서선생의 절의가 크게 강조될 수 없다. 왜냐하면 모셨던 임금이 병사하고 다음 임금이 등극하면 당연히 그 임금을 섬겨야 하기 때문이다. '충신불사이군忠臣不事二君'이란 역신逆臣에 의하여 시해弑害되고 군위君位가 바뀌었거나, 역성易姓 혁명革命으로 섬기던 왕조가 멸절滅絶되었을 때 다른 왕조를 섬기지 않는다는 뜻이다. 따라서 방벌放伐 등이 아니라 정상적으로 등극한 임금의 소명召命에 불응한다는 것은 커다란 불충不忠이 된다.

인종의 독살로 인한 정치보복의 뿌리를 뽑기 위해 윤원형尹元衡 일파는 대학살을 자행하였으며 『실록』의 사초史草인 「시정기時政記」를 보고 사관史官인 안명세安名世 등을 처형한 것도 인종의 독살 부분을 삭제하기 위해서였다. 인종의 독살은 조야朝野의 공공연한 비밀이었으나 표면화될 수가 없었다. 그 실정에 대해 김진웅金鎭雄은 다음과 같이 언급하였다.

> 왜냐하면 만일 이와 같이 현직(現職) 왕위(王位)에 있는 임금을 독살(毒殺)한 사실이 공개된다면 나라의 체면이 말이 아닐 뿐 아니라 왕조(王朝)의 도덕성(道德性)이 크게 훼손(毁損)되어 국가존립(國家存立)의 당위성(當爲性)을 상실할 만한 일로써 조정(朝廷)으로서는 백 가지 해가 있을 망정 이 사실이 공개됨으로써 한 가지도 이익될 일이 없기 때문에 인종(仁宗)의 사인(死因)에 대하여 재론(再論)하여 역사의 진실을 밝힐 필요성이 없었으므로 그대로 묵과(黙過)되어 온 공공연한 비밀이었던 것이다. 그렇기 때문에 인종(仁宗)의 사인(死因)을 병사(病死)라고 조선왕조실록(朝鮮王朝實錄)에 허위기록(虛僞記錄)하고 이를 기정사실화(旣定事實化)시킴으로써 자연히 하서(河西)선생의 절의(節義)는 드러내놓고 공개적으로 거론할 수 없게 되어 버린 것이다.[136)]

국가 존립의 큰 이익을 위해 독살설이 묵과되었으며, 그로 인해 하서선생의 절의도 공개적으로 거론할 수 없었다는 것이다. 그러나 후대의 기록으로 남은 것이 있었으니, 『맥촌유적麥村遺蹟』[137)]과 「하

---

136) 金鎭雄, 『仁宗昇遐와 金河西 節義』(명성출판사, 1996), p.66

137) 金鎭雄氏는 1545년 乙巳士禍의 발단이 된 仁宗의 죽음에 대해 『朝鮮王朝實錄』 등에 病死라고 기록되어 있으나 사실은 文定王后 尹元衡 일파

서선생전」의 기록이 그것이다. 「하서선생전」에는 다음과 같이 기록되어 있다.

> 그리고 션생(先生)이 원형(元衡)의 화근(禍根)을 아(知)신지라 인(因)하야 머물(留)고자 아니하실찌음(際)에 인죵대왕(仁宗大王)이 환후(患候)가 게(有)시니 션생(先生)이 원형(元衡)이 치독(置毒)할가 져혀(恐)하야 어약졔조소(御藥製造所)에 참셥(參涉)하시기를 쳥(請)하신대 조뎡(朝廷)이 그 직책(其職責)이 아니(不)라고 거절(拒絶)하거늘 션생(先生)이 가슴(胸)을 두다(叩)리고 통곡(痛哭)하여 쳥(請)하되 엇지(得) 못한(不)지라(十b~十一a)…(中略)… 츄칠월(秋七月) 삭일(朔日)에 인종대왕(仁宗大王)이 졸연(猝然)이 승하(昇遐)하시니 문졍왕후(文定王后) 궁인(宮人) 셕상궁(石尙宮)과 환자(宦者) 김츙후(金忠

에 의해 독살되었다고 1619년에 편찬된 「河西先生年譜」 초본 등을 근거자료로 주장하였다.(金鎭雄, 『仁宗昇遐와 金河西 節義』(명성출판사, 1996), pp.27~30). 이 연보는 河西先生 사후 최초로 찬술된 草本인데, 麥村公의 冑孫家에 祕藏되어 온 것으로 이제껏 공개되지 않고 있다가 최근에 공개된 자료이다. 24년 乙巳 先生 36세 條에 "仁廟 卽位之後 文定王后 與尹元衡等謀所 以傾之仁廟 忽於七月初一日 進膳後 卽大漸 姜公望 舐其膳哭曰 臣恨未得先飮也 是日 上遂薨 姜公望 慟哭而出 權檖 慟哭而入曰 大妃忍爲此乎 二公 乃先生友也 先生聞其事由 遂失聲號慟 不能自勝 因發心恙 卽謝病 歸家 遂托疾不仕(仁廟가 즉위한 후 문정왕후가 윤원형 등과 더불어 인묘를 넘어뜨릴 것을 모의하여 갑자기 7월 초 하룻날에 음식을 드신 후 바로 크게 아팠다. 강공망이 그 음식을 혀로 핥아 맛을 보고 울면서 말하기를 "臣이 미처 먼저 마셔보지 못한 것이 한이다"라고 하였다. 이날 上은 마침내 薨하였는데 강공망이 통곡하면서 나오니 권벌이 울면서 들어와서 말하기를 "대비가 차마 이런 일을 할 수 있단 말인가"라고 하였는데 이 두 公은 선생의 벗이었다. 선생은 그 사유를 듣고 마침내 실성호통하여 스스로 이기지 못하니 그로 말미암아 心恙이 생겨 즉시 병으로 사양하고 집에 돌아와 질병을 핑계삼아 벼슬하지 아니하였다)"라는 글이 보인다.(『麥村遺蹟』 1993년 12월 金鳳九(全南 長城郡 黃龍面 麥村里) 발행, (뿌리 출판사, 1993), p.20).

厚)와 공모(共謀)하야 어찬(御饌)에 치독(置毒)하엿다 하니라 승하(昇遐)하실 때(時) 유언왈(遺言曰) 긔묘사화(己卯士禍) 졔신(諸臣)을 삼년해상후(三年解喪後)에 신원복광(伸寃復官)하려 하엿더니 이제(今) 음독(飮毒)하야 이 지경(此境)에 이(至)르니 나(我) 간 뒤(去後)에 직시(卽時) 신원복관(伸寃復官)하며 상장졔사(喪葬諸事)을 검약(儉約)하야 민폐(民弊)을 끼치지(貽) 말라(勿) 하시니라 승하(昇遐)하시든 날 당일내(當日內)로 곡셩(哭聲)이 국내(國內) 삼쳔리(三千里)에 련(連)하여 백셩(百姓)이 부모상(父母喪)과 갖(如)이 여긔니라 션생(先生)이 문부(聞訃)하사 인종(仁宗)께셔 고종명(考終命) 못(未)하신 쥴을 알(知)으시되 향인셜화(向人說話) 못(未)하시고 앙쳔통곡(仰天痛哭)하실 따름(而已)니라 다맛(只) 심중(心中)에 통원(痛寃)이 망극(罔極)하사 고지호쳔(叩地呼天)에 실셩통곡(失聲痛哭)하사 거의(幾) 절명(絶命)하셧다가 회생 (回生)하신지라 곳(卽) 현임(縣任)을 사직(辭職)하고 귀가(歸家)하사 인간사(人間事)을 바(棄)리시고 항상(恒常) 칭병(稱病)하시고 불츌호졍(不出戶庭)하시니라 인종대왕(仁宗大王) 소상(小祥)을 당(當)하야 집압(家前) 란산(卵山)에 드러(入) 부향통곡(北向痛哭)하사 그(其) 져역(夕)을 마치(終)시고 도라(還) 오시(來)니 몸(身)이 맛(終)도록 해마닥(年年) 이(此) 때(時)면 이(此)와 가치(如) 하시니라 혹(或) 시(詩)와 글(辭)를 지(作)어 렬녀(烈女)는 불경이부(不更二夫)하고 츙신(忠臣)은 불사이군(不事二君)의 뜻(意)을 부치(寓)시니라.(十三a~十四a)"(金信中本「하서선생전」)

『맥촌유적』의 기록 외에 인종의 독살에 관한 또 다른 귀중한 자료가「하서선생전」에 나오는 셈이다.『맥촌유적』에는 인종의 독살을 확인시켜 주는 제3자로 강공망姜公望과 권벌權橃이 등장하는데,「하서선생전」에는 독살의 공모자로 문정왕후의 궁인宮人 석상궁石尙宮과 환자宦者 김충후金忠厚가 나온다. 보다 구체적이고도 자세한 언급이라 하겠다. 이러한 사실도 편자가 '국사에 근본'하였을 것이 분명한데, 이에 대한 전거를 찾지 못하여 아쉽다.

3) 선악善惡의 대립구도對立構圖와 하서선생河西先生의 절의節義

「하서선생전」은 고소설이 아니나 고소설과 같이 주인공의 신이한 탄생으로 이야기가 시작된다. 그리고 뒷부분에 하서선생 사후에 전하는 「오세억吳世億 이야기」, 즉 하서선생 후신後身이 자미선紫微仙이 되었다는 민간의 설화[138]를 삽입하여 한문소설 「최고운전」에서

---

138) 이 설화는 일종의 返魂記 「還魂記」로, 이러한 모티프는 「왕랑반혼전」, 채수의 「설공찬전」 등등 우리 서사문학에서 흔히 찾아볼 수 있다. 본 설화의 최초 기록은 象村 申欽(1523~1597)의 文集인 『象村集』에 收載되어 있는 「山中獨言」에 보인다. 1560년에 河西 선생이 辭世하였으니 歿한지 그리 오래지 않아 문헌설화로 정착되었음을 알 수 있다. 「山中獨言」 중 관련된 기록을 보면 다음과 같다. 공이 죽은 후 몇 년 지나서 그 이웃인 세억이라는 자가 병으로 죽었다. 어느 날 다시 살아나 그 아들에게 다음과 같이 말했다. "내가 숨이 끊어질 때 어떤 사람에게 잡혀가듯 하여 어떤 큰 관청으로 들어갔는데, 건물이 크고 아전과 나졸이 가득했다. 나는 공손히 걸어들어갔는데, 대청에 한 재상이 앉아 있더구나. 그분은 나를 보더니 왜 여기에 왔느냐고 물었다. 그리고는 내 이름을 부르며, '올해는 네 수명이 다하지 않았는데 네가 잘못 왔구나. 나는 네 이웃에 살던 김아무개다.'"라고 말하고는 종이에다가 글을 써 주었는데 그 글은 이랬다. "이름은 세억이요, 자는 대년인데, 구름 헤치고 天上에 와 紫微仙을 찾았네. 훗날 77세 되면 또다시 만나리니, 세상에 돌아가 이 말 함부로 전하지 말라." 세억이라는 자는 한자를 몰랐지만, 이 글을 세상에 전했다. 세억은 과연 77세가 되어 죽었다고 한다.(公歿數年 公之隣人名世億者 病死 一日 絶而復甦 因語其子曰 氣絶之時 有若爲人所押 詣一大衙門 館宇深邃吏卒騈猊 世億趨蹲前進 堂上 坐一 宰相 見世億 詢其來由呼而言曰 今年 非爾限也 爾誤來爾 我卽爾之隣人金謀也 書一紙以授曰 世億其名字大年 排雲遙叫紫微仙 七旬七後重相見 歸去人間莫浪傳 世億者不解文字而能傳之 世億果七十七而死云). 이 밖에 「[補]吳世億 (豊山 洪萬宗 輯, 越松 純陽子 補, 『海東異蹟』;『韓國文獻說話 全集』 6권, 동국대 한국문학연구소, 태학사, 1981, p.509.)과 「金河西…無病以卒〈西圭雜錄〉」

초부樵夫가 검단선사黔丹禪師와 신선이 된 최치원崔致遠이 바둑을 두고 있는 것을 본 것과 같은 효과를 주고 있다. 주된 내용이 단편적인 일화와 선생의 도덕과 절의 · 문장에 대한 칭송인 전반부는 계년하繫年下에 따라 직서直敍되어 일반 연보와 큰 차이가 없으나, 후반부에서 을사사화乙巳士禍 당시 궁중비사宮中秘史를 작자 나름의 관점으로 어느 정도 이야기 식으로 그리고 있는 것은 「하서선생전」이 전이라는 것을 잘 나타내고 있다.

「하서선생전」에는 고소설에서 흔히 나타나는 선악의 대립 구조가 나타난다. 문정왕후文定王后와 보우普雨 · 윤원형尹元衡 · 정순붕鄭順朋 등이 악으로 인종仁宗 · 하서선생 등의 선과 대립하는 구도이다. 여기에는 편자의 관점이 개입되어 대립이 더욱 강조되고 있다. 일반적으로 선악의 대립에서는 선한 편이 승리하고 악한 무리가 패배하여 독자에게 교훈을 주는데 비해, 「하서선생전」에서는 인종을 독살하고 문정왕후가 권력을 잡아 간신들을 등용하고 어진 신하들을 살해하며 요승 보우와 친밀하게 지냈으나 문정왕후가 승하하여 간신과 요승들이 몰락하는 것으로 되어 있다.

인종과 명종은 효가 지극하고 어진 임금으로, 명종왕후와 인종왕후 역시 효가 지극하고 덕이 있는 왕후로 묘사되고 있다. 그러나 문정왕후는 임금에게 손찌검까지 하는 지극히 악독한 모습으로 형상화되어 있고 윤임尹任과 윤원형도 악하게 그려져 있다. 처음에는

(『記聞叢話』; 『韓國文獻說話全集』 5권, 동국대 한국문학연구소, 태학사, 1981, pp.272~3)가 있다. 그리고 이와 같은 「西厓雜錄」을 인용한 글이 『海東奇話』(上揭書)에도 실려 있다. 또한 『燃藜室記述』 卷之九 仁宗朝(仁宗朝名臣)와 『大東奇聞』 仁宗朝에 「鄭世億見河西主冥詞」라 하여 『宋子大全隨栖』에서 인용 소개하고 있으며, 『韓國口傳說話』 全羅北道篇 (『任晳宰全集』 7, 평민사, 1990, p.94)에도 보인다.

악한 이들이 선한 이들을 핍박하고 끝내는 독살하기까지 하나 결국은 문정왕후의 죽음으로 악인들 또한 몰락하고 만다. 단순하게 보이는 이 대립구조가 하서선생의 절의를 돋보이게 하는 장치로 사용되고 있으며[139] 이는 전傳을 포함한 고소설의 권선징악성을 그대로 보여주고 있는 것이다. 주인공 하서선생은 "충신은 두 임금을 섬기지 않는다(충신불사이군忠臣不事二君)"는 뜻으로 벼슬을 내놓고 물러가는 것으로 끝나고 있다.

이는 주인공인 하서선생의 절의, 즉 출처대절出處大節에 대한 사적史蹟의 실제 모습을 유감없이 보여준다고는 하겠으나,[140] 그 실제 행적이라는 것이 오늘날의 문학적 관점에서 보면 적극적으로 사건에 개입하여 악에 대응해 맞서는 것이 아니라 소극적 자세로 상황에 대처하고 귀향·은거해 버리는 것에 만족하고 있다고 할 수 있다. 이는 편자가 사실을 바탕으로 하려고 노력한 까닭[141]에 생긴 결과로 볼 수도 있겠으나, 반드시 그러한 이유만은 아니다. 그것은 악에 대한 적극적인 대응이 없다는 한국문학의 특성 중 하나에 기인한 것인지도 모르지만, 오늘날의 문학관에 입각한 서사 구조로 보면 아쉬운 감이 없지 않다고 할 수 있다.

평론가이며 영문학자였던 최재서崔載瑞(1908~1964)는 우리 문학이 취약하고 유치하게 보이는 것은 선량성善良性이 부족한 것이 아니라 악에 대한 저항력이 부족하기 때문이라고 다음과 같이 언급하였다.

---

139) '대비수법'은 고소설 작가가 즐겨 사용하는 수법으로 '브차적 인물'로 주인공을 돋보이게 할 수 있는 등 여러 효과가 있다.(cf, 孫遜, 孫菊園 編, 「第六編表現手法」, 『中國古典小說美學資料碌 粹』(上海古籍出版社, 1991)).

140) 河西 선생의 節義에 대한 집중적인 논의는 前揭한 金鎭雄의 『仁宗昇遐와 金河西 節義』(명성출판사, 1996)가 있다.

141) cf, 元眞堂 編述, 「하셔선생전서」, 『河西先生傳』

> 重要한것은 惡에 對한 抵抗力이다. 惡에 對한 抵抗力이없이는 善에 對한 勇氣를 想像할 수 없으며 따라서 참된 善人이되랴면 惡에도 强하야 될 것이다. ……넓리 東洋人의 文學 더욱히 우리의 文學이 매양 脆弱하고 幼稚하게 보힘은 그 善良性이 不足함이 아니라 惡에 對한 抵抗力이 너무도 不足하기 때문이라고 생각한다.[142)]

그러나 이는 권선징악과 함께 한국문학의 특질을 이해하는 중대한 문제의 하나로, '악에 대한 저항'의 본질 이해에 따라 우리 문학이 취약하고 유치하게 보이지 않을 수도 있는 문제이다. 일례로 「흥부전」이 취약하고 유치한 작품인가 반문하고 싶다. 징악[악에 대한 저항]이 아닌 권선이 때로는 악에 대한 더 큰 저항이 될 수 있다는 점을 감안해야 할 것이다. 마당극의 경우, 연희자는 둥근 마당 판에 앉아 있는 관객을 연희에 몰입시켜 함께 악인에게 억압받고 함께 악인을 미워했다가 결국 용서해 줌으로써 진정한 대동大同을 이끌어내는 것이다. 마당극의 결말 마당이 대부분 대동놀이판으로 엮어지는 것은 이 때문이다.

만약 악인을 영원한 파멸의 징악으로까지 이끌고 간다면 대동大同의 꿈은 사라지게 된다. 「흥부전」도 서사敍事의 형식이나 장치 면에서 마당극과 동일하다. 화해와 용서를 전제로 한 권선에 뿌리박은 징악이 인류가 추구해야 할 악에 대한 진정한 의미의 대응이며, 적극적인 대응이 될 수 있다. 그런 의미에서 흥부의 대응은 인간의 본성에 뿌리박은 지고지순한 대응이었으며 적극적인 대응이 될 수 있었다.

톨스토이와 간디가 주장한 무저항주의의 반전反戰 수단도 적극적

---

142) 崔載瑞, 「僞善者」, 『文學과 知性』(人文社, 1938), pp.288~9.

인 대응이 될 수 있었다. 우리 문학이 어느 나라의 문학보다도 권선징악적143)이기 때문에 다른 어느 나라의 문학보다 악에 대한 대응력이 부족한 것처럼 보이는 것이지만, 대응력이 부족하다는 혐의를 받게 되는 것은 권선징악의 진정한 의의가 악을 징창하기 보다는 선을 권하는 것이 본本이 되기 때문이라는 사실을 깊이 고려하지 않은 탓일 것이다.

---

143) 어느 나라의 문학보다도 권선징악적인 이유는 본래 착한 심성이 강한 민족으로서, ① '載道的 文學觀의 추구' ② '글은 곧 사람이라는 의식' 즉 '文則人', '詩品出于人品'이라는 인식, ③ '淫·惡書에 대한 禍報意識' 등이 유난히 강했기 때문이 아닌가 한다. ①은 권선징악이 재도론에서 나와 재도론과 궤를 같이 하는 것이니 당연히 알 수 있는 일이고, ②는 孟子의 가르침이나 李瀷의 언급을 통해서도 알 수 있다. 『孟子』「萬章」장에서 제자 萬章에 대한 孟子의 가르침에 "천하의 좋은 선비를 벗하는 것으로도 족하지 못하다고 생각하여 또 옛사람을 거슬러올라가 논하나니, 그 옛사람의 시를 노래하며 그 옛사람의 글을 읽되 그 사람됨을 모른대서야 되겠는가?(以友天下之善士爲未足 又尚論古之人 頌其詩 讀其書 不知其人 可乎)"라는 말씀이 있다. 이는 '古人들을 논하고 연구하는 것이 시대를 초월해서 마음으로 벗삼고 德을 배우는자는 것인데, 古人의 시나 글을 공부한다면서 그 古人의 행적을 도외시해서야 되겠는가'라는 뜻이다. 이 말은 작자와 작품은 불가분의 관계에 놓여 있는 것이되, 작품 즉 말이나 글보다는 덕행이 중요하다는 말로, 작자는 무엇보다도 덕행을 중시하고 언행과 일치하는 작품을 쓰려 했을 것임을 알 수 있다. 전통적으로 '文則人', '詩品出于人品'이라는 관념은 이러한 맹자의 가르침의 영향이 컸을 것이다. 예를 들면, 李瀷은 "수호전…… 나는 이 글을 지은이가 그 반드시 음적의 마음이 있었지 않았나 생각한다(水滸傳… 余謂作是書者 其必有陰賊之心乎)"(『星湖僿說』 卷 7 下)라 하여, '文則人', '詩品出于人品'이라는 생각을 했다. 그리고 ③은 田汝成, 李植, 李光洙, 그리고 池錫永의 저서를 통해 알 수 있다. 중국의 田汝成은 羅貫中이 「水滸傳」에서 강도를 찬미한 관계로 자손 3대가 벙어리가 되었다고 말했으며 澤堂 李植도 「洪吉童傳」의 작자에 대해 '三代聾啞之報'라 운운했으며, 李光洙는 "남을 해치는 말을 한 사람은 萬劫에 벙어리의 報를 받는다 하거니와, 無誠意한 惡文을 쓴 사람은 萬劫에 끝없는 報를 받을 것이다."(「文學과 文章」, 『李光洙全集』 10, 三中堂, 1971, p.487)라 하였다. 이러한 업보에 관한 언급은 池錫永의 『惜字如意貂錄』(新文館, 1912)에 많이 보인다.

권선징악이라는 말은 "징악이권선懲惡而勸善, 비성인非聖人, 수능수지雖能修之"라고 기록된 『춘추좌전春秋左傳』에 처음 나온다. 여기서 '징懲'은 '징계한다'는 뜻이다. 그런데 징계한다는 것은 벌주기 위한 것이라기보다는 '권선勸善'이 근본 목적이고 '징악懲惡'은 부수적인 것이며, 뒤집으면 바로 '권선勸善'과 일치하는 개념이라는 데 주목해야 한다. '징악懲惡' 자체가 목적이 아니고, '징악懲惡'하여 '권선勸善'하는 데 의미가 있는 것이다. 다시 말해 '권선勸善'이 본本이고 '징악懲惡'은 말末이다.

도道의 실현 방법으로 '징악懲惡'하여 '권선勸善'하기도 한다. 착한 성품을 회복시키고 밝은 세상으로 인도하자는 데 권선징악의 목적이 있다. 사람은 타고난 착한 성性대로 거느려 나가고자 하는 본성이 있다. 그렇기 때문에 『중용中庸』에 "솔성지위도率性之謂道"라고 하였으며, 도道를 알아 착하게 살 수 있도록 권장하는 것이 바로 '권선징악'인 것이다. 착한 이는 더욱 착하게 본성을 유지시켜 주고, 악한 이는 착한 본성을 회복시켜 착한 길을 갈 수 있도록 구제하자는 데에 '권선징악'의 목적이 있다. 악을 누르기 위해 선을 권하는 것이지, 악을 벌주기 위해 선을 권하는 것이 아니다.[144]

이상과 같은 시각에서 보면 하서선생의 귀향·은거는 악에 대해 소극적인 자세로 대처한 것이 아니라, 성선性善의 인간관을 지닌 도덕 높은 도학자로서 악에 대응하는 적극적인 자세의 전범을 보인 것이다. 악에 대한 세속적인 대처가 아니라 참된 군자의 올바른 대처이다.

일반적으로 전傳이 특정 인간의 삶에서 규범적 가치를 끌어내는

144) 姜在哲, 「古典小說의 主題 '勸善懲惡'의 意義」, 『師大論叢(劉仁鉉教授停年退任紀念特集)』(檀國大 師範大, 1988), pp.182~3.

것을 핵심적 목표로 한다면, 「하서선생전」은 도학자의 올바른 삶을 잘 표현했다는 측면에서 성공한 작품이라고 생각된다. 편자는 『조선사』 편찬에서 얻은 각종 문헌 정보를 통하여 하서선생 관련 기사를 집대성함으로써, 하서선생전기의 결정판을 편술하였는데, 「하서선생전」에는 하서선생의 도덕 · 절의 · 문장이 총체적으로 잘 드러나 있다.

「하서선생전」은 국문 전기의 전통을 이은 서사 양식이다. 국문 전기는 주로 한문을 모르는 독자층을 겨냥하여 지었거나 번역되었는데, 전기의 개념을 광의로 보면, 그 연원을 『석보상절釋譜詳節』에서 찾을 수 있다. 『석보상절』은 우리나라 최초의 국문 전기로 석가모니 개인의 일대기를 그린 전기이다. 그 후 이태조李太祖를 주인공으로 한 「용비어천가龍飛御天歌」가 출현하였다. 다음으로 잘 알려진 작품으로는 「한중록閑中錄」 · 「인현왕후전仁顯王后傳」 · 「계축일기癸丑日記」 · 「신미록辛未錄」 등을 들 수 있으며, 언역 「퇴계선생연보」도 광의의 전기라는 점에서 여기에 포함된다.

예부터 전기적 서사 양식은 매우 다양하였다. 그러나 오늘날 Biography와 근접하는 전기의 개념을 활용하되, 광의의 문학적 관점에 주안하여 구분해 본다면, …… 소설형 전기(「홍길동전」 · 「최치원전」 · 「전우치전」 · 「임경업전」), 실기형 전기(「한중록」 · 「인현왕후전」 · 「계축일기」 · 「신미록」 · 「하서선생전」), 공식적 전기(「언역퇴계선생연보」) …… 등으로 잠정 파악할 수 있을 것이다. '실기형 전기' 유형에 「한중록」 · 「인현왕후전」 · 「계축일기」 · 「신미록」 등과 함께 「하서선생전」을 넣을 수 있을 것이다.

우연한 일치일는지는 모르지만, 이병기李秉岐에 의해 『문장文章』 지誌에 「한중록」과 「인현왕후전」이 소개된 시기(1939.2~1940.9)에

「하서선생전」이 편술되었다는 것은 이들과 어떠한 상관관계가 있을 개연성을 높여주고 있다. 「계축일기」는 계축옥사癸丑獄事가 배경이 된 작품이고, 「인현왕후전」은 기사환국己巳換局·갑술옥사甲戌獄事·무고巫蠱의 옥獄이 배경이 된 작품이며, 「한중록」은 영조英祖 당시의 궁중비사宮中秘史가 배경이 된 작품이다. 「하서선생전」은 궁중여인의 생생한 체험의 기록은 아니지만 국사國史와 문집을 토대로 하여 실존 인물 하서와 을사사화乙巳士禍 당시의 궁중비사를 나름대로 그리고 있다는 점과 사실의 기록인 실기이면서 전기라는 점으로 보아 '실기형 전기實記型傳記'의 한 변종으로 이 유형에 편입되어야 할 작품이다. 여기서 변종이라고 한 것은 광의로 보아서는 함께 묶을 수 있는 것이지만 이들 사이에는 본질적으로 크게 다른 면이 있기 때문이다.

일찍이 이능우李能雨는 "'왜정倭政 때의 이조소설李朝小說'도 있는 것이 아닌가 하는 심甚한 의혹疑惑이 있는 것이다"[145]라 하였으며, 권순긍權純肯은 개화기 때부터 1930년대까지 많은 고소설의 신작이 있었다[146]고 주장하고 있다. 1940년의 「하서선생전」의 출현은 이러한 시대적 상황과 무관하지 않을 것이다. 그러나 작자는 「하서선생전」을, 이와 같은 당시 세속世俗에 유행하는 소설로 보지 말라고 〈서문〉에서 당부하고 있는데, 이는 당시 유행하는 소설에 대한 부정적 인식을 보인 것이며, 이와 같은 소설 인식이 실기형 전기의 한 변종으로 보아야 할 「하서선생전」을 편술하게 했던 것이 아닌

145) 李能雨, 「이야기책(古代小說) 舊活版本 調査 目錄」, 『古小說硏究』(二友出版社, 1980), p.70.

146) cf, 權純肯, 「1910년대 활자본 고소설 연구」(성균관대 박사논문, 1991), pp.33~34.

가 한다.

'실기형 전기'란 단순한 '역사의 기록물'과는 다르다. '사실의 기록'만으로는 문학이 될 수 없지만, 그것이 나름대로 구성을 갖추고 있으면서 작자의 인생관이나 세계관이 반영된 어떤 주제를 담고 있으면 광의의 문학이 될 수 있다. 다시 말해 단편적인 사실을 일정한 구성과 주제 없이 잡다하게 기록한 글은 비문학적인 단순한 기록이고, 일정한 구성과 주제에 문학성이 개재되어 있으면 '실기형 전기'가 된다. 이런 점에서 「하서선생전」은 작자가 비문학적(?) '실기'라고 서문에서 밝히고 있지만, '실기형 전기'의 한 형태이다. 작자는 옛 문헌에 나타난 하서선생에 대한 단편적인 언급들을 총망라하고 동시에 당시의 인종 · 문정왕후 · 윤원형 · 정순붕 · 보우 등에 대한 단편적인 언급들을 취합 · 망라하여 이를 선악 구조로 대립시켜 보임으로써 하서의 참모습을 총체적으로 그리는 데 성공하였다. 비록 당시인의 생생한 체험의 기록인 여타의 '실기형 전기'에 비해 문학성이 어느 정도 결여된 혐의도 없지는 않다. 그러나 설화 등 기존 서사 양식의 문학적 수용을 통해 단순한 역사기록이 보여주지 못하는 감동적인 정황 진술과 허구를 통한 진실의 추구 등이 이루어졌다는 점에서 어느 정도 문학적 감동을 주기에는 충분하다. 작자가 기존 문헌의 역사적 자료(행장 · 문헌 설화 · 구전 민담 · 야사 · 일기 등)만을 통해 객관적 · 실증적으로 기술하려고 했기 때문에 상상력에서 제한을 받고 있다. 그렇지만 이러한 점이 오히려 강점이 되어 허구가 주는 진실보다는 역사적 · 실증적 기록물이 주는 사실의 진실을 추구하는 데 성공했다고 할 수 있다. 「하서선생전」은 문헌에 충실했지만 사실성을 본질로 하는 역사 기술물과는 다르다. 따라서 작자는 '실기형 전기' 유형에 한 작품을 추가시키면서 동시에 이 유형의 전기 가운데 가장 이른 시기의 궁중비사, 즉 을사사화에 대한 간접적인 체험을 할 수 있게 해줌으로써 독자들에게 시공을 초월하여 하서선생의 참모습을 접할 수 있게 해주었다.

이 글은 실기형 전기의 변종인 「하서선생전」만을 대상으로 하였기 때문에 하서선생의 서사적 형상화를 총체적으로 파악하는 데는 미흡한 점이 없지 않다. 그러나 「하서선생전」이 기존의 서사 양식들을 대폭 수용·형상화하였기 때문에 크게 미흡하지는 않다고 본다. 하서선생이 서사물의 여러 갈래에서 각각 어떻게 형상화되었는가는 여러 자료(문헌설화·구전설화·속담·소설 …… 등)를 발굴 정리·비교 검토하는 종합적이고 체계적인 고찰을 통해 이루어질 수 있을 것이다. 앞으로 이 글과 같은 작업이 계속 진행되어 우리나라의 저명한 도학자들의 서사적 형상화에 대한 종합적인 연구가 이루어진다면, 이는 서사문학 연구에서 하나의 독특한 분야가 될 것이다.

끝으로 하서선생河西先生을 연구하기 위한 자료로 아직까지 주목받지 못했던 「청은전淸隱傳」을 별첨한다.

[別 添]

「淸隱傳」 全州李建昌鳳朝 著

孔子曰 不降其志 不辱其身 伯夷叔齊與 謂虞仲夷逸 隱居放言 身中淸 廢中權 夫伯夷叔齊虞仲 此三君子 吾固聞之矣 夷逸何人哉 雖得孔子之聖而傳之 然傳名不傳事 此孔子所以歎闕文也 夫不傳於隱者固善 然好古尙德之士 猶憾焉 於是作淸隱傳

金時習 字悅卿 江陵人 生八月知書 語遲而神穎 不讀而曉 時世宗致太平 人才號爲極盛 有以時習聞者 上召之 甫五歲 黃門提而入 上試之詩 應口便對 上亟稱神童 時世子侍立 世孫幼扶牀坐 上顧世子世孫 語時習曰 是而君也 善識之 賜帛五十匹 積於前 令自取去 時習乞針線 綴其端而連之 曳而出 宮門內外 環立觀神童 一日名聞國中 時習雖長大人猶稱金五歲 以此云 時習長與徐居正游 以文學行義相高 居正早貴 時習不肯屑屑爲擧子業 常喜入山讀書 世宗薨 世子立 未幾又薨 世孫立 是爲魯山君 居數年 叔父首陽大君靖內難 卽王位 後爲世祖 遷魯山君于寧越淸寧浦 尋殺世宗舊臣朴彭年成三問等 魯山君亦薨 時習方在漢東水落山中 聞變大哭 盡焚其書 裂儒衣 削髮爲僧 自名雪岑 或稱淸寒子 時習雖未仕 自以五歲爲聖主所知 及見其三世義 不忍捨魯山君 而臣首陽大君也 日夜叫呼發狂 布衣襤褸 縛藁索 行乞食 一日漢陽城中人 見宰相徐居正將朝 道遇僧犯前導 僧仰字號宰相曰 剛中別來無恙 宰相憮然謝 偶立相款語 衆皆大驚 有識者曰 此舊時金五歲也 世祖好佛 召國中高僧 僧多言雪岑得道 有命趣召雪岑 雪岑至 上爲齊戒 會朝臣及衆僧 將聞雪岑所說佛法 忽告雪岑遁去 上索之不得 外人譁言道傍溷厠中有僧 頭面穢 不可近 出視之 乃金時習也 寧雪岑耶 朝臣爲上言時習狂書生 安知佛法 上置勿問 然僧徒皆盛稱雪岑爲生佛 時習亦夷然自謂知佛法 然時習實不知佛法也 時習負奇才 雅有所欲爲 使其有爲 必不如彭年

三問徒死桁楊間 然時習灼知天命 世祖之世 豈時習所能哉 事卒不可爲意卒不可解 故托於佛 以自摧挫銷濼之 年四十餘 爲文告父祖 蓄髮娶妻甚昵 生子 時習家有田畜 自爲僧不復問 忽抱牒入官 語叨叨不休 求還其舊 官爲直之 然亦怪時習奈何至此 時習出 卽仰天大笑 燒其卷 不問如故 居無何 妻子俱死 復削髮 然不復稱僧而稱頭陀 每秋高木落 輒上山 至泉高瀑急處 悲歌賦詩 書之於葉 泛流而下 泛一葉 卽一哭 哭聲滿山谷 竟亦不知其詩云何 然哭時往往呼世宗云 後自麟蹄雪岳 累徒至鴻山無量寺以老死 遺令以儒衣冠葬 愼勿火燒我 其徒藏其尸於塔 三年而發之 面如生 竟火之

金麟厚 字厚之 長城人 幼慧善屬辭 全羅監司金安國 一見大奇之 會試士 以長城童子天下無雙爲題 安國能文章 愼許可 獨於麟厚激賞如此 麟厚自讀書 卽以聖賢自期 動遵禮律 通性命之大原 隣里呼爲小顔子 時朝廷旣殺趙光祖 奸小得志 禁學甚嚴 仁宗方在東宮 有聖德 一時賢士大夫 顒顒望他日 奇遵謫長城 見麟厚 嗟歎久之曰 努力善自輔爲世子臣也 麟厚游京師 有友人爲世子宮官 邀麟厚於直廬 持酒勸醉 故留至暮 宮門將下鑰 麟厚促起 友肘之曰 遠方士不識禁城路 不畏椒乎 麟厚急不知所出 忽有綸巾少年 携燭曳履至 友出迎 少年直前 執麟厚手曰 我世子也 願與君爲布衣之交 麟厚蒲伏惶愧 世子曰 無傷也 我故令宮官邀君至此 麟厚乃謝曰 麟厚於世子 有君臣之道 奈何以非禮干謁哉 世子曰 今夕友朋耳 何言臣 復命酒 講論古今聖賢之學 麟厚自以遠方疎賤 雖久聞世子賢 亦不圖聖學高明如此 遂感激 願爲世子死不惜 麟厚素不欲仕 自是乃赴擧 未幾登第 爲說書 侍世子 夫時習童子 麟厚布衣 世宗仁宗 悅其名而急見之 其相期豈不遠哉 然事俱不幸 此二臣遂感恨以終身死 不足償其志 天下之士 欲以身許君 寧可易耶 彼貪躁苟速 不知重其躬者 其於君亦惡知愛哉 先是 章敬王后生仁宗 數歲而后薨 上改聘文定王后 生大君 后兄尹元衡用事 謀不利於仁宗 賴仁宗仁孝 得不廢 然元衡黨與

滿朝 仁宗素多疾 小人皆謂世子不得嗣 及中宗薨 仁宗卽位 元衡托爲大君祈禱 夜登南山 點燈爲咀呪事 后又數怒上 手書下朝廷 言寡婦孤兒危怖狀 至不忍聞 上暴日中縗絰露立東朝門外 泣血請罪 上以此疾益甚 於是麟厚與校理丁熿 上疏請 臣雖不知醫藥 願預內醫院同議藥 且上不豫 難於定省 請暫離東朝 側居別宮 以便調養 元衡黨大噪言麟厚間上母子 上不自安 出麟厚爲玉果縣監 甫數月上竟薨 大君卽位 后垂簾聽政 麟厚卽日棄官歸 閉戶謝人事 每歲五月 走入深山中 抱仁宗所嘗賜畫竹扇 搥大哭 后旣垂簾 殺賢士 麟厚以隱故得免 後后薨 明宗頗聞麟厚賢欲用之 以校理召 家人恐麟厚不行得罪 麟厚顧卽日就途無難色 第令多載酒 路遇人家有佳花好竹 輒下馬取酒 獨飮至醉 湖南處處多花竹 麟厚日行不過數十里 數日酒盡 麟厚亦病 乃謝遣使者 自引歸 上亦不罪也 麟厚年五十餘卒 戒家人曰 書我銘旌 玉果縣監可也 麟厚平生誦孔子朱子 嘗以爲天地間二人 後以道學配孔子廟庭 學者稱河西先生云

外史氏曰 我太祖旣受命 崇奬麗氏節義之臣 李穡朝見不屈 吉再趙狷終老山中 賜禮有加 太宗世宗令史臣正書鄭夢周之忠 以勸後之爲臣子者 聖人之意遠矣 由是賢士衆多 卒能立節明義 大有辭於靖難之日 彭年三問等旣死 而時習廢 雖所趣異途 而心志激然明白 人至今仰之 若麟厚所遭之時 爲尤難 其事隱 其跡晦 雖其以大儒名世 不爲詭異之行 而幽憤抑塞 卒不可明言其故云

(「明美堂集」 卷十六 「傳」條)

3. 한국韓國 고소설古小說에 나타난 대월의식對越意識

한국 고소설은 모두 500편 정도로 추정된다. 이 가운데 대외對外 관계가 나타나 있는 소설은 중국과 관계있는 소설이 주류를 이루고, 나머지는 일본·기타 나라와 관계가 있는 소설이다. 중국과 관계있는 소설에는 친중의식親中意識과 반중의식反中意識을 지닌 소설이 있지만, 일본과 관계있는 소설에는 반일의식反日意識[147)]을 지닌 소설만 있다. 일본에 대해서는 몹시 부정적인 인식을 보인다.

이 글에서는 기타국과 관계가 있는 고소설로 그간 전혀 논의가 없었던 대월의식對越意識을 살펴보기 위해 월남越南[안남安南·교지交趾·남만南蠻]이 등장하는 고소설을 대상으로 살펴보고자 한다.[148)]

---

147) 親中意識 : 「申遺腹傳」, 「李泰景傳」, 「李麟傳」, 「玉仙夢」, 「玉簫傳」, 「玉簫奇緣」, 「金剛聚遊記」 등.
反中意識 : 「崔孤雲傳」, 「朴氏傳」, 「再生緣傳」, 「壬辰錄」.
反日意識 : 「壬辰錄」, 「東允傳」, 「李允九傳」, 「六美堂記」.

148) 韓越關係 文學類는 ① 설화류 ② 소설류[고소설·현대소설] ③ 표해록류 ④ 한시류 ⑤ 현대시류가 있다. 참고 논문이나 작품 등을 소개하면 다음과 같다.

① 全惠卿, 「韓國·베트남 說話의 比較硏究－動物起源譚을 중심으로」(숭실대 석사논문, 1987).
全惠卿, 「한국·베트남 설화의 비교연구－동물기원담을 중심으로」, 『崇實語文』 5(숭실대 숭실어문연구회, 1988).
全惠卿, 「韓國·베트남 說話의 비교를 통해서 본 베트남인의 의식구조 －동물 기원담을 중심으로－」, 『동남아연구』 2(한국외국어대학, 1993).
cf., 金基泰 편역, 『베트남 民話集 쩌우 까우 이야기』(창작과비평사, 1984. 7).

② 郭正植, 「베트남의 傳文學에 관한 연구－〈傳奇漫錄〉 所載 作品의 寓意性을 중심으로」, 『한국문학논총』 12(한국문학회, 1991).

全惠卿, 「베트남 傳奇小說 〈傳奇漫錄〉에 대한 연구」, 『동남아연구』 1(한국외국어대학 동남아 연구소, 1991).

崔溶澈 譯, 「越南漢文小說叢刊」 總序(陳慶浩), 『衝擊과 調和』(國學資料院, 1992).

全惠卿, 「韓·中·越 傳奇小說의 비교 연구-〈剪燈新話〉·〈金鰲新話〉·〈傳奇漫錄〉을 중심으로-」(숭실대 박사논문, 1994).

全惠卿, 「동양권 전기소설의 비교적 시각에서 본 〈金鰲新話〉의 위상-〈金鰲新話(韓)〉·〈剪燈新話(中)〉·〈傳奇漫錄(越)〉의 유형비교를 중심으로-」, 『省吾蘇在英教授還曆紀念論叢 고소설사의 제문제』(집문당, 1993).

柳晟俊, 「한·중·월 한문소설의 插入詞에 대한 論評」, 『한국학의 과제와 전망』(한국정신문화연구원, 1988).

車柱環, 「한·중·월 한문소설의 插入詞」, 『東아시아 文學의 硏究』(국학자료원, 1997).

趙東一, 「한국·일본·월남의 중국소설 수용양상 비교연구 서설」, 『韓國古典小說과 敍事文學(上)』(집문당, 1998).

李學周, 「東아시아 傳奇小說의 藝術的 特性 硏究-剪燈新話·金鰲新話·伽婢子·傳奇漫錄을 중심으로」(성균관대 박사논문, 1999).

* 古小說은 이 글 참조.
* 現代小說로는 이상문의 『黃色人』(韓國文學社, 1987), 이원규의 『훈장과 굴레』(現代文學社, 1987), 安正孝의 『하얀 전쟁』(고려원, 1989), 황석영의 『무기의 그늘』 상·하(창작과비평사, 1992), 朴榮漢의 『머나먼 쏭바강』·『人間의 새벽』(中央日報社, 1987) 등이 있다.

③ 尹致富, 「한국해양문학연구-漂海錄 작품을 중심으로」(건국대 박사논문, 1992).

尹致富, 『한국해양문학연구』(學文社, 1994).

* 晝永編 所載 高商英 一行의 「漂流記」.
* 張漢喆의 「漂海錄」.
* 張漢喆의 「漂海錄」을 소설체로 바꾼 것으로는 『靑邱野談』에 「赴南省張生漂大洋」과 東野彙輯에 「漂萬里十人全還」이 있다.

④ 崔信浩, 「韓國과 安南·琉球와의 文學交流 試考」, 『韓國漢文學硏究』 5(韓國漢文學會, 1981).

裵涼秀, 「베트남 한문학과 쯔·놈 문학 고찰」, 韓國漢文學會97冬季學術發表會(1997).

* 贈酬詩 등 30여 수 이상이 現傳하나 생략한다.

⑤ cf., 金基泰, 「베트남 新詩에 關한 考察」, 『한국외국어대학논문집』 5

아직까지 학계에서는 '월남인越南人이 주인공인 고소설[149] · 우리나라 사람이 월남 공주와 결혼한다는 고소설 · 우리나라 사람인 자형姉兄이 명국明國을 창업創業하도록 내주고 주인공인 자기는 월남 왕이 된다는 고소설' 등이 있다는 사실조차도 잘 모르고 있는 실정이다. 이와 같은 내용의 고소설에 처음으로 주목하고자 하는 이 글은 한월관계 연구상韓越關係硏究上으로는 물론이고, 한국 고소설연구 근 100년사 상에도 매우 의의가 있는 글로서 이 방면 연구의 선편先鞭이 된다.

(1) 한월교섭관계韓越交涉關係

월남이 한국에 처음 소개된 것은 개인 문헌으로는 신라시대 최치원의 『계원필경집桂苑筆耕集』[150]이 처음이고 정사로는 『고려사高麗史』「충혜왕忠惠王」조[151]가 처음이다. 한월교섭韓越交涉은 1) 귀화歸化 · 2)

(1972).
cf., 曺在鉉, 『베트남 近代詩論』, 泳東文化社, 1976.
cf., 조동일 해설 지준모 번역, 『베트남 최고시인 阮廌(응우엔 짜이)』(지식산업사, 1992).
cf., 조동일, 「월남 시인 阮廌(응우엔 짜이)가 아시아 문학사에서 차지하는 위치」, 『동남아시아연구』 창간호(한국동남아학회, 1992).
cf., 조동일, 『제3세계문학연구입문』(지식산업사, 1991).
cf., 조동일, 『한국문학과 세계문학』(지식산업사, 1991).
cf., 조동일, 『하나이면서 여럿인 동아시아문학』(지식산업사, 1999).
* 월남을 소재로 한 현대시가 많을 것으로 생각되나 未詳.

149) 金起東이 「夢玉雙鳳緣錄」에 대하여 "安南人을 主人公으로 한 特異한 영웅소설로, 이제까지 보아 온 고전소설 중에는 유일한 작품이다"라고 하였다.(『韓國古典小說硏究』(教學社, 1981), p.451).

150) 崔致遠, 「補安南錄異圖記」, 『桂苑筆耕集』 卷 16.

표착漂着 · 3) 사신使臣의 연경燕京 교유시交遊時 시詩의 증수贈酬를 통해 이루어졌다.[152)]

1) 정선이씨旌善李氏의 시조는 이양혼李陽焜인데, 그는 송宋나라 때 안남국安南國 남평왕南平王 이건덕李乾德(1072~1127 재위)의 셋째 아들로서 북송北宋 휘종徽宗 때 국난國亂을 피하여 우리나라의 경주에 정착하였다가 후손이 정선으로 이거移居하였기 때문에 본관을 정선으로 하였으며,[153)] 13세기경 고려조에서는 안남 왕자 이용상李龍祥이 망명 · 귀화하여 우리나라 화산이씨花山李氏의 시조가 되었다. 그는 우리나라를 침입해온 몽고병을 평정한 공적으로 고려왕으로부터 화산군花山君으로 봉작封爵까지 받았다.[154)]

2) 16세기경에 진주 출신인 조완벽趙完壁이 안남을 여러 차례 왕래하였다. 그는 1598년 왜변倭變을 만나 일본 경도京都에 붙잡혀 갔다가 문자文字를 알았으므로, 왜인倭人이 그를 데리고 연 3년을 안남에 왕래하였다. 그가 안남에 도착한 뒤 문리후文理侯 정소鄭鄛가 주최하는 연회에서 조선 사람이라는 사실이 알려지자 안남 고관高官 수십 명이 후대하여 왜인에게 잡히게 된 이유를 물으면서 하는 말이, "왜가 당신네 나라를 침포侵暴하였다는 말은 우리도 들어서 안다"고 하면서 동정을 표하고, "조선 사람이라고 하니 이지봉李芝峰을

---

151) 「忠惠王」 條, 『高麗史』, "中統元年, 詔諭安南國, 有曰本國風俗, 一衣舊制, 不須更改. 況高麗, 比遣使來請, 已經下詔, 悉依此例."

152) 「崔陟傳」에서 李夫人 일행이 무인도에 표박하고 있다가 해적을 만나 배를 빼앗기고 절망에 빠져 있었는데 마침 安南에 갔다 오는 조선의 상선을 만나 천행으로 구출된다는 스토리를 통하여 보면, 비록 허구적인 소설일지라도 이를 통하여 양국간의 상선 왕래 교섭도 있었을 것으로 추정된다.

153) 韓民族大姓譜編纂委員會, 『姓氏資料集』(下)(1994), p.2073.

154) 崔常壽, 『韓國과 越南의 關係』(韓越協會, 1966), pp.38~69.

아는가?" 하면서 이지봉의 시책詩冊을 보여주고 칭상稱賞하기를 마지않았고, 안남의 모든 선비들이 초록抄錄하여 송독誦讀한다는 이지봉의 작품을 보여주며 읽어보라고 했다고 한다. 이 내용은 이수광李睟光의 『지봉집芝峰集』 「조완벽전趙完壁傳」에 나오는 이야기로 연경 옥하관玉河館에서 만났던 안남 사신 풍극관馮克寬에 의해 지봉 이수광의 시가 안남 선비들에게 널리 알려진 것이다.

「조완벽전」에 의하면, "문리후文理侯가 생生더러 하는 말이, 네가 본국에 돌아가고자 하면, 여기서 중조中朝로 보내어 너희 나라까지 전송轉送하도록 주선周旋하겠으니, 너는 여기서 떨어져 있으라 하므로, 생生이 그렇게 하려다가 그 나라 사람들의 심사心思가 간사奸邪하여 신용信用하기 어려울 뿐 아니라, 또 동국東國과도 거리距離가 너무 요원遼遠하다는 말을 듣고 그만두었다"[155]라는 대목이 보이는데, 안남인의 호의에 대한 불신과 무시가 우리를 부끄럽게 한다.

숙종 정묘년丁卯年(1687)에는 제주도민 고상영高商英 등 모두 24인이 안남에 표류하였다가 관원과 국왕의 호의로 돌아온 일이 있다. 표류한 곳은 회안군會安郡 명덕부明德府였는데, 한 관원이 글자를 써 보이기를 "우리나라의 태자太子가 일찍이 조선 사람에게 죽음을 당하였으니 우리나라에서도 마땅히 너희들을 다 죽여서 원수를 갚아야 하겠다"고 하였다. 소리를 내어 울부짖으니 홀연히 한 부인이 "너희들은 울지 말라. 우리나라에서는 본래 인명을 살해하는 일이 없다. 여기에 머물러 있고 싶으면 머무르고, 가고 싶으면 가라"고 하고는 군졸을 시켜서 한 섬에 보내주었다. 국왕은 전정殿庭으로 불러들여 글자를 써서 문답한 뒤에 각기 술과 음식과 쌀 한 섬씩과

---

155) 李睟光, 「趙完璧傳」, 『芝峰集』

돈 300냥을 하사하였다. 그리고는 귀국 조치로 중국 상인 주한원朱漢源과 선부船夫 진건陳乾에게 600냥을 보상하여 주고, 선인들에게 "돌아올 때에 반드시 조선의 문서를 받아가지고 오면 다시 너희들에게 후한 보상을 줄 것이다"라고 하고 이문移文을 보냈다.

이 내용을 기록한 정동유鄭東愈는 "안남국왕이 제주 사람들을 가엾게 여겨 돈 600냥으로 중국의 상선商船을 세내어 애써 실어 보내고, 또 우리나라에 이문移文하였으며 그 회답문回答文을 반드시 받아 오라고 한 것을 보면, 안남의 풍속이 인후仁厚한 것을 알기에 충분하다"라고 하였다. 안남국왕은 고상영 일행의 무사귀환을 끝까지 염려하여 배려했던 것이다.

우리나라에 보낸 이문移文에는 "조사하니 귀국의 상민商民들이었습니다. 한 몸처럼 친밀한 우방友邦 사람임을 가엾게 여기고 본국왕의 살리기를 좋아하는 덕을 본받아 격외格外의 은전恩典을 베풀어 회안지방會安地方에 편안히 있게 하고 돈과 미곡을 주었습니다"라는 대목이 있다.

그러나 우리 조정에서는 이 일을 매끄럽게 처리하지 못했다. 보상은 하였으나 그들을 북경까지 압송押送하였으며 이문移文에 대한 답신이 없었으니, 월남의 세심한 배려에 대해 부끄러운 일이 아닐 수 없다.

1612년 광해군 때에는 안남 상인의 제주도 표류가 있었다. 그런데 전 제주목사 이기빈李箕賓과 문희현文希賢이 재물에 욕심이 생겨 무고한 수백 인명을 살해한 사건이 있었다. 이에 조정에서는 엄격히 국문鞠問하여 그들의 죄를 정하도록 했다.

장한철張漢喆의 「표해록漂海錄」에는 1770년 12월 장한철 등 29인이 제주도를 출발 표류 7일 만에 안남 상선에 구조되었으나 제주인임을 알고, "탐라왕이 안남세자를 죽인 일로 원수를 갚겠다"며 일행을 큰 배에서 작은 배로 옮겨 타게 하여 다시 표류하게 되었다. 태자太子를 살해했다는 일은 고상영 일행이 안남에 표착漂着하였을 때도 있었던 일로, 앞으로 두 나라의 상고詳考를 필요로 한다.

이 밖에 제주도 사람 김복수가 풍랑을 만나 표류하여 안남국에 도착하였는데 함께 배를 탄 자는 모두 죽었고 안남에서 유구국琉球國 여자 임춘향을 만나 수년간 함께 살다가 돌아왔다는 이야기가 전하고 있다.[156)]

3) 최초의 증수시贈酬詩는 서거정徐居正(1420~1488)이 써준 시이다. 1460년에 사은사謝恩使로 부경赴京하여 통주관通州館에서 안남국 사신 양곡梁鵠을 만나 먼저 근체시近體詩 한 율律을 지어 주자 양곡이 화답하였는데 서거정이 연달아 10여 편을 지어 수응酬應하므로 양곡이 탄복하기를, "참으로 천하의 기재奇才다"라고 하였다고 한다.[157)] 「차안남사양곡시운次安南使梁鵠詩韻」에서 "형제균사해弟兄均四海[천하사람들 모두 형제]"라고 하여 사해동포임을 말하였다.

조신曺伸(1454~1529)은 안남국사 여시거黎時擧와 수십 여 편을 창화唱和하였는데, 조신의 시와 여시거의 시가 각각 몇 수씩 현전現傳한다.[158)] 황필(1464~1526)은 서장관으로 연경에 갔었는데, 안남국 사람이 시를 많이 지어 보내오자 즉시 차운次韻하여 화답하여 매우 감복했다는 기록이 있다.[159)]

이수광李睟光(1563~1628)은 1598년 연경에 갔는데, 안남사신 풍극

---

156) cf., 金文烈・金範埈 編, 『增補 耽羅志』「淡水契」.
157) 「成宗實錄」成宗 19年 12月 24日, 『朝鮮王朝實錄』, 「達城君 徐居正 卒記」.
158) 『稗官雜記』2와 『海東雜錄』3.
159) 『朝鮮王朝實錄』中宗 8年 8月 13日(戊辰).

관馮克寬과 함께 옥하관玉河館에서 50일 동안 머무는 사이에 서로 친해지게 되어 증수시贈酬詩 각 5수를 주고받았다. 「우증안남사신첩전운又贈安南使臣疊前韻」에서 "사해일가간담조四海一家肝膽照[사해가 한 집이라 간담이 서로 통하므로]"라고 하여 사해四海가 일가一家임을 읊었다. 풍극관이 「숙차지봉사공운肅次芝峰使公韻」에서 "피차수수산해역彼此雖殊山海域, 연원동일성현서淵源同一聖賢書[피차의 산과 내는 비록 다르나, 성현의 경전經傳만은 연원이 동일하다]"라고 하자 이수광도 「중증안남사신첩전운重贈安南使臣疊前韻」에서 "아거동국자남향我居東國子南鄉, 문궤유래공백왕文軌由來共百王[내집은 동국이요 그대는 남향이나, 문물文物은 예로부터 백왕百王이 같이 하였네]"이라고 하여 양국의 동질성을 노래하였다. 이밖에도 이수광은 안남사신에게 「안남사신만수성절경하시집서安南使臣萬壽聖節慶賀詩集序」를 써주었다.

월남 문헌에는 막정지莫挺之(1280~1350)·응우엔 꽁 항(1680~1732)·호사동胡士棟(1739~1785)·반휘익潘輝益(1750~1822)·응우엔 뚜 지안이 중국에 사신으로 갔을 때 조선 사신과 필담筆談을 주고받았다고 한다.[160] 이 중에는 틀림없이 한시漢詩도 있을 것이다. 그리고 홍계희洪啓禧(1703~1771)도 1761년 중국에 사신을 갔을 때, 안남의 여귀돈黎貴惇과 시문詩文을 교류하였다는 기록이 있다. 여귀돈은 월남 문학사에 있어서 18세기를 대표할 만한 대학자로 그의 저서 「성모현범록聖模賢範錄」 등에 홍계희의 서序가 있다.[161]

한편 1957년 9월 고·딘·디엠 대통령을 수행했던 孔學會 會長

---

160) 全惠卿, 「韓·中·越 傳奇小說의 比較 研究」(崇實大 博士論文, 1994), p.19.

161) 上同.

阮輝濡가 李承晩 대통령에게 올린 獻詩가 있다.[162] 1958년 11월 李承晩 대통령의 월남 방문 시, 월남 측에서는 특산물인 칠기를 증정하였는데 漢詩 1首가 새겨져 있었으며, 사이공 사범대학 교수 武輝照와 阮光焞이 각각 한 首씩을 올렸다.[163] 그리고 花山君 李龍祥의 「安國風俗詩」가 있다.[164]

이밖에도 『조선왕조실록』에 안남국의 변란變亂 등에 관한 기사가 상당수 산견散見되고 있어 두 나라의 교섭관계 고찰에 참고가 된다.

이상으로 보아 우리나라와 월남은 중국을 중심으로 한 한자문화권에 같이 소속하면서 같은 변방국으로 각기 중국에 사신으로 들어가 종유從遊하며 '사해형제四海兄弟'의 우호를 다졌고, 귀화를 통한 '혈연적 관계'를 맺었으며 표류를 통한 잊지 못할 교류가 있었다. 특히 표착시漂着時 월남은 우리를 '부련동체俯憐同體'로 후히 대해주었다. 그러나 우리나라에서는 태자[세자]를 살해했다는 일과 정말로 일본인으로 알고 저지른 일인지는 모르지만 무고한 인명을 살해하는 불미스러운 일[165]이 있었으나, 양국의 관계는 전통적으로 우호관계를 유지해왔음을 알 수 있다. 현재 한국과 월남은 역사·문화적 전통·정치·지리적 성격에서 많은 유사점을 지니고 있다.

---

162) 崔常壽, 『韓國과 越南과의 關係』(韓越協會, 1966.9), p.182.
163) 上揭書, pp.199~200.
164) 上揭書, p.59.
165) 당시 朝廷에서는 李箕賓 등이 日本人이 아닌 것을 알고도 저지른 행동으로 규정했다.

(2) 고소설古小說에 나타난 대월의식對越意識

한국 고소설 중에서 대월의식을 찾아볼 수 있는 작품은 「몽옥쌍봉연록夢玉雙鳳緣錄」 연작連作·「옥소기연玉簫奇緣」·「장백전張伯傳」·「쌍주기연雙珠奇緣」과 기타 소설이다. 네 작품은 모두 영웅소설이다. 영웅소설이란 허구적인 영웅의 일생을 제재題材로 한 작품을 말하는데, 선인들은 현실의 분노와 기원을 허구적인 영웅의 일생을 통해 가상의 세계에서 마음껏 펼쳐봄으로써 카타르시스를 추구했던 것이다. 따라서 영웅소설에는 민중의 의식이 잘 나타나기 마련이다.

네 작품의 주배경은 「몽옥쌍봉연록」 연작·「장백전」·「쌍주기연」이 중국, 「옥소기연」이 한국이며, 주인공은 「몽옥쌍봉연록」 연작이 월남인, 「장백전」·「쌍주기연」이 중국인, 「옥소기연」이 한국인이다. 「몽옥쌍봉연록」 연작은 한국고소설 중 유일하게 안남인이 주인공인데, 1부작인 「몽옥쌍봉연록」은 주인공이 중국에 가서 입신출세한 후 안남으로 가 아버지의 원수를 갚고 안남을 평정한 후 안남왕이 된다는 이야기이다. 안남인 장홍張弘의 일대기이다. 「옥소기연」은 한국인 주인공이 안남국에 표착漂着하여 안남공주와 결혼하는 이야기이다. 「장백전」은 장원수張元帥가 자형인 한국인 주원수朱元帥에 중국을 내주고 안남국왕이 된다는 이야기이다. 「쌍주기연」은 남만南蠻의 침공을 명明이 정벌한다는 이야기이다.

「몽옥쌍봉연록」 연작·「옥소기연」·「장백전」에서는 '사해개형제四海皆兄弟'라는 뜻에서 친월의식親越意識을 찾아볼 수 있으나, 「쌍주기연」에서는 남만의 해석에 따라서 친중화이의식親中華夷意識을 찾아볼 수도 있다. 이는 기타 소설에서도 마찬가지이지만 기타 소설에서는 남만이 단순한 디테일로 등장할 뿐이다.

1) 형제의식兄弟意識

① 「몽옥쌍봉연록夢玉雙鳳緣錄」

「몽옥쌍봉연록」 연작은 2부 연작설과 3부 연작설이 있는데 2부 연작설은 「몽옥쌍봉연록」과 「곽장양문록郭張兩門錄」으로 보자는 설이고, 3부 연작설은 「몽옥쌍봉연록」·「곽장양문록」·「차천기합借天奇合」[166]으로 보자는 설이다. 「몽옥쌍봉연록」은 장편대하소설로 총16권 392,000여 자로 추정되는 영웅소설 또는 가문소설이며, 17세기 후반에서 18세기 전반 사이(1670~1750)에 창작된 것으로 추정되는 작품이다.[167]

3부 연작설로 보면 「몽옥쌍봉연록」에서는 안남왕 장홍과 그의 3부인三夫人의 사적을 기록하고, 이어 그 자녀들의 이야기를 묘사했는데, 「곽장양문록」에서는 장홍의 장녀 장광염과 곽선경의 혼인담을 서술하고, 또 별도로 「차천기합」을 두어 장홍의 제4자 장혜가 곽현효와 천정숙연天定宿緣을 이뤄가는 이야기를 서술하였다. 「몽옥쌍봉연록」 연작의 대표적 인물은 안남왕 장홍이다. 그는 「몽옥쌍봉연록」의 주인공이면서 「곽장양문록」과 「차천기합」에 다 같이 등장하여 작품 속의 삶을 계속하고 있다. 「몽옥쌍봉연록」 4권에서 그는 안남에서 역모逆謀가 일어나 국왕을 살해하자 이를 평정하고 봉국封

---

166) 필자가 한자로 바꾸어본 것이다.
167) cf., 조동일은 「骷髏夢」(1924~1932, 작자미상)을 중국을 무대로 한 家門小說이라고 소개하고, 이는 우리의 '신작 구소설'과 상통한다고 보았는데, 월남의 경우 고소설로 가문소설이 있는지 궁금하다(조동일, 『한국문학과 세계문학』(지식산업사, 1991), p.395).

國인 남제南齊를 지키기 위해 솔가率家하여 취국就國한다. 그는 먼저 남제의 백성들을 위무慰撫하여 선정을 베풀고 안남에 격서檄書를 보내니 안남 70여 성이 아무런 저항 없이 귀순해 와 쉽게 안남을 평정한다. 황제는 그 공을 기려 그의 봉국을 옮겨 안남왕을 봉한다. 그런데 이 내용을 「곽장양문록」 3권에서 주인공 곽선경이 조회朝會에서 장홍의 안남 승전 소식을 듣고 돌아와 이를 부인 장광염에게 전해주는 것으로 서술하고 있다. 또 「차천기합」에서는 주인공 장혜가 이 사건의 전면에 부상하여 귀국 도중 자사 이광의 딸 천강과 장혜의 정혼이 이루어지고 또 장혜의 신기묘산神機妙算에 힘입어 안남을 평정한다는 이야기로 변개變改된다.

「몽옥쌍봉연록」 연작은 '장홍 부부의 이야기와 그들의 자녀담'이라고 말할 수 있다. 「몽옥쌍봉연록」은 장홍과 그의 3부인 이야기이고, 「곽장양문록」은 딸인 장광염의 이야기이고, 「차천기합」은 아들 장혜의 이야기이다.

3부작 중 「몽옥쌍봉연록」의 예를 들어 대월의식을 살펴보도록 한다. 경개梗槪를 보면 다음과 같다.

① 당나라 때 안남국이 조정이 공허하여 조공을 바칠 수 없다며 조공진상을 폐하니, 이를 문죄하는 天使를 안남에 보낸다. 마침 안남에는 장완이라는 勢臣의 아들 홍이 있어 여러 모로 뛰어났기 때문에 13세에 天使의 접대관이 되어 문죄하러 온 천사를 잘 설득하여 어려움에 빠진 조정을 구하고, 조공을 흩어 기민을 구하게 하니, 백성들이 모두 홍의 덕을 칭송한다. 그러나 간신의 모함에 의해 죄를 입어 당나라로 도망간다.

② 당나라에서 과거를 보아 장원급제하고, 전장에서 대공을 세운

다. 황제가 부마로 삼으려 하는데 부모의 원수를 갚고 와서 成禮하겠다고 하므로, 20만 대군을 주어 안남을 정벌하게 한다. 안남 國都에 들어가 국왕에게 부모의 원수인 간신 王弼을 잡아오게 하여 친히 참형함으로써 부모의 원수를 갚는다.

③ 황제를 비롯한 여러 집안에서 사위로 삼고자 하여 혼사장애가 발생하나, 모두 원만히 해결하고 삼부인과 화락하게 산다.

④ 다시 병란이 발발하여, 대원수로 출군하여 공을 세우지만, 간신의 모함으로 위기를 겪게 된다. 그러나 이 위기를 무사히 극복한다.

⑤ 이때 蜀王이 中原을 침공하므로 출전하여 이를 평정하고 회군하니 비로소 전란이 끝나고 태평성대가 온다. 이때, 고국 안남에서 간신 張雄이 왕족을 멸하고 왕을 참칭하는 반란이 일어나자, 이를 평정하고 안남왕에 봉해진다.

⑥ 그 뒤 안남을 잘 다스리며 부귀영화를 누리고 자손들도 모두 영화롭게 된다.

주인공인 안남의 장홍은 중국과의 조공문제로 큰 공을 세우니 안남인들의 인심이 모두 아버지와 장홍 형제에게로 기운다. 이때 "활노쎠 남글 쏘니 버들 닙히 써러지난쏘다 / 가지 쩟ᄉᆞ믜 남기 부러지니 / 두어라 안남 가딜 ᄌᆞᄂᆞᆫ 댱씨로다"라는 동요가 등장할 정도였다. 이에 아버지와 네 아들이 간신의 참소로 사형을 당하고 장홍만이 살아서 중국으로 들어가 입신출세한 후 안남을 평정하고 안남왕에 봉해진다. 그 후 조공도 순조로이 바쳤다는 이야기이다. 조공문제가 발단이 되어 조공 문제 해결로 결말이 난다.

이 작품은 일단 우리나라 조공朝貢의 괴로움을 우회적으로 표현했을 가능성도 있지만, 중국의 전통적인 통치사상을 담고 있는 작품이다. 조공이란 속국을 효과적으로 통치하는 수단인 동시에 왕국을 유지·보호하며, 이를 통하여 천자天子에 대한 충성을 표시함으로써 왕도사상王道思想을 실천하여 천하의 질서를 유지하는 치도治道의 한 방편方便이다.

왕도사상이란 "위정이덕爲政以德, 비여북신譬如北辰, 거기소居其所, 이중성공지而衆星共之[덕으로 정치하는 것은, 비유하면 북극성北極星이 제자리에 있으면 여러 별들이 그것을 향하는 것과 같다]〈『논어論語』「위정爲政」 편篇〉"라고 하여 자연의 이치를 국가 통치의 이념으로 받아들이는 사상이다. 일월성신日月星辰이 북극성을 중심으로 벌여 있는 것과 같이 왕국[중국中國]을 중심으로 제후국이 사방에 벌여 있으면서 하나의 표준으로 삼아 왕법王法을 준수하고 숭봉崇奉하는 것에 따라 천하의 안정을 기할 수 있다는 사고이다. 이러한 사상과 제도가 실천적으로 나타난 것이 조공이라 할 수 있다.

「몽옥쌍봉연록」에서는 전반적으로 중국의 전통적 통치사상을 기반으로 하면서, 안남과 중국의 대등의식對等意識을 보여주고 있다. 중국에 들어가 실력을 과시하는 등 민족적 우월감과 긍지를 고취한 점으로 보아 화이華夷가 분리되지 않음을 볼 수 있다. 이적夷狄도 화華에 못지않은 능력이 있음을 중국에 들어가 과시하고 있다.

중국은 무제武帝의 죽음 이후, 중국과 주변 민족의 관계를 규정하고 새로운 천하질서를 운영하는 기본적 원리의 하나로 기미론羈縻論을 폈다. 이적夷狄을 중국화하지도 않고 적국화하지도 않는다는 원리로 화이華夷가 지리적으로나 문화적으로 구분되며, 또한 구분되어야 한다는 철저한 화이분별론華夷分別論에 근거한 정책이다. 반고班固를 대표로 하는 한漢의 기미론자羈縻論者들은 한결같이 이적夷狄을 금수시禽獸視하여 화이華夷의 본성本性을 구별하였다. 「몽옥쌍봉연록」은 이러한 화이분별론에 대한 반기反旗이다. 북극성과 일월성신은 대소大小의 차이는 있지만 개체로는 대등한 것이다. 대소에 따른 질서는 있어야 하는 것이 자연이나 인간사의 이치이다. 조공이 발단이 되어 조공을 잘 바치는 것으로 끝나는 소설이라 하여 사대주의事大主義 사상이나 모화주의慕華主義 사상이 반영된 작품으로 보아서는 결코 안 된다. 일찍이 우리 민족은 중국에 대해 '소중화小中華'[168]라는 대등의식對等意識·자존의식自尊意識을 지녔고, 월남은 '소천하小天下'로 대등의식·자존의식을 지녔던 민족이다.[169] 이 소설은 가공의 영웅과 실제의 월남을 등장시켜 이러한 대등의식·자존의식을 잘 반영해 주고 있는 작품이다. 우리나라가 가진 중국에 대한 대등의식·자존의식을 가탁假托하여 보여줌으로써, 같은 제후국으로서의 긍지와 우월성을 보임과 동시에 월남에 대한 우호의식을 보여주고 있다.

② 「옥소기담玉簫奇緣」

경개梗槪를 보면 다음과 같다.

㉠ • 고려 成宗 때 張厚良이란 名宦이 있었다.
  • 만년에 致仕하고 江原道 襄陽 白雲洞으로 들어가 살았다.

---

168) 小中華란 명칭은 高麗 前期 渡唐 留學生들에 의해 생긴 말이다. 그러나 우리나라는 고려조를 거쳐 조선조에 와서는 정치적으로 事大를 표방했을 뿐만 아니라 정신적으로도 중국문화에 동화되었다. 그리하여 중국인까지도 小中華라 하였다. 그후 丁卯·丙子의 호란을 거치면서 우리나라에서는 華夷論이 극렬하게 대두되었는데 이것은 崇明排淸의 감정이 너무나 치열한 탓이었다. 그리하여 尤庵 宋時烈을 비롯한 여러 사람들은 "중국(명나라)이 망하였기 때문에 이제는 우리나라가 華이고 淸이 夷라"고 주장하였다.

169) 劉仁善, 「中越關係와 朝貢制度」, 『中國의 天下思想』(民音社, 1988), pp. 147~183.

• 張公은 長子 彦卿을 襄陽에 있는 洛山寺에 보내어 수학하게 한다.

• 彦卿이 月夜에 배회하다가 청아한 玉簫聲을 듣고, 그 소리를 찾아 山上으로 올라가서 老仙을 만나 玉簫를 얻어 묘법을 전수받고 내려온다.

㉡ • 이때, 장공의 부인 徐氏의 부친이 江都鎭撫使로 있으면서 득병하여 생전에 딸을 만나 보고자 한다는 편지를 받고, 徐夫人이 아들 彦卿을 데리고 江都로 들어가서 부친을 간호하니 서공의 병이 낫는다.

• 하루는 언경이 船遊하다가 풍파를 만나 표착한 곳이 한 섬이었다.

• 인가를 찾아 헤매는데 한 미인이 시비를 데리고 오기에 언경이 자기의 신분을 밝히면서 그 미인의 신분을 물어 보니, 宋國의 蘇州刺史로 있는 蘇尙書의 딸로서 江上에서 船遊하다가 풍파를 만나 이 섬에 표착했다고 하며 無人絶島에서 草根으로 연명하고 있으니 奴主 3人을 구출해 달라는 것이다.

㉢ • 이에 彦卿은 배에다 蘇小姐 일행을 싣고 江都로 오니 徐公이 반겨 맞이하고, 서공의 부인 韓氏가 主婚이 되어 彦卿과 蘇小姐를 결혼시켜 주고는, 江陵에 있는 張公에게 이 사실을 알린다.

• 서부인은 父病이 완쾌되매 언경과 소부인을 데리고 江陵 白雲洞으로 돌아온다.

㉣ • 소부인이 시비 金蓮과 玉梅를 데리고 朝夕마다 연못에 있는 고기에게 밥을 주어 기르는데, 3년이 지난 어느 날 연못에서 한 미인이 솟아올라, 동해용왕의 셋째 딸로 여기에 피신해 있다가 小姐의 은혜를 입고 돌아간다고 사라진다.

㉤ • 이때 조정에서 設科함에 언경이 급제하고 한림학사가 되었다가 남해태수가 되어 부임하고는 선정을 펴다가 어사대부가

되어 상경할 때 해적 申元男을 만나 장어사 일행이 투신 자살하였으나 장어사는 파편을 붙잡고 표류하다가 安南國에 표착한다.

ⓑ • 바다에 몸을 던졌던 소부인이 동해용녀의 도움으로 살아나 육지로 올라와서, 역시 살아난 시비 金蓮과 玉梅를 만나, 관음보살의 夢中指示를 받고 맞이하러 온 月藏庵 女僧을 따라 山寺로 가서 3인이 머리를 깎고 중이 되는데, 소부인은 법명을 月慧라 하고 주지인 月淨의 제자가 된다.

• 소부인이 寺中에서 生男하고 이름을 素男이라 하니 月淨은 寺中에서 기를 수 없다고 하며 梅花島에 사는 李如禎의 양자로 데려가게 한다.

ⓢ • 李如禎이 素男을 데리고 와서 기르는데, 소부인이 자주 와서 보아 아주 멀리 떠나 紫燕島란 섬으로 가서 사니, 이 섬에 웅거하고 있는 水賊 申元男이 한 딸을 두고 素男의 뛰어남을 보고 강제로 사위를 삼으나 금슬이 좋을 리가 없어 소남은 玉簫를 불어 우울한 마음을 달랜다.

ⓞ • 이때 조정에서 設科하니 素男이 응시하려고 상경하다가 金剛山을 찾아 구경하고, 江陵 白雲洞에 이르러 張公의 집을 찾아가니, 장공은 실종한 長子 彦卿과 같은 소년이 찾아와 장자의 유복자인가 의심한다.

ⓙ • 素男은 장공의 집을 나와 개성으로 올라가 과거에 급제하고 한림학사가 되어 있다가, 慶尙 地方의 암행어사가 되어 내려갈 때, 月藏庵에 있는 蘇夫人이 암행어사가 왔다는 소문을 듣고 一張所志를 써서 올린다.

• 李御史가 보니 분명한 모친이요, 장인 申元男은 자기 부친을 죽인 원수라는 것을 알게 된다.

• 이어사가 申元男과 李如禎을 초대하는 척하고 잡아들여 문초

하고 자백을 받아, 신원남을 죽여 부친의 원수를 갚고 모친을 맞아들인다.

- 本姓을 되찾은 張御史가 상경하여 禮部侍郎이 되어 있다가, 宋國에 사신을 보낼 때, 외조부모를 찾기 위해 자원하여 中國으로 들어간다.

ⓩ • 이때, 彦卿은 安南國에 표착하여 안남의 공주와 결혼하여 2子 1女를 낳았다.

- 언경은 국왕께 청하여 고국에 다녀오겠다고 하고는, 宋國으로 들어가서 客館에 머무르고 있는데, 홀연 玉簫聲이 들려오기에 찾아가 보니, 그 옥소를 불고 있는 소년의 服色이 高麗의 것이어서 이상히 여겨 물어본 결과 의외의 부자상봉을 하게 된다.
- 素男은 禮部尙書로 있는 蘇公을 찾아보고 모친의 편지를 전한다.

ⓚ • 素男이 부친을 모시고 환국하니, 국왕은 彦卿으로 平章事를, 素男으로 禮部尙書를 삼는다.

- 張平章이 1년이 지난 다음 사신이 되어 中國으로 들어왔다가, 다시 安南國으로 가서 공주를 데리고 中國을 거쳐 환국한다.
- 3년이 지나 다시 中國으로 들어가려고 하는데, 宋朝에서 契丹의 침공을 당하여 고려에 도움을 청한다.
- 張尙書가 大元帥가 되어 中國으로 들어가서 契丹을 격퇴하니, 宋帝는 張元帥로 平北候를 봉한다.
- 장원수 부자는 1년에 한 번씩 중국과 安南國을 오가면서 영화를 누린다.[170)]

월남인 이용상李龍祥의 고려 귀화나 월남인이 우리나라 정선 이씨의 시조라는 점 등은 일찍부터 양국이 혈연적 관계가 있음을 뜻한

170) 金起東, 前揭書, pp.329~331.

다. 이 점은 본 작품에서도 잘 나타난다. 혼인관계가 있는 나라를 형제지국이라고 하는데, 월남공주와의 결혼은 형제지국으로서 친월 형제의식親越兄弟意識을 분명하게 보여주는 작품이다. 이 점은 앞에서 본 것과 같이 양국 사신들 간의 증수시贈酬詩에서도 잘 나타나는 것이기도 하다.

화산花山·정선旌善 이씨 양문兩門의 시조설을 족보학 상 믿기 어려운 것이라고 부정한다 할지라도 이러한 시조설은 긍정적 대월관對越觀을 보여주기에 충분하다.171)

이 작품에서는 안남에 대하여, "안남왕의 성姓은 여黎요, 명名은 환桓이니 인후공검仁厚恭儉하고 즉위 10년에 국왕이 대치大治하여 산무도적山無盜賊하여 야불폐문夜不閉門하고 백성이 「격양가擊壤歌」를 부른다. 일남일녀一男一女를 두었으니 남男은 위인이 효우인자孝友仁慈하고 문장과 덕성이 겸비하여 애인하사愛人下士하니 신민臣民이 애대愛戴하더라"와 같이 소개하여 매우 우호적임을 알 수 있다.

③ 「**장백전**張伯傳」

명태조明太祖 주원장朱元璋의 창업을 싸고 벌어지는 이야기이다. 주원장을 한국인으로 설정해 놓고, 중국인 주인공인 매제 장원수 자신은 안남왕이 되고, 자형인 주원장에게 중국을 내어준다는 이야기이다.

주원장이 한국인임을 드러낸 대목은 다음과 같다.

> 원릭 쥬싱은 동국 ᄉᆞ룸이니 일홈은 원장이라 ᄃᆡᄃᆡ 문학가로 농업

171) 金海 金氏 首露王妃의 기록이 실제였음을 감안한다면 이 시조설이 사실일 개연성은 매우 높다.

> 을 힘쓰더라 쥬싱의 부친이 젹션ᄒᆞ기를 일숨더니 쥬싱을 나흐ᄆᆡ 당세 영웅이라 평싱에 큰 뜻슬 품어스되 조고마한 동국에셔 심긔를 펴지 못홀쥴 알고 즁원을 구경코ᄌᆞ ᄒᆞ더니 흥진비ᄅᆡ는 고금에 상ᄉᆡ라 …… 노모를 뫼시고 즁원으로 향ᄒᆞ야 두루 구경ᄒᆞ더니 셰월이 여류하야 쥬싱에 나히 약관이라[172]

장원수와 주원장은 처남·매부관계로 매제인 장원수는 주인공으로 중국인이며, 매형인 주원장은 부수적 인물로 한국인이다. 매제인 주인공이 매형에게 중국을 양보한다는 이야기로 중국인 주인공을 금도襟度있게 그리고 있다. 이 작품은 한국인을 중화의 천자가 되게 하고 중국인을 안남의 왕이 되게 하여 중국에 대한 한국인의 대등의식對等意識·우월의식優越意識을 드러낸 작품이기는 하지만, 월남도 이적夷狄이 아닌 우리와 같이 제후국으로 인정함으로써 우리나라와 대등하다는 의식을 보여준 작품이다. 따라서 이 작품에서도 형제의식을 찾아볼 수 있다고 생각한다.

이상의 작품을 통해서 볼 때 두 나라는 사해형제四海兄弟로서, 친월親越 형제의식兄弟意識이 강하게 반영되어 있음을 알 수 있다.

---

172) 『쟝빅젼』(德興書林, 1916[재판]), pp.47~8.
이 밖에도 주원장이 한국인인 소설로는 「朱元璋創業實記」와 「柳文成傳」이 있다. 「朱元璋創業實記」에는 "화셜 지난 원국 말년에 조션국 황히도 평산 ᄯᅡ에 ᄒᆞᆫ 사ᄅᆞᆷ이 잇스되 셩은 쥬요 일홈은 원장이라"(大昌書院, 1921, p.1.)라 되어 있으며, 「柳文成傳」에는 "조선 황해도 平山人"(世昌書館, p.37)이라 되어 있다.

2) 화이의식華夷意識

① 「쌍주기연雙珠奇緣」

남만南蠻의 침공과 명明의 정벌을 줄거리로 하면서 남주인공의 무용武勇과 여주인공과의 결연結緣을 그린 작품이다.

이 작품은 화이의식華夷意識이 깔려있는 작품이다. 중국은 자기나라를 중화中華라 하여 존중하고 이부족異部族을 이적夷狄이라 하여 천시하였다. 중中은 중앙이나 중심이라는 뜻이고 화華는 문화文化라는 뜻이다. 한민족漢民族이 주위의 여러 민족을 동이東夷·서융西戎·남만南蠻·북적北狄으로 불러 야만시하고 중국을 중앙에 위치한 문명한 나라로 여겼다. 이는 이적夷狄을 물리쳐 천하를 바로잡는다는 생각에서 나온 의식이다. 『논어』 「헌문憲問」편 주注에 "존주실尊周室, 양이적攘夷狄, 개소이정천하야皆所以正天下也[주나라 왕실을 높이고 오랑캐를 물리치는 것은 모두 천하를 바로잡는 것이다]"라고 하였다. 존화양이의식尊華攘夷意識이다.

이 작품은 남만南蠻을 정벌하는 이야기이므로 남만이 안남을 포함한다면 부정적인 대월의식을 보인 것이라 할 수 있다. 그러나 「몽옥쌍봉연록」 권지삼卷之三에서 안남과 남만을 구별하고 있다. 이는 안남을 남만에서 제외시켰다는 중요한 단서가 된다. 남만이라고 할 때 춘추전국시대는 양자강 유역을, 「송서宋書」에서는 형주荊州·옹주雍州·귀주貴州로 현재의 호북성湖北省·광서성廣西省·귀주성貴州省을 말하였으며, 중국소설에서는 요遼·금金나라 사람들이 송나라 사람들을 남만이라고 하였다. 남만에 해당하는 나라는 시대에 따라 달랐다. 중화란 문화적 개념으로 중화영역의 확대에 따라 남만이 달랐다. 우리나라 사전에는 남방에 사는 미개한 민족이라고 범칭汎

稱하여 풀이하였다. 이 소설에서 남만은 막연한 범칭이라고 생각된다. 이러한 이유로 인해 이 작품이 부정적 대월의식을 엿볼 수 있다고 속단速斷할 수 없다. 이 점은 기타 소설의 경우에서도 마찬가지이다.

이 작품에서는 남만을 "셩곽이 견고ᄒᆞ고 인가가즁증 ᄒᆞ여 번화ᄒᆞ고 네거리 져ᄌᆞ에 물건이 심히 부요ᄒᆞ며 가히 일국지지 될 만ᄒᆞ더라"라는 등 아름다운 나라, 시를 잘하는 문화의 나라로 인식하고 있다.

② **기타소설**其他小說

기타소설은 남만의 침공이 주제와 관계없이 소설 속 디테일의 하나로 나타나는 경우를 말한다. 「이린전李麟傳」의 남만왕 생포, 「유충렬전劉忠烈傳」의 남만 원정 · 남만왕 항복, 「장익성전張翼星傳」의 남만왕 생포, 「진성운전陳聖運傳」의 남만왕 침공, 「옥루몽玉樓夢」의 남만 침공, 「김전전金銓傳」의 남만 침공, 「소문록蘇門錄」의 남만 침공, 「유이양문록劉李兩門錄」의 남만 침공 등 한국 고소설에 남만이 소설 속 디테일로 많이 나온다. 그러나 직접적으로 안남국이 침공하고 항복받았다는 디테일은 「명행정의록明行正義錄」 하나뿐이다. 교지국交趾國으로도 등장하는데, 이에 해당하는 작품으로는 「석태룡전石太龍傳」 · 「정현무전鄭賢武傳」 · 「난학몽鸞鶴夢」이 있다.

여기서 남만을 부정적으로 보았으나, 안남왕이 침공해서 중국이 정벌했다는 소설 상의 디테일이 한 작품에서만 나타나는 것으로 보아 월남에 대해서는 우호적으로 생각했음을 알 수 있다. 부정적인 디테일로 교지국이 등장하기도 하지만, 당시 우리나라에서는 교지국을 월남으로 인식하지 않았던 것 같다. 당시 우리에게는 월남이 일반적으로 안남으로 알려졌던 것이 아닌가 한다. 이런 점으로 보아도 한국고소설 전반에 나타나는 대월의식은 친월親越 형제의식兄弟意識이었음을 알 수 있다.

「완월회맹연玩月會盟宴」에서 남월南越과 안남이 배경의 일부로 등장하고, 「최척전崔陟傳」에서는 전라도 남원의 최척崔陟이 부인을 만나는 에로틱한 무대가 된 장소가 안남의 항구港口였으며,173) 「최고운전崔孤雲傳」에서는 유배된 최치원崔致遠에게 안남국사安南國使가 시를 청하여 중국 천자에게 바쳤다는 이야기가 나온다. 안남국사가 최고운과 시로써 수작酬酌하고 고운孤雲의 시를 천자에게 바친다는 이러한 작품에서도 굳이 대월의식을 찾으려 한다면 찾을 수 있을 것이다.

한국 고소설의 경우 중국과 일본에 대해서는 대등의식對等意識·자존의식自尊意識이나 우월의식優越意識이 보이는 반면, 월남에 대해

173) 중국으로 들어간 崔陟은 姚興府에서 余有文과 兄弟之誼를 맺고 지내다가 余公이 병으로 죽으매, 전에 知己之友를 삼았던 宋佑란 사람을 杭州로 찾아가, 宋公을 따라 상선을 타고 안남을 왕래한다. 하루는 최척이 안남의 항구에서 고요한 밤을 당하여 향수를 이기지 못해 洞簫를 불었더니, 倭船에서 조선말로 한시를 읊는데, 그 한시는 분명히 아내가 지은 것이고, 그 詩聲도 분명한 아내의 목소리였다.
최척은 그 詩聲을 듣다가 놀라 기절하였다가 곧 깨어나 왜선으로 건너가서 그 사람을 만나 보고자 하나, 주위의 만류로 참고 날이 새기를 고대한다. 이때, 왜선에 있던 李夫人이 明船에서 들려오는 피리소리를 들어보니 조선의 곡조가 분명하고, 또 남편이 자주 불던 곡조인지라, 혹 생각하는 바가 있어 남편과 화답한 한시를 불렀던 것이다.
최척은 날이 새자 왜선으로 가서 어제밤 한시를 읊은 사람을 찾으니, 이 부인이 자기를 찾는 남편의 소리를 듣고 배에서 내려오자, 최척이 아내를 끌어 안고 울부짖는다.
이 광경을 보고 있던 양국의 선인들이 부부간임을 알고는 고금에 없는 신기한 일이라고 하여 경탄을 마지 않으며, 그 해후를 축복해 주는 것이었다.

서는 형제의식兄弟意識이 보인다. 남만의 해석에 따라서는 화이의식華夷意識도 보인다고 할 수 있다. 그러나 화이의식이 보인다고 하더라도 형제의식이 주류가 되는 것이 확실하다. 이는 중국이나 일본에 비해 비교적 양국 간의 직접적인 이해가 적었던 탓도 있겠지만, 이는 같은 제후국諸侯國으로서 동질성同質性을 바탕으로 한 형제의식의 반영일 것이다. 한편 한·중·월의 관계에서는 삼국의 일체의식을 찾아볼 수 있다. 한·월 관계에서는 형제의 관계로 대등하게 의식했고, 두 나라와 중국의 관계에서는 일체의 관계로 대등하게 의식했다. 「옥소기연」에서 주인공인 조선인 서언경徐彦褧은 풍랑으로 표류하고 신인神人의 지시로 인해 중국 소주蘇州의 낭자와 결혼하고 다시 표류하여 안남에 도착하게 되는데 안남왕은 그의 학덕을 칭찬하고 자청하여 자기의 딸 공주와 결혼시킨다. 주인공이 또다시 중국으로 왔을 때는 송황제宋皇帝 또한 자청하여 부마를 삼는데, 그가 한·중·월 3국을 아무런 난관이나 장애 없이 결혼하여 행복을 누리는 것은 한국인의 의식 속에서 3국의 문화적 인종적 차이 인식을 초월한 한·중·월 일체 의식을 엿볼 수 있다고 하겠다. 한·월 사이에 실제 역사상 다소 불미스러운 일이 있었다고 할지라도 고소설에서는 형제의식이 현저하게 나타난다. 이로 보아 불미스러웠던 일은 아마도 국가적 오해에서 비롯되었거나 개인의 우발적인 행동에서 비롯된 일이 아닌가 한다. 선인들은 월남에 대해 백치白雉가 나는 상서로운 나라로 생각했다.[174]

앞으로 한월韓越간의 전통적인 우호관계가 반영된 고소설 외에,

---

174) 李睟光의 贈酬詩에 '曾將白雉獻周王', '時淸呈瑞雉'라는 구절이 보이는데, 이는 '周成王時越裳 獻白雉'(「孝經援神契」)라는 기록 등에 典據한 것으로 중국이나 우리 선인들은 白雉를 瑞鳥로 보았다.

두 나라의 현대사를 반영한 「무기의 그늘」·「하얀 전쟁」·「머나먼 쏭바강」·「인간의 새벽」·「황색인黃色人」·「훈장과 굴레」 등 현대소설에 나타난 의식을 살펴볼 필요가 있다. 현대소설의 경우 한국과 월남의 동질성이나 유대감을 확인할 수 있는 소설이 있을 것으로 생각된다.

월남의 고소설 중에서 한월관계를 알 수 있는 소설이 있는지의 여부와 그러한 소설이 있다면 한국에 대한 의식이 어떻게 나타나는지 궁금하다. 이는 현대소설의 경우도 마찬가지이다.

결 론

이 책은 우리 고소설에 대한 다양한 논의 중 가장 본질적인 논의라고 할 수 있는 주제 문제에 대한 해명을 위해 저술된 책이다. 특히 이 책의 제1부를 "권선징악勸善懲惡 이론理論의 전통傳統과 고소설古小說의 재조명再照明"으로 설정한 것은 우리 선인들이 지녔던 권선징악적勸善懲惡的 문학관文學觀을 다양한 각도에서 살펴봄으로써 우리 고소설의 실상을 새로운 지점에서 바라보기 위해서이다.

이와 같은 목적을 위해 저술된 이 책의 제1부에서 서술한 내용을 정리해보면 다음과 같다. 고소설의 주제로서 '권선징악'은 긍정적 관점에서 파악되어야 한다. '권선징악'은 문학의 '영원한 주제'로 인간의 역사와 문학이 존속하는 한 더할 것 없는 '최선의 주제'이다. 권선징악은 소설뿐만 아니라 모든 문학의 공통적인 주제이다. 작품마다 개별적인 '현상적 주제'가 있을 수 있겠지만, 문학 작품의 '본질적 주제'는 언제나 권선징악이라고 할 수 있다.

권선징악 이론의 전통은 오랜 연원을 지닌 동양의 전통적인 문학이론이다. 권선징악 이론은 글의 문식文飾보다 내용을 중시하는 재도적載道的 문학이론과 궤軌를 같이 하는 것으로, 글에 담긴 권선징악적 작의성作意性을 적극적인 차원에서 찾아 해석하자는 이론이다. 권선징악 이론에서 보면 '정위지음성鄭衛之淫聲'이나 '괴력난신怪力亂

神'도 권계적勸戒的 의미로 받아들이게 된다.

맹자의 설시법說詩法과 '홍운탁월법烘雲托月法' 및 '츤탁법襯托法'에 비추어 보더라도, 선·악이라는 작품 속 인물의 성격은 작자의 본지本旨인 '권선징악勸善懲惡'의 관점에서 논의되어야 한다. 권선을 통하여 징악이 가능하고 징악을 통하여 권선이 가능하지만, 권선징악의 궁극적인 목적은 권선에 있다. 따라서 권선징악적인 주제가 두드러진 고소설의 인물성격 파악은 권선징악의 논리를 왜곡하는 방향으로 해석되어서는 안 된다.

선인들의 '복선화음福善禍淫 신봉관信奉觀'은 단순한 이론이 아니라 거대한 사상적·신앙적 기둥이었다. 복선화음은 그 자체로 권선징악을 의미한다. 따라서 그간 학계에서 부정적으로 논의되어 왔던 '복선화음'과 '권선징악'에 대해서는 재인식이 필요하다. 이와 함께 고소설의 리얼리티에 대한 문제 역시 '성감지리誠感之理'와 '인과응보지리因果應報之理'를 바탕으로 한 재인식이 필요하다. 그것은 소설 발달의 한 요인이 복선화음 신봉관에 자리 잡고 있기 때문이다.

고소설의 결말 처리와 징창懲創의 방법은 크게 두 가지로 나누어 볼 수 있지만, 그 가운데 악을 용서하는 결말 처리 방법이 바람직한 것이다. 그것은 악한 인물이 벌을 받지 않고도 선으로 나아갈 수 있게 하는 것이 권선징악 이론에 부합하기 때문이다.

권선징악적인 주제는 다양한 방법으로 표출된다. 이 다양성은 '현상적 주제'에 의한 것이다. 고소설의 경우 대부분의 작품이 '본질적 주제'인 권선징악과 '현상적 주제'인 표면적 주제가 일치하는데, 일치하지 않는 작품도 그 밑바탕에는 권선징악이라는 '본질적 주제'를 가지고 있다.

이와 같은 논의를 통해 권선징악 이론은 바람직한 문학 작품의 창작과 문학 작품의 올바른 이해를 위해, 또 단절된 전통의 극복을 위해 적극 수용되어야 할 이론이고 더욱 심도 깊은 논의가 이루어져야 할 이론임을 알 수 있다.

이 책의 제2부는 고소설의 쟁점과 지평의 확대이다. 제2부의 제목을 이렇게 설정한 것은 제2부가 편중된 연구 경향에 대한 반성과 연구 범위의 확장을 목표로 하기 때문이다.

제2부는 모두 5편의 글로 구성되어 있는데, 이 중 2편의 글은 작자 문제에 대한 정치한 접근을 통해 작품 해석의 새로운 방향을 제시하고자 한 것이다. 첫 번째 글이 「천군연의」의 작자 문제를 비정한 글인데, 이를 통해 연의계 소설에 대한 관심을 촉구하고자 했다.

이 글에서는 지금까지 이루어진 「천군연의」의 작자 논의를 사적으로 검토한 뒤 필자가 발굴한 「채정하발본」을 통해 「천군연의」의 작자가 정태제임을 확인하였다. 이와 함께 「천군연의」의 성격이 기존의 작품을 연의한 것으로 기존 작품의 개작 또는 모방작임을 살펴보았다. 그러나 「천군연의」의 이와 같은 성격은 천군계 소설의 일반적인 현상으로, 「천군연의」가 기존의 작품과 흡사하거나 유사한 부분을 상당히 가지고 있다고 하더라도 이를 도습蹈襲이라거나 표절剽竊이라고 할 수 없다는 것도 살펴보았다. 천군계 소설은 선행 작품의 개작 성격이 짙은 것이어서 후대의 작품이 선행 작품과 비슷한 점을 많이 가지지만, 이런 유사점은 천군계 소설의 특징으로 천군계 소설의 경우에 있어서는 각 본을 신작본新作本이라고 하여야 한다.

「천군연의」가 기존 작품의 개작이라고 하여 작자에 대해 회의를 품는다거나 「천군기」와의 관계로 인해 작자와 작품의 성격에 대해 동요하여서는 안 된다. 「천군기」는 「천군기」대로, 「천군연의」는 「천군연의」대로 가치와 의의를 지닌다. 특히 「천군연의」는 전편을 장회체로 나누어 더욱 소설화한 점이나 후반부의 판이한 차이점 등으로 볼 때 별본이라고 할 수 있다.

'연의衍義'라는 단어가 원 의미나 사실史實을 크게 왜곡하지 않는 범위 안에서 덧붙여 쓴다는 의미를 지닌 것이기 때문에 내용의 상당 부분이 일치한다고 해도 '연의' 본 의미에서 어긋나는 것이 아니다. 이와 같은 점에서 「천군연의」는 일정한 의의를 지닌다. 설령 이와 같은 논의를 완전히 무시하고 표절본으로 간주한다고 할지라도 「천군연의」의 작자는 정태제이다.

이 글은 기록의 중요성에 초점을 맞춘 것이다. 이 글에서는 서·발에 나타난 기록의 중요성을 인정해야 한다는 것을 강조하면서 논지를 전개시켜 나가는 과정에서, 정태제 서문의 "부지하인소작야不知何人所作也"와 채정하가 발문에서 "서문중序文中 부지하인소작운자不知何人所作云者 개자도야蓋自韜也"라고 한 것의 의미를 밝혀보았고, 그것이 「천군연의」의 작자와 성격을 정확히 규정해 준다고 보았다.

두 번째 글은 「춘향신설」과 「현토한문춘향전」의 작자와 창작연대의 비정을 통해 한문 소설에 대한 정치한 접근을 추구한 글이다. 이 글에서는 한문 춘향전 중 판각본 춘향전과 가장 가까운 작품으로, 한문 춘향전의 백미인 「춘향신설春香新說」과 「현토한문춘향전懸吐漢文春香傳」의 작자와 창작 연대 문제를 논의하였다.

논리적 추론을 중심으로 하여 도출한 결론이지만, 「춘향신설春香新說」의 창작 연대는 1864년이며, 작자는 목태림睦台林이 아니라 미상으로 보아야 한다. 「현토한문춘향전懸吐漢文春香傳」의 초판 연대는 판권版權의 연대 표기와 같이 1917년 11월 20일이지만, 저자로 되어 있는 유철진兪喆鎭은 저작자라기보다 단순한 출판업자로 보인다.

이 두 편의 글은 작자 문제에 대한 정치한 접근을 통해 작품 해석의 새로운 방향을 제시하고자 한 것이다.

다음 세 편의 글은 고소설 연구의 지평 확대를 위해 서술한 것이다. 첫 번째 글은 패관소설에 관한 것이다. 패관소설이 우리 소설사에 차지하는 큰 비중처럼 융성 동인에 관한 연구도 우리 고소설 연구에 중요한 몫을 담당한다. 패관소설과 성종조라는 개념을 어숙권이 『패관잡기』에서 제시한 소설小說에 근거하여 논의하였는데, 그려조와 성종조 사이에 있는 1~2백 년 간의 공백기를 중시하여, 성종조에 왜 패관소설이 융성하게 되었는가를 집중적으로 논의하였다.

융성 동인은 크게 재래적 동인(① 중국 영향 ② 신라 · 고려 영향 ③ 조선초 영향)과 당대적 동인(① 외적 동인 〈사회적 동인〉 ② 내적 동인 〈소설관적 동인〉)을 설정하고, 논의의 편의와 동인의 통체적 파악을 위해 '사회적 동인', '성종의 소설관', '서 · 발 등에 나타난 동인'으로 나누어 논의하였다. 사회적 동인으로, ① 국가와 사대부의 안정과 퇴거문인의 한거, ② 유학의 점성, ③ 교우 관계의 신장, ④ 자아 각성과 자주 정신의 발현, ⑤ 패관소설류의 유통과 간행 사업의 성행을 들어보았다. 그 중 당대 사회에 미친 성종의 비중을 고려하여 별항으로 잡아 성종의 소설관을 동인으로 살펴보았다.

또, 성종의 긍정적 소설관을 실록에 나타난 최부의 『표해록』 찬진 시비와 김심 · 이극돈 등을 중심으로 한 소설 논쟁으로 살펴보았다. 성종의 긍정적인 소설관이 사회적으로 영향을 미쳐 사회적 요인과 함께 패관소설을 융성하게 하였으며, 이로 인해 성종조에 많은 패관소설 작품이 출현하게 되었다고 보았다.

이와 함께 소설관적 동인을 살펴보기 위해 실제 작품의 서 · 발을 중심으로 어떠한 내적 동인이 있어 패관소설이 융성하였는가를 확인해 보았다. 이에 나타난 동인으로 ① 박학다식을 갖추기 위해서이거나 박학다식을 표현하기 위해 패관소설을 창작하는 것, ② 파한과 지수를 위해 창작하는 것, ③ 풍교적 교화의 수단으로 패관소설을 인식했다는 것, ④ 패관소설을 역사로 인식했다는 것, ⑤ 패관소설을 읽은 뒤 독자에게 미치는 선악의 영향을 독자의 탓으로 돌렸다는 것을 들어보았다.

이 글은 패관소설에 대한 분석을 통해 우리 소설사를 새롭게 보고자 한 것으로, 이 글을 통해 패관소설 연구에 적지 않은 보탬이 되었다고 생각한다. 이 글을 통해 우리 소설사의 여러 가지 오류 중 몇 가지에 대한 시정의 단서를 제시하였다. 이를 구체적으로 정리해보면 첫째 패관소설이 여말에서 선초로 그대로 이어지는 것이 아니라 1~2백 년 간의 공백기가 있다는 것, 둘째 패관소설의 개념은 어숙권이 제시한 '소설'을 바탕으로 현재보다 확대하여 한문단편과 야사까지도 포함해야 한다는 것, 셋째 고소설 전반을 유학자들이 폄시했다는 견해는 좀 더 구체적 논의가 이루어져야 한다는 것 등이다.

패관소설에 대한 연구는 소설사의 전개를 위해 더욱 활발하게 이루어져야 하겠다. 성종 이후의 패관소설에 대한 전반적인 연구가 있어야 하겠고, 이에 앞서 패관소설 전반에 대한 개별 작품 연구와 개별 작가론 등의 연구가 이루어져야 하겠다.

두 번째 글은 「하서선생전」을 대상으로 한 글이다. 「하서선생전」은 국문 전기의 전통을 이은 서사 양식이다. 국문 전기는 주로 한문을 모르는 독자층을 겨냥하여 지었거나 번역되었는데, 전기의 개념을 광의로 보면, 그 연원을 「석보상절釋譜詳節」에서 찾을 수 있다.

예로부터 전기적 서사 양식은 매우 다양하였다. 그러나 오늘날

Biography와 근접하는 전기의 개념을 활용하되, 광의의 문학적 관점에 주안하여 구분해 본다면, …… 소설형 전기, 실기형 전기, 공식적 전기…… 등으로 파악할 수 있다. '실기형 전기'에 「하서선생전」을 넣을 수 있다.

「하서선생전」은 국사國史와 문집을 토대로 하여 실존 인물 하서와 을사사화乙巳士禍 당시의 궁중비사를 그리고 있다는 점과 사실의 기록인 실기이면서 전기라는 점에서 '실기형 전기實記型傳記'의 한 변종으로 보아야 할 작품이다. 여기서 변종이라고 한 것은 광의로 보아서는 함께 묶을 수 있는 것이지만 이들 사이에는 본질적으로 크게 다른 면이 있기 때문이다.

1940년 출현한 「하서선생전」은 당대의 시대적 상황과 관계깊지만, 「하서선생전」의 작자는 「하서선생전」을 당시 세속世俗에 유행하는 소설로 보지 말라고 〈서문〉에서 당부하고 있다. 이는 「하서선생전」의 작자가 당시 유행하는 소설에 대해 부정적인 인식을 보인 것이며, 이와 같은 소설 인식이 실기형 전기의 한 변종으로 보아야 할 「하서선생전」을 편술하게 했던 것이라고 생각된다.

'실기형 전기'란 '역사의 기록'과는 다르다. '사실의 기록'만으로는 문학이 될 수 없지만, 그것이 나름대로 구성을 갖추고 있으면서 작자의 인생관이나 세계관이 반영된 어떤 주제를 담고 있으면 광의의 문학이 될 수 있다. 다시 말해 단편적인 사실을 일정한 구성과 주제 없이 잡다하게 기록한 글은 비문학적인 단순한 기록이고, 일정한 구성과 주제에 문학성이 개재되어 있으면 '실기형 전기'가 된다. 이런 점에서 「하서선생전」은 작자가 비문학적(?) '실기'라고 서문에서 밝히고 있지만, '실기형 전기'의 한 형태이다.

작자는 옛 문헌에 나타난 하서선생에 대한 단편적인 언급들을 총망라하고 동시에 당시의 인종·문정왕후·윤원형·정순붕·보우 등에 대한 단편적인 언급들을 취합·망라하여 이를 선악 구조로 대립시킴으로써 하서의 참모습을 총체적으로 그리는 데 성공하였다. 비록 당시인의 생생한 체험의 기록인 여타의 '실기형 전기'에 비해 문학성이 어느 정도 결여된 혐의도 없지는 않지만, 설화 등 기존 서사 양식의 문학적 수용을 통해 단순한 역사기록이 보여주지 못하는 감동적인 정황 진술과 허구를 통한 진실의 추구 등이 이루어졌다는 점에서 문학적 감동을 주기에도 충분하다.

「하서선생전」은 작자가 기존 문헌의 역사적 자료를 통해 객관적·실증적으로 기술하려고 했기 때문에 상상력에서 제한을 받고 있지만, 이 점이 오히려 강점이 되어 허구가 주는 진실보다는 역사적·실증적 기록물이 주는 사실의 진실을 추구하는 데 성공했다고 할 수 있다. 「하서선생전」은 문헌에 충실했지만 사실성을 본질로 하는 역사 기술물과는 다르다. 따라서 작자는 '실기형 전기' 유형에 한 작품을 추가시키면서 동시에 이 유형의 전기 가운데 가장 이른 시기의 궁중비사, 즉 을사사화에 대한 간접적인 체험을 할 수 있게 해줌으로써 독자들에게 시공을 초월하여 하서선생의 참모습을 접할 수 있게 해주었다.

이 글은 실기형 전기의 변종인 「하서선생전」만을 대상으로 하였기 때문에 하서선생의 서사적 형상화를 총체적으로 파악하는 데는 미흡한 점이 없지 않다. 하서선생이 서사물의 여러 갈래에서 각각 어떻게 형상화되었는가는 여러 자료를 발굴 정리·비교 검토하는 종합적이고 체계적인 고찰을 통해 이루어질 수 있을 것이다.

세 번째는 우리 소설의 무대를 확장하고 연구 영역과 방법을 확대하기 위해 고소설에 나타난 대월의식을 살펴본 것이다. 우리 고소설의 경우 중국과 일본에 대해서는 대등의식對等意識·자존의식自尊意識이나 우월의식優越意識이 보이는 반면, 월남에 대해서는 형제의식兄弟意識이 보인다. 이런 특성은 중국이나 일본에 비해 양국 간의 직접적인 이해가 적었던 탓도 있겠지만, 같은 제후국諸侯國으로서 가지는 동질성同質性의 반영이라고 할 수 있다. 한·중·월의 관계에서는 삼국의 일체의식을 찾아볼 수 있다. 선인들은 월남에 대해 백치白雉가 나는 상서로운 나라로 생각했다. 한·월 관계뿐만 아니라 문학 속에 나타나는 한국과 다른 나라와의 관계에 대해서는 앞으로 더 많은 연구가 필요하리라 생각된다.

이와 같은 다양한 내용의 글을 『권선징악 이론의 전통과 고소설의 비평적 성찰』이라는 한 권의 책에 담고자 했다. 서론에서 밝힌 것과 같이 이 책이 최초 계획한 목적을 얼마나 이루어 내었는지는 단언하기 어렵다. 그렇지만, 고소설사의 다양한 문제들이 이 책을 통해 공론의 장에 나올 수 있게 되었다면 이 책의 의미는 적지 않다고 생각한다.

參考文獻

Ⅰ. 基本資料

『論語』, 『孟子』, 『書經』, 『詩經』, 『禮記』, 『左傳』, 『周易』, 『中庸』, 『荀子』, 『莊子』, 『小學』, 『舊唐書』, 『古今笑叢(全)』, 『古文眞寶』, 『舊書書』, 『大藏經』, 『東文選』, 『成宗實錄』, 『原本備旨』, 『孟子集註』, 『增補文獻備考』, 『海東高僧傳』,

顧炎武, 『日知錄』
覺 訓, 『海東高僧傳』
姜希孟, 『村談解頤』
姜希顔, 『養花小錄』·『衿陽雜錄』
高時彦, 『昭代風謠』
權 近, 『陽村集』
權重顯, 『功過新格』
金 淨, 『濟州風土記』
金大鉉, 『述夢瑣言』
金萬重, 『西浦漫筆』
金壽長, 『靑丘永言』
金時習, 『金鰲新話』·『梅月堂輯』·『梅月堂集』
金允植, 『雲養集』

金麟厚,『河西先生文集』
金鍾厚,『本菴集』
金春澤,『北幹集』
亘　璇,『修禪結社文科釋』
奇學敬,『謙齋集』
南公轍,『歸恩堂集』
南孝溫,『六臣傳』·『秋江冷語(話)』·『師友名行錄』
동국대 한국문학연구소,『韓國文獻說話全集』, 태학사, 1981.
瀧川龜太郎,『史記會注考證』, 宏業書局, 中華民國 63年 9月.
李承福,『良谷遺稿』
朴亮漢,『梅翁閒錄』
朴文鎬,『壺山集』
朴世堂,『西溪全書』
朴趾源,『燕巖集』
朴春立,『楠西集』
白斗鏞,『懸吐 天君演義』, 翰南書林, 1917.
徐居正,『太平閑話滑稽傳』·『筆苑雜記』·『東人詩話』·『東人詩文』·『東國輿地勝覽』·『徐四佳全集』
釋 默菴,『最訥集』
釋 順道,『海東高僧傳』
釋 時聖,『野雲集』
釋 取如,『括虛集』
成大 大東文化研究院,『燕行錄選集』下, 1962.
成　任,『太平通載』·『太平廣記詳節』
成　俔,『慵齋叢話』
孫遜·孫菊園 編,『中國古典小說美學資料匯粹』, 上海古籍出版社, 1991.
宋世琳,『禦眠楯』

申錫祜,『可軒文集』
申叔舟,『海東諸國記』
梁啓超,『飮氷室文集』
嚴　羽,『滄浪詩話』
吳　融,『禪月集』
王　槪,『芥子園畫傳』
王　充,『論衡』
魏慶之,『詩人玉屑』
魏文帝,『帝範』
劉　勰,『文心雕龍』
柳夢寅,『於于野譚』
應　允,『鏡巖集』
李　陸,『靑坡劇談』
李　珥,『栗谷全書』·『擊蒙要訣』
李建昌,『明美堂集』, 保景文化社, 1997.
李光洙,『默想錄,「因果應報」,『李光洙全集 19, 三中堂, 1966.
李圭景,『五州衍文箋長散稿』
李奎報,『白雲小說』
李肯翊,『燃藜室記述』
李利敎,『蓉崗集』
李秉坤,『圖齋集』
李睟光,『芝峰集』
李承休,『帝王韻紀』
李養吾,『磻溪集』
李源命,『東野彙輯』
李仁老,『破閑集』
李定稷,『石亭集』

李齊賢,『櫟翁稗說』
李齊賢,『櫟翁稗說』
李直愼,『習齋集』
李弘离,『泅窩集』
一　然 ,『三國遺事』
林喬鎭,『荷汀草稿』
任晳宰,『任晳宰全集』 7, 평민사, 1990.
錢 穆,『莊子纂箋, 中華民國 四十年二月, 東南印務出版社.
程　子,『二程全書』
正　祖,『弘齋全書』
鄭明基,『韓國 野談資料集成』, 고문헌연구회, 1987.
鄭眉壽,『閑中啓齒』
丁範祖,『海左文集』
丁若鏞,『與猶堂全書』
鄭齊斗,『霞谷集』
鄭海弼,『照菴集』
曹　伸,『謏聞鎖錄』
曺　偉,『杜詩諺解』·『梅溪叢話』
朱　子,『朱子語類』·『詩集傳書』
周敦頤,『通書』
周濂溪,『周子全書』
崔　溥,『漂海記』
崔　滋,『補閑集』
崔永年,『海東竹枝』
崔忠成,『山堂集』
崔致遠,『桂苑筆耕集』
崔漢綺,『明南樓叢書』

韓國精神文化研究院,『韓國口碑文學大系』, 1987.
韓民族大姓譜編纂委員會,『姓氏資料集』(下), 1994.
韓鍾龜,『芝山集』
許 筠,『惺所覆瓿藁』
洪奭周,『淵泉全書』·『福壽雙會』
洪裕孫,『篠叢遺稿』
黃林·韓同文 選注,『中國歷代小說論著選』
黃霖·韓同文 選注,『中國近代小說論著選』, 江西人民出版社, 1982.
黃漢淸 發行,『中國美學思想彙編(下)』, 中華民國 72年. 9月, 台北.

Ⅱ. 論 著

1. 著 書

姜在哲,『韓國俗談의 根源說話』, 白鹿出版社, 1980.
金光淳,『天君小說硏究』, 螢雪出版社, 1980.
金光淳,『韓國疑人小說研究』, 새문社, 1987.
金起東,『李朝時代小說論』, 宣明文化社, 1975.
金起東,『韓國古典小說研究』, 教學社, 1981.
金起東,『韓國古典小說研究』, 教學社, 1981.
金起東,『李朝時代小說論』, 宣明文化社, 1975.
金基泰,『베트남 民話集 쩌우 까우 이야기』, 창작과비평사, 1984.
金東旭,『國文學史』, 日新社, 1978.
金東旭,『增補 春香傳研究』, 延世大出版部, 1976.
金東旭·崔仁鶴·崔吉城·崔來沃,『韓國民俗學』, 새문社, 1988.
金東仁,『東仁全集』, 弘字出版社, 1968.
金舜東,『韓國故事大典』, 回想社, 1969.

金烈圭·조동일·蘇在英·黃浿江, 「韓國文學의 思想的 흐름」, 『古典文學을 찾아서』, 文學과 知性社, 1976.
金一烈, 『古典小說新論』, 새문社, 1991.
金鎭雄, 『仁宗昇遐와 金河西 節義』, 명성출판사, 1996.
金台俊, 『增補 朝鮮小說史』, 學藝社, 1939.
金鉉龍, 『韓國小說說話比較研究』, 一志社, 1976.
大韓曆法研究所 編, 『增補改正 南山萬歲曆』, 大地文化社, 1996.
李商燮, 『文學批評用語事典』, 民音社, 1976.
朴尙萬, 『韓國歷代教育名家列傳』, 한국자유교육협회, 1971.
朴晟義, 『韓國古代小說史』, 日新社, 1958.
朴晟義, 『韓國古代小說論과 史』, 集文堂, 1986.
서울大 東亞文化研究所, 『國語國文事典』, 新丘文化社, 1975.
孫洛範, 『韓國古代小說論』, 東華文化社, 油印本.
申基亨, 『韓國小說發說史』, 彰文社, 1960.
申采浩, 『丹齋 申采浩全集』, 1982,
安秉烈, 『韓國假傳研究』, 二友出版社, 1986.
윤재영, 『해동명신전』 I, 한국자유교육협회, 1973.
尹致富, 『한국해양문학연구』, 學文社, 1994.
李慶善 『韓國의 傳記文學』, 民族文化社, 1988.
李秉岐, 『國文學概論』, 一志社, 1973.
鄭堯一, 『漢文學批評論』, 仁荷大出版部, 1990.
정재도, 『산 절로 수 절로 - 河西 金麟厚 略傳』, 하서출판사, 1981.
鄭杜東, 『古代小說論』, 螢雪出版社, 1966.
鄭鉒東, 『古代小說論』, 螢雪出版社, 1984.
鄭漢淑, 『韓國現代文學史』, 高大出版部, 1982.
曺南鉉, 『小說原論』, 고려원, 1982.
조동일, 『제3세계문학연구입문』, 지식산업사, 1991.

조동일, 『하나이면서 여럿인 동아시아문학』, 지식산업사, 1999.
조동일, 『한국문학과 세계문학』, 지식산업사, 1991.
조동일, 『한국문학통사』 2, 知識産業社, 1983.
趙東一, 『韓國小說의 理論』, 知識産業社, 1977.
趙演鉉, 『韓國現代文學史』, 文化堂, 1966.
趙潤濟, 『國文學史』, 東邦文化社, 1949.
周王山, 『朝鮮古代小說史』, 正音社, 1950.
中村元, 『中國人의 思惟方式』, 金知見 譯, 東西文化社, 1971.
池錫永, 『惜字如意貂錄』, 新文館, 1912.
車溶柱, 『韓國漢文小說史』, 亞細亞文化社, 1989.
崔南善, 『朝鮮常識問答(續編)』, 東明社, 1947.
崔常壽, 『韓國과 越南의 關係』, 韓越協會, 1966.
崔載瑞, 『文學原論』,(增補 重版本), 信元圖書, 1976.
韓龍雲 編, 李元燮 譯註, 『불교대전』, 玄岩社, 1980.
韓龍雲, 『韓龍雲全集』, 新丘文化社, 1973.
黃中允, 『黃東溟小說集』, 1984.
黃浿江, 『壬辰倭亂과 實記文學』, 一志社, 1992.
黃浿江, 『朝鮮王朝小說硏究』(증보 5판본), 檀大出版部, 1986.
黃浿江, 『韓國敍事文學硏究』, 檀大出版部, 1972.

Alan Shelston 著, 李京植 譯, 『傳記文學』, 서울大出版部, 1984.
W.H.Hudson, An Introduction to the study of Literature, first edition 1910, reset and reprinted 1958, George G Harrap & Co. Ltd., London.

2. 論 文

姜信沆, 「世宗代 言語觀의 成立」, 『東洋學』 10, 檀國大東洋學硏究所, 1980.

姜在哲, 「中國과 韓國의 勸善懲惡 理論의 傳統」, 『東洋學』 24, 檀國大 東洋學研究所, 1994.

姜在哲, 「古典小說의 主題 '勸善懲惡'의 意義」, 『師大論叢(劉仁鉉教授停年退任紀念特集)』, 檀國大 師範大, 1988.

姜在哲, 「河西先生傳原本影印·解題」, 『退溪學研究』 11, 檀國大 退溪學研究所, 1997.

姜漢永, 「판소리의 理解-資料의 整理-」, 『국어국문학』 49~50, 국어국문학회, 1970.

高柄翊, 「成宗朝 崔溥의 漂流와 漂海錄」, 『李相百博士回甲紀念論叢』, 1964.

郭正植, 「베트남의 傳文學에 관한 연구-〈傳奇漫錄〉 所載 作品의 寓意性을 중심으로」, 『한국문학논총』 12, 한국문학회, 1991.

權純肯, 「1910년대 活字本 古小說 研究」, 성균관대 박사학위 논문, 1990.

金光淳, 「天君演義의 作者是非와 創刊意圖」, 『淵民 李家源 博士 六秩頌壽紀念論叢』, 汎學圖書, 1977.

金光淳, 「高麗後期 擬人文學의 形成과 文學史的 意義」, 『漢文學研究』, 정음사, 1981.

金起東, 「양반들의 위선을 풍자한 說話小說」, 『文學思想』 81, 文學思想社, 1979.

金基卓, 「稗官文學과 志向性의 問題」, 『國語國文學研究』 14집, 嶺南大 國語國文學會, 1972.

金基泰, 「베트남 新詩에 關한 考察」, 『한국외국어대학논문집』 5, 1972.

金一根, 「『太平廣記詳節』에 대하여」, 『한메김영기선생고회기념논문집』, 螢雪出版社, 1971.

金鍾澈, 「春香新說攷」, 『荼谷李樹鳳博士停年紀念 古小說研究論叢』, 景仁文化社, 1994.

金鉉龍, 「麗末 稗官文學에 대하여」, 『국어국문학』 84, 국어국문학회, 1980.

金光淳, 「國譯本 退溪年譜와 文獻學的 考察」, 『樂隱姜銓燮教授華甲紀念論

叢』, 創學社, 1992.

김종철, 「「배비장전」 유형의 소설 연구」, 『관악어문연구』 10, 서울대 국문과, 1985.

朴容淑, 「天君小說과 籙圖의 比較論考」, 延大教育大學院碩論, 1982.

朴殷植, 「學校之制」, 『朴殷植全書』 下, 檀國大 東洋學研究所, 1975.

朴鍾赫, 「海鶴의 散文精神과 譬喩的 技法」, 『漢文學論集』 8輯, 檀大出版部, 1990.

朴熙秉, 「판소리에 나타난 현실의식 - 연구사에 대한 방법론적 검토」, 『韓國文學史의 爭點』(城山張德順先生停年退任紀念論叢), 集文堂, 1986.

박희병, 「민간의 상상력과 道學者의 소설적 형상화」, 『冠嶽語文研究』 20, 서울대 국문과, 1995.

成賢慶, 「虎叱研究」, 『韓國古典小說研究』, 새문社, 1983.

安秉卨, 「李朝心性假傳의 展開와 그 性格」, 『韓國學論叢』 제1집, 國民大學 韓國學研究所, 1978.

安承德, 「興夫傳 主題考」, 『國文學論集』 9, 단국대학교 국어국문학과, 1978.

呂圭亨, 「「春香傳」 해제」, 『「春香傳」의 綜合的 考察』, 亞細亞文化社, 1991.

呂運弼, 「흥부전」, 韓國文學小說作品論, 『玩巖金鎭世先生華甲紀念論文集, 集文堂, 1990.

柳基龍, 「國文學研究에서 망각 지대로 남은 記錄文學」, 『국어국문학』 100, 국어국문학회, 1988.

柳基龍, 「記錄文學(넌픽션)의 韓國文學的 位相」, 『韓國文學研究方法論』, 民族文化社, 1983.

柳晟俊, 「한 · 중 · 월 한문소설의 插入詞에 대한 論評」, 『한국학의 과제와 전망』, 한국정신문화연구원, 1988.

劉仁善, 「中越關係와 朝貢制度」, 『中國의 天下思想』, 民音社, 1988.

尹星根, 「유충렬전 연구 - 대립과 갈등의 측면에서 본 선악관」, 『常山李在秀博士還曆紀念論文集』, 1972.

尹星根, 「훈민 시조 연구」, 『한메金永驥先生古稀紀念論文集』, 螢雪出版社, 1971.

尹致富, 「한국해양문학연구－漂海錄 작품을 중심으로」, 건국대 박사논문, 1992.

尹弘老, 「〈사랑〉의 해석」, 『東洋學』 21輯, 檀國大東洋學硏究所, 1991.

李光洙, 「朝鮮文學의 槪念」, 『李光洙全集』, 三中堂, 1971.

李能雨, 「이야기책(古代小說) 舊活版本 調査 目錄」, 『古小說硏究』, 二友出版社, 1980.

李文奎, 「「흥부전」의 文學的 特質에 대한 考察」, 『先淸語文』 11·12 합병호, 서울師大 國語敎育科, 1981.

李丙燾, 해설 『신증동국여지승람』, 민족문화추진회, 1969.

李相寶, 「河西 金麟厚의 國文學 硏究」, 『語文學論叢』 3, 國民大, 1983.

李相澤, 「흥부 놀부의 人物評價」, 『韓國文學史의 爭點』(城山張德順先生停年退任紀念論叢), 集文堂, 1986.

李佑成, 「虎叱의 作者와 主題」, 『創作과 批評』 11, 創作과 批評社, 1968.

李學周, 「東아시아 傳奇小說의 藝術的 特性 硏究－剪燈新話·金鰲新話·伽婢子·傳奇漫錄을 중심으로」, 성균관대 박사논문, 1999.

全惠卿, 「한국·베트남 설화의 비교연구－동물기원담을 중심으로」, 『崇實語文』 5, 숭실대 숭실어문연구회, 1988.

全惠卿, 「동양권 전기소설의 비교적 시각에서 본 〈金鰲新話〉의 위상－〈金鰲新話(韓)〉·〈剪燈新話(中)〉·〈傳奇漫錄(越)〉의 유형비교를 중심으로－」, 『省吾蘇在英敎授還曆紀念論叢 고소설사의 제문제』, 집문당, 1993.

全惠卿, 「韓國·베트남 說話의 비교를 통해서 본 베트남인의 의식구조－동물 기원담을 중심으로－」, 『동남아연구』 2, 한국외국어대학, 1993.

全惠卿, 「韓·中·越 傳奇小說의 비교 연구－〈剪燈新話〉·〈金鰲新話〉·〈傳奇漫錄〉을 중심으로－」, 숭실대 박사논문, 1994.

全惠卿, 「韓國 · 베트남 說話의 比較研究－動物起源譚을 중심으로」, 숭실대 석사논문, 1987.

全惠卿, 「베트남 傳奇小說 〈傳奇漫錄〉에 대한 연구」, 『동남아연구』 1, 한국외국어대학 동남아 연구소, 1991.

鄭明基, 「古小說 後記의 性格考 (一)」, 『院友論叢』 7집, 延大大學院, 1979.

鄭堯一, 「文學 研究 方法上의 몇 가지 問題」, 『國語教育研究』 第6輯, 仁荷大國語教育科, 1991.

鄭堯一, 「韓國 古典 文學理論으로서의 道德論 研究」, 서울대 박사학위 논문, 1985.

鄭夏英, 「〈春香傳〉 漢文本 解題」, 『韓國古典研究』 2, 계명문화사, 1996.

鄭顯奭, 「贈桐里申君序」, 姜漢永, 「판소리의 理論－資料의 整理」, 『국어국문학』 49~50, 국어국문학회, 1970.

趙東一, 「한국 · 일본 · 월남의 중국소설 수용양상 비교연구 서설」, 『韓國古典小說과 敍事文學(上)』, 집문당, 1998.

趙東一, 「興夫傳의 兩面性－판소리系小說 研究의 方法論 摸索을 위한 試考－, 『啓明論叢』 5, 啓明大學校, 1968.

조동일, 「국문학의 개념과 범위」, 『韓國文學史의 爭點(城山張德順先生停年退任紀念論叢)』, 集文堂, 1986.

車柱環, 「한 · 중 · 월 한문소설의 插入詞」, 『東아시아 文學의 研究』, 국학자료원, 1997.

崔信浩, 「韓國과 安南 · 琉球와의 文學交流 試考」, 『韓國漢文學研究』 5, 韓國漢文學會, 1981.

崔溶澈, 「越南漢文小說叢刊」 總序, 『衝擊과 調和』, 國學資料院, 1992.

崔載瑞, 「僞善者」, 『文學과 知性』, 人文社, 1938.

黃浿江, 「古小說의 概念」, 『韓國古小說論』, 1991, 亞細亞文化社.

黃浿江, 「고전소설연구사서설」, 『古典小說 研究의 方向』, 한국고전연구회 편, 새문사, 1985.

찾아보기